Public Private Partnerships und öffentliche Verschuldung

Sozialökonomische Schriften

Herausgegeben von
Bert Rürup und Werner Sesselmeier

Band 41

PETER LANG
Frankfurt am Main · Berlin · Bern · Bruxelles · New York · Oxford · Wien

Nicolas Gatzke

Public Private Partnerships und öffentliche Verschuldung

PPP-Modelle im Licht deutscher und europäischer Verschuldungsregeln und ihre Transparenz in den öffentlichen Haushalten

PETER LANG
Internationaler Verlag der Wissenschaften

Bibliografische Information der Deutschen Nationalbibliothek
Die Deutsche Nationalbibliothek verzeichnet diese Publikation in der Deutschen Nationalbibliografie; detaillierte bibliografische Daten sind im Internet über http://dnb.d-nb.de abrufbar.

Zugl.: Darmstadt, Techn. Univ., Diss., 2009

D 17
ISSN 0172-1747
ISBN 978-3-631-59878-8

www.peterlang.de

Meinen Eltern

Geleitwort

Die von Nicolas Gatzke vorgelegte Untersuchung beschäftigt sich mit der nicht neuen aber zunehmenden Bedeutung der Mobilisierung von Effizienzreserven in der öffentlichen Verwaltung durch den Einsatz von privatem Kapital wie von privatwirtschaftlichem Fachwissen. Der wachsende Verbreitungsgrad von Public-Private-Partnership-Modellen dokumentiert insoweit eine neue Rollenaufteilung - nämlich die eines kooperativen Zusammenwirkens - zwischen öffentlichem und privatwirtschaftlichem Bereich.

So wenig strittig die Vorteile von PPPs bei der Leistungserstellung sind, so handfest ist die an diesen Modellen geübte Kritik insbesondere unter den Aspekten der Klarheit, Wahrheit und Vollständigkeit der haushaltswirtschaftlichen Rechnungslegung. Denn wenn die aus dem Einsatz von PPP-Modellen erwachsenden langfristigen Verbindlichkeiten für die öffentlichen Hände haushaltsrechtlich nur unzureichend abgebildet werden, dann laufen Verschuldungsregeln und -bremsen und damit das Bemühen, steigende Belastungen zukünftiger Generationen zu verhindern, ins Leere. Dieses Problem steht im Fokus der Analyse. Bemerkenswerte Ergebnisse sind, dass durch den Einsatz von PPP-Modellen der „alte" Artikel 115 GG (die objektbezogene Verschuldung) zwar gedehnt aber nicht ausgehebelt wird und auch die Verschuldungsgrenzen des europäischen Stabilitäts- und Wachstumspaktes nicht unterlaufen werden. Bemerkenswert ist allerdings die Einschätzung des Verfassers hinsichtlich des Verhältnisses von PPP und dem „neuen" Artikel 115 GG, der Schuldenbremse. Da diese ab 2016 für den Bund und 2020 für die Länder in Kraft tretende Regelung am kameralistischen Kreditbegriff festhält, hat dies zur Folge, dass aus der Anwendung von PPP-Modellen neue Möglichkeiten einer kreditähnlichen, aber nicht der Schuldensbegrenzungsregelung unterliegenden Verschuldung erwachsen. Daher kommt Herr Gatzke zu dem Befund, dass diese neue Schuldenregel zu einem Verbreitungsschub von PPP-Modellen führen wird.

Die klar gegliederte und flüssig geschriebene Arbeit ist ohne Zweifel für alle Haushaltspraktiker eine sehr nützliche Quelle, sich mit den Konsequenzen der zunehmend an Bedeutung gewinnenden PPPs auseinanderzusetzen. Da aber bekanntlicherweise die Kritik an einem Buch eine Funktion der Anzahl der Leser ist, hat der Wunsch, dass dieses Buch möglichst viele Leser haben möge, die Konsequenz, dass sich Herr Gatzke auch mit einer gegebenenfalls großen Zahl an kritischen Argumenten gegen seine Thesen wird auseinandersetzen müssen. Und das ist gut so.

Professor Dr. Dr. h.c. Bert Rürup

Vorwort

Die vorliegende Arbeit entstand im Zeitraum zwischen April 2007 und Mai 2009. Sie wurde im Juli 2009 als Dissertation im Fachbereich Rechts- und Wirtschaftswissenschaften der Technischen Universität Darmstadt angenommen. In diesem Zeitraum war ich zunächst als hilfswissenschaftlicher Mitarbeiter mit Abschluss sowie als freiberuflicher Mitarbeiter am Lehrstuhl Finanz- und Wirtschaftspolitik bei Prof. Dr. Dr. h.c. Bert Rürup tätig. Schließlich war ich ab Oktober 2008 wissenschaftlicher Mitarbeiter am Lehrstuhl für Empirische Wirtschaftsforschung an der TU Darmstadt bei Herrn Prof. Dr. Jens Krüger.

Mein besonderer Dank gilt meinem Doktorvater, Herrn Prof. Dr. Dr. h.c. Bert Rürup, der mir die Promotion an seinem Lehrstuhl ermöglichte und mich während dieser Zeit stets unterstützte und förderte. Insbesondere danke ich ihm für die wissenschaftlichen Diskussionen über den Inhalt der Arbeit. Gleichzeitig danke ich Herrn Prof. Dr. Werner Sesselmeier, der sich als Korreferent zur Verfügung gestellt hat, sowie Herrn Prof. Dr. Jens Krüger für seine Unterstützung und die mir eingeräumten Freiheiten. Weiterhin bedanke ich mich ausdrücklich bei Herrn Dr. Karsten Nowak, Mitarbeiter des Hessischen Rechnungshofes, für die zahlreichen Diskussionen und Anregungen zum Inhalt. Schließlich gilt mein Dank auch Herrn Dr. Torsten Schaumann, der neben seiner gewährten akademischen Unterstützung - insbesondere im juristischen Bereich - auch als Korrektor zur Verfügung stand.

Weiterhin danke ich den zahlreichen Personen in meinem beruflichen und privaten Umfeld, die mich während der oftmals nicht einfachen Zeit meiner Promotion begleitet haben. Zu nennen sind hier meine langjährigen Kolleginnen und Kollegen am Lehrstuhl von Prof. Rürup, namentlich Frau Dr. Anja Ranscht, Herr Dr. Dennis Ostwald, Frau Dr. Anabell Kohlmeier sowie Frau Elvira Daubner und Frau Gerda Gurgul, aber auch Frau Brigitte Rürup. Mein Dank gilt daneben denen, die mich im privaten Umfeld während meiner Promotionszeit am nahesten begleitet haben. Exemplarisch nenne ich hier Herrn Christian Weber, Herrn Mathias Pfeiffer, Frau Marlene Uhrig, Frau Sandra Krämer und Herrn Dr. Karsten Schaumann. Die Auflistung kann nur unvollständig bleiben.

Vor allem aber danke ich meiner Familie aus tiefstem Herzen, welche mir durch ihre finanzielle Unterstützung und Ermunterung überhaupt erst ermöglichte, mein Studium des Wirtschaftsingenieurwesens und auch meine anschließende Promotion durchzuführen. Meinen Eltern, Marta und Edgar Gatzke, sowie meinem Bruder, Tobias Gatzke, ist diese Arbeit gewidmet.

Nicolas Gatzke

Inhaltsverzeichnis

Abbildungsverzeichnis

Tabellenverzeichnis

Abkürzungsverzeichnis

Abs.	Absatz
Art.	Artikel
Bd.	Band
BIP	Bruttoinlandsprodukt
bspw.	beispielsweise
bzw.	beziehungsweise
d.h.	das heißt
EGV	Vertrag zur Gründung der Europäischen Gemeinschaft
ESVG	Europäisches System Volkswirtschaftlicher Gesamtrechnung
et al.	et alii (und andere)
etc.	et cetera
evt.	eventuell
f.	folgend
ff.	fortfolgend
gem.	gemäß
ggf.	gegebenenfalls
ggü.	gegenüber
GoB	Grundsätze ordnungsgemäßer Buchführung
GoöB	Grundsätze ordnungsgemäßer öffentlicher Buchführung
grds.	grundsätzlich
GuV	Gewinn- und Verlustrechnung
Hs.	Halbsatz
i.a.R.	in aller Regel
i.d.R.	in der Regel
i.H.d.	in Höhe der
i.H.v.	in Höhe von
m.a.W.	mit anderen Worten
m.w.N.	mit weiteren Nachweisen
NPM	New Public Management
o.ä.	oder ähnliches
o.g.	oben genannten
ÖPP	Öffentlich Private Partnerschaft
PPP	Public Private Partnership
Rn.	Randnummer
S.	Seite; Satz
sog.	so genannte
SWP	Stabilitäts- und Wachstumspakt

Tz.	Textziffer
u.	und
u.a.	unter anderem
usw.	und so weiter
Vgl.	Vergleiche
VGR	Volkswirtschaftliche Gesamtrechnungen
Vol.	Volume
z.B.	zum Beispiel
z.T.	zum Teil

1. Einleitung

Public Private Partnerships (PPPs), zu Deutsch Öffentlich Private Partnerschaften (ÖPP),[1] sind in Deutschland auf dem Vormarsch. Ihre Verbreitung, insbesondere zur Bereitstellung von Infrastrukturleistungen, nimmt bei Bund, Ländern und Kommunen stetig zu, auch wenn die Anzahl von PPP-Projekten in jüngster Zeit aufgrund der Finanzkrise und den daraus resultierenden Finanzierungsschwierigkeiten rückläufig ist. Die partnerschaftliche Zusammenarbeit zwischen der öffentlichen Hand und privaten Unternehmen ist Ausdruck eines neuen Rollenverständnisses des Staates, welcher sich zunehmend als Dienstleister sieht, der sich auf seine Kernkompetenzen konzentriert. Die Bereitstellung öffentlicher Infrastruktur rückt dabei in den Hintergrund, sie wird von öffentlicher Seite vermehrt als Produktionsfaktor aufgefasst, der durchaus auch durch die Privatwirtschaft erbracht werden kann. Die klassische Dichotomie zwischen dem öffentlichen Sektor einerseits und dem privaten Sektor andererseits weicht damit mehr und mehr kooperativen Formen der Zusammenarbeit der beiden Sektoren.

Die Verlagerung öffentlicher Aufgaben auf den privaten Sektor wird dabei nicht von allen Seiten als wünschenswert angesehen. Einhergehend mit einer Aufgabenübertragung wird die Gefahr eines entsprechenden Kompetenzverlustes auf öffentlicher Seite moniert. Bedenken hegen sich vor allem auch bezüglich einer Abhängigkeit der öffentlichen Hand von Unternehmen der Privatwirtschaft. Insbesondere im Hinblick auf die unterschiedlichen Zielsetzungen der staatlichen Institutionen einerseits, nämlich die Förderung des Allgemeinwohls, und den privaten Wirtschaftssubjekten andererseits, die Gewinnmaximierung, und eine mögliche Vereinbarkeit dieser beiden Ziele, herrscht bei staatlichen Institutionen Skepsis. Bei der Privatwirtschaft herrscht indes (naturgemäß) ein Bestreben, diese Bedenken auszuräumen. Einer der größten Kritikpunkte ist aber der Vorwurf, der Staat höhle durch PPP-Projekte und die damit einhergehende private Vorfinanzierung haushaltsrechtliche und verschuldungsrechtliche Restriktionen aus. Im Fokus der Kritik stehen die Intransparenz der aus den PPP-Modellen resultierenden Verbindlichkeiten in den öffentlichen Haushalten und Schuldenstatistiken sowie die Möglichkeit der Umgehung und Ausweitung

---

1 Die Bezeichnungen „Public Private Partnership" und „Öffentlich Private Partnerschaft" werden in Deutschland i.d.R. als Synonyme verwendet. Die deutsche Bezeichnung ÖPP findet meist in Zusammenhang mit Gesetzen Anwendung, da dort Anglizismen vermieden werden sollen. In dieser Arbeit wird aufgrund seiner größeren Verbreitung ausschließlich der Begriff PPP verwendet, welcher gleichzeitig als Synonym für ÖPP verstanden wird.

staatsrechtlicher Schuldenbegrenzungsregeln. Diese haushalts- und verschuldungsrechtlichen Vorwürfe stehen im Mittelpunkt dieser Arbeit.

1.1 Frage- und Problemstellung

Das Aufkommen von PPPs wird vor allem auf die anhaltende finanzielle Lage der öffentlichen Haushalte zurückgeführt. Die chronische Knappheit an disponiblen Einkommen zur Deckung von Ausgaben und das Erreichen von Obergrenzen für die öffentliche Verschuldung führe dazu, dass die öffentliche Hand zunehmend auf alternative Finanzierungsformen als die klassische Kreditaufnahme zurückgreift: Der Staat finanziert seine Infrastrukturmaßnahmen nicht mehr klassisch über eine entsprechende Kreditaufnahme, sondern tritt nur noch als Abnehmer, als „Kunde“ der Privatwirtschaft auf. Im Fokus stehen also private Vorfinanzierungsmodelle. Zwar wird oft betont, dass PPPs mehr darstellen als eine reine private Vorfinanzierung öffentlicher Leistungen, jedoch kann nicht bestritten werden, dass dieser Effekt zweifelsfrei Teil einer PPP ist.

Solche privaten Vorfinanzierungsmodelle stehen häufig in der Kritik. Denn das bestehende Haushaltsrecht sei wenig geeignet, die aus den PPP-Modellen resultierenden langfristigen Verbindlichkeiten ausreichend transparent darzustellen. Da sich das Haushaltsrecht stark an der klassischen Kreditfinanzierung orientiert, führen PPPs als alternative Finanzierungsformen unter Umständen zudem dazu, dass der parlamentarische Genehmigungsvorbehalt über die Ausgaben umgangen wird. Es wird daher die Gefahr gewittert, dass öffentliche Aufgabenträger ihren finanziellen Spielraum zunehmend durch außerhalb von Haushalten begründete finanzielle Verpflichtungen zu Kosten ihrer eigenen Handlungsfähigkeit und zu Kosten zukünftiger Generationen einengen.

Zudem wird als möglich erachtet, dass die öffentlichen Aufgabenträger durch die intransparente Darstellung von PPPs in den Haushalten in der Lage sind, die bestehenden Regelungen zur Eingrenzung der Verschuldung zu umgehen, da die Schuldenstatistik als Teil der Finanzstatistik auf den Haushalt Bezug nimmt. Da das Haushaltsrecht eine eigene Definition des Kreditbegriffes kennt, der von einer ökonomischen und privatrechtlichen Definition durchaus abweicht, kann die private Vorfinanzierung - die bei einer PPP zwar nicht als Hauptziel angesehen wird, aber dennoch erfolgt - dazu führen, dass die aus der PPP resultierenden Verbindlichkeiten im Haushalt und damit auch schuldenstatistisch nicht adäquat erfasst werden. Hinsichtlich ihrer Wirkung auf die öffentliche Verschuldung werden die privaten Vorfinanzierungsmodelle und somit auch die PPP-Modelle daher auch als „graue Verschuldung“ [2] tituliert. Wenn die PPP-Modelle

---

[2] Bayerischer Oberster Rechnungshof (1994), Anm. 17.3.1, S. 57.

im Haushalt und in der Schuldenstatistik selbst aber nicht adäquat abgebildet werden, laufen auch die Verschuldungsregeln ins Leere.

1.2 Ziel der Arbeit

Ziel der Arbeit ist darzustellen, welche Wirkung auf die öffentliche Verschuldung von den einzelnen PPP-Modellen tatsächlich ausgeht. Die Untersuchung beschränkt sich auf PPPs im öffentlichen Hochbau, die Ergebnisse sind jedoch auch auf PPPs im öffentlichen Tiefbau übertragbar. Neben den Auswirkungen von unterschiedlichen Realisierungsvarianten der PPPs auf die öffentliche Verschuldung wird weiter dargestellt, inwiefern der Gesetzgeber durch Einsatz unterschiedlicher Vertragsgestaltungen ein eventuell verfolgtes Ziel hinsichtlich der Verschuldung verwirklichen kann. Es wird untersucht, wie die Verbindlichkeiten in den öffentlichen Haushalten - nach kameralistischer und doppischer Haushaltsführung - sowie in der deutschen und europäischen Schuldenstatistik dargestellt werden, und ob sich durch die unterschiedlichen Modelle einer PPP tatsächlich eine verdeckte Form der Verschuldung ergibt. Dabei muss beachtet werden, dass der Schuldenstand der öffentlichen Haushalte heute national und international - auf Ebene der Europäischen Union und des Stabilitäts- und Wachstumspaktes - auf z.T. unterschiedliche Weise ausgewiesen wird. Wenn also der Frage nachzugehen ist, ob die durch PPPs eingegangenen Verbindlichkeiten als Schulden des Staates transparent dargestellt werden, so ist immer zusätzlich aufzuführen, von welchem Schuldenstand die Rede ist. In dieser Arbeit werden dabei sowohl der Schuldenstand in Ermittlung der Finanzstatistik, als auch der Schuldenstand nach den Maastricht-Kriterien berücksichtigt.

Neben ihrer Wirkung auf die öffentliche Verschuldung wird auch der Frage nachgegangen, inwiefern die PPP-Modelle dazu geeignet sind, die vorhandenen europa-, verfassungs- und einzelgesetzlichen Beschränkungen hinsichtlich der öffentlichen Verschuldung zu umgehen, und so den Schuldenstand der öffentlichen Hand - verdeckt oder offen - über das gesetzlich zulässige Maß hinaus anwachsen zu lassen. Auch hier ist wieder zu beachten, dass auf bundesdeutscher Ebene zwei voneinander abweichende Systeme zur Begrenzung der öffentlichen Schuldenaufnahme existieren. Dies ist zum einen seit der Finanzverfassungsreform des Jahres 1969 der Art. 115 GG, der anhand einer objekt- und situationsbezogenen Regelung versucht, die staatliche Verschuldung über die Begrenzung der Nettokreditaufnahme einzuschränken. Das Grundgesetz versucht in wirtschaftlichen Normalzeiten über das Kredit-Investitions-Junktim des Art. 115 Abs. 1 GG den öffentlichen Schuldenstand durch Begrenzung des Zuwachses an Verschuldung einzudämmen. Die dem Kredit-Investitions-Junktim des Art. 115 GG zu Grunde liegende Norm ist intergenerative Gerechtigkeit, die durch eine intertemporale Umverteilung finanzieller Lasten erreicht werden soll. Um weiter zu beurteilen, ob die PPP-Modelle im Einklang oder in Konflikt mit Art. 115 GG stehen, ist daher zu prüfen, ob mit ihnen eine intertemporale Umverteilung einhergeht und in welcher Form - insbesondere im Vergleich zur intertemporalen Umverteilung, die sich im Falle einer Eigenrealisierung ergibt. Hinsichtlich der Frage, ob die verschiedenen PPP-Modelle die verfassungsrechtliche Einschränkung der Verschuldung ausweiten, ist weiter zu untersuchen, ob sie eine Möglichkeit darstellen, die Nettokreditaufnahme durch Umgehung oder Ausnutzung der Junktimklausel des Art. 115 GG weiter als verfassungsrechtlich vorgesehen auszudehnen. Da die Aufnahme von Krediten nach Art. 115 GG zusätzlich einer parlamentarischen Ermächtigung bedarf, ist weiter zu beurteilen, inwiefern sich der Notwendigkeit einer solchen durch eine alternative Finanzierungsform in Form einer PPP entledigt wird.

Der europäische Ansatz des Stabilitäts- und Wachstumspakts geht zur Begrenzung der staatlichen Verschuldung einen anderen Weg. Er zielt zur Eingrenzung des öffentlichen Schuldenstandes nicht auf die Beschränkung der Nettokreditaufnahme einer Haushaltsperiode ab, sondern auf das öffentliche Finanzierungsdefizit - unabhängig davon, auf welche Art dieses Defizit gedeckt wird. Zudem wird auf europäischer Ebene der absolute Schuldenstand durch die Begrenzung des zulässigen Verhältnisses von Schuldenstand zum BIP i.H.v. 60 % eingegrenzt. Die der europäischen Verschuldungsregel zu Grunde liegende Norm ist die Wahrung haushaltspolitischen Spielraumes. Hinsichtlich der PPP-Modelle ist daher zu beurteilen, inwiefern sie sich auf ein mögliches haushaltsrechtliches Defizit auswirken und inwiefern die PPP-Modelle die Schuldenstandsquote tangieren.

Da Art. 115 GG in seiner heutigen Fassung auch in Verbindung mit der europäischen Verschuldungsbegrenzung im Stabilitäts- und Wachstumspakt offensichtlich nicht in der Lage war, einen ständig anwachsenden Schuldenstand zu vereiteln, steht er seit längerem in der Kritik. Als Resultat dessen wurde im Rahmen der Föderalismusreform von der Föderalismuskommission II, welche die Finanzbeziehungen zwischen Bund und Ländern reformieren soll, eine zu Art. 115 GG alternative Regelung zur Eingrenzung der Staatsverschuldung konstruiert, die sog. „Schuldenbremse". Diese verabschiedet sich von der objektbezogenen Verschuldungsregel des Grundgesetzes in Form des Kredit-Investitions-Junktims zugunsten eines dem europäischen Ansatz ähnlichen Konzeptes der Eingrenzung der staatlichen Verschuldung über die Höhe des zulässigen öffentlichen Defizits. Demnach soll in konjunkturellen Normalzeiten keine strukturelle Verschuldung mehr möglich sein. Daneben soll eine Verschuldung nur aufgrund konjunktureller Schwankungen gestattet sein, die sich allerdings im Konjunkturzyklus über Hoch- und Tiefphasen hinweg ausgleichen soll. Eine davon abweichende weitere Verschuldung ist nur im Falle von Notsituationen vorgesehen. Ob dieser Ansatz dazu geeignet ist, die wachsende Verschuldung des Staates zu stoppen oder gar zurückzuführen, muss nach Einführung der neuen Regelung ab dem Jahre 2011 beobachtet werden. Allerdings können schon heute Aussagen darüber getroffen werden, inwiefern unter diesem neuen System der Schuldeneingrenzung PPPs dazu geeignet sind, den Verschuldungsspielraum zu erweitern und den Schuldenstand somit -verdeckt oder offen - zu erhöhen. Da auch erklärtes Ziel der neuen Schuldenbremse intergenerative Gerechtigkeit ist, die durch intertemporale Umverteilung finanzieller Lasten erreicht werden soll, wird ebenso betrachtet, zu welcher intertemporalen Umverteilung die unterschiedlichen PPP-Modelle - gerade auch gegenüber einer Eigenrealisierung - führen.

Ziel der Arbeit ist jedoch nicht nur, eine Aussage darüber zu treffen, inwiefern die einzelnen PPP-Modelle geeignet sind, die Beschränkungen der unterschiedlichen Verschuldungsbegrenzungsmethoden zu umgehen, ob die aus den PPPs resultierenden finanziellen Verpflichtungen im Rahmen der öffentlichen Haushaltsführung und Verschuldung transparent oder intransparent dargestellt werden und welche intertemporale Umverteilung die PPP-Modelle bewirken. Vielmehr sollen die gewonnenen Erkenntnisse aus den PPP-Modellen als eine Variante der privaten Vorfinanzierung öffentlicher Leistungen genutzt werden, um die Schwachstellen von Haushaltsrecht und Verschuldungsregeln zu zeigen. Insbesondere wird dabei auch die geplante neue Schuldenbremse einbezogen und am Beispiel der PPP-Modelle kritisch überprüft.

Diese Ergebnisse sollen dazu dienen, Optionen zu erarbeiten, wie die vorhandenen Verfahren und Regelungen zur Haushaltsführung und Begrenzung der staatlichen Verschuldung problemadäquat reformiert werden können. Denn schließlich kann als Konsequenz einer eventuell gegebenen Umgehungsmöglichkeit staatsschuldenrechtlicher Einschränkungen durch PPPs und einer intransparenten Darstellung in Haushalten und Schuldenstatistiken nicht ausschließlich gefordert werden, dass PPP-Modelle deshalb - und vor allem trotz einer ggf. möglichen effizienteren Bereitstellung einer öffentlichen Leistung - abzulehnen sind. Stattdessen kann ebenso die Forderung erhoben werden, das bestehende Haushalts- und Verschuldungsrecht problemadäquat auf neue Varianten öffentlicher Finanzierung anzupassen. Insbesondere wird dabei auch der Frage nachgegangen, inwiefern eine doppische Haushaltsführung geeignet ist, eine transparentere Darstellung der finanziellen Verbindlichkeiten aus den PPP-Modellen zu gewährleisten.

1.3 Aufbau der Arbeit

Die Arbeit beginnt in Kapitel 2 mit einer Beschreibung der Entwicklung von PPPs in Deutschland. Anschließend werden zwecks einer eigenen Definition im Sinne dieser Arbeit die charakteristischen Merkmale einer PPP dargestellt. Hieran schließt sich eine Analyse der Gründe für das Aufkommen von PPPs in Deutschland an. Als wesentliche Ursachen für PPPs werden das New Public Management sowie die zunehmende finanzielle Einschränkung öffentlicher Haushalte gesehen. Es folgt eine Darstellung, welche Ziele mit einer PPP von Seiten der öffentlichen Hand verfolgt werden. Das Hauptziel, die effizientere Bereitstellung einer öffentlichen Leistung, welches letztlich auch Legitimation für eine PPP ist, wird anhand der Neuen Institutionenökonomik analysiert. Schließlich folgen eine detaillierte Vorstellung der verschiedene PPP-Modelle, welche heute im öffentlichen Hochbau hauptsächlich zur Anwendung kommen, sowie die Darstellung der beiden vornehmlich anzutreffenden Finanzierungsvarianten. Dies ist notwendig, da die PPP-Modelle je nach Vertragsgestaltung und Finanzierungsart zu unterschiedlichen Ergebnissen hinsichtlich Veranschlagung im Haushalt und Wirkung auf die Staatsverschuldung führen, wie im weiteren Verlauf der Arbeit verdeutlicht wird.

Um eine Aussage darüber treffen zu können, inwiefern PPPs und die aus ihnen resultierenden finanziellen Lasten transparent in der Haushaltswirtschaft des staatlichen Sektors dargestellt werden, gibt Kapitel 3 eine Übersicht über das Haushaltsrecht. Es werden sowohl die kameralistische als auch die doppische Haushaltsführung vorgestellt.

Kapitel 4 widmet sich dem Thema der Staatsverschuldung. Zunächst werden die für die Arbeit wesentlichen Kennzahlen der Staatsverschuldung vorgestellt und anschließend aufgezeigt, wie die Staatsverschuldung anhand dieser Kennzahlen in Deutschland und Europa gemessen wird. Dies erscheint zwingend notwendig, um zu beurteilen, inwiefern die Verpflichtungen aus den PPP-Modellen adäquat erfasst werden. Dem folgend werden der deutsche und der europäische Ansatz zur Begrenzung der staatlichen Verschuldung vorgestellt. Dabei wird vor allem auch auf die offensichtlich vorhandenen Schwachstellen der beiden Regelungen eingegangen, um im weiteren Verlauf der Arbeit beurteilen zu können, ob diese durch die unterschiedlichen PPP-Modelle genutzt werden können, um die Schuldenbegrenzungsregelungen zu umgehen. Schließlich folgt eine Vorstellung der geplanten neuen Schuldenbremse.

Kapitel 5 zeigt auf, wie die finanziellen Verpflichtungen resultierend aus den PPP-Projekten in den öffentlichen Haushalten zu veranschlagen sind und dargestellt werden. Dies dient zur Beurteilung, inwiefern sich aus PPP-Modelle ergebende Verbindlichkeiten im Haushalt auftauchen und damit, ob sie transparent dargestellt sind oder tatsächlich zu einer Verschleierung der Darstellung der öffentlichen Finanzen führen. Berücksichtigt werden dabei sowohl die kameralistische als auch die doppische Haushaltsführung.

In Kapitel 6 wird schließlich untersucht, welche Konsequenzen sich aus den PPP-Modellen und ihrer Veranschlagung und Verbuchung in den öffentlichen Haushalten hinsichtlich der nationalen und europäischen Verschuldung ergeben. Es wird im Einzelnen betrachtet, ob bzw. unter welchen Umständen die Verbindlichkeiten aus den PPP-Modellen von der deutschen und europäischen Schuldenstatistik erfasst werden. Weiterhin, ob sich durch PPP-Modelle Möglichkeiten einer gegenüber der klassischen, kreditfinanzierten Eigenerstellung des Investitionsobjektes höheren Verschuldung ergeben. Anhand dessen kann eine Beurteilung darüber getroffen werden, ob durch PPPs der öffentliche Schuldenstand offen oder verdeckt bzw. überhaupt anwächst. Anschließend wird eine Beurteilung darüber abgegeben, wie sich PPPs unter der geplanten neuen Verschuldungsregelung auswirken. Schließlich wird betrachtet, ob die PPP-Modelle mit den den Verschuldungsregeln zu Grunde liegenden Normen - also der intergenerativen Gerechtigkeit durch intertemporale Umverteilung und dem Erhalt haushaltspolitischen Spielraums - im Konflikt oder im Einklang stehen.

Kapitel 7 fasst die Ergebnisse der Arbeit zusammen.

2. Public Private Partnerships

Nachfolgend wird die aktuelle Verbreitung von PPPs in Deutschland und die Entwicklung ihrer Bedeutung im Bereich der öffentlichen Infrastruktur skizziert. Dem schließt sich eine Übersicht über die Problematik einer trennscharfen Definition der PPP an, der eine notwendige Definition der PPP im Sinne dieser Arbeit folgt. Weiter wird auf die Gründe für PPPs eingegangen, also weshalb ihre Bedeutung stetig zunimmt. Diese sind vornehmlich die finanzielle Lage der öffentlichen Haushalte sowie das New Public Management. Anschließend wird betrachtet, welche Ziele mit der Durchführung einer PPP verbunden sind. Da sie nach dem Gebot der Wirtschaftlichkeit überhaupt nur gestattet sind, sofern sie zu einer effizienteren Bereitstellung einer öffentlichen Leistung führen, wird auf diesen Punkt näher eingegangen und dargestellt, weshalb PPPs über das Potenzial durch Steigerung der Wirtschaftlichkeit im öffentlichen Sektor verfügen. Es folgt eine Übersicht über die für diese Arbeit relevanten Modelle zur Durchführung einer PPP, in deren Rahmen auch detailliert auf die rechtliche Einordnung der vertraglichen Beziehungen eingegangen wird. Dies erscheint für die weiter zu betrachtende Frage der haushaltsrechtlichen Veranschlagung der PPP-Projekte erforderlich. Damit eng verbunden ist auch die Ausgestaltung der Finanzierung, so dass anschließend eine Vorstellung der beiden wesentlichen Finanzierungsmodelle erfolgt. Schließlich endet das Kapitel mit einer Darstellung der wesentlichen Kritikpunkte an PPPs, wobei insbesondere die Kritik hinsichtlich der öffentlichen Verschuldung herausgearbeitet wird.

2.1 Historie, Stand und Perspektive der Public Private Partnerships

2.1.1 Die Entwicklung von PPPs in Deutschland

Erste Grundlagen für PPPs im heutigen Begriffsverständnis wurden in Deutschland 1994 mit Einführung des „Gesetz[es] über den Bau und die Finanzierung von Bundesfernstraßen durch Private“ (FStrPrivFinG) geschaffen.[3] Das Gesetz war auch eine Reaktion auf den öffentlichen Investitionsdruck, der sich durch die Wiedervereinigung Deutschlands ergab. Es ermöglichte in Deutschland erstmals einem privaten Unternehmen, den Bau, die Erhaltung und den Betrieb von Bundesfernstraßen zu übertragen.[4]

Auf Bundesebene kam es 2002 nach der Entscheidung zugunsten eines PPP-Kompetenzzentrums zunächst zur Gründung eines „Lenkungsausschuss[es] PPP im öffentlichen Hochbau“.[5] Im Jahr 2004 einigte sich die damalige Bundesregie-

---

3 Vgl. BGBl. I 1994, S. 49.

4 Vgl. *Keppel* (2003), S. 154.

5 Vgl. hierzu und zum Folgenden BMVBS (2007), S. 8 ff.

rung dann auf eine Initiative zum Aufbau eines föderalen PPP-Kompetenznetzwerkes sowie zur Erfüllung bundeseigener PPP-Ziele auf Gründung einer PPP Task Force auf Bundesebene.[6] Die PPP Task Force griff die Forderungen aus dem Gutachten „PPP im öffentlichen Hochbau“ auf und setzte sie im Entwurf für ein „Gesetz zur Beschleunigung der Umsetzung von Öffentlich Privaten Partnerschaften und zur Verbesserung gesetzlicher Rahmenbedingungen für Öffentlich Private Partnerschaften“ (ÖPP-Beschleunigungsgesetz) um, welches 2005 in Kraft trat.[7] Ziel des Gesetzes war der Abbau von Benachteiligungen in Bezug auf PPP-Projekte.[8] Wesentliche Punkte waren die Anerkennung von PPPs als Beschaffungsvariante, die Berücksichtigung der Risikoallokation im Zuge der Wirtschaftlichkeitsuntersuchungen nach § 7 Abs. 2 BHO, die Lockerung des Veräußerungsverbotes nach § 63 BHO sowie unter bestimmten Voraussetzungen die Befreiung von Grundsteuer und Grunderwerbsteuer für den privaten PPP-Partner.[9] Das ÖPP-Beschleunigungsgesetz wurde insbesondere als ein Zeichen der Politik pro PPP gewertet.[10]

2.1.2 PPP in Zahlen

Von 2002 bis Ende 2009 wurden auf Bundes- und Landesebene insgesamt 136 PPP-Projekte im Hoch- und Verkehrswegebau mit einem Investitionsvolumen von über 5,5 Mrd. Euro vergeben oder realisiert.[11] Die durchschnittlichen Einsparungen der öffentlichen Hand werden mit 16 % angegeben.[12] Im Jahr 2008 wurden Verträge für 26 PPP-Projekte im öffentlichen Hoch- und Tiefbau mit einem Investitionsvolumen von insgesamt 1,4 Mrd. Euro abgeschlossen.[13] Bereits im Jahr 2007 wurden 35 PPP-Projekte mit einem Investitionsvolumen von ca. 1,5 Mrd. Euro vergeben, was einer Steigerung von 150 % gegenüber dem Jahr 2006 entspricht. Der Anteil an den öffentlichen Investitionen liegt

---

6 Nationale Kompetenzzentren wie die PPP Task Force des Bundes sind übrigens kein Einzelphänomen, sondern existieren in vielen Industrieländern; für eine Übersicht der verschiedenen internationalen PPP-Kompetenzzentren vgl. BMWA (2004), S. 10. Insbesondere in der Europäischen Union wurden zahlreiche nationale PPP Task Forces gegründet, um aus Erfahrung heraus öffentlichen Stellen beratend zur Seite zu stehen; vgl. Europäische Kommission (2004a), S. 4.

7 BGBl. I 2005, S. 2676.

8 Vgl. BMVBS (2007), S. 10.

9 Vgl. *Bürsch/Funken* (2007), Art. 1, Rn. 19; *Kleinlein/Stein* (2007), Art. 4, Rn. 36; *Drosdzol/Schmitz* (2007), Art. 6, Rn. 7; *Littwin/Schöne*, Rn. 223.

10 Vgl. *Uechtritz/Otting* (2005), S. 1111; *Littwin/Schöne* (2006), Rn 223.

11 Vgl. www.ppp-projektdatenbank.de sowie www.ppp-plattform.de, Stand Dezember 2009.

12 Vgl. *Christen* (2008), S. 22. Dabei ist allerdings zu beachten, dass zwischen den einzelnen Projekten starke Schwankungen bestehen. So liegen laut einer Studie des Deutschen Instituts für Urbanistik (DIFU) die Effizienzvorteile von 30 ausgewählten PPP-Projekten im Korridor zwischen 3 % bis 19 %; vgl. DIFU (2008b), S. 11.

13 Vgl. *Knop* (2009), S. 3.

damit bei ca. 4,5 %.[14] Der überwiegende Teil der PPP-Projekte (im öffentlichen Hochbau) wird dabei auf kommunaler Ebene realisiert.[15]

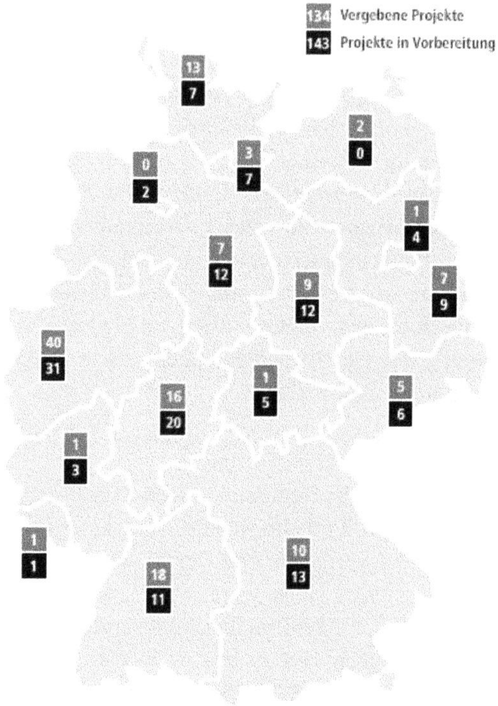

Abbildung 2-1: In Deutschland vergebene PPP-Projekte und PPP-Projekte in Vorbereitung
[Quelle: Die Deutsche Bauindustrie (2009); Stand: Dezember 2009]

Schätzungen zufolge sind derzeit weitere PPP-Projekte mit einem Investitionsvolumen von hochgerechnet über 8 Milliarden Euro in der Vorbereitung bzw. 21 Projekte befinden sich schon in der Ausschreibung.[16] Somit kann festgestellt werden, dass PPPs in Deutschland dem internationalen Trend folgend auf dem Vormarsch sind.[17]

Trotz dieser Zahlen muss festgehalten werden, dass auch die PPP-Projekte von der weltweiten Finanzkrise erfasst wurden. Dafür scheinen vor allem Probleme

---

14 Vgl. *Christen* (2008), S. 21.
15 Vgl. *Gatzer* (2007), S. 4.
16 Vgl. *Knop* (2009), S. 3; www.ppp-projektdatenbank.de, Stand Dezember 2009.
17 Vgl. bspw. die Studie des BMWA (2004).

der Finanzierung in Form von Liquiditätsknappheit am Kapitalmarkt verantwortlich zu sein.[18] Zudem haben sich die Finanzierungskonditionen der privaten Auftragnehmer trotz niedriger Zinssätze verschlechtert, zusätzlich wird von den Kreditinstituten eine tendenziell hohe Eigenkapitaldecke von Projektgesellschaften erwartet. Lediglich die Forfaitierung mit Einredeverzicht als Finanzierungsvariante bietet sich nach wie vor an. Auch der Investitionsschub, der von den beiden Konjunkturpaketen erwartet wird, scheint am PPP-Markt vorbeizugehen. Als Grund hierfür sind vor allem die im Vergleich zur Eigenrealisierung längere Vorlaufzeit von PPPs sowie Unsicherheiten über Eignung und Einbindungen der Mittel aus dem Konjunkturpaket II in PPP-Projekte zu nennen. Die Auswirkungen der Finanzkrise auf den PPP-Markt werden jedoch als nur temporär erwartet.[19] Zudem veröffentlichte das BMF jüngst ein Schreiben, das darstellt, wie die aus dem Konjunkturpaket II bereitgestellten Mittel auch für PPP-Projekte eingesetzt werden können.[20]

2.1.3 PPP-Perspektiven in Deutschland

Im Vergleich zu anderen europäischen Staaten hat die Zahl der PPP-Projekte in Deutschland nach Ansicht ihrer Befürworter noch erhebliches Steigerungspotenzial.[21] Deutschland wird im internationalen Kontext in Bezug auf PPP als „Spätentwickler" angesehen.[22] Soll daher der Anteil der PPP-Projekte an den öffentlichen Investitionen auf ein international erreichtes Niveau von 10 % bis 15 % ansteigen, so erscheinen weitere Anstrengungen nötig.[23] Der Durchbruch der PPP-Projekte wird daher noch nicht gesehen, vielmehr befindet sich Deutschland erst an der Schwelle zum Übergang in einen dynamisch wachsenden PPP Markt, in dem PPP eine gleichberechtigte Alternative zu einer konventionellen öffentlichen Beschaffung in dafür geeigneten Märkten darstellt. Daher soll der bundeseinheitliche Rechtsrahmen für PPP-Projekte weiter entwickelt werden, um einer Zersplitterung untergesetzlicher Rahmenbedingungen entgegenzuwirken. Ziel ist, eine möglichst vertragsmodellneutrale und lebenszyklusorientierte Ausgestaltung von PPPs zu ermöglichen und somit einen echten Wettbewerb der Beschaffungsvarianten zu gestatten.[24]

Zur Umsetzung soll eine zweite Auflage des ÖPP-Beschleunigungsgesetzes erfolgen, das sog. „ÖPP-Vereinfachungsgesetz". Dieses soll verschiedene Aspekte

---

18 Vgl. *Jakobs* (2009), S. 1.
19 Vgl. *Jakobs* (2009), S. 1.
20 Vgl. BMF (2009).
21 Vgl. *Kloppenburg* (2008), S. 9.
22 Vgl. *Alfen/Fischer* (2006), S. 6.
23 So auch BMVBS (2007), S. 31 f.
24 Vgl. BMVBS (2007), S. 23.

aufgreifen, so bspw. die im Zusammenhang mit PPP-Projekten bestehende Umsatzsteuerproblematik, die in einem Modellversuch ausgeglichen werden soll. Daneben soll auch eine Änderung der Bundeshaushaltsordnung (BHO) erfolgen. So wird vorgeschlagen, § 7 Abs. 1 BHO insofern zu ändern, als dass dort PPP als gleichwertige Beschaffungsalternative etabliert wird, womit zukünftig PPP als Realisierungsvariante der öffentlichen Leistung viel öfter zu prüfen wäre, als dies heute der Fall ist. Sofern die nach § 7 Abs. 2 BHO durchzuführende Wirtschaftlichkeitsuntersuchung ergibt, dass ein privater Anbieter staatliche Aufgaben oder Tätigkeiten ebenso gut oder besser als die öffentliche Hand erbringen kann, soll er entsprechend damit beauftragt werden.[25]

Von der Bauindustrie deutlich kritisiert wurde die Verabschiedung des Gesetzes zur Modernisierung des Vergaberechts. Dieses sieht zur Förderung des Mittelstandes vor, dass PPP-Projekte zukünftig dem Zwang zur Vergabe in Fach- und Teillosen unterstehen. Durch die Aufspaltung wird die Gefahr gesehen, dass die zu erzielenden Effizienzgewinne gegenüber einer Einzelvergabe schrumpfen.[26]

Der am meisten diskutierte Schritt zur weiteren Verbreitung und Förderung der PPPs in Deutschland war allerdings die Gründung der Gesellschaft „ÖPP Deutschland AG“. Diese auch „Partnerschaften Deutschland“ genannte Institution soll zum einen öffentlichen Auftraggebern Beratungsleistungen bieten und ihnen zeigen, wie private Unternehmen bei öffentlichen Beschaffungen einzubeziehen sind.[27] Zum anderen soll sie aus den gesammelten Projekterfahrungen Standards für die Beteiligung Privater an lebenszyklusorientierten Projekten zur Errichtung und zum Betrieb öffentlicher Infrastruktur entwickeln und somit Grundlagenarbeit auf dem Gebiet PPP leisten. Sie soll dabei auf allen für PPP relevanten und in Frage kommenden Sektoren aktiv werden.

An der Partnerschaften Deutschland - jetzt ÖPP Deutschland AG - gab es bereits früh zum Teil deutliche Kritik.[28] So wird aufgrund der Eigenschaft eines gemischtwirtschaftlichen Unternehmens unter Beteiligung der privaten PPP Interessensgruppen die Neutralität der Gesellschaft in Frage gestellt. Kritisch wird dies insbesondere im Hinblick auf Ausschreibungen gesehen, an denen sich private Unternehmen beteiligen, die auch an der ÖPP Deutschland AG Anteile tragen und diese vorher bei betreffendem Projekt Beratungsleistungen erbracht hat. Weitere Kritikpunkte sind daneben die Einbindung der Privaten in die zu leistenden legislativen Gestaltungsaufgaben, eine Bevormundung öffentlicher In-

---

25 Vgl. BT-Drucks. 16/12283.
26 Vgl. Die Deutsche Bauindustrie (2008).
27 Vgl. BMF (2008b), S. 53.
28 Vgl. zum Folgenden *Schäfer* (2008), S. 15.

stanzen sowie ein erhöhter Bürokratieaufwand. Die Privatwirtschaft befürchtet darüber hinaus Verdrängungseffekte durch die Partnerschaften Deutschland, insbesondere im Bereich der Beratungsleistungen.[29]

2.2 Charakteristik einer PPP und Definition im Sinne dieser Arbeit

Zum Zwecke der Definition einer PPP im Sinne dieser Arbeit erfolgt nachfolgend eine Darstellung der wesentlichen Merkmale einer PPP.

Erfüllung einer öffentlichen Aufgabe

PPPs finden Anwendung bei der Erfüllung einer öffentlichen Aufgabe. Dazu gehören vor allem die Bereitstellung öffentlicher Infrastruktur wie im Verwaltungs- und Verkehrswesen, aber auch im Erziehungs- und Bildungswesen.[30] Gängige Anwendungsfelder für PPPs sind vor allem der infrastrukturelle Bereich des Hochbaus und Tiefbaus. Beim Hochbau sind als PPP-taugliche und PPP-erprobte Bereiche Schulen, Verwaltungsgebäude, Justizgebäude, Polizeistationen, Gefängnisse, Sportstätten und Finanzämter zu nennen. Zudem wird gerade im Zuge eines Pilotprojektes die PPP-Tauglichkeit im Bereich des Verteidigungswesens überprüft.[31] Im Bereich des öffentlichen Tiefbaus finden sich PPP-Projekte vor allem im Bereich Straßen und Brücken, weniger im Schienenbau. Aber auch im Bereich der Kommunikationstechnik und der neuen Medien in den öffentlichen Verwaltungen, also dem sog. „E-Government“, werden Anwendungsfelder für PPP gesehen.[32] Insgesamt ist somit nur ein Teil der öffentlichen Leistungen für eine PPP geeignet, der überwiegende Teil ist nach wie vor in konventioneller Eigenregie zu realisieren.[33]

Mindestens ein privater und ein öffentlicher Partner

An einer PPP sind mindestens ein öffentlicher und ein privater Partner beteiligt.[34] Darüber hinaus können sowohl mehrere öffentliche Partner und/oder mehrere private Unternehmen in ein PPP-Projekt eingebunden sein. Der öffentliche Partner wird bei PPP-Projekten i.d.R. als „öffentliche Hand“ bezeichnet, was symbolisiert, dass er Teil der Verwaltung ist. Nicht als öffentlicher Partner angesehen wird hingegen ein öffentliches Unternehmen der Privatwirtschaft,

---

29 Vgl. *Stiepelmann* (2008), S. 42 f.

30 Eine genaue Abgrenzung dessen, was unter den Mantel der öffentlichen Aufgabe fällt, ist Mittelpunkt langer Diskussionen und auch eine politische Entscheidung. Eine trennscharfe Definition öffentlicher Aufgaben existiert daher nicht; vgl. *Naschold/Bogumil* (1998), S. 55.

31 Vgl. zu den Anwendungsfeldern auch *Littwin* (2007), Rn. 5.

32 Vgl. bspw. *Hart/Welzel* (2004).

33 Vgl. BMVBS (2007), S. 18.

34 Vgl. hierzu und zum Folgenden *Bolz* (2005), S. 18.

also bspw. eine GmbH, deren Anteile zu 100 % eine staatliche Institution trägt. Eine Kooperation zwischen solchen ausgegliederten bzw. privatisierten öffentlichen Unternehmen wird nicht als PPP angesehen. Gleichzeitig wird vorausgesetzt, dass die Identität der beteiligten Partner intakt bleibt.[35]

Wirtschaftliche Bereitstellung einer öffentlichen Leistung

Im Mittelpunkt einer PPP steht immer die wirtschaftliche(re) Bereitstellung einer öffentlichen Leistung. Dies ist für die öffentliche Hand das Motiv überhaupt, die Zusammenarbeit mit einem privaten Unternehmen anzustreben.[36] Durch die Effizienzvorteile des Privaten gegenüber der öffentlichen Hand sollte dieser trotz Erwirtschaftung eines Gewinnes, den die öffentliche Hand bei einer Eigenrealisierung nicht im Fokus hat, die öffentliche Leistung für sie wirtschaftlicher bereitstellen, als sie dies in Eigenregie zu leisten vermag.

Längerfristige, vertrauensbasierte Zusammenarbeit (Partnerschaft)

Bei PPP-Projekten liegt i.d.R. eine schlecht strukturierte Ausgangssituation vor. Diese führt dazu, dass bei Vertragsabschluss die zu erbringenden Leistungen sowie die entsprechenden Gegenleistungen der beiden Vertragsparteien öffentliche Hand und privates Unternehmen nicht abschließend definiert werden bzw. gar nicht abschließend definiert werden *können*.[37] Weiterhin übernimmt der private Partner im Rahmen einer PPP die Verantwortung für eine einzelwirtschaftlich effiziente Erstellung der Leistung, der öffentliche Partner übernimmt die Verantwortung für die Einhaltung gemeinwohlorientierter Ziele.[38] In Folge ist ein kontinuierlicher Abstimmungsbedarf zwischen den Partnern wesentliches Merkmal einer PPP, eine langfristige, vertrauensbasierte Zusammenarbeit daher zum Vorliegen einer PPP zwingend notwendig.[39] Daher verfügen PPP-Projekte i.d.R. explizit über Konfliktvermeidungs- bzw. Konfliktlösungsstrategien.[40] Bei Projekten, in denen alle Leistungen und Gegenleistungen der beteiligten Partner der öffentlichen Hand und der Privatwirtschaft vorab abschließend definiert werden, handelt es sich nicht um eine PPP.[41] Hieraus folgt, dass beispielsweise das klassische Contracting Out bzw. Outsourcing nicht den PPPs zuzuordnen ist.

---

35 Vgl. auch *Budäus* (2004), S. 314. Dies bedeutet *nicht*, dass die beteiligten Partner im Rahmen der PPP kein gemischtwirtschaftliches Unternehmen gründen können.

36 Vgl. auch Abschnitt 2.4.1.

37 Vgl. *Budäus* (2003), S. 219.

38 Vgl. *Kirsch* (1997), S. 35.

39 Vgl. *Budäus* (2004), S. 313; auch *Albrecht* (2004), Fach 29, S. 1638.

40 Vgl. *Littwin/Schöne* (2006), Rn. 3. Die Wichtigkeit einer vertrauensvollen Zusammenarbeit beschreiben zutreffend *Budäus/Grüb* (2007a), S. 21 ff. sowie *Budäus/Grüb* (2007b), S. 13 f.

41 Vgl. *Budäus* (2006), S. 15.

Bündelung von Ressourcen (Aufgabenteilung)

Merkmal jeder PPP ist auch eine Bündelung von Ressourcen der öffentlichen Hand und der Privatwirtschaft. So gehen bei einer PPP die beteiligten Partner davon aus, dass sich ihre individuellen Interessen durch Kooperation und Bündelung ihrer Ressourcen besser verwirklichen lassen, als dies bei einer individuellen Aktivität der Fall wäre.[42] Diese Bündelung der Ressourcen kann sich sowohl bei einer PPP aus Basis eines Leistungsaustausches beziehen, als auch auf einen gemeinsamen Pool in Form eines gemischtwirtschaftlichen Unternehmens, in der beide Partner ihre Ressourcen einbringen.[43]

Zielkongruenz

Ein weiteres charakteristisches Merkmal einer PPP ist, dass unterschiedliche Handlungslogiken zu einer gemeinsamen Zielperspektive vereint werden. Primäres Ziel der öffentlichen Hand ist das Gemeinwohl im Allgemeinen und die Bereitstellung der öffentlichen Leistung im Speziellen, wobei diese möglichst wirtschaftlich erbracht werden soll.[44] Nur wenn sich die Ziele des Privaten und der öffentlichen Hand vereinigen lassen, also eine effizientere Bereitstellung der öffentlichen Aufgabe erfolgt, bei der der Private gleichzeitig einen Gewinn erzielen kann, sind die Ziele kongruent. Eine Kooperation ohne Zielkongruenz, also mit konfliktionären Zielen des öffentlichen und privaten Sektors, kann dagegen nicht als PPP klassifiziert werden.[45]

Risikoallokation

Ein wesentliches Effizienzpotenzial einer PPP ergibt sich durch eine projektspezifische Risikoverteilung auf die beteiligten Parteien des öffentlichen und privaten Sektors.[46] Eine effiziente Risikoverteilung ist dabei so zu verstehen, dass derjenige Partner, der ein Risiko am ehesten beeinflussen kann, dieses auch trägt. Insbesondere bedeutet dies nicht, dass ein maximaler Risikotransfer vom öffentlichen Partner hin zum privaten Partner erfolgt.[47] Somit sind im Rahmen eines PPP-Projektes die Risikoidentifikation, Risikobewertung und Risikoverteilung enorm wichtig.[48] Die Risikoverteilung stellt damit ein charakteristisches Merkmal einer PPP dar; findet keine Risikoverteilung statt, so ist die Zusam-

---

42 Vgl. *Budäus* (2003), S. 221.
43 Vgl. *Budäus/Grüb* (2007a), S. 8.
44 Vgl. BMVBW (2003a), S. 4.
45 So auch *Eggers* (2004), S. 31 f.
46 Vgl. *Littwin/Schöne* (2006), Rn. 3.
47 Vgl. *Kulle* (2003), S. 129.
48 Vgl. BMVBW (2003a), S. 5 f.

menarbeit der öffentlichen Hand mit dem Privaten nicht als PPP zu klassifizieren.[49]

Lebenszyklusansatz

Als weiteres wesentliches Merkmal einer PPP wird der Lebenszyklusansatz gesehen: Im Gegensatz zu einer herkömmlichen Beschaffung der öffentlichen Hand werden nicht einzelne Teilleistungen bezogen, sondern vielmehr ein Leistungsbündel. Wichtig ist dabei, dass nicht nur eine oder mehrere Phasen der Leistung vom Privaten erbracht werden. Vielmehr ist es erforderlich, dass mindestens die Phasen Planung, Bau, Betrieb und Finanzierung aus einer privaten Hand erfolgen.[50] Insbesondere die Finanzierungs- und die Betriebsphase sind dabei vom Privaten zu leisten. Wesentliches Merkmal einer PPP ist nämlich die Einbindung privaten Kapitals, also die Vorfinanzierung der bereitgestellten Leistung durch das private Unternehmen. Ist die Betriebsphase daneben nicht Teil der vom Auftragnehmer erbrachten Leistung, so findet zum einen keine langfristige Zusammenarbeit statt, zum anderen liegt der Schwerpunkt dann auf der privaten Vorfinanzierung einer öffentlichen Leistung.[51] Dies alleine reicht aber nicht aus - und soll auch gerade nicht ausreichen - um die Zusammenarbeit der beiden beteiligten Parteien als PPP zu klassifizieren.[52] Die Vergütung für die Bereitstellung der öffentlichen Leistung erfolgt bei PPP über den Betrieb und dabei über die Unterhaltungskosten, eine originäre Vergütung für die Bauleistung oder die sonstige Vorleistung selbst fehlt, vielmehr erfolgt ihre Bezahlung erst im Rahmen der Vergütung der nachgelagerten Dienstleistung. Dies erklärt auch die Maßgeblichkeit des Lebenszyklusansatzes.[53] Im öffentlichen Hochbau stellen darüber hinaus empirischen Studien zufolge die Betreiberleistungen rund zwei Drittel der Gesamtkosten eines PPP-Projektes und belegen damit, wie essentiell der Einschluss der Betriebsphase für das Vorliegen einer PPP ist.[54] Der Ansatz des Lebenszyklus bedeutet auch, dass alle im Rahmen des Projektes entstehenden Kosten - also insbesondere auch die der Betriebsphase - zu berücksichtigen sind, was oft ein Umdenken des kameralistisch geprägten Kostendenkens der öffentlichen Hand erfordert.[55]

---

49 So auch *Albrecht* (2004), Fach 29, S. 1638.

50 Dies schließt nicht aus, dass mehrere private Unternehmen eine gemeinsame Projektgesellschaft gründen, die als Partner der öffentlichen Hand auftritt.

51 So auch BdB (2004), S. 10.

52 Vgl. auch *Littwin/Schöne* (2006), Rn. 40 f.

53 Vgl. *Leinemann/Kirch* (2006), S. 36.

54 Vgl. BMVBS (2007), S. 5.

55 Vgl. BMVBW (2003a), S. 5.

Definition der PPP im Sinne dieser Arbeit

In Deutschland liegt keine eindeutige Definition für PPP vor. Der Begriff PPP ist aber nicht nur in Deutschland, sondern auch international nicht einheitlich definiert, wobei die Zahl der Begriffsdefinitionen mit der wachsenden Zahl der Veröffentlichungen zum Thema PPP zunimmt.[56] Dies resultiert vor allem daraus, dass der Begriff PPP in der Vergangenheit für unterschiedliche Systeme der Kooperation Anwendung findet, was zu einer allgemeinen Verwirrung um den Begriff führte, die bis heute anhält.[57] PPP ist ein Programmbegriff, der verschiedene Varianten der Zusammenarbeit zwischen Privaten und der öffentlichen Hand umfasst.[58]

Unter einer PPP soll im Weiteren eine auf vertraglicher Grundlage begründete langfristige partnerschaftliche Zusammenarbeit zwischen der öffentlichen Hand und mindestens einem privaten Partner mit dem Ziel der effizienteren Bereitstellung einer öffentlichen Leistung verstanden werden, die wenigstens die Phasen der Planung, der Erschaffung, der Finanzierung und des Betriebes durch den privaten Partner umfasst, und bei der die entstehenden Risiken zwischen der öffentlichen Hand und dem privaten Partner sachgerecht verteilt werden.

---

56 Vgl. *Budäus/Grüb* (2007a), S. 8; für eine Übersicht über die Definitionsversuche in England *Allan* (1999); *Savas* (2000), S. 106.

57 *Krucewicz* (1993), S. 7 f. moniert 1993 bereits, dass der Begriff PPP im Sprachgebrauch der BRD eine undifferenzierte Verwendung als Synonym für jede öffentlich-private Zusammenarbeit findet. *Kestermann* (1993), S. 205 drückt es wie folgt aus: „Es herrscht Verwirrung um den Modebegriff [PPP]". *Budäus/Grüning/Steenbock* (1997a), S. 15 f. sehen PPP zunächst nur als Synonym für Privatisierung, da Privatisierung ein Reizwort darstelle. *Kirsch* (1997), S. 23 redet von der „inflationären Verwendung" des Begriffs PPP, *Heinz* (1998), S. 210 ff. dagegen von Verwirrung um den Begriff PPP, *Schoch* (1999), S. 103 nennt die PPP Modernität suggerierend, aber rechtlich Unverbindliches transportierend als schillernden Sammelbegriff unterschiedlichster Erscheinungsformen der Kooperation zwischen Verwaltungsträgern und Privaten. Einen ganzen Katalog zur Frage, was eine PPP eigentlich darstellt, liefert *Budäus*: innovative Beschaffungsvariante (*Budäus* (2006), S. 14); eigenständiges Organisationskonzept (*Budäus/Grüning/Steenbock* (1997a), S. 6); spezifische Form der Steuerung und Aufgabenerfüllung von Verwaltungen (*Budäus/Grüning* (1996), S. 278); sozioökonomisches System (*Budäus/Grüb* (2007b), S. 21 f.) und Marketingstrategie (*Budäus* (2003), S. 217). Die Jurisprudenz redet mit *Kämmerer* (2001), S. 66 daher von Polyvalenz des Begriffs PPP; mit *Nickel/Kopf* (2004), S. 9 vom dunklen Begriff PPP, was *Schuppert* (2001), S. 5 dazu veranlasst zu fordern, der Begriff PPP dürfe nicht als rechtsdogmatischer Begriff verwendet werden; ähnlich *Theobald/Michaels* (2004), 3. Kapitel, Rn. 6, so dass *Tettinger* (2005), S. 2 ein Ende der (juristischen) Definitionsversuche fordert.

58 Vgl. BMVBS (2007), S. 3; so zuletzt auch Finanzministerium NRW (2007), S. 10.

2.3 Gründe für Public Private Partnerships

Bei der Frage nach den Gründen für PPPs treten vor allem zwei Aspekte in den Vordergrund: Die Lage der öffentlichen Haushalte sowie die Maßnahmen der Verwaltungsreform, die unter dem Begriff „New Public Management“ (NPM) zusammengefasst werden. Öffentliche Haushalte stoßen einerseits immer öfter an ihre finanziellen Grenzen, andererseits ändert die öffentliche Hand ihr grundsätzliches Rollenverständnis und richtet ihre Aktivitäten zunehmend nach Effektivität und Effizienz aus, also unternehmerisch-ökonomischen Aspekten, und muss sich an diesen messen lassen.[59]

Daneben werden aber auch weitere Einflussgrößen für PPPs aufgeführt: Die Europäische Union, die Ineffizienzhypothese öffentlicher Verwaltung,[60] Lobbyismus, Value for Money und die „Flucht aus dem Verwaltungsrecht“.

Im Folgenden wird auf die genannten Gründe für PPPs genauer eingegangen. Als Ergebnis kann bereits festgehalten werden, dass aus der Vielfalt der angesprochenen Gründe die Finanzierungsnot der öffentlichen Haushalte als *das* Motiv für PPPs erscheint, noch vor dem NPM.[61] PPPs sind also nicht das Ergebnis vorausschauender, gestaltender Politik, sondern wurden bzw. werden vielmehr aus der Not heraus geboren.[62]

Allerdings können die beiden Hauptgründe für die Initiierung von PPPs - also die Lage der öffentlichen Haushalte und das NPM - nicht komplett getrennt voneinander betrachtet werden, da aufgrund des vorhandenen Investitionsstaus bei gleichzeitigem Knappwerden öffentlicher Mittel die öffentliche Hand mehr denn je vorhandene Investitionsspielräume effizient nutzen muss. Um dies zu erreichen, sind Kooperationen mit privaten Partnern u.U. vorteilhaft, da so deren Know-How und Arbeitsmethodik genutzt und somit ggf. eine günstigere Leistungserbringung erreicht werden kann.[63] Eine solche Form der Kooperation zwischen öffentlichem und privatem Sektor und wiederum ist als Teil des NPMs aufzufassen.[64]

---

59 Vgl. *Kouwenhoven* (1993), S. 119.

60 Vgl. *Budäus/Grüb* (2007b), S. 22.

61 So auch *Eggers* (2004), S. 77; anderer Auffassung ist die Bundesregierung, die das NPM als auslösendes Moment für PPPs an erster Stelle listet, die Finanzlage der öffentlichen Haushalte aber immerhin auch als Grund auflistet; vgl. BT-Drucks.15/5668, S. 1.

62 Vgl. *Sack* (2006).

63 Vgl. Finanzministerium NRW (2005), S. 9.

64 Das NPM wird dabei aber eher Mittel zum Zweck als Grund: Die Finanznot stellt den Grund für das Eingehen einer PPP, das Mittel zur Kosteneinsparung ist die Kooperation mit dem Privaten.

2.3.1 Haushaltslage der Gebietskörperschaften

Als Auslöser für PPPs wird in Deutschland vor allem die prekäre öffentliche Haushaltslage identifiziert.[65] Die Finanzkrise[66] der öffentlichen Haushalte, Strukturwandelprozesse und auch eine Furcht vor hohen Folgekosten bei unterlassenen Investitionen in bereits bestehende Infrastruktur forciert vor allem Kommunen, nach neuen Wegen zu suchen, um die ihnen obliegenden Aufgaben erfüllen zu können.[67] Dies führte bis heute dazu, dass die klassische Dichotomie zwischen Staat und Privaten (wieder) zunehmend in Frage gestellt wurde, und im Gegenzug die Frage aufkam, ob nicht geeignete Kooperationsstrategien zwischen den beiden Sektoren entwickelt werden könnten:[68] Angesichts eines geringen Umverteilungsspielraums bei den öffentlichen Finanzen und der bereits hohen Staatsverschuldung ist der Staat gefordert, eine effiziente Nutzung der zur Verfügung stehenden finanziellen Mittel zu gewährleisten. Dies bedeutet auch zu prüfen, in wieweit privates Know-How und privates Kapital genutzt werden können, um die Beschaffung bzw. die Bereitstellung öffentlicher Infrastruktur effizienter zu gestalten.[69]

PPP-Modelle werden dabei als Instrumente eingesetzt, um genau diese privaten (Kapital-)Ressourcen und privates Know-how für die öffentliche Hand nutzbar zu machen und so öffentliche Infrastruktur effizienter, schneller und damit kostengünstiger bereitzustellen.[70] PPPs erscheinen als probates Mittel, nichtstaatliche Ressourcen zu mobilisieren und unter ihrem Einsatz die öffentliche Gewährleistungsfunktion aufrecht zu erhalten.[71] Sie scheinen geeignet, die Gratwanderung zwischen öffentlicher Haushaltssanierung und dringend notwendiger Investitionen zu beschreiten.

Ob dieser Weg allerdings dazu geeignet ist, den kommunalen Finanzierungsstau zu beseitigen, wie *Riemenschneider/Nitzsche* dies sehen, mag bezweifelt werden.[72] Auch *Nickel/Kopf* behaupten, die öffentliche Hand könne durch PPP

---

65 Vgl. *Weber/Alfen/Maser* (2006), S. 44.

66 *Kirchhof* ist der Ansicht, dass der Begriff der Finanzkrise in Bezug auf die öffentlichen Haushalte aus der öffentlichen Diskussion verbannt werden sollte, da der Staat auf stetig steigende Einnahmen blicken kann. Das Problem sei vielmehr, dass er den materiellen Ausgleich zwischen Einnahmen und Ausgaben dauerhaft nicht herstellen könne und daher kontinuierlich auf Kredite zurückgreife; vgl. *Kirchhof* (1997), S. 750.

67 Vgl. DStGB (2002), S. 4.

68 Vgl. *Budäus/Grüb* (2007a), S. 5.

69 Vgl. BdB (2004), S. 7.

70 Vgl. DStGB (2002), S. 4.

71 Vgl. *Sack* (2003), S. 356.

72 Vgl. *Riemenschneider/Nitzsche* (2007), S. 18.

ihrem Versorgungsauftrag trotz knapper Mittel nachkommen.[73] Eine solche Argumentationslinie, wie auch *Lippold* sie verfolgt, die aussagt, der Staat habe einen Instandhaltungsstau produziert und könne es sich angesichts der Misere der öffentlichen Haushalte nicht erlauben, diesen durch weitere Steuern, Abgaben oder sonstige Belastungen zu beanspruchen und deshalb auf privates Kapital und somit auf PPP zurückgreifen müsse, scheint verfehlt.[74] Dies schürt den Eindruck, mit einer PPP könne der Staat Maßnahmen realisieren, ohne für sie zahlen zu müssen. Mit PPP geht jedoch zweifelsohne eine (zukünftige) Belastung der öffentlichen Haushalte einher.

Sicher aber kann durch einen effizienteren Umgang mit öffentlichen Mitteln ein Beitrag zur generellen Konsolidierung öffentlicher Haushalte beigesteuert werden.[75] *Hopfe/Ishorst* weisen daneben zu Recht darauf hin, dass PPP nicht nur in Zeiten knapper Haushaltskassen eine wirtschaftliche Beschaffungsvariante für öffentliche Leistungen darstellt, sondern auch bei Zeiten voller öffentlicher Kassen.[76]

2.3.2 New Public Management

PPPs sind als Element der Verwaltungsreform anzusehen.[77] Nach *Budäus* lassen sich die staatlichen Modernisierungsstrategien im Rahmen des New Public Managements (NPM) drei interdependenten Ebenen zuordnen, von denen hier zwei relevant erscheinen:[78] Ein neues Rollenverständnis von Staat und Verwaltung sowie die interne Modernisierung von Verwaltung (Binnenreform).

Mit dem Import der Grundsatzidee von PPP zur Lösung anstehender gesellschaftlicher Probleme nahm das Konzept Einzug in die deutsche Verwaltungsreform:[79] PPPs stehen für effizientes und modernes Verwaltungsdenken mit dem Ziel, die Strukturen des öffentlichen Sektors mit der Dynamik und dem Know-

---

73 Vgl. *Nickel/Kopf* (2004), S. 15.

74 Vgl. *Lippold* (2006), S. 54 f.

75 So auch *Bürsch/Funken* (2007), Rn. 8.

76 Vgl. *Hopfe/Ishorst* (2008), S. 159.

77 *Alfen/Fischer* konstatieren, dass PPPs explizit *nicht* zum Instrumentenkatalog des NPM zu zählen seien, da diese darauf abzielten, die internen Leistungsprozesse der Verwaltung zu optimieren. Dazu zähle aber nicht die Übertragung der Aufgaben auf den Privaten; vgl. *Alfen/Fischer* (2006), S. 4. Folgt man der Definition des NPMs nach *Budäus/Finger* (1999), S. 313 ff., so ist dieser Argumentation entgegenzuhalten, dass die Optimierung der internen Leistungsprozesse der Verwaltung nur *einen* Baustein des NPMs darstellt, nämlich den der Binnenmodernisierung. PPPs fallen zwar nicht unter diesen Baustein, jedoch auf jeden Fall unter das Neue Rollenverständnis von Staat und Verwaltung und sind somit definitiv als Teil des NPMs anzusehen.

78 Vgl. *Budäus/Finger* (1999), S. 319.

79 Vgl. *Kruzewicz* (1993), S. 7.

How der privaten Wirtschaft zum gemeinsamen, beidseitigen Nutzen zu verbinden.[80]

Vor allem aber sind PPPs Ausdruck des neuen Rollenverständnisses von Staat und Verwaltung: Sie sind ein Auswuchs des aktivierenden Staates, welcher sein Aufgabenspektrum zunehmend zu reduzieren versucht.[81] PPPs spiegeln den Rückzug des Staates als direkter Akteur aus der Wirtschaft und seinen Übergang zu Organisation, Regulierung und Controlling:[82] Staat und Verwaltung als Produzenten öffentlicher Leistungen werden mit PPPs in Frage gestellt. Die öffentliche Hand bleibt bei der PPP Aufgabenträger, bedient sich jedoch eines Aufgabenerfüllers.[83] Der Private übernimmt i.d.R. nicht unmittelbar selbst eine öffentliche Aufgabe, sondern erbringt lediglich eine Leistung, durch die die öffentliche Hand ihre öffentliche Aufgabe erfüllen kann.[84] Europa-, verfassungs- und einzelgesetzlich steht der Erledigung einer öffentlichen Aufgabe durch eine PPP bis auf einige Hindernisse grundsätzlich nichts im Wege.[85] Je weiter die öffentliche Aufgabe dabei vom Kernbereich der staatlichen Verantwortung entfernt ist, desto einfacher und unbedenklicher erscheint die Einbindung des Privaten.[86]

Eine PPP ist eine Beschaffungsvariante zwischen konventioneller Beschaffung durch den Staat und materieller Privatisierung.[87] Das BMVBS nennt sie als dritten Weg zur Realisierung öffentlicher Daseinsvorsorge zwischen Eigenerstellung und materieller Privatisierung.[88] Die PPP ist der funktionalen Privatisierung zuzurechnen, siedelt sich an im Spektrum zwischen einer formellen und einer materiellen Privatisierung:[89] Der Hoheitsträger behält die Aufgabener-

80 Vgl. Finanzministerium NRW (2007), S. 8.

81 Vgl. *Damkowski/Rösener* (2003), S. 172; *Roentgen* (2001), S. 38.

82 Vgl. Europäische Kommission (2004a), S. 3.

83 Vgl. *Bonk* (2000), S. 437.

84 Vgl. *Becker* (2002), S. 306; *Schäfer/Thiersch* (2006), S. 90.

85 Vgl *Tettinger* (2005), S. 4 f.; *Schäfer/Thiersch* (2006), S. 85 ff.; *Littwin/Schöne* (2006), Rn. 45 f.

86 Vgl. *Tettinger* (1996), S. 768.

87 Vgl. Bertelsmann/Pünder/D21 (2003), S. 11; *Littwin/Schöne* (2006), Rn. 2; International Financial Services London (2003), S. 3.

88 Vgl. BMVBS (2007), S. 3.

89 Vgl. *Tettinger* (1996), S. 764 f.; *Tettinger* weist allerdings auch darauf hin, dass eine Zuordnung von PPP zur funktionalen Privatisierung zur Folge habe, dass gemischtwirtschaftliche Unternehmen darunter nicht erfasst würden, da bei einer Übertragung der Erfüllungsverantwortung auf das gemischtwirtschaftliche Unternehmen der Private in die Erfüllungsverantwortung mit einbezogen würde. Bliebe zur Heilung dessen der Hoheitsträger alleiniger Verantwortlicher für die Aufgabenerfüllung, so läge dennoch keine funktionale Privatisierung vor, da die öffentliche Hand über seine Beteiligung am Unternehmen auch an der Erledigung der Aufgabe beteiligt wäre. Eine Ausgliederung eines gemischtwirtschaftlichen Unternehmens aus dem Begriffsfeld der PPP könne allerdings kaum gewünscht sein, da dieses oftmals als der Prototyp einer PPP gelte; vgl. *Tettinger*

füllungsverantwortung, bedient sich zur Aufgabenerledigung allerdings der Hilfe Privater. Der private Auftragnehmer wird Erfüllungsgehilfe der öffentlichen Hand.[90] Sie ist gewissermaßen ein „Zwitter" zwischen einer formellen und einer materiellen Privatisierung. Eine PPP vereint beide Vorteile, zum einen bindet sie den privaten Sektor und seine Ressourcen in den öffentlichen Sektor ein und behält zum anderen gleichzeitig die Möglichkeit der Einflussnahme.[91] PPPs sind somit auch nicht nur als Finanzierungsalternative, sondern vielmehr als eine alternative Beschaffungsvariante anzusehen.[92]

2.3.3 Weitere Gründe für PPPs

Neben den zwei Hauptgründen, die für das Zustandekommen von PPPs identifiziert wurden, werden diverse andere Gründe für PPPs vorgebracht, die nachfolgend kurz skizziert werden.

Als Motivation für PPP wird neben der Finanzlage der öffentlichen Haushalte und dem NPM die „Flucht aus dem Verwaltungsrecht" angeführt.[93] Demnach empfindet die Verwaltung ihre eigenen strukturellen Vorgaben aus dem öffentlichen Recht, insbesondere des Haushaltsrechts, des Dienstrechts sowie des Besoldungsrechts als Fesseln. Dies veranlasst sie zur Flucht aus ihrem eigenen Rechtsrahmen, insbesondere der Flucht aus dem Budget, aus den Besoldungsvorgaben, Stellenkegel und Laufbahnverordnungen: Als Hauptmotivation für diverse Formen der Privatisierung wird die Entbindung von Kameralistik, Tarifrecht und Verwaltungsvorschriften gesehen, um so Dienstleistungen schneller und effizienter zu erbringen.[94] Auch unter den Restriktionen des Verwaltungsrechts nehmen die „Fesseln" des Haushalts und des Budgets wieder eine führende Rolle ein.[95] *Schuppert* konstatiert, dass auch PPPs als eine Form der Privatisierung den „vermeidungsstrategischen Privatisierungen"[96] zuzuordnen seien.[97] Wenig überraschend erscheint, dass auch die private Bauwirtschaft diese Ansicht unterstützt und die Auffassung vertritt, nur eine Gesellschaft außerhalb von

---

(2005), S. 2. Auf diese (formal-juristische) Problematik soll allerdings im Rahmen dieser Arbeit nicht weiter eingegangen werden, vielmehr wird suggeriert, dass auch die Gründung eines gemischtwirtschaftlichen Unternehmens unter den Mantel der funktionalen Privatisierung fällt und damit der gängigen Praxis gefolgt.

90 Vgl. *Schede/Pohlmann* (2006), S. 102.

91 So *Tettinger* (2005), S. 2. *Budäus* beschreibt die PPP wiederum als „Durchgangsstadium zur vollständigen Privatisierung"; vgl. *Budäus* (2003), S. 216.

92 Vgl. *Schäfer* (2008), S. 15; BMVBS (2007), S. 4.

93 So *Schuppert* (2001), S. 87.

94 Vgl. *Weber/Alfen/Maser* (2006), S. 58.

95 Vgl. *Puhl* (1996).

96 So *Loeser* (1988).

97 Vgl. *Schuppert* (2001), S. 87.

Verwaltungsstrukturen in einer Form des Privatrechts sei in der Lage, sich gegen Verwaltungswiderstände zu behaupten und privatwirtschaftliches Know-How durch die Akquise qualifizierten PPP-Personals vom privaten auf den öffentlichen Sektor zu transferieren.[98]

Daneben wird als weiterer Grund für PPPs das fehlende Know-How des öffentlichen Personals genannt.[99] Durch die Zusammenarbeit mit dem Privaten soll dessen Know-How und Arbeitsmethodik verwendet und langfristig sogar auf den öffentlichen Sektor übertragen werden. Weiterhin wird die Europäische Union als Treiber der PPPs gesehen. Ihre allgemeine Wettbewerbsorientierung, die Kernüberzeugung nach „mehr Markt" auch im öffentlichen Sektor und die Liberalisierung auf unterschiedlichen Sektoren hätten die Verbreitung von PPPs gefördert.[100] Schließlich wird darauf hingewiesen, dass auch die Lobbyarbeit der durch PPP vornehmlich betroffenen Branchen des Hoch- und Tiefbaus für das Zustandekommen von PPPs nicht zu unterschätzen sei.[101]

2.4 Ziele von Public Private Partnerships

Die öffentliche Hand verfolgt mit einer PPP verschiedene Ziele. Eine sehr breit gefasste Übersicht beinhaltet im Einzelnen eine schnellere Projektrealisierung, eine effizientere Aufgabenerledigung, größere finanzielle Planungssicherheit insbesondere durch Übertragung von Risiken auf den Privaten, ferner Kostenoptimierung, Nutzung privatwirtschaftlichen Know-Hows, Verschlankung der Verwaltungsstrukturen sowie die Implementierung privatwirtschaftlicher Steuerungs- und Managementmethoden.[102] Zusammenfassend wird als Ziel die umfassende Optimierung öffentlicher Leistungen genannt.[103] Es besteht die Auffassung, ein höheres Niveau öffentlicher Leistungen erreichen zu können, das auch das Niveau der Eigenerstellung anhebt.[104]

Werden die in der Literatur angegebenen Ziele von PPPs genauer analysiert, so ist festzustellen, dass letztlich fast immer eine effizientere Bereitstellung einer öffentlichen Leistung im Fokus steht. Effizienzsteigerung heißt dabei Einspa-

---

98 So der stellvertretende Hauptgeschäftsführer des Hauptverbandes der Deutschen Bauindustrie *Stiepelmann* (2008), S. 18.

99 Vgl. *Roentgen* (2001), S. 134; allerdings ist zu beachten, dass die öffentliche Hand v.a. Personalkapazitäten ggf. nur schwer abbauen kann, was im Extremfall dazu führen kann, dass eine stärkere Auslastung des vorhandenen öffentlichen Personalstocks in der Verwaltung sogar wünschenswert erscheint; vgl. dazu auch *Derlien* (1974), S. 12.

100 Vgl. *Sack* (2003), S. 353 u. S. 368.

101 Vgl. *Budäus* (2003), S. 214.

102 So *Littwin* (2007), Rn. 9; BMVBW (2003a), S. 7.

103 Vgl. *Leinemann/Kirch* (2006), S. 35.

104 Vgl. *Bürsch/Funken* (2007), Rn. 5.

rung von Kosten: Der Einbezug des Know-Hows des Privaten, die Übertragung von Risiken, die Beschleunigung des Planungs- und Realisationsprozesses etc. dienen schließlich allesamt dem Ziel der Kostenreduzierung auf Seiten der öffentlichen Hand. Dieses ökonomische Ziel übt im Rahmen von PPP die stärkste Dominanz aus.[105] PPPs sind bezeichnend für die zunehmende Ökonomisierung des öffentlichen Sektors.[106] Die angestrebten Einsparungen sollen dazu dienen, die Leistungsfähigkeit der öffentlichen Hand mittel- bis langfristig zu erhöhen.[107] Gleichzeitig soll damit eine Verbesserung der kommunalen Haushaltssituation erreicht werden.[108] Dies soll neben Einsparungen vor allem auch durch die Mobilisierung privaten Kapitals erreicht werden.[109] Das zentrale Ziel der Effizienzsteigerung wird im Folgenden genauer betrachtet. Anschließend werden noch weitere, den Effizienzgewinnen untergeordnete Ziele kurz beschrieben.

2.4.1 Hauptziel: Effizientere Bereitstellung öffentlicher Leistungen

In der Vergangenheit war es üblich, Immobilien als Betriebsmittel anzusehen und damit als Fixkostenbestandteil des öffentlichen Haushaltes.[110] Diese Betrachtungsweise weicht einem neuen Immobilienverständnis, welches die Rentabilität in den Mittelpunkt stellt.[111] Eine Immobilie wird demnach nicht weiter als reiner Kostenfaktor im Haushalt betrachtet, sondern als eine strategische Ressource, die unter ökonomischen Aspekten effizient zu bewirtschaften ist.[112] Insbesondere beherbergt sie Kostensenkungspotenziale, welche zu identifizieren und zu heben sind.[113] Ein solches ökonomisches Denken im öffentlichen Sektor ist dabei kein frommer Wunsch: Die öffentliche Hand ist gem. § 6 HGrG sowie § 7 BHO zum effizienten Handeln *verpflichtet*. Nach § 6 Abs. 1 S. 1 HGrG bzw. § 7 Abs. 1 S. 1 BHO sind sowohl bei Aufstellung als auch bei Ausführung des Haushaltsplanes die Grundsätze der Wirtschaftlichkeit und Sparsamkeit zu beachten.[114]

---

105 Vgl. *Kirsch* (1997), S. 102.
106 Vgl. *Löffler* (2003), S. 22; *Budäus* (2003), S. 215.
107 Vgl. *Weber/Alfen/Maser* (2006), S. 40.
108 Vgl. *Roentgen* (2001), S. 102.
109 Vgl. *Kirsch* (1997), S. 102.
110 Vgl. *Krummacker* (1994), S. 728.
111 Vgl. *Kruse* (2001), S. 79.
112 Vgl. *Altmannshofer* (2006), S. 40.
113 Vgl. *Krummacker* (1994), S. 728.
114 Vgl. zur Wirtschaftlichkeit nach § 7 BHO, insbesondere zum Effizienzbegriff, zum ökonomischen Prinzip sowie zum Maximal-, Minimal- und Sparsamkeitsprinzip ausführlich *Eibelshäuser/Nowak*, II, § 7 BHO, Teil 2. Zusätzlich finden sich die Prinzipien der Wirtschaftlichkeit und Sparsamkeit noch einmal in § 34 Abs. 2 Satz 1 BHO u. § 90 Nr. 3 BHO wieder. Analoge Formulierungen bestehen daneben in allen LHOs, auf die hier nicht

Die entscheidende Legitimation für das Eingehen einer PPP ist daher das Erzielen von Effizienzgewinnen im Vergleich zu einer traditionellen Beschaffungsmethode der öffentlichen Hand.[115] Das Potenzial dazu scheint durchaus vorhanden. So werden die Effizienzvorteile einer Aufgabenerledigung durch PPPs mit 5 % bis 15 % beziffert.[116] Es stellt sich die Frage, weshalb durch eine Zusammenarbeit mit dem privaten Sektor die Kosten schrumpfen bzw. schrumpfen sollten, also warum eine Kooperation zwischen öffentlicher Hand und Privatwirtschaft effizienteres Wirtschaften zur Folge hat, denn nur mit diesem Ergebnis sind PPP-Modelle überhaupt zulässig. Wäre im Gegenzug das Ergebnis einer PPP unwirtschaftlicher als bei einer Eigenrealisierung, so würde sie gegen das Wirtschaftlichkeitsgebot nach § 6 Abs. 1 HGrG bzw. § 7 Abs. 1 BHO verstoßen.[117] Zur Beantwortung der Frage, weshalb durch eine PPP eine effizientere Bereitstellung öffentlicher Leistungen möglich sein kann als im Falle einer Eigenrealisierung, wird im Folgenden auf die Neue Institutionenökonomik zurückgegriffen.

2.4.1.1 PPP aus Sicht der Theorie der Verfügungsrechte

In Verbindung mit der Annahme der individuellen Nutzenmaximierung sind die Verfügungsrechte dann optimal zugeordnet, wenn sie möglichst konzentriert - d.h. unverdünnt - an ein Individuum gebunden sind.[118] Im Idealfall bilden sie seine Existenzgrundlage. Sind die Verfügungsrechte übertragbar, existieren also Märkte für sie und herrscht auf diesen Märkten Wettbewerb, so ist sichergestellt, dass jede Ressource in das Eigentum genau desjenigen übergeht, der aus ihr den höchsten Ertrag erzielen kann.[119]

Zur Beurteilung eines optimalen institutionellen Arrangements zur kostengünstigen Bereitstellung einer öffentlichen Leistung mit Option zur PPP wird im Folgenden analysiert, welche Anreizwirkungen von verschiedenen Allokationen der Verfügungsrechte ausgehen. Bei einer Eigenrealisierung sind zunächst sämtliche Verfügungsrechte im Eigentum der öffentlichen Hand. Mittelbar jedoch ist nicht

---

weiter eingegangen wird. Die Bindungswirkung entfaltet sich nicht nur auf die öffentliche Hand, sondern auch auf den Gesetzgeber, da das Gebot der Wirtschaftlichkeit Verfassungsrang besitzt; vgl. *von Arnim* (1988), S. 121 unter Verweis auf Art. 114 Abs. 2 GG.

115 Vgl. auch SPD (2005), S. 22; *Bürsch/Funken* (2007), Rn. 14.

116 Vgl. Finanzministerium NRW (2005), S. 10 f.; vgl. auch die PPP-Projektdatenbank der BMVBS unter www.ppp-projektdatenbank.de. Teilweise seien gar Effizienzvorteile bis zu 25 % zu erzielen; vgl. *Grübler* (2005), S. 299 u. 301.

117 Vgl. *Nickel/Kopf* (2004), S. 12.

118 Vgl. *Demesetz* (1967), S. 347 ff.

119 Vgl. *Richter/Furubotn* (2003), S. 93 u. 94. Herrscht kein Wettbewerb, wird also der Tausch von Verfügungsrechten behindert, so besteht die Gefahr der Monopolbildung und damit einhergehend aus gesamtwirtschaftlicher Sicht ein Wohlfahrtsverlust.

die Verwaltung Eigentümer der Verfügungsrechte, sondern vielmehr die Öffentlichkeit, also der Bürger. Damit liegt eine sehr breite Streuung der Verfügungsrechte vor. Für den einzelnen Bürger bedeutet dies, dass es sich prinzipiell für ihn nicht lohnt, Ineffizienzen aufzuspüren, da ihm aufgrund der breiten Streuung fast kein Nutzen daraus erwächst. Der Nutzen würde vielmehr auf die Allgemeinheit verteilt. Zusätzlich stellt sich die Frage, über welche Prüfungs-, Einwirkungs- und Sanktionsmöglichkeiten der Bürger überhaupt verfügt. Insbesondere bei den Einwirkungs- und Sanktionsmöglichkeiten bleiben ihm letztendlich fast nur Wahlen als Mittel, sein Interesse durchzusetzen, sofern Optionen wie Abwanderung oder Öffentlichkeitsarbeit nicht berücksichtigt werden, welche beide mit enormem Aufwand bzw. enormen Kosten verbunden sind.[120]

Die öffentliche Hand selbst verfolgt keine Gewinnmaximierung. Insbesondere verfügen die involvierten Individuen der öffentlichen Verwaltung nicht über das (Verfügungs-)Recht, sich die Erträge aus der Leistungserstellung anzueignen, diese fließen vielmehr an die Allgemeinheit, werden also anonymisiert. Die Zuordnung von Kompetenzen erscheint zersplittert, sie liegt oft bei verschiedenen staatlichen Institutionen und Gebietskörperschaften verteilt.[121] Dies führt zu Koordinationsproblemen, es ergibt sich oftmals eine Situation des „Aneinander-vorbei-Planens“.[122] Da nach dem Anciennitätsprinzip in der öffentlichen Verwaltung auch keine erfolgsabhängige Vergütung stattfindet,[123] besteht für die beteiligten staatlichen Individuen unmittelbar keinerlei Anreiz für eine effiziente Bereitstellung einer öffentlichen Leistung. Der „Anreiz“ zum wirtschaftlichen Handeln ergibt sich vielmehr aus dem Zwang dazu nach § 6 HGrG bzw. § 7 BHO/LHO. Die Tatsache, dass die staatlichen Individuen keinen finanziellen Vorteil aus dem kostenminimalen Einsatz der Ressourcen erzielen können, bedeutet allerdings nicht, dass sie gemeinwohlorientiert handeln; vielmehr definieren und maximieren sie ihren persönlichen Nutzen auf alternative Art, bspw. durch Ausdehnung ihres Budgets oder Ausweitung ihres Verantwortungsbereiches.[124] Dies bietet allerdings Anreiz zum ineffizienten Handeln.[125]

---

120 Vgl. *Kruse* (2001), S. 138.
121 Vgl. *Kruse* (2001), S. 115.
122 Vgl. *Kirsch* (1997), S. 103.
123 Von einer Eigengesellschaft sei abgesehen.
124 Vgl. zu dieser „Ökonomischen Theorie der Bürokratie“ *Warner* (2001); *Niskanen* (1971).
125 Ein grotesker Auswuchs ist das sog. „Dezemberfieber“; vgl. dazu auch Abschnitt 3.1.2. Allerdings ist zu beachten, dass auch bei einer Eigenrealisierung einer öffentlichen Leistung Teile davon durchaus ausgeschrieben und damit dem privaten Markt zugänglich gemacht werden. Wird bspw. der Bau eines Gebäudes ausgeschrieben, so wird das Recht auf materielle Änderung des zu bebauenden Grundstücks auf einen privaten Bauunternehmer übertragen. Ebenso erhält er das Recht, sich Früchte aus dem Bau eines Gebäudes - seinen Gewinn - anzueignen. Da die Entlohnung der Individuen der privaten Gesell-

Bei einer PPP wird ein Bündel aus Verfügungsrechten auf ein privates Unternehmen übertragen.[126] Sind die Verfügungsrechte wie bei einer PPP in der Hand eines privaten Unternehmens, so werden die darin eingebundenen Individuen ihren Nutzen maximieren, indem sie den Gewinn des Unternehmens maximieren, da damit ihre Entlohnung steigt. Somit besteht für sie ein hoher Anreiz zu wirtschaftlichem Handeln.[127] Gleichzeitig werden die Eigentümer von ihrer Kontrollfunktion Gebrauch machen: Im Gegensatz zur Eigenrealisierung, bei der der Bürger diese Aufgabe wahrnehmen sollte, aber aufgrund der breiten Streuung des Eigentums faktisch kaum eine Möglichkeit dazu hat, besteht diese Möglichkeit bei einer PPP-Projektgesellschaft sehr wohl. Diese hat i.d.R. als GmbH geführt eine sehr begrenzte Anzahl von Gesellschaftern. Zusätzlich verfügen diese als Inhaber über ein hohes Maß an Sanktions- und Einwirkungsmöglichkeiten.

Die Übertragung der beschriebenen Verfügungsrechte führt unter der Voraussetzung, dass die Zahlungen des öffentlichen Auftraggebers erst mit Beginn der Nutzungsphase fließen, beim privaten Auftragnehmer zu einem hohen Anreiz zur schnellstmöglichen Fertigstellung der Leistung. Eine verzögerte Fertigstellung führt zu späteren Zahlungseingängen und damit zu einem finanziellen Nachteil der beteiligten Akteure. In Konsequenz dessen ist zu beobachten, dass PPP-Projekte i.d.R. wesentlich schneller zum Ziel führen, als dies in einer Eigenrealisierung der öffentlichen Hand der Fall ist.[128]

Der wesentliche Unterschied zu einer Eigenrealisierung, bei der durchaus auch Einzelleistungen ausgeschrieben werden, ist, dass bei einer PPP keine Einzelbausteine, sondern eine Gesamtleistung auf den Privaten übertragen wird.[129] Da-

---

schaft i.d.R. vom wirtschaftlichen Erfolg des Unternehmens abhängt, besteht ein hoher Anreiz, das Gebäude ökonomisch möglichst effizient und daher zu minimalen Kosten zu errichten. Der Private realisiert unter diesen Gegebenheiten seinen Gewinn nach Fertigstellung des Gebäudes. Somit besteht für ihn keinerlei Anreiz, höhere Aufwendungen im Bau zu investieren, welche dazu geeignet wären, im Betrieb des Gebäudes weitere Ressourcen wie Strom oder Gas zu sparen. Der Ressourcenverbrauch des Gebäudes stellt für ihn einen externen Effekt dar, die entstehenden Kosten werden in seiner Planung nicht berücksichtigt. Höhere Investitionen in das Gebäude würden seinen Gewinn nur schmälern. Aus einer nicht ganzheitlichen Betrachtung des Gebäudes und seiner Nutzungsphase besteht somit trotz Einbindung des privaten Sektors ein Anreiz zu ineffizientem Handeln. Das geschilderte Problem tritt umso stärker auf, je weniger exakt die Investitionsleistung zu spezifizieren ist, da dies dem Auftragnehmer zunehmend mehr Spielraum verschafft; vgl. *Hart* (2003), C74.

126 An dieser Stelle wird ausschließlich eine PPP-Gesellschaft berücksichtigt, die sich zu 100 % im privaten Eigentum befindet, also keine gemischtwirtschaftlichen Unternehmen.

127 Vgl. BMVBS (2007), S. 17.

128 Vgl. nur BMVBS (2007), S. 17.

129 Vgl. BMVBW (2003a), S. 8; *Littwin/Schöne* (2006), Rn. 14.

durch wird ein im Gegensatz zu einer losweisen Ausschreibung abweichender Anreiz gesetzt: Verfügt der private Partner über die Verfügungsrechte an allen Gliedern der Wertschöpfungskette, so wird er diese zur Nutzenmaximierung optimal aufeinander abstimmen.[130]

Da privatwirtschaftliche Unternehmen über Markt und Wettbewerb faktisch zu effizientem Arbeiten forciert sind, verfügen sie oftmals über einen aufgabenspezifischen Know-How-Vorteil gegenüber der öffentlichen Hand, wobei dieser je nach Spezifitätsgrad der Leistung variiert. Andererseits bietet die Koordination der verschiedenen Wertschöpfungskettenglieder weitere Kostenoptimierungspotenziale: Der private Auftragnehmer strebt nach einer Minimierung der Transaktionskosten innerhalb der Wertschöpfungskette, was sich bei einer Eigenrealisierung so nicht unmittelbar ergibt.[131] Allerdings existieren auf privater Seite auch Kostennachteile bzgl. der Wertschöpfungskette, hier insbesondere im Bereich der Finanzierung. So ist ein privates Unternehmen unabhängig von seinen Fähigkeiten und Kompetenzen nicht in der Lage, die gleichen Finanzierungskonditionen für Fremdkapital zu erhalten, wie sie der öffentlichen Hand aufgrund ihrer de facto unbegrenzten Liquidität zur Verfügung stehen.[132] Daher entstehen einem privaten Unternehmen stets höhere Finanzierungskosten. Zusätzlich treten verschiedene steuerliche Nachteile auf, wie bspw. die Belastung verschiedener Leistungen des Privaten an den öffentlichen Auftraggeber mit der Umsatzsteuer.[133]

Durch die Kenntnisse, über die ein privater Anbieter verfügt, ist dieser in der Lage, von ihm beeinflussbare Risiken besser zu handhaben, als dies auf öffentlicher Seite möglich ist. Da Risiken die Effizienz und damit die Nutzenmaximierung des Privaten bedrohen, entsteht bei diesem ein hoher Anreiz zur größt-

---

130 Vgl. *Beckers* (2005), S. 75 ff. Der oben beschriebene, bei einer reinen Ausschreibung der Bauleistung auftretende externe Effekt - die Kosten der anschließenden Bewirtschaftung des Gebäudes tangieren den Gebäudeersteller und seinen Gewinn nicht - wird damit internalisiert. Diese Anreizwirkung dehnt sich auch auf die Planungs- und Verwertungsphase aus: Insbesondere, wenn die Übertragung der Verfügungsrechte beinhaltet, dass der private Investor das Risiko der Verwertung des Gebäudes trägt, wird er in der Nutzungsphase darauf bedacht sein, einen Werterhalt der Immobilie sicherzustellen; vgl. BMVBS (2007), S. 17.

131 Vgl. zur Theorie der Transaktionskosten auch Abschnitt 2.4.1.2.

132 Vgl. *Budäus/Grüb* (2007b), S. 16. Im Gegensatz zu einem privaten Unternehmen wird der Zinssatz, zu dem sich die öffentliche Hand bei Kreditgebern verschuldet, unabhängig von den Anlagerisiken betrachtet. Ein solcher risikoloser Zinssatz drückt allerdings nicht aus, dass die öffentliche Hand keine Risiken trägt bzw. bei ihr kein Schaden auftritt, sondern einzig, dass das Ausfallrisiko aus Sicht der Bank gegen Null strebt. Im Falle von auftretenden Schäden werden diese nicht an die Bank, sondern an den Steuerzahler weitergereicht: Es entsteht ein volkswirtschaftlicher Schaden bzw. Wohlfahrtsverlust.

133 Vgl. dazu ausführlich BMVBW (2005); *Kaiser* (2007).

möglichen Risikoeindämmung. Werden die Risiken quantifiziert - also monetär bewertet -, so werden bei einer Übertragung der betreffenden Verfügungsrechte die entsprechenden Risikokosten bei einer PPP daher kleiner eingeschätzt, als dies bei einer Eigenrealisierung der Fall ist. Einschränkend trifft dies allerdings nur für diejenigen Risiken zu, auf die der private Auftragnehmer Einfluss nehmen kann. Ein optimaler Risikotransfer ist daher maßgeblich für die Realisierung von Effizienzvorteilen.[134]

Insgesamt lässt sich also feststellen, dass eine PPP dazu beiträgt, die Verwässerung der Verfügungsrechte über die betroffenen Ressourcen zu beseitigen. Die Anreize zur effizienten Bereitstellung einer öffentlichen Aufgabe erscheinen bei einer Realisierung in Form einer PPP somit günstiger als im Falle einer Eigenrealisierung. Allerdings muss weiter berücksichtigt werden, dass eine Übertragung von Verfügungsrechten stets mit Kosten verbunden ist. Selbst wenn aus Sicht der Theorie der Verfügungsrechte daher eine solche Übertragung hin zu einer privaten Organisation günstig erscheint, ist weiterhin zu prüfen, ob der Saldo der Kosten der Übertragung und der beschriebenen Effizienzvorteile in Summe zu einem Effizienznachteil führen. Dieser Frage wird im folgenden Abschnitt nachgegangen.

2.4.1.2 PPP aus Sicht der Transaktionskostentheorie

Um die Frage nach der optimalen Organisationsform im Falle der Bereitstellung einer öffentlichen Leistung zu beantworten, werden nachfolgend die Transaktionskosten einer typischen, öffentlichen Leistung am Beispiel des Gebäudebaus betrachtet. Dabei rücken die Spezifität, die Häufigkeit und die Unsicherheit der Leistung in den Vordergrund.[135] Ziel der Analyse ist es, das günstigere institutionelle Arrangement - in diesem Fall also Eigenerstellung oder PPP - zu identifizieren.

Die Spezifität des Gebäudes selbst hängt stark von dessen Verwendungszweck ab. So weisen bspw. Verwaltungsgebäude keinen hohen Spezifitätsgrad aus, da sie durchaus mit üblichen Bürogebäuden verglichen werden können und i.d.R. auch einer anderen Verwendung als der durch die öffentliche Hand zugeführt werden können. Justizvollzugsanstalten bspw. weisen dagegen einen hohen Spezifitätsgrad aus, da sie einerseits speziellere Baukenntnisse erfordern und somit auch die Zahl der potenziellen Anbieter sinkt, andererseits (fast) keiner alternativen Verwendung zugänglich sind. Die Bewirtschaftungsleistungen wie Gebäudereinigung, Hausmeisterdienste, Catering etc. besitzen in allen Fällen

---

[134] Vgl. *Kleinlein/Stein* (2007), Art. 4, Rn. 15 f.; *Jacob/Kochendörfer* (2002), S. 20.
[135] Vgl. *Göbel* (2002), S. 137 ff.

keinen hohen Spezifitätsgrad und stellen vielmehr Standarddienstleistungen dar. Die Höhe der Transaktionskosten bedingt durch die Spezifität hängt somit maßgeblich vom Gebäudetyp ab.

Auch die Häufigkeit der Leistung variiert stark mit der Art der Immobilie: Schul- oder Verwaltungsgebäude existieren prinzipiell in jeder Kommune, während die Zahl der Justizvollzugsanstalten wesentlich geringer ist. Bei Schul- und Verwaltungsgebäuden ist das Potenzial zu Lern- und Skaleneffekten daher höher als bei Gefängnisbauten. Die Bewirtschaftungsleistungen wiederum treten generell sehr häufig auf.

Die Umweltunsicherheit sollte bei jeglicher Art von Gebäuden der öffentlichen Hand einigermaßen gut abschätzbar sein. Als Indikatoren dienen bei Schulen und Gefängnissen bspw. die demographische Entwicklung sowie die Kriminalitätsrate. Die Unsicherheit über das Verhalten des Vertragspartners variiert wiederum mit der Spezifität: Bei Gefängnissen besteht grds. eine höhere Gefahr des opportunistischen Verhaltens des Vertragspartners, da der „Lock-In"-Effekt stärker auftritt, als dies bei einem Schul- oder Verwaltungsgebäude der Fall ist.

Anschließend ist zu analysieren, ob die betrachtete öffentliche Leistung als eine Strategische einzustufen ist, da in einem solchen Falle stets die Hierarchie als Organisationsform gewählt werden sollte. Diese ist bei der Gebäudeerstellung- und -bewirtschaftung zu verneinen.[136] Sie stellt vielmehr eine Gewährleistungsaufgabe dar, d.h., dass zwar die Gewährleistungsverantwortung beim Staat liegt, die Finanzierungs- und Vollzugsverantwortung allerdings durchaus auf einen Privaten übertragbar ist.[137]

Schließlich ist zu hinterfragen, ob auf öffentlicher Seite Widerstände gegen eine Auslagerung der Aufgaben der Gebäudewirtschaft bestehen. Dies ist - wie auch die Empirie belegt - regelmäßig der Fall, zwar selten auf Seiten der Politik, allerdings wehren sich die Angestellten und Beamten der öffentlichen Hand oftmals vehement gegen eine Verlagerung ihres Aufgabenbereichs auf den privaten Sektor.[138] Das Problem, das sich dabei stellt, ist, dass sich die öffentliche

136 Dies sei am Beispiel einer Schule erläutert: Bildung ist für den Staat von strategischer Bedeutung. Für die gerechte und angemessene Bildung seiner Bürger zu sorgen ist eine der Kernkompetenzen des Staates. Dies bedeutet für die öffentliche Hand eine Pflicht zur Bereitstellung von Schulgebäuden und qualifiziertem Lehrpersonal, das sich in einem Dienstverhältnis mit dem Staat befindet. Die Gebäudeerstellung und -bewirtschaftung von Schulen selbst ist für die öffentliche Hand allerdings nicht von strategischer Bedeutung, sie hat lediglich sicherzustellen, dass Schulen *vorhanden* sind.

137 Vgl. *Reichard* (2003), S. 3.

138 Vgl. zu den Auslagerungswiderständen gegen eine Einschaltung privater Unternehmen ausführlich *Kruse* (2001), S. 177 ff.

Verwaltung noch schwieriger ihrer Arbeitskräfte entledigen kann, als dies in der Privatwirtschaft der Fall ist. Hier sind oftmals Kompromisslösungen zu finden, welche eine Übertragung der öffentlichen Arbeitskräfte zu den Bedingungen ihres vormaligen Dienstverhältnisses in die private PPP-Gesellschaft vorsehen. Dies ist allerdings nicht ohne Kosten möglich, welche im Vergleich zu der optimalen Organisationsform zusätzlich berücksichtigt werden müssen.

Erlauben also die Spezifität der Leistung generell einen Fremdbezug, stehen weiterhin keine Hindernisse in der Form strategischer relevanter Leistungen sowie interne Widerstände einer Ausgliederung im Weg, und überwiegt schließlich der Effizienzvorteil gegenüber dem Transaktionskostennachteil eines Fremdbezuges, so erscheint eine Kooperation im Rahmen einer PPP in Form eines relationalen Vertrages[139] als optimales institutionelles Arrangement. Generell ist davon auszugehen, dass bei typischen öffentlichen Leistungen wie die Bereitstellung und Bewirtschaftung von öffentlichen Gebäuden der Effizienzvorteil in der Produktion gegenüber den Transaktionskosten überwiegt und damit einem Fremdbezug im Rahmen einer Kooperation zwischen öffentlichem und privatem Sektor, also einer PPP, durchaus zugänglich sind.

2.4.1.3 PPP aus Sicht einer Prinzipal-Agenten-Beziehung

Zwischen dem Prinzipal als Auftraggeber und dem Agenten als Auftragnehmer herrscht stets eine Informationsasymmetrie, denn der Prinzipal kann die Tätigkeiten des Agenten nicht unmittelbar beobachten.[140] Dies führt zu Problemen in Form von hidden characteristics, hidden information, hidden action und hidden intention.[141] All diese potenziellen Probleme sind auch bei einer PPP zu betrachten.[142] Die öffentliche Hand tritt hier als Prinzipal auf, der private Auftragnehmer als Agent.[143] Es sind daher im Vorfeld Strategien zu entwickeln, wie die potenziellen Gefahren und Probleme resultierend aus diesem Verhältnis minimiert werden können. Dies beinhaltet zwingend die Implementierung geeigneter

---

[139] Der Marktbezug über einen klassischen Vertrag scheidet aufgrund der Langfristigkeit der Leistungsbeziehungen und der damit verbundenen Unsicherheiten ebenso wie der neoklassische Vertrag aus; vgl. zur Einordnung einer PPP als relationaler Vertrag auch *Budäus/Grüning/Steenbock* (1997b), S. 50 f. sowie *Budäus/Grüb* (2007b), S. 9 f. u. *Eisenkopf/Schnöbel* (2007), S. 58 f.

[140] Vgl. *Richter/Furubotn* (2003), S. 173 ff.

[141] Vgl. *Göbel* (2002), S. 100.

[142] Vgl. auch *Budäus/Grüb* (2007b), S. 15 f.

[143] Gleichzeitig kann auch eine umgekehrte Betrachtung erfolgen: So kann der Private als Prinzipal angesehen werden, als dessen Agent die öffentliche Hand in Gestalt des Nutzers der von ihm bereitgestellten Leistung auftritt. Auch für den Privaten als Prinzipal können dabei Probleme auftreten, bspw. könnte die öffentliche Hand die bereitgestellte Leistung in einer Art oder Intensität nutzen, die für den Prinzipal nicht-optimal oder sogar schädlich ist.

„Überwachungs- und Beherrschungssysteme"[144] wie bspw. eines Bonus-Malus-Systems, um für den Agenten einen Anreiz zu bieten, seine eigenen Interessen und Nutzen mit denen des Prinzipals in Einklang zu bringen.[145] Schließlich ist zu beachten, dass auch bei einer Eigenrealisierung mit der üblichen Übertragung von bspw. Bauleistungen oder Gebäudereinigungsdiensten die Prinzipal-Agenten-Probleme auftreten. Im Gegensatz zu einer solchen Ausgliederung einzelner Teilbereiche ist bei einer PPP allerdings das Potenzial eines „Hold Up" deutlich höher, da hier nur ein Vertragspartner das gesamte Leistungsspektrum übernimmt.

2.4.2 Weitere Ziele einer PPP

Neben den in der Einleitung dieses Kapitels beschriebenen Zielen, die letztlich alle auf eine effizientere Bereitstellung einer öffentlichen Leistung hinauslaufen, werden davon abweichend noch vereinzelt weitere (Neben-)Ziele einer PPP beschrieben. So sollen PPPs dazu dienen, den in Deutschland vorhandenen Investitionsstau abzubauen.[146] Diese Ansicht erscheint allerdings sehr fraglich, da durch PPPs keine zusätzlichen Einnahmequellen kreiert werden und somit auch der Ausgabenspielraum originär nicht weiter ausgedehnt wird: Selbst wenn im Rahmen von PPP-Projekten privates Kapital mobilisiert wird, muss auch dieses vom Staat zurückgezahlt werden. Der Ausgabenspielraum, der aus tatsächlich erfolgten Kosteneinsparungen erzielt wird, erscheint gleichsam zum Abbau des Investitionsstaus viel zu gering. Daneben werden PPPs als Weg zum Vorzug öffentlicher Investitionen gesehen.[147] Zusätzlich sollen sie neue Steuereinnahmen über den Verdienst der Privaten erwirtschaften, das Image der öffentlichen Hand aufbessern, die Möglichkeit eines Benchmarks für die öffentliche Hand bieten und damit langfristig die Produktivität der öffentlichen Aufgabenerfüllung steigern.[148] Schließlich sollen sie idealerweise auch den regionalen Mittelstand fördern.[149]

2.5 Verschiedene Realisierungsvarianten von PPP-Projekten

PPP-Projekte können aus juristischer Sicht auf verschiedene Weise realisiert werden. Im Folgenden werden zunächst die Vertragspartner sowie die Art des Vertrages, den die beteiligten Parteien eingehen können, beschrieben. Danach folgt eine Übersicht über die verschiedenen Realisierungsvarianten und deren

144 So *Eisenkopf/Schnöbel* (2007), S. 58.
145 Vgl. BMVBS (2007), S. 17; Treasury Task Force (2000), S. 2; BMVBW (2003a), S. 6.
146 Vgl. *Bodner* (2007), S. 9.
147 Vgl. *Thalgott/Dreyer/von Rechenberg* (2002), S. 8.
148 Vgl. *Savas* (2000), S. 240 f.; *Roentgen* (2001), S. 198.
149 Vgl. *Littwin* (2007), Rn. 9.

Besonderheiten. Diese unterscheiden sich vor allem hinsichtlich der Eigentümerstellung der öffentlichen Hand, der Endschafts- und Verwertungsregelung. Aus den Modellen selbst ergibt sich schließlich auch die jeweilige Risikoverteilung zwischen der öffentlichen Hand und dem privaten Partner.

2.5.1 Die Vertragsbeziehungen bei PPP

Als Vertragsparteien einer PPP tritt auf der einen Seite die öffentliche Hand, auf der anderen Seite ein privatwirtschaftliches Unternehmen auf. Beide treten als gleichberechtigte Partner auf, es wird ein Kooperations-, kein Unterwerfungsverhältnis begründet.[150] Die Bezeichnung „öffentliche Hand" weist darauf hin, dass hier die exekutive staatliche Verwaltung, weniger die staatliche Legislative als Vertragspartner auftritt.[151] Auf der Seite des Privaten ist zunächst ein privater Investor zentraler Verhandlungspartner. Zur Durchführung des PPP-Projektes gründet dieser regelmäßig eine eigens für diesen Zweck zu errichtende PPP-Projektgesellschaft - meist in Form einer GmbH oder GmbH & Co. KG - die fortwährend als Vertragspartner der öffentlichen Hand sowie aller Nachunternehmer im spezifischen Projekt fungiert.[152] Der private Investor ist somit Gesellschafter und Eigenkapitalgeber der Projektgesellschaft. Da der Investor i.d.R. ein Bauunternehmen oder ein Unternehmen der Facility Management Branche ist, erbringt er zumeist selbst Vertragsleistungen ggü. der Projektgesellschaft.[153] Die Projektgesellschaft wird nach Ablauf des Projektes i.d.R. liquidiert.[154] Schließlich treten Banken als Fremdkapitalgeber der Projektgesellschaft auf, zusätzlich ggf. öffentliche Fördermittelgeber.[155]

Der zwischen den Vertragspartnern zu schließende Vertrag über die PPP ist zivilrechtlicher Art, kein öffentlich-rechtlicher i.S.d. § 54 VwVfG.[156] Der PPP-Vertrag beinhaltet im Einzelnen die Vertragsparteien des Projektes, den Gegenstand und die Zielsetzung des Projektes, die Grundpflichten der Vertragsparteien, die zu erbringenden Leistungen der Projektgesellschaft, die Vergütungsregelungen ggf. inkl. eines Bonus-Malus-Systems, die Finanzierung und ggf. Sicherheiten, die Controllingfunktion des öffentlichen Auftraggebers, die Regelung von Meinungsverschiedenheiten und Streitigkeiten sowie die Beendigung des Vertrages.[157] Es handelt sich somit nicht um einen reinen Austausch-Vertrag

---

150 Vgl. *Stehlin/Gebhardt* (2005), S. 90.
151 Vgl. *Hüsken/Mann* (2005), S. 143, Fn. 1.
152 Vgl. *Littwin/Schöne* (2006), Rn. 135 f.
153 Vgl. Finanzministerium NRW (2005), S. 14 f.
154 Vgl. *Roentgen* (2001), S. 175.
155 Vgl. Finanzministerium NRW (2005), S. 15.
156 Vgl. *Littwin/Schöne* (2006), Rn. 145.
157 Vgl. *Littwin/Schöne* (2006), Rn. 148 ff.

i.S.d. BGB, sondern aufgrund der Komplexität des Projektes um ein Vertragskonglomerat, welches sich in einzelne Bestandteile aufgliedern lässt.[158] Es existiert somit ein Rahmenvertrag, der sämtliche Prinzipien der Zusammenarbeit der beteiligten Vertragsparteien über alle Leistungsbereiche hinweg beinhaltet. Dieser enthält auch Regelungen zur Anpassung vertraglicher Leistungspflichten an geänderte Umstände sowie zur Schaffung eines organisatorischen und verfahrensmäßigen Rahmens für die partnerschaftliche Zusammenarbeit und die Schlichtung auftretender Konflikte.[159] Zusätzlich zu diesem Rahmenvertrag enthält der PPP-Vertrag eine Fülle von Einzelverträgen über die einzelnen Leistungsbereiche.[160] Diese betreffen die Phasen Planung, Bau, Finanzierung, Betrieb und Verwertung und regeln die zu erbringenden Vertragsleistungen der Parteien in jeder dieser Phasen. Je nach Leistungsbereich qualifizieren sie sich damit als Werkvertrag, Dienstvertrag, Kaufvertrag, Mietvertrag bzw. Nutzungsüberlassungsvertrag.[161] Zusätzlich teilen die Einzelverträge explizit oder nach Vertragsart die Risiken der betreffenden Phase unter den Vertragspartnern auf.[162] Der PPP-Vertrag selbst kann unter diesen Gegebenheiten nicht einem bestimmten Typus zugeordnet werden, sondern erscheint vielmehr als Typenkombinationsvertrag oder Typenverschmelzungsvertrag.[163]

Bei der Ausgestaltung des Vertragsverhältnisses kann weiter zwischen zwei generellen PPP-Formen unterschieden werden: Eine PPP auf Vertragsbasis, bei der die Zusammenarbeit zwischen der öffentlichen Hand und dem Privaten auf einem rein vertraglichen Verhältnis beruht, sowie eine institutionalisierte PPP (auch Organisations-PPP oder Kooperationsmodell), bei der Teil des Vertrages zwischen den beiden Parteien die Gründung eines gemeinsamen, eigenständigen Rechtssubjektes ist und die Zusammenarbeit innerhalb dieses gemischtwirtschaftlichen Unternehmens erfolgt.[164]

Unter die Vertrags-PPP fallen die Betreiber- und Konzessionsmodelle.[165] Beim Betreibermodell übernimmt der Private i.d.R. Planung, Bau, Betrieb und Finanzierung, ggf. auch die Verwertung des PPP-Objektes. Die öffentliche Hand er-

---

158 Vgl. *Hetzel/Früchtl* (2006), S. 651.

159 Vgl. Finanzministerium NRW (2005), S. 17; insbesondere zu den vertraglichen Schlichtungsmechanismen auch *Bolz* (2005), S. 243 f.

160 Vgl. *Albrecht* (2004), Fach 29, S. 1645.

161 Bspw. Werkvertrag über die Sanierung eines Gebäudes.

162 Vgl. *Littwin/Schöne* (2006), Rn. 144 f.

163 Vgl. dazu BMVBW (2003b), S. 89 bzw. S. 90.

164 Vgl. Europäische Kommission (2004a), S. 9; *Tettinger* (2005), S. 2 f.; *Roentgen* nennt die PPP auf Vertragsbasis „Tauschmodell", die institutionelle PPP „Poolmodell"; vgl. *Roentgen* (2001), S. 160 ff.

165 Vgl. *Plaßmann* (2004), S. 49; auch *Littwin/Schöne* (2006), Rn. 4 ff.

richtet hierfür ein periodisches Betreiberentgelt.[166] Im Unterschied dazu ist der Private bei einem Konzessionsmodell berechtigt, zur Deckung seiner Kosten ein Entgelt unmittelbar vom Nutzer zu erheben.[167] Dies schließt nicht aus, dass er zusätzlich Zahlungen der öffentlichen Hand erhält.[168] Die (exklusive) Übertragung einer Konzession auf den Privaten bedeutet dabei gleichzeitig eine Ausschaltung des Wettbewerbs, also den Ausschluss von Konkurrenten.[169] Teilweise wird konstatiert, die reine Vertrags-PPP setze ein höheres Maß an Vertrauen voraus, als dies bei der Organisations-PPP der Fall ist.[170]

Für die Organisations-PPP wird eine projektspezifische Kapitalgesellschaft gegründet, an der ein oder mehrere öffentliche Eigentümer sowie ein oder mehrere private Eigentümer (Investoren) beteiligt sind. Sie steht somit als eigenständiger Rechtstyp gleichberechtigt neben der schuldrechtlichen Vertrags-PPP.[171] Als gemischtwirtschaftliches Unternehmen müssen sich die beteiligten Parteien auf eine Allokation der Ressourcen sowie auf eine Verteilung der aus den eingesetzten Ressourcen gewonnenen Ergebnisse einigen.[172] Der Vorteil, welcher sich daraus ergibt, ist, dass sich die öffentliche Hand durch ihre Eigentümerstellung Einfluss auf die Geschäftsführung sichern kann.[173] Eine solche Beteiligung unter Einflussnahme ist allerdings kritisch zu beurteilen, da die Gefahr besteht, dass das Unternehmen nicht mehr als privatwirtschaftliches agieren kann und damit wesentliche Effizienzvoraussetzungen nicht erfüllt werden.[174] Einzig eine geringe Beteiligung scheint im Einzelfall vertretbar, mit der sich die öffentliche Hand einen Zugriff auf Informationen ohne direkte Einflussnahme wahrt.[175]

---

166 Dies entspricht dem britischen PFI-Modell; vgl. Europäische Kommission (2004a), S. 9.

167 Vgl. BdB (2004), S. 9. Ein Beispiel hierfür ist die Errichtung eines Schwimmbades durch den Privaten und die anschließende Finanzierung seiner Kosten über die Eintrittsgelder der Besucher. Ein anderes Beispiel ist der Bau eines Tunnels und die anschließende Erhebung von Gebühren ggü. den Autofahrern zur Durchquerung des Tunnels.

168 Vgl. Europäische Kommission (2004a), S. 9.

169 Vgl. *Bolz* (2005), S. 248.

170 Diese Auffassung vertreten *Budäus/Grüb* (2007b), S. 11 f.; auch *Bolz* (2005), S. 235.

171 Vgl. *Reichard* (2006), S. 77.

172 Vgl. *Budäus/Grüb* (2007b), S. 12; *Roentgen* (2001), S. 177 ff. Der gemeinsame Ressourcenpool begründet indes die Bezeichnung „Poolmodell" durch *Roentgen* (2001), S. 175.

173 Vgl. Europäische Kommission (2004a), S. 19.

174 Vgl. hierzu *Littwin/Schöne* (2006), Rn. 31 sowie ausführlich die Ausführungen unter Abschnitt 2.4.1.

175 Vgl. *Littwin/Schöne* (2006), Rn. 22; *Bös/Schneider* (1996), S. 525. Die Aussage, dass PPPs überwiegend in Form eines gemeinsamen Unternehmens realisiert würden, wie dies *Leinemann/Kirch* behaupten, erscheint indes nicht belegbar; vgl. *Leinemann/Kirch* (2006), S. 36.

2.5.2 Vorstellung der einzelnen PPP-Modelle

Im Folgenden werden verschiedene vertragliche Realisierungsvarianten von PPP-Projekten im öffentlichen Hochbau dargestellt. Aus der Vielzahl der in der Literatur vorgestellten Modelle wird auf die des Gutachtens „PPP im öffentlichen Hochbau“[176] zurückgegriffen, da diese am detailliertesten entwickelt und beschrieben erscheinen. Zusätzlich bilden sie die Grundlage fast aller von der öffentlichen Hand herausgegebenen PPP-Leitfäden[177] und werden auch in anderen Standardwerken zu PPPs aufgegriffen.[178] Sie bilden damit die Basis der Ausgestaltung von PPP-Projekten des Hochbaus in Deutschland.[179]

Das Gutachten „PPP im öffentlichen Hochbau“ beschreibt sieben verschiedene Vertrags- bzw. Kooperationsmodelle.[180] Vereinfacht gesagt können die Modelle je nach Voraussetzung und Absicht des öffentlichen Auftraggebers variieren: Beabsichtigt die öffentliche Hand einen Erwerb des Objektes während oder nach der Betriebsphase, hält sie sich den Kauf optional offen, tritt sie nur als Mieter auf oder ist sie ggf. schon Eigentümer des Grundstückes und eines darauf befindlichen Grundstückes? Schließlich stellt sich noch die Frage der Kooperationsform, also ob eine Zusammenarbeit auf vertraglicher Basis (Betreibermodell) oder in einem gemischtwirtschaftlichen Unternehmen (Kooperationsmodell) stattfinden soll, sowie ob die Finanzierung über Entgelte der öffentlichen Hand oder durch die Nutzer selbst (Konzessionsmodell) erfolgen soll. *Leinemann/Kirch* weisen zurecht darauf hin, dass im Gutachten nur die ersten fünf PPP-Modelle - also das Erwerbermodell, das Leasingmodell, das Mietmodell, das Inhabermodell sowie das Energiesparcontracting - echte Modelle darstellen, während die letzten beiden - das Konzessionsmodell und das Gesellschaftsmodell - keine spezifischen Modelle i.e.S. darstellen, sondern vielmehr eine Ausgestaltungsvariante der fünf zuerst genannten PPP-Modelle, und somit der Frage nach der Wahl des eigentlichen Modells vorangestellt sind.[181] Daher werden im Folgenden und im weiteren Verlauf der Arbeit nur die eigentlichen Vertragsmodelle selbst - also Erwerbermodell, Leasingmodell, Mietmodell und

---

176 Vgl. BMWBW (2003a).

177 Vgl. hierzu die Vielzahl an PPP-Leitfäden unter www.ppp-nrw.de.

178 So z.B. bei *Weber/Alfen/Maser* (2006).

179 Bei PPP-Modellen im Tiefbau wird dagegen zwischen dem A-Modell und dem F-Modell unterschieden. Vereinfacht gesagt basiert das F-Modell auf dem Fernstraßenbauprivatfinanzierungsgesetz und umfasst Tunnel, Pässe, etc., während das A-Modell auf den Autobahnbau und die Finanzierung über die LKW-Maut abzielt; vgl. BMVBS (2007), S. 14 f.; ausführlich *Beckers* (2005).

180 Vgl. BMVBW (2003b), S. 76 ff.

181 Vgl. *Leinemann/Kirch* (2007), S. 32.

Inhabermodell - vorgestellt und betrachtet.[182] Die Beschreibungen orientieren sich eng an den Ausführungen des Gutachtens „PPP im öffentlichen Hochbau“.[183]

2.5.2.1 Erwerbermodell

Beim ersten der betrachteten Vertragsmodelle handelt es sich um das sog. Erwerbermodell. Es entspricht im internationalen Bereich dem DBOOT-Modell (Design, Built, Own, Operate, Transfer).[184] Hierbei wird zwischen den beteiligten Parteien, also der öffentlichen Hand als Auftraggeber und einem privaten Unternehmen als Auftragnehmer ein Vertrag über Planung, Bau, Betrieb, Verwertung und Finanzierung eines PPP-Projektes abgeschlossen.[185] Der private Auftragnehmer tritt als Bauherr auf. Das zivilrechtliche Eigentum am betreffenden Objekt liegt bis zum Ende der Betriebsphase und damit bis zum Vertragsende auf Seiten des Privaten. Am Ende der Vertragslaufzeit schließlich wandert das zivilrechtliche Eigentum vom Auftragnehmer zum öffentlichen Auftraggeber.

Der Auftragnehmer übernimmt die Planung und in Funktion eines Generalunternehmers oder eines Generalübernehmers den Bau des Objektes anhand der Vorgaben des Auftraggebers. Der Auftraggeber nimmt die Leistung nach Fertigstellung zwingend ab und billigt damit die vertragsgerechte Erfüllung. In der anschließenden Betriebsphase überlässt der Auftragnehmer dem Auftraggeber das Gebäude zur Nutzung, zeichnet sich allerdings für den Betrieb verantwortlich. Ihm obliegen alle Facility Management Aufgaben einschließlich Instandhaltung und Instandsetzung für Dach und Fach. Insbesondere obliegt dem Privaten die Finanzierung des Projektes, zu dessen Zweck er Eigen- und/oder Fremdkapital aufbringen muss. Fremdkapital hat er dabei im eigenen Namen und auf eigene Rechnung aufzunehmen.

Über die Betriebsphase des Gebäudes schuldet der Auftraggeber dem Aufragnehmer ein periodisches Entgelt, das alle Aufwendungen - also Planungs-, Bau-, Betriebs-, Finanzierungs-, Verwertungs- und Risikokosten - und Gewinnansprüche des Privaten deckt.

Der Auftragnehmer übernimmt mit seiner eigenen Planung anhand der funktionalen Leistungsbeschreibung des Auftraggebers die Planungs- und Baurisi-

[182] Auf das Energiesparcontracting wird aufgrund seiner fehlenden Anwendung in der Praxis und der daraus folgenden Irrelevanz nicht weiter eingegangen.

[183] Für eine Übersicht über die einzelnen Vertragsmodelle vgl. *Weber/Alfen/Maser* (2006); S. 65 ff.; BMVBW (2003a), S. 90 ff.; Finanzministerium NRW (2005), S. 14.

[184] Vgl. *Weber/Alfen/Maser* (2006), S. 61.

[185] Vgl. zum Erwerbermodell ausführlich BMVBW (2003b), S. 76 ff.

ken, insbesondere alle Folgekosten aus (seinen) fehlerhaften oder ungenügenden Planungsleistungen, allerdings nicht die Risiken des Schadens resultierend aus höherer Gewalt oder Änderungswünschen des Auftraggebers.[186]

Mit Abnahme der Leistung durch den öffentlichen Auftraggeber zu Beginn der Nutzungsphase geht die allgemeine Sach- und Preisgefahr, vor allem die Gefahr des zufälligen Unterganges und der Verschlechterung des Objektes auf diesen über.[187] Zusätzlich tritt eine Beweislastumkehr bzgl. auftretender Mängel ein, d.h., die Beweislast liegt nun nicht mehr beim Auftragnehmer, sondern beim Auftraggeber.[188] Gleichsam beginnt die Verjährungsfrist für Mängelansprüche. Das Finanzierungsrisiko liegt i.d.R. bis auf das allgemeine Preisrisiko (Inflation) und das aufgrund gesetzlicher Änderungen beim privaten Auftragnehmer. Da ein Eigentumsübergang am Ende der Vertragslaufzeit weg vom Auftragnehmer hin zum Auftraggeber vertraglich vereinbart ist, liegt schließlich das Verwertungsrisiko, also eine wirtschaftlich weiterhin sinnvolle Nutzung des Objektes, beim Auftraggeber. Mit der vollständigen Zahlung des vereinbarten Entgeltes über die Vertragslaufzeit enden die Betriebs- und Instandhaltungspflichten des privaten Auftragnehmers, und das zivilrechtliche Eigentum geht auf den öffentlichen Auftraggeber über.

Die Laufzeit der Verträge ist langfristig, da aufgrund der Langlebigkeit des Wirtschaftsgutes Planungssicherheit verlangt wird. Laufzeiten von 25 bis 30 Jahren können hier als Standard vorausgesetzt werden. Während der Vertragslaufzeit ist der Vertrag regelmäßig unkündbar, da sein Zweck in der Übertragung des zivilrechtlichen Eigentums am Ende der Laufzeit liegt.

Der öffentliche Auftraggeber zahlt dem privaten Auftragnehmer i.d.R. monatlich ein zuvor fest vereinbartes Entgelt, welches sich in die Bestandteile einer jährlichen Annuität für Gebäude, Grundstück und Finanzierungskosten sowie eines vereinbarten Entgeltes für Facility Management und weitere Dienst- und Betreiberleistungen aufgliedern lässt.

Ist der Auftraggeber Eigentümer des betreffenden Grundstücks und bleibt es auch, so besteht die Möglichkeit, dem privaten Auftragnehmer ein Erbbaurecht gem. § 1 Abs. 1 ErbbauVO einzuräumen. Ein Gebäudeeigentum des Auftragnehmers auf dem Grundstückseigentum des Auftraggebers als Scheinbestandteil des Grundstückes gem. § 95 BGB scheidet indes aus, da aufgrund des verein-

---

186 Vgl. zur hier vorgestellten Risikoverteilung BMVBW (2003b), S. 79 ff.

187 Vgl. zum Gefahr- und Lastenübergang § 446 BGB; ggf. schließen die Vertragsparteien einen Gefahrenübergang mit der Abnahme im Rahmen einer einheitlichen Gesamtleistung allerdings aus; vgl. BMVBW (2003b), S. 81.

188 Vgl. *Weidenkaff* (2009), § 446, Rn. 4.

barten Eigentumsübergangs am Ende der Vertragslaufzeit ein temporärer Zweck de facto ausgeschlossen ist.[189]

Das Erwerbermodell kommt einem Ratenkauf gleich, da dem Auftraggeber bereits vor vollständiger Zahlung das Recht der Nutzung des Kaufgegenstandes eingeräumt wird.[190] Anstelle einer ratenweisen Zahlung des Kaufpreises können die Parteien auch vereinbaren, dass der Entgeltbestandteil, der für das Gebäude, Grundstück und deren Finanzierung anfallen, als Darlehen geschuldet wird.[191] Eine Rückzahlung erfolgt dann gespaltet in Tilgung und Zinsen. Juristisch handelt es sich dabei um eine Umwandlung der Gegenleistungspflicht des Auftraggebers in Form der Zahlung des Kaufpreises in eine Rückzahlungspflicht gem. § 488 Abs. 1 BGB („Vereinbarungsdarlehen"), wobei die sich aus dem Kaufvertrag ergebenden Einwendungen und Sicherungsrechte Bestand halten.[192] Zudem kommt beim Erwerbermodell oftmals die Forfaitierung mit Einwendungs- und Einredeverzicht zur Anwendung.

Das Erwerbermodell kann auch als Mietvertrag mit Ankaufsrecht, also als sog. Mietkauf[193] gestaltet werden. Dem Mieter wird dabei die Option eingeräumt, das Mietobjekt bei Bedarf zu erwerben. Wesentlicher Unterschied zwischen Mietkauf und Ratenkauf ist, dass beim Ratenkauf der Kaufvertragsteil unbedingt abgeschlossen wird.[194] Übt der Mieter im Rahmen des Mietkaufs die Kaufoption aus, werden die bereits erfolgten Mietzahlungen - teilweise oder vollständig - auf den künftig fälligen Kaufpreis angerechnet.[195] Verzichtet der Mieter auf die Kaufoption, verfällt hingegen sein durch die Miete angesparter Kaufpreisanteil, womit ein wirtschaftlicher Druck auf ihn ausgeübt wird, welcher im Zeitverlauf durch den wachsenden vom Kaufpreis abzuziehenden Betrag sukzessiv erhöht wird.[196]

Im Gegensatz zu einer phasenweisen Differenzierung im Rahmen eines einheitlichen Vertragswerkes, welche eine steuerliche, haushälterische und operative

---

189 Da sich die Einräumung eines Erbbaurechts aufgrund seiner steuerlichen Nachteile nicht anbietet, wird es im weiteren Verlauf dieser Arbeit ausgeblendet. Vgl. zu den steuerlichen Nachteilen *Littwin/Schöne* (2006), Rn. 31.

190 Vgl. *Jonas* (2007), S. 13.

191 Vgl. BMVBW (2003b), S. 87.

192 Auch wenn die explizite Regelung zum Vereinbarungsdarlehen mit dem Schuldrechtsmodernisierungsgesetz beseitigt wurde, bleibt eine solche Umwandlung nach den genannten Grundsätzen gem. § 311 Abs. 1 BGB weiterhin möglich; vgl. *Weidenkaff* (2009), § 488 BGB, Rn. 27.

193 Vgl. *Weidenkaff* (2009), vor § 535 BGB, Rn. 30.

194 Vgl. *Hügel* (2006), Teil A, Rn. 11; *Brambring* (2006), A I, Rn. 345.

195 Vgl. BGH, NJW 1987, S. 1069; BGH, WM 1990, S. 1307; *Weidenkaff* (2009), vor § 535 BGB, Rn. 30.

196 Vgl. *Hügel* (2006), Teil A, Rn. 9.

Optimierung sowie ggf. die Kündigung einzelner Bausteine ermöglicht, kann sich der Vertrag auch auf eine einheitliche Gesamtleistung beschränken.[197] Dies bedeutet, dass die Vertragsleistung einem einheitlichen Vergütungs- und Beendigungsregime unterstellt wird. Die Vertragsleistung würde in diesem Fall „Bereitstellung einer betriebenen Immobilie über die Vertragslaufzeit und anschließender Eigentumsübertrag" lauten. In Konsequenz würde u.a. keine Abnahme von Bauleistungen durch den öffentlichen Auftraggeber stattfinden, gleichsam damit auch kein Übergang der Sach- und Preisgefahr eintreten. Ferner wäre eine Aufspaltung des Entgelts in verschiedene Bestandteile und eine entsprechende Zuordnung zu einzelnen Leistungsphasen unmöglich.

PPP-Verträge sind komplexer Natur und beinhalten i.d.R. eine Vielzahl unterschiedlicher Vertragstypen, welche die wechselseitigen Leistungspflichten und ihr Verhältnis zueinander koordinieren. Beim Eigentümermodell handelt es sich um einen Typenkombinationsvertrag: Es enthält eine Vielzahl unterschiedlicher Leistungselemente, die allerdings von den beteiligten Parteien in einer Gesamtheit vereinbart werden.[198] Dabei ist auf jedes Element das Recht des ihm durch die Parteien zugewiesenen gesetzlichen Vertragsregimes anzuwenden; ist eine Zuordnung nicht möglich, findet das Vertragsregime Anwendung, dessen typische Merkmale den juristischen und wirtschaftlichen Schwerpunkt der Vertragsvereinbarung bilden.[199] Findet hingegen keine Differenzierung in die unterschiedlichen Leistungsphasen statt und wird anstelle dessen auf eine einheitliche Vertragsleistung abgestellt, so sollte ein „Typenverschmelzungsvertrag" vorliegen, d.h., eine vertragliche Leistung beinhaltet Merkmale verschiedener gesetzlicher Vertragstypen.[200] Nach dem Absorptionsprinzip findet dann das Recht jenes Vertragstyps Anwendung, der alle Elemente beinhaltet. Abweichend davon können nach der Kombinationstheorie auf einzelne Vertragsbestandteile Regelungen eines anderen Vertragstyps Anwendung finden, was bei einem PPP-Vertrag regelmäßig der Fall sein sollte.[201]

Auf die Planungsleistungen findet im Erwerbermodell Werkvertragsrecht gem. §§ 631 ff. BGB Anwendung, ebenso auf die Bauleistung (ggf. erweitert durch das Auftragsrecht gem. § 675 BGB), und zwar unabhängig davon, ob der Auftragnehmer als Generalunternehmer oder Generalübernehmer auftritt.[202] Während der Betriebsphase findet auf die Nutzung durch den Auftraggeber Kauf-

[197] Vgl. BMVBW (2003b), S. 87 f.
[198] Vgl. *Grüneberg* (2008), vor § 311 BGB, Rn. 21.
[199] Vgl. BGH, NJW 1981, S. 342; NJW 1995, S. 326; *Grüneberg* (2008), vor § 311 BGB, Rn. 24 f.
[200] Vgl. *Grüneberg* (2008), vor § 311 BGB, Rn. 23.
[201] Vgl. *Grüneberg* (2008), vor § 311 BGB, Rn. 24 u. 25 bzw. BMVBW (2003b), S. 90.
[202] Vgl. hierzu und zum Folgenden BMVBW (2003b), S. 90 ff.

vertragsrecht gem. § 433 ff. BGB Anwendung: Die Übergabe des Gebäudes unter Eigentumsvorbehalt an den Auftraggeber zur Nutzung durch diesen mit Übertragung des zivilrechtlichen Eigentums am Ende der Nutzungsphase entspricht den Pflichten eines Verkäufers im Rahmen eines Ratenkaufs.[203] Damit liegt während der Betriebsphase explizit kein Gebrauchsüberlassungsverhältnis in Form von Miete oder Pacht vor.[204] Auf die Leistungen des Facility Managements und die weiteren Dienstleistungen des Privaten findet indes Dienst- oder Werksvertragsrecht gem. §§ 611 ff. bzw. §§ 631 ff. BGB Anwendung. Die Entgeltbestandteile für Erwerb und Finanzierung des Objektes unterliegen dem Kaufvertragsrecht (§§ 433 ff. BGB). Rechtsdogmatisch handelt es sich bei der ratenweisen Zahlung durch den öffentlichen Auftraggeber um einen Kreditvertrag.[205] Das BGB enthält indes gem. § 499 BGB nur Vertragsregelungen für einen Kredit zwischen Unternehmen (§ 14 BGB) und Verbrauchern (§ 13 BGB), nicht jedoch für einen öffentlichen Vertragspartner, womit diese somit nicht zur Anwendung kommen. Dies ändert jedoch nichts an der rechtsdogmatischen Einordnung als Kreditvertrag, sofern nicht durch die Parteien explizit ein Vereinbarungsdarlehen gem. §§ 488 ff. BGB begründet wird.[206] Die Vorfinanzierung der Leistung durch den Privaten wird indes vertraglich nicht fixiert. Die Entgeltbestandteile für das Facility Management und die sonstigen Dienstleistungen des Auftragnehmers sind daneben dem Werkvertrags- oder Dienstvertragsrecht zuzuordnen (§§ 631 ff. BGB bzw. §§ 611 ff. BGB). Die Übertragung des Eigentums am Ende der Vertragslaufzeit fällt schließlich unter das Kaufvertragsrecht, §§ 433 ff. BGB.

Der Mietkauf weist Verwandtschaft zum Ratenzahlungskauf auf, beide sind Typen von Kreditkäufen.[207] Es handelt sich um einen Mietvertrag nach §§ 535 ff. BGB in Kombination mit einem bedingten Kaufvertrag nach §§ 433 ff. BGB.[208] Miet- und Kaufrecht kommen jeweils getrennt zur Anwendung, Kaufrecht nur auf den Teil des Vertrages, der den Erwerb betrifft.[209] Dies ist dadurch bedingt, dass während der Mietphase die Ausübung der Kaufoption noch nicht als sicher gilt.[210] Daher liegt kein gemischter Vertrag vor, vielmehr sind die Verträge an-

---

203 Vgl. auch *Jonas* (2007), S. 13.

204 Beim Mietvertrag zahlt der Mieter ein Entgelt zur Nutzung der Mietsache, nicht zu deren Erwerb. Somit liegt bei einem Mietverhältnis nur eine schuldrechtliche Nutzungsberechtigung des Mieters vor, allerdings kein Anspruch auf Übertragung des zivilrechtlichen Eigentums.

205 Vgl. *Weidenkaff* (2009), vor § 433 BGB, Rn. 7.

206 Vgl. BMVBW (2003b), S. 93.

207 Vgl. *Hügel* (2006), Teil A, Rn. 7.

208 Vgl. BFH, Urteil vom 12.9.1991, III R 233/90, BStBl. II 1992, S. 182.

209 Vgl. *Weidenkaff* (2009), vor § 535 BGB, Rn. 30.

210 Vgl. *Hügel* (2006), Teil A, Rn. 8.

einander gekoppelt:[211] Bis zur Ausübung einer Kaufoption findet nur Mietrecht Anwendung, bei Ausübung einer Kaufoption Kaufrecht.[212] Auch der Mietkaufvertrag ist wie der Vertrag über eine einheitliche Gesamtleistung als Vertrag sui generis zu werten.[213]

Das Erwerbermodell eignet sich grundsätzlich für alle Neubauvorhaben, bei denen der öffentliche Auftraggeber während der Betriebsphase nicht Eigentümer des Gebäudes ist oder werden will, das Eigentum jedoch am Ende der Betriebsphase erwerben möchte.[214] Unter demselben Vorzeichen ist das Erwerbermodell grundsätzlich auch für die Sanierung von Bestandsgebäuden geeignet, die bis zum Ende der Betriebsphase im Eigentum des Auftragnehmers stehen.

2.5.2.2 Leasingmodell

Ziel des Modells, dessen englische Bezeichnung DBLOT-Modell (Design, Built, Lease, Operate, Transfer) lautet,[215] ist die Überlassung eines vom privaten Auftraggeber zu errichtenden Gebäudes zur Nutzung durch den öffentlichen Auftraggeber in einem definierten Zustand über einen definierten Zeitraum. Zu diesem Zweck wird ein Gebäude anhand der Vorgaben des öffentlichen Auftraggebers errichtet oder saniert. Auf einen Erwerb bzw. Eigentumsübergang, wie er beim Erwerbermodell im Vordergrund steht, wird dabei nicht abgezielt, lediglich auf eine Überlassung durch den Auftragnehmer.[216]

Die Finanzierung des Projektes erfolgt durch den Privaten mit Eigen- oder Fremdkapital auf eigene Rechnung und im eigenen Namen und ist indes nicht eigens Gegenstand des Vertrages der beiden Parteien. Während der Nutzungsphase zahlt der öffentliche Auftraggeber dem privaten Auftragnehmer ein periodisches Entgelt, welches Bestandteile zur Deckung der Investitions- und Finanzierungskosten ebenso enthält wie Anteile zur Deckung der Kosten im Rahmen des Gebäudebetriebes. Da allerdings nicht unmittelbar auf einen Erwerb des Objektes abgezielt wird, decken erstere Entgeltbestandteile regelmäßig über die Vertragslaufzeit nicht die gesamten Investitions- und Finanzierungskosten ab. Stattdessen findet meist lediglich eine Teilamortisierung bis zum kalkulierten Restwert des Objektes statt.[217] Regelmäßig erhält der öffentliche Auftraggeber

---

211 Vgl. *Hügel* (2006), Teil A, Rn. 8.

212 Vgl. *Schilling* (2004), vor § 535 BGB, Rn. 50.

213 Vgl. *Hügel* (2006), Teil A, Rn. 9.

214 Vgl. BMVBW (2003b). S. 94.

215 Vgl. *Weber/Alfen/Maser* (2006), S. 61.

216 Vgl. hierzu und zum Folgenden BMVBW (2003b), S. 94 ff.

217 Durch den Immobilien-Leasing-Erlass - Vollamortisationserlass für Immobilien, BStBl. I 1972, S. 188 -, der dem Auftragnehmer finanziell unattraktive Bedingungen voraussetzt, um wirtschaftlicher Eigentümer der Immobilie zu sein, tritt die Vollamortisation heute

dabei eine Option zum Erwerb nach Ablauf der Vertragslaufzeit zu diesem - bereits bei Vertragsabschluss - kalkulierten Restwert oder zur Vertragsverlängerung, wobei die Anschlusszahlungen dann über 75 % der marktüblichen Vergleichsmiete betragen sollte, da ansonsten eine „günstige Mietverlängerungsoption" vorliegt, was eine wirtschaftliche Zurechnung des Leasinggutes zum Leasingnehmer zur Folge hätte.[218]

Eine Verpflichtung zum Erwerb des Objektes am zeitlichen Ende des Vertrages analog zum Erwerbermodell liegt beim Leasingmodell jedoch nicht vor. Verzichtet der öffentliche Auftraggeber auf eine ggf. eingeräumte Kauf- oder Nutzungsverlängerungsoption, so hat er das Gebäude zu räumen und dem Auftragnehmer zur weiteren Nutzung zu überlassen. Ein Übergang des zivilrechtlichen Eigentums ist somit explizit nicht Ziel des Vertrages.

Auch beim Leasingmodell trägt der private Auftragnehmer die wesentlichen Risiken der Planungs- und Bauphase, analog zum Erwerbermodell.[219] Allerdings begründen sie sich bei diesem Modell nicht durch vertragliche Planungs- und Baupflichten des Auftragnehmers, sondern vielmehr aus seiner Pflicht zur Bereitstellung und Nutzungsüberlassung einer Immobilie zu einem bestimmten Zeitpunkt in einem bestimmten Zustand. Unbeschadet dessen besteht die Möglichkeit individueller Vereinbarungen zur Kostenanpassung oder Ausschluss von Schadensersatzansprüchen des Auftraggebers, sofern vom Auftragnehmer nicht beinflussbare Ereignisse eintreten, die eine zeitliche und/oder im Kostenrahmen bleibende Fertigstellung unmöglich machen.

Aufgrund der Gestaltung der Leistungsbeziehung trägt der private Auftragnehmer in aller Regel über die Betriebsphase hinweg das Risiko der plötzlichen Verschlechterung bzw. des plötzlichen Untergangs des Objektes, also die allgemeine Sach- und Preisgefahr. Diese Risikoverteilung folgt dem Leasingerlass des Bundesministers für Finanzen vom 23.12.1991, wonach für eine regelmäßig angestrebte Zuordnung des wirtschaftlichen Eigentums des Objektes beim Leasinggeber (Auftragnehmer) notwendig ist, dass dieser Träger der Sach- und Preisgefahr ist. Dementsprechend verfügt der Leasingnehmer (öffentliche Auftraggeber) über Minderungsansprüche bei Beschädigung, Zerstörung oder lang-

---

beim Immobilien-Leasing in den Hintergrund; vgl. BMVBW (2003b), S. 97. So weist *Kroll* darauf hin, dass es für einen Leasingnehmer unsinnig sei, einerseits die vollen Investitionskosten des Privaten zu decken, und anschließend noch einmal den Restwert der Immobilie zu zahlen; vgl. *Kroll* (2005), S. 22.

218 Vgl. *Sabel* (2006), S. 35 bzw. Teilamortisationserlass für Immobilien, BStBl. I 1992, S. 13.

219 Vgl. zur hier vorgestellten Risikoverteilung beim Leasingmodell ausführlich BMVBW (2003b), S. 96 ff.

fristig ausgeschlossener Nutzungsmöglichkeit des Objektes, sofern er sich für diese nicht verantwortlich zeichnet.

Bei einem herkömmlichen Immobilien-Leasing tritt der Auftragnehmer - also der Leasinggeber - i.d.R. alle Mängel-, Garantie- und Schadensersatzansprüche gegenüber den Herstellern und Lieferanten aus der Planungs- und Bauphase an den Leasingnehmer ab und haftet in Konsequenz nur noch subsidiär für deren Risiko der Insolvenz, Liquidation oder Unauffindbarkeit. Damit kann der Leasingnehmer während der Betriebsphase gegenüber dem Leasinggeber keine Mängel- oder Schadensersatzansprüche geltend machen.[220] Allerdings kann sich der Leasinggeber dem Risiko seiner Hersteller und Lieferanten nicht vollständig entziehen und haftet subsidiär.[221] Im Gegensatz dazu liegen bei einer PPP-Leasingvereinbarung nach dem hier beschriebenen Modell mit den vertraglich fixierten umfassenden FM-Leistungen des Auftragnehmers die Gewährleistungsrisiken entgegen des typischen Leasinggeschäftes bei ihm und somit beim Leasinggeber. Dies ist als wesentlicher Unterschied zum klassischen Immobilien-Leasing zu betrachten.

Das Finanzierungsrisiko liegt durch seine vorfinanzierende Stellung beim privaten Auftragnehmer, wobei gewisse Preisrisiken wiederum individualvertraglich geregelt auf den Auftraggeber übergehen können.[222]

Das Verwertungsrisiko, insbesondere das Restwertrisiko und das einer wirtschaftlich sinnvollen Weiternutzung, trägt - sofern keine Vollamortisation vereinbart wurde - der Auftragnehmer, wobei die Risiken steigen, je kürzer die vertraglich vereinbarte Laufzeit im Verhältnis zur gewöhnlichen Nutzungsdauer des Objektes ist. Zwar verfügt der Auftraggeber i.d.R. über ein Recht zum Kauf oder der Weiternutzung des Objektes am Ende der Vertragslaufzeit, ist in der Ausübung dessen aber frei.[223] Da bei Ausübung des Kaufrechtes durch den Auftraggeber der Auftragnehmer dessen Bonitätsrisiko ausgesetzt ist, werden oftmals über die Vertragslaufzeit Zusatzzahlungen vereinbart, wodurch der Leasingnehmer beim Leasinggeber ein Guthaben anspart, welches im Falle der Kaufoption aufgelöst wird und dementsprechend die Bonitätsrisiken des Leasinggebers senken. Eine solche Regelung erscheint aufgrund der Bonität der öffentlichen Hand allerdings unnötig.

---

220 Vgl. BGH, NJW 1998, S. 1637.

221 Vgl. auch *Sabel* (2006), S. 18, der zusätzlich darauf hinweist, dass eine Abwälzung der Sach- und Preisgefahr beim Leasing dem Grundgedanken eines Mietvertrages widerspricht.

222 Vgl. dazu die Ausführungen unter Abschnitt 2.5.2.1.

223 Vgl. *Weidenkaff* (2009), vor § 535 BGB, Rn. 37 u. Rn. 67.

Die Vertragslaufzeit eines Leasingmodells ist analog des Erwerbermodells relativ lang, meist 25 bis 30 Jahre, gleichsam unkündbar.[224] Spätestens nach Ablauf von 30 Jahren besteht jedoch aufgrund des Charakters des Vertrages ein außerordentliches Kündigungsrecht gem. § 544 BGB. Dies qualifiziert die bei PPP anzutreffenden Leasing-Geschäfte als Arten des Finanzierungsleasings, die sich durch einen längerfristigen Zeitraum des Vertrages - sog. Grundmietzeit - auszeichnen, innerhalb dessen das Leasinggeschäft unkündbar ist.[225] Beim sog. Operate-Leasing hingegen handelt es sich meist um kurzfristige Verträge ohne festgelegte Grundmietzeit, die ein Kündigungsrecht enthalten.[226] Die Leasingraten beim Operate-Leasing decken die Investitionskosten des Leasinggebers grundsätzlich nicht, so dass eine mehrfache Vermietung des Leasingobjektes zur Amortisation der Kosten zwingend notwendig ist. Beim Finanzierungsleasing dagegen wird während der Grundmietzeit eine Teil- oder Vollamortisation der Anschaffungs- und Herstellungskosten des Leasinggebers erreicht.[227]

Ist der Auftraggeber zivilrechtlicher Eigentümer des Grundstückes und soll dieses Eigentumsverhältnis beibehalten werden, so besteht die Möglichkeit, den privaten Auftragnehmer mit einem Erbbaurecht gem. § 1 Abs. 1 ErbbauVO auszustatten, damit dieser das zivilrechtliche Eigentum am Gebäude erhalten kann.[228] Dieses sollte jedoch zwingend die maximale Vertragsdauer von 30 Jahren überschreiten, da im Falle einer Nichtausübung der Kauf- oder Verlängerungsoption durch den öffentlichen Auftraggeber dem privaten Auftragnehmer ansonsten mit Verlust des Erhalts des zivilrechtlichen Eigentums keine Alternative zur weiteren Verwertung des Objektes bzw. der Amortisierung seiner Kosten zur Verfügung steht. Das Erbbaurecht sollte daher auf mindestens 50 bis 60 Jahre ausgedehnt sein.[229] Der zivilrechtliche Erwerb des Eigentums am Gebäude über einen „Scheinbestandteil“ scheidet indes durch die eingeräumte Kaufoption analog zum Erwerbermodell aus.

Auch beim Leasingmodell kann die Forfaitierung mit Einwendungs- und Einredeverzicht zur Anwendung kommen.

Ein Sale-and-lease-back-Geschäft stellt eine Sonderform des Finanzierungsleasings dar. Der Leasingnehmer ist zunächst zivilrechtlicher Eigentümer des Leasingobjektes, überträgt das Eigentum jedoch auf den Leasinggeber, um es un-

---

224 Vgl. auch hierzu die Ausführungen unter Abschnitt 2.5.2.1.

225 Vgl. *Glaubig* (1993), S. 10 f.

226 Vgl. *Wieland* (1976), S. 7.

227 Vgl. *Tacke* (1989), S. 13.

228 Vgl. hierzu und zum Folgenden BMVBW (2003b), S. 101 f.

229 So auch *Seibel* (1999), S. 198. Die Option Leasingmodell über ein Erbbaurecht wird weiter nicht betrachtet, vgl. auch Fn. 189.

mittelbar im Anschluss von diesem wieder zu leasen.[230] Ziel ist regelmäßig ein Barwertvorteil und Freisetzung von Liquidität, wobei diese bei der öffentlichen Hand meist zur Entlastung des Haushaltes dient. Es kommt indes kein typisches Dreiecksverhältnis Leasingnehmer-Leasinggeber-Hersteller/Lieferanten zustande, dementsprechend kann auch keine Überwälzung von Mangel- und Gewährleistungsansprüchen an den Leasinggeber ggü. den Herstellern und Lieferanten erfolgen, welche allerdings wie beschrieben bei PPP-Verträgen und deren umfassenden FM-Leistungen ohnehin in dieser Form nicht auftritt.

Auch beim Leasingmodell handelt es sich aus juristischer Beurteilung um einen Typenkombinationsvertrag.[231] Der Leasingvertrag selbst in Bezug auf die Planungs- und Bauleistung des Privaten ist zivilrechtlich kein eigenständiger Vertragstyp, das BGB kennt ihn außerhalb der verbraucherkreditrechtlichen Regelungen gem. § 500 BGB nicht.[232] Auf die Planungs- und Bauleistungen findet aber auch kein Werkvertragsrecht Anwendung, da nicht Planung und Errichtung des Gebäudes, sondern die Überlassung eines Gebäudes zur Nutzung Mittelpunkt des Vertrages ist. Der Auftraggeber ist im Rahmen dessen schon während der Planungs- und Bauphase berechtigt, seine Beschaffenheitsvorgaben und den vorgegebenen Zeitplan zu überprüfen. Während der Betriebsphase liegt der Vertragsart nach „in erster Linie" ein Mietverhältnis nach §§ 535 ff. BGB vor,[233] sowie in Bezug auf ggf. abgetretene Gewährleistungsansprüche werkvertragliches Leistungsstörungsrecht gem. §§ 633 ff. BGB. Da zwar wesentlicher Vertragszweck eine Nutzungsüberlassung gegen Entgelt ist und somit dem Vertragsverhältnis nach ein Mietvertrag vorliegt, bei einem Immobilien-Leasing jedoch die Finanzierungsfunktion in den Vordergrund rückt, liegt abweichend vom klassischen ein atypischer Mietvertrag vor.[234] Analoges gilt für das Sale-and-lease-back-Geschäft.[235] Zusätzlich stellt die Einräumung einer Kaufoption einen wesentlichen Unterschied des Leasings zum klassischen Mietvertrag dar. Die reine Kaufoption lässt das Geschäft selbst jedoch nicht zum Kaufvertrag werden: Die bloße Befugnis, in Zukunft ein Kaufrecht ausüben zu können, kann

---

230 Vgl. *Weidenkaff* (2009), vor § 535 BGB, Rn. 44.

231 Vgl. hierzu und zum Folgenden BMVBW (2003b), S. 104 ff.

232 Vgl. *Habersack* (2003), S. 2; *Löbbe* (2003), S. 7.

233 Vgl. BGH, BGHZ 68, S. 123; BGH, BGHZ 71, S. 193 f.; BGH, BGHZ 81, S. 302 f.; BGH, BGHZ 96, S. 106.

234 Vgl. BGH, NJW 1982, S. 106; BGH, NJW 1986, S. 179; BGH, NJW 1989, S. 1280; ausführlich *Büschgen* (1998), § 5, Rn. 6 ff. Ein Unterschied zwischen Leasing und Miete liegt darin, dass die Leasingraten anders als Mieten kein Entgelt für eine garantierte Gebrauchstauglichkeit sind, sondern nur zur Bereitstellung des Leasingobjekts inkl. Einräumung einer ungestörten Nutzungsmöglichkeit darstellen; vgl. *Sabel* (2006), S. 17 m.w.N.

235 Vgl. BGH, NJW 1990. S. 830 f.; *Graf von Westphalen* (1998), Rn. 1425; *Büschgen* (1998), § 17, Rn. 4.

einer schon vereinbarten Eigentumsbeschaffung nicht gleichgesetzt werden.[236] Im Unterschied zum Kaufvertrag zielt das Leasingmodell nicht auf die Verschaffung des Eigentums am Objekt gegen Entgelt ab, vielmehr handelt es sich um ein Dauerschuldverhältnis in Gestalt einer temporären Gebrauchsüberlassung.[237]

Die zivilrechtliche Einordnung des Entgeltes erfolgt gemäß dessen Bestandteil. So findet auf den Investitions- und Finanzierungsanteil Mietvertragsrecht nach §§ 535 ff. BGB Anwendung, während auf den Anteil für das umfassende Facility Management Werkvertrags- bzw. Dienstvertragsrecht, §§ 631 ff. BGB bzw. 611 ff BGB, Anwendung findet.

Die Verpflichtung des Auftraggebers bzw. Leasingnehmers zur Räumung und Übergabe im vertragsgemäßen Zustand am Ende der Laufzeit fällt unter den Mantel des Mietrechts nach §§ 535 ff. BGB. Wird vom öffentlichen Leasingnehmer eine Kaufoption am Vertragsende ausgeübt, so wird das Mietverhältnis beendet, es kommt ein Kaufvertrag gem. §§ 433 ff. BGB zustande.

Das Leasingmodell eignet sich sowohl für Neubauten, als auch für zu sanierende Gebäude im Eigentum des Auftragnehmers. Durch die Variante Sale-and-lease-back eignet es sich zusätzlich insbesondere auch für bereits im Eigentum des öffentlichen Auftraggebers befindliche Gebäude.

2.5.2.3 Mietmodell

Das dritte Vertragsmodell ist das sog. PPP-Vermietungsmodell, international DBROT (Design, Built, Rent, Operate, Transfer).[238] Wie der Name bereits zum Ausdruck bringt, steht dabei ein Mietverhältnis im Mittelpunkt, ein Eigentumsübergang oder -erwerb ist zunächst nicht vorgesehen.[239] Somit ist die Errichtung oder die Sanierung des Gebäudes im Gegensatz zum Erwerbermodell nicht explizit Gegenstand der vertraglichen Vereinbarung. Es handelt sich vielmehr wie auch beim Leasingmodell um eine Überlassung eines Gebäudes einer gewünschten Beschaffenheit durch einen privaten Auftragnehmer an einen öffentlichen Auftraggeber zur Nutzung durch diesen über einen bestimmten Zeitraum hinweg. Abweichend vom Leasingmodell ist in der Betriebsphase die Instandhaltungs- und Instandsetzungspflicht nicht Teil der vertraglich vereinbarten Facility Management Dienstleistungen, denn diese ergeben sich direkt aus der Rolle des

236 Vgl. BGH, NJW 1978, S. 1384.
237 Vgl. BGH, NJW 1986, S. 1748.
238 Vgl. *Weber/Alfen/Maser* (2006), S. 61.
239 Vgl. hierzu und zum Folgenden BMVBW (2003b), S. 107 ff.

Auftragnehmers in seiner Vermietereigenschaft.[240] Das Nutzungsentgelt beinhaltet weder einen Anteil zum direkten Erwerb des Objektes wie beim Erwerbsmodell, noch einen Anteil zur unmittelbaren Teilamortisierung der Investitions- und Finanzierungskosten des Auftragnehmers wie beim Leasingmodell. Neben der Betreibervergütung zahlt der öffentliche Auftraggeber vielmehr eine Miete, die sich an den marktüblichen Gegebenheiten orientiert. Wird dem Mieter eine Kaufoption am Ende der Vertragslaufzeit eingeräumt, so gilt als Kaufpreis nicht der vorher festgelegte, kalkulierte Restwert; der Preis wird stattdessen erst zum Zeitpunkt der Ausübung der Kaufoption bestimmt und beläuft sich dann i.d.R. auf den Verkehrswert der Immobilie.[241] Zudem findet im Gegensatz zum im Abschnitt zum Erwerbermodell beschriebenen Mietkauf keinerlei Anrechnung der bis zur Ausübung geleisteten Mietzahlungen auf den Kaufpreis statt. Auch erfolgt keinerlei Vormerkung im Grundbuch o.ä.

Aus der Pflicht zur Nutzungsüberlassung eines Gebäudes in einem bestimmten Zustand und zu einem bestimmten Zeitpunkt ergibt sich analog zum Leasingmodell, dass der private Auftragnehmer die wesentlichen Risiken der Planungs- und Bauphase trägt.[242]

Während der Betriebsphase trägt der private Auftragnehmer die Preis- und Sachgefahr, also das Risiko der Zerstörung und der langfristigen Nichtnutzbarkeit sowie das Risiko der plötzlichen Verschlechterung der erbrachten Leistung, hier des erstellten oder sanierten Gebäudes. Dies ergibt sich allerdings nicht wie beim Leasingmodell aus der vertraglichen Vereinbarung, die i.d.R. aufgrund des Teilamortisations-Erlasses für Immobilienleasing angestrebt wird, sondern unmittelbar aus der Funktion des Auftragnehmers als Vermieter des Objektes folgend dem gesetzlichen Leitbild des Mietvertrages nach § 536 BGB.

Der Auftragnehmer trägt als Vermieter das volle Bonitätsrisiko der von ihm zur Gebäudeerrichtung oder -sanierung beauftragten Bauunternehmer, insbesondere also das Risiko der Insolvenz, der Liquidation und der Unauffindbarkeit der von ihm beauftragten Nachunternehmer. Zudem haftet der Auftragnehmer dem Auftraggeber als Mieter für alle Mängel-, Garantie- und Schadensersatzansprüche.

---

[240] Vgl. zu den Pflichten des Vermieters *Weidenkaff* (2009), vor § 535 BGB, Rn. 82.

[241] Besteht lediglich die Option zum Kauf durch den Auftraggeber, so ist die Rede vom „echten Mietkauf“. Wird hingegen bereits zum Vertragsabschluss festgelegt, dass der Auftraggeber das Gebäude am Ende der Mietperiode erwirbt, so wird dies als „unechter Mietkauf“ qualifiziert; vgl. BMVBW (2003b), S. 110.

[242] Vgl. zur hier vorgestellten Risikoverteilung des Mietmodells BMVBW (2003b), S. 108 ff.

Die Finanzierungsrisiken liegen beim Mietmodell voll beim privaten Auftragnehmer. Insbesondere tritt bei der Ausgestaltung des Vertrages als Mietverhältnis eine Finanzierungsfunktion durch den privaten Auftragnehmer für den öffentlichen Auftraggeber nicht auf bzw. nicht in den Vordergrund, wie dies beim Erwerbs- und Leasingmodell der Fall ist.[243] Vielmehr liegt der Zweck der Finanzierung einzig im Vermögensinteresse des Privaten, nämlich in der Finanzierung seines zu vermietenden Objektes. Durch das Mietverhältnis ergibt sich auch das Verwertungsrisiko am Ende der Vertragslaufzeit des PPP-Projektes für den Auftragnehmer, da dieser als Eigentümer das Risiko einer weiter sinnvollen bzw. wirtschaftlichen Verwendung des Gebäudes trägt, zusätzlich sich eine ggf. dem öffentlichen Auftraggeber eingeräumte Kaufoption am Verkehrswert orientiert.

Während dieser Laufzeit ist das Mietverhältnis grds. von beiden Seiten kündbar, sofern nicht eine feste Vertragslaufzeit vereinbart wird, womit dann nach § 542 Abs. 2 BGB nur eine außerordentliche Kündigungsmöglichkeit besteht. Eine solche Vertragslaufzeit wird aufgrund der Langfristigkeit der Investition und der damit verbundenen erwünschten Planungssicherheit sowohl auf öffentlicher, als auch auf privater Seite regelmäßig vereinbart und beträgt wie auch bei den anderen vorgestellten Vertragsmodellen meist 25 bis 30 Jahre. Spätestens nach 30 Jahren besteht wiederum nach § 544 BGB ohnehin das Recht zur außerordentlichen Kündigung.

Beim Mietmodell ist wie bereits angedeutet nicht Zweck, dem privaten Auftragnehmer seine im Rahmen des Projektes geleisteten Investitions- und Finanzierungskosten zu refinanzieren. Vielmehr steht einzig die Gebrauchsüberlassung des Objektes an den öffentlichen Auftraggeber und eine angemessene Entschädigung für die Gebrauchsüberlassung im Mittelpunkt des Vertrages. Aufgrund der fehlenden Verknüpfung der Investitions- und Finanzierungskosten mit dem Entgelt können erhebliche preisliche Differenzen im Vergleich zu den anderen Modellen auftreten, da sich die Höhe des Entgeltes hier am Marktpreis einer nach Art, Qualität, Ausstattung, Größe und Lage vergleichbaren Leistung orientiert.[244] Das Entgelt wird oftmals an Indikatoren wie Mietspiegel oder Lebenshaltungskostenindex gekoppelt.

Ist die öffentliche Hand zivilrechtlicher Eigentümer des Grundstückes, auf dem ein zu vermietendes Gebäude durch den privaten Auftragnehmer errichtet werden soll und verzichtet die öffentliche Hand auf Veräußerung des betreffenden Grundstücks, so besteht analog der beiden bereits vorgestellten Vertragsmodelle die Möglichkeit, dem Auftragnehmer das zivilrechtliche Eigentum am Gebäude

243 Vgl. BMVBW (2003b), S. 109.
244 Vgl. BMVBW (2003b), S. 110.

über die Einräumung eines Erbbaurechtes gem. § 1 Abs. 1 ErbbauVO zu verschaffen.[245] Da kein automatischer Eigentumsübergang am Ende der Vertragslaufzeit auf den öffentlichen Auftraggeber vorgesehen ist, muss aufgrund des Verwertungsrisikos des Auftragnehmers das Erbbaurecht analog zum Leasingmodell für mind. 50 bis 60 Jahre gewährt werden. Ein Erwerb des Eigentums am Gebäude als Scheinbestandteil des Grundstücks besteht zwar generell, scheidet aber wie bei den vorangegangenen Vertragsmodellen regelmäßig aus.

Auch beim Mietmodell handelt es sich um einen Typenkombinationsvertrag.[246] Analog zum Leasingmodell findet auf die Planungs- und Bauleistungen kein Werkvertragsrecht Anwendung, da nicht Planung und Errichtung des Gebäudes, sondern die Überlassung eines Gebäudes zur Nutzung Schwerpunkt des Vertrages ist.[247]

Während der Betriebsphase liegt der Vertragsart nach ein reines Mietverhältnis nach §§ 535 ff. BGB vor.[248] Die Entgeltzahlungen über die Vertragslaufzeit unterliegen zum einen dem Mietvertragsrecht (§§ 535 ff. BGB). Dies betrifft sowohl den Entgeltanteil für die Überlassung des Gebäudes zur Nutzung, als auch alle damit verbundenen typischen Pflichten und Leistungen des Vermieters. Zum anderen findet für alle darüber hinaus gehenden vereinbarten Facility Management- und sonstigen Dienstleistungen des privaten Auftragnehmers Werkvertrags- bzw. Dienstvertragsrecht nach §§ 631 ff. BGB bzw. §§ 611 ff. BGB Anwendung.

Das Mietmodell eignet sich vorrangig für Neubauten durch den Auftragnehmer, die nach den Vorstellungen und Bedürfnissen des Auftraggebers errichtet werden. Gleichsam ist es geeignet für sanierungsbedürftige Objekte im Besitz der öffentlichen Hand, die zur Sanierung und anschließenden Rückmietung an den privaten Auftragnehmer veräußert werden.

2.5.2.4 Inhabermodell

Das Inhabermodell, im Englischen DBFOT-Modell (Design, Built, Finance, Operate, Transfer),[249] beschreibt den Fall, dass der private Auftragnehmer ein Gebäude oder einen Gebäudeteil auf einem Grundstück bzw. an einem Gebäude

---

245 Vgl. hierzu und zum Folgenden BMVBW (2003b), S. 111 f.

246 Vgl. hierzu und zum Folgenden BMVBW (2003b), S. 112.

247 Vgl. hierzu die Ausführungen unter Abschnitt 2.5.2.2.

248 Vgl. BMVBW (2003b), S. 112. Da keinerlei Gewährleistungsansprüche abgetreten werden, findet auch kein werkvertragliches Leistungsstörungsrecht Anwendung, wie dies beim Leasingmodell der Fall ist, bei dem kein reiner Mietvertrag, sondern ein atypischer Mietvertrag vorliegt.

249 Vgl. *Weber/Alfen/Maser* (2006), S. 61.

im Eigentum des öffentlichen Auftraggebers errichtet oder aber ein bereits im Besitz der öffentlichen Hand befindliches Gebäude saniert.[250] Anschließend tritt der Auftragnehmer als Betreiber der Immobilie über einen vorher vereinbarten Zeitraum auf. Es ähnelt daher dem Erwerbermodell, weist aber einige wesentliche Unterschiede dazu auf.

Da die Planungs- und Bauarbeiten auf einem Grundstück der öffentlichen Hand bzw. ggf. an einem Gebäude der öffentlichen Hand stattfinden, ist der öffentliche Auftraggeber gem. § 946 BGB zu jedem Zeitpunkt kraft Gesetz bereits der zivilrechtliche Eigentümer des Objektes. Es stellt sich daher die Frage, ob der private Auftragnehmer überhaupt als Bauherr anzusehen ist. Da seine Ausführungen der Arbeiten sich an einer funktionalen Leistungsbeschreibung des Auftraggebers orientieren und er alle Arbeiten im eigenen Namen und auf eigene Rechnung durchführt, ist diese Frage zu bejahen.[251] Schließlich ist der Auftraggeber auch zur Abnahme der baulichen Leistungen des Auftragnehmers verpflichtet.

Während der Betriebslaufzeit ist der Auftragnehmer nicht zur Nutzungsüberlassung an den Auftraggeber gezwungen, da sich sein Recht zur Nutzung nach § 903 BGB bereits unmittelbar aus seiner Stellung als zivilrechtlicher Eigentümer des Objektes ergibt. Die Betreiberleistungen selbst, insbesondere auch die der Instandsetzung und Instandhaltung, sind hingegen wie beim Erwerbermodell Teil eines umfassenden Facility Management Vertrages.[252] Auch obliegt dem Auftragnehmer gleichsam wie beim Erwerbermodell die Finanzierung des Projektes durch Eigen- und Fremdkapital im eigenen Namen auf eigene Rechnung. Die Verwertung des Gebäudes wiederum liegt kraft des zivilrechtlichen Eigentums über die gesamte Betriebsphase beim Auftraggeber.

Der Auftragnehmer trägt alle wesentlichen Risiken der Planungs- und Bauphase.[253] Während der Betriebsphase liegt das Risiko des Untergangs, der Verschlechterung und der langfristig ausgeschlossenen Nutzung des Objektes, also das allgemeine Sach- und Preisrisiko, beim Auftraggeber. Dieses Risiko geht jedoch erst mit Abnahme der Leistung durch den Auftraggeber auf diesen über, auch wenn die öffentliche Hand bereits vor der Abnahme zivilrechtlich gesehen Eigentümer des Objektes ist. Die Finanzierungsrisiken liegen bis auf vertraglich vereinbarte Abweichungen grds. beim Auftragnehmer. Durch die Eigentümerstellung bedingt trägt die öffentliche Hand hingegen das Risiko einer sinnvollen

---

250 Vgl. hierzu und zum Folgenden BMVBW (2003b), S. 114 ff.

251 Vgl. BMVBW (2003b), S. 114.

252 Vgl. Abschnitt 2.5.2.1.

253 Vgl. zur hier vorgestellten Risikoverteilung BMVBW (2003b), S. 115 f.

bzw. wirtschaftlichen Verwertbarkeit des Objektes am Ende der Vertragslaufzeit.

Die Vertragslaufzeit des Inhabermodells beträgt die aus den anderen Modellen üblichen 25 bis 30 Jahre, wobei bspw. bei Sanierungsleistungen grds. auch kürzere Laufzeiten in Frage kommen können.[254] Während der Laufzeit sind die Verträge regelmäßig unkündbar bzw. nur bzgl. einzelner Teilleistungen kündbar.

Das periodische Entgelt des Auftraggebers an den Auftragnehmer lässt sich beim Inhabermodell wieder in Teilbestandteile für die Investitions- und Finanzierungskosten des Privaten sowie für die umfassenden Betreiberleistungen aufspalten.[255]

Da der Grundannahme des Modells folgend die öffentliche Hand zivilrechtliche Eigentümer wenigstens des zu bebauenden Grundstücks, ggf. zusätzlich des zu erweiternden oder sanierenden Gebäudes ist, ist dem Auftragnehmer kein zivilrechtliches Eigentum an den Bauleistungen zu verschaffen, weder über die Einräumung eines Erbbaurechts nach § 1 Abs. 1 ErbbauVO, noch über das Konstrukt des Scheinbestandteils nach §§ 95, 929 ff. BGB.[256] Allerdings kann dem Auftragnehmer vertraglich ein umfassendes Nießbrauchrecht nach § 1030 BGB zugestanden werden.

Zusätzlich kann der Vertrag analog zum Erwerbermodell nicht einzelne Projektphasen und deren Ziele beinhalten, sondern auf die Erbringung einer einheitlichen Gesamtleistung abzielen. Dies würde zum einen eine Differenzierung des Entgeltes nach Bestandteilen verhindern, zum anderen bestünden keine differenzierten Kündigungsmöglichkeiten. Vor allem aber würde bei einer solchen Konstellation keine Abnahme der Bauleistung durch die öffentliche Hand als Auftraggeber zu Beginn der Betriebsphase erfolgen und infolge dessen das allgemeine Sach- und Preisrisiko erst am Ende der Vertragslaufzeit vom Auftragnehmer zum Auftraggeber wandern.

Wie bei den vorangegangenen Modellen handelt es sich beim Inhabermodell um einen Typenkombinationsvertrag; wird vertraglich alternativ auf eine einheitliche Gesamtleistung abgestellt, so handelt es sich um einen Typenverschmelzungsvertrag.[257]

---

254 Vgl. BMVBW (2003b), S. 116 f.
255 Vgl. dazu die Ausführungen unter Abschnitt 2.5.2.1.
256 Vgl. hierzu und zum Folgenden BMVBW (2003b). S. 117 ff.
257 Vgl. BMVBW (2003b), S. 121.

Auf die Planungs- und Bauleistungen des privaten Auftragnehmers findet Werkvertragsrecht gem. §§ 631 ff. BGB Anwendung, unabhängig davon, ob dieser als Generalunternehmer oder Generalübernehmer auftritt.[258] Das Nutzungsrecht des Auftraggebers während der Betriebsphase ergibt sich schuldrechtlich aus dessen Stellung als Eigentümer nach § 903 BGB. Die Betreiber- und Facility Managementleistungen des Auftragnehmers unterliegen dem Werkvertrags- bzw. Dienstvertragsrecht nach §§ 631 ff. BGB bzw. §§ 611 ff. BGB. Auf die Entgeltbestandteile zur Finanzierung der Investitionskosten des Auftragnehmers findet nicht wie beim Erwerbermodell Kaufvertragsrecht, sondern Werkvertragsrecht Anwendung.[259] Dies ergibt sich aus dem Umstand, dass kein Erwerb des Eigentums vorgesehen ist, da sich dieses bereits beim Auftraggeber befindet. Es ist also kein Kaufpreis, sondern ein Werklohn geschuldet. Das zivilrechtliche Eigentum liegt bereits beim Auftraggeber, bevor das vollständige Entgelt dafür gezahlt wurde. Rechtsdogmatisch handelt es sich bei den Entgeltbestandteilen zur Finanzierung analog zum Erwerbermodell um einen Kreditvertrag.[260] Die Entgeltzahlungen für den laufenden Betrieb hingegen resultieren aus Werkvertrags- bzw. Dienstvertragsrecht. Da am Ende der Vertragslaufzeit keine Eigentumsübertragung erfolgt und auch keine Pflicht zur Räumung durch die öffentliche Hand vorliegt, entfällt die zivilrechtliche Einordnung der Verwertung beim Inhabermodell.

Das Inhabermodell eignet sich somit insbesondere für Sanierungsprojekte von im Eigentum der öffentlichen Hand stehenden Objekten sowie der Errichtung von Gebäuden auf Grundstücken der öffentlichen Hand. Da die öffentliche Hand während des gesamten Projektverlaufs zivilrechtlicher Eigentümer ist, kommt das Inhabermodell vor allem in Betracht, um Vorbehalte gegenüber einer PPP-Realisierung auszuräumen, da keine Veräußerung von öffentlichen Vermögensgegenständen in Form von Grundstücken und Gebäuden erfolgt.

2.6 Finanzierungsformen von Public Private Partnerships

Bei der Finanzierung von PPP-Projekten kommen i.d.R. zwei Finanzierungsalternativen zur Anwendung: Die Projektfinanzierung und die Forfaitierung. Entscheidend für die Wahl, welche der beiden Finanzierungsformen zur Anwendung kommen soll, sind das finanzielle Projektvolumen sowie damit verbunden die monetäre Bewertung der mit dem Projekt verbunden Risiken. Die Höhe dieser Bewertung hängt von der Eintrittswahrscheinlichkeit sowie der Höhe der an-

---

258 Ggf. wird das Werkvertragsrecht durch Vorgaben des Auftragsrechts nach § 675 BGB ergänzt; vgl. BMVBW (2003b), S. 122.

259 Vgl. BMVBW (2003b), S. 123 u. S. 124.

260 Vgl. dazu Abschnitt 2.5.2.1.

zunehmenden Schäden ab, also maßgeblich von der Komplexität des Projektes sowie dem Investitionsvolumen. Die monetäre Risikobewertung ist dann im Verhältnis zu Budget und Haushalt des öffentlichen Auftraggebers zu betrachten. Ist der Anteil hoch und droht somit im Schadensfall ein großer finanzieller Schaden des Auftraggebers, so ist eine Projektfinanzierung vorzuziehen, während bei einem geringen Anteil aufgrund der günstigeren zu erzielenden Konditionen i.d.R. eine Forfaitierung vorgezogen wird.[261] Zusätzlich hängt vom Projektvolumen die Frage ab, ob eine Projektfinanzierung wirtschaftlich erscheint, da hier höhere Transaktionskosten entstehen als bei der Forfaitierung.

Die Praxis bestätigt die Theorie. In Deutschland findet bisher überwiegend die Forfaitierung Anwendung, da vornehmlich kleinere PPP-Projekte durchgeführt werden.[262] So waren von den ersten 80 PPP-Projekten in der BRD nur 25 % projektfinanziert, während sie gleichzeitig 55 % des kumulierten Projektvolumens darstellten.[263]

2.6.1 Projektfinanzierung

Unter einer Projektfinanzierung versteht man die Finanzierung eines klar abgegrenzten unternehmerischen Vorhabens einer eigens für den Zweck des Projektes gegründeten Projektgesellschaft, das sogenannte Special Purpose Vehicle (SPV), auch Special Purpose Entity (SPE). Das Projekt wird damit rechtlich verselbständigt.[264] Die Haftungsmasse und damit die Besicherung aus Sicht des Darlehensgebers ist damit gleichsam beschränkt auf das Projekt bzw. die SPE, es erfolgt kein Rückgriff auf das Vermögen des Investors (non recourse).[265] Das Projekt muss aus diesem Grund ein in sich wirtschaftlich, technisch und rechtlich tragfähiges Konstrukt sein, welches Fremd- und Eigenkapitalgebern ausreichende Sicherheit für eine angemessene Verzinsung und Rückführung des eingesetzten Kapitals bietet.[266] Die Finanzierung eines spezifischen Projektes - also eines reinen Teilausschnittes unternehmerischer Tätigkeit - ist wesentlicher Unterschied zu einer klassischen Unternehmensfinanzierung durch Fremd- oder Eigenkapital, welche das *gesamte Spektrum* der unternehmerischen Tätigkeit des

---

261 Vgl. *Richter/Neuenburg* (2008), S. 153 ff.

262 Vgl. *Kloppenburg* (2008), S. 9 f.

263 Vgl. *Richter/Neuenburg* (2008), S. 156. Eine generelle Grenze des Finanzierungsvolumens, ab wann sich eine Projektfinanzierung lohnt und wann eine Forfaitierung in Frage kommt, erscheint auch aufgrund der o.g. Argumentation schwierig. *Neugebauer* legt eine solche Grenze auf 10 Mio. Euro fest; der Frage, wie belastbar diese Zahl ist, wird an dieser Stelle aber nicht näher nachgegangen; vgl. *Neugebauer* (2008), S. 169.

264 Vgl. *Reuter/Köhling* (2004), S. 130.

265 Vgl. BMWA (2004), S. 27.

266 Vgl. *Reuter* (2000), S. 659.

Finanzierungsnehmers umfasst.[267] Dies bedeutet gleichzeitig aber auch, dass die Finanzierung nur für den unternehmerischen Teilausschnitt zur Verfügung steht und vom Unternehmen nicht für andere Zwecke außer denjenigen des Projektes eingesetzt werden kann.[268]

Sie zielt damit auch nicht wie die klassische Kreditfinanzierung auf die Bonität und die Sicherheiten des Unternehmens oder Investors ab, sondern einzig auf die wirtschaftliche Tragfähigkeit und Ertragskraft des Projektes.[269] Eigen- und Fremdkapital werden bei dieser Art der Finanzierung ausschließlich aus dem Cash-Flow des Projektes bedient:[270] Die Rückführung des Darlehens erfolgt aus den (zukünftigen) Jahresüberschüssen der SPE.[271] Aus diesem Grund verlangen die finanzierenden Institutionen zum Ende des Projektes in aller Regel einen sog. „Tail", also einen zeitlichen Puffer zwischen der Endfälligkeit der Finanzierung und dem Laufzeitende des Projektes, um die Kreditlaufzeit notfalls zu verlängern.[272]

Die Projektfinanzierung verfügt damit über zwei wesentliche Vorteile: Zum einen ermöglicht sie dem Investor bzgl. seines einzugehenden Risikos Vorsorge und Absicherung zu treffen. Das Projekt (und damit die Investition) wird in eine eigene Gesellschaft überführt und die damit eingegangenen Risiken verteilt.[273] Die Verteilung der Risiken erfolgt sachgerecht, da diese im Rahmen des Finanzierungsvertrages weitgehend der Vertragspartei zugeordnet wird, die diese am besten steuern und beeinflussen kann.[274] Für den Investor bedeutet eine Übernahme der Risiken durch die Projektgesellschaft auch, dass im Falle eines Scheiterns des Projektes zwar die gegründete SPE in aller Regel insolvent geht, durch den non-recourse sein Unternehmen allerdings keinen finanziellen Schaden über das eingebrachte Eigenkapital hinaus nimmt.

Zum anderen führt das Konstrukt der SPE meist dazu, dass der Investor die Verbindlichkeiten aus dem Projekt nicht selbst zu bilanzieren hat. Vielmehr wird bei der Projektfinanzierung angestrebt, dass die eingegangenen Verbindlichkeiten nur bei der SPE selbst passiviert werden. Die Bilanz des Investors wird damit weder belastet, noch im Falle eines Scheiterns gefährdet.[275] Zusätzlich hält er

---

267 Vgl. *Reuter* (2004), S. 610.
268 Vgl. *Reuter/Köhling* (2004), S. 130.
269 Vgl. BdB (2004), S. 17; BMWA (2004), S. 27.
270 Vgl. *Reuter* (2000), S. 659.
271 Vgl. BdB (2004), S. 17.
272 Vgl. *Weber/Moß/Bachhuber* (2005), S. 606.
273 Vgl. *Reuter* (2000), S. 659.
274 Vgl. *Reuter/Köhling* (2004), S. 130.
275 Vgl. BMWA (2004), S. 27.

sich auf diese Weise weitere Finanzierungsspielräume offen.[276] Daher wird diese Art der Finanzierung im internationalen Sprachgebrauch als „off balance sheet financing“ bezeichnet.[277]

Allerdings verfügt die Projektfinanzierung auch über einen entscheidenden Nachteil: Die Kosten des Vertragsabschlusses bzw. die Transaktionskosten zum Zustandekommen der Finanzierung. Da einzig der Cash-flow des Projektes als Refinanzierungsquelle dient, die Haftungsmasse gleichsam auf die der SPE beschränkt ist, werden vor Vertragsabschluss aufgrund einer möglichst umfangreichen Prüfung und Bewertung des Projektes und der damit verbundenen Risiken Fixkosten in beträchtlichem Maße fällig. Diese ergeben sich durch eine zwangsweise erfolgende, umfangreiche Due Diligence und die Bestimmung aller für die spezifische Investition nötigen betriebswirtschaftlichen Kennzahlen wie bspw. den Return of Investment (RoI) und das Debt service coverage ratio (DSCR). Verfügt die Projektfinanzierung nicht über ein ausreichend hohes Finanzierungsvolumen, so kann aufgrund der Fixkosten die gesamte Finanzierung durchaus zu teuer und somit unwirtschaftlich erscheinen.

Zusammenfassend kommen also Projektfinanzierungen i.d.R. immer dann in Frage, wenn die Risiken oder Finanzierungsvolumina des Projektes für ein einzelnes Unternehmen zu groß sind, und/oder, falls das Unternehmen seine Bilanz nicht mit Verbindlichkeiten aus dem Projekt belasten möchte und gleichzeitig die Transaktionskosten im Verhältnis zum Finanzierungsvolumen ausreichend gering sind.

Dies erklärt auch, weshalb Projektfinanzierungen bei PPP-Projekten zwar regelmäßig in Betracht gezogen werden und überaus attraktiv und geeignet erscheinen, jedoch bei der überwiegenden Anzahl der PPPs keine Anwendungen finden. Es zeigt sich, dass die Vorteile einer solchen Finanzierung nicht ausreichen, um die damit verbundenen Finanzierungsnachteile - also maßgeblich die Kosten der Projektfinanzierung - bei kleineren und mittleren Projektvolumina zu kompensieren.[278]

2.6.2 Forfaitierung

Unter einer Forfaitierung wird der regresslose Verkauf einer bestehenden oder zukünftigen Forderung durch einen Forderungsverkäufer (Forfaitist) an einen Forderungskäufer (Forfaiteur) verstanden. Haftet der Forderungsverkäufer lediglich für den rechtlichen Bestand der Forderung, übernimmt also der Forfaiteur

[276] Vgl. *Reuter* (2000), S. 659.
[277] Vgl. BMWA (2004), S. 28.
[278] Vgl. *Wegner/Böing/Jürgenliemk* (2005), S. 54.

das Ausfallrisiko der Forderung, so lautet die Bezeichnung „echte Forfaitierung". Behält der Forfaitist hingegen das Ausfallrisiko, so wird analog von einer „unechten Forfaitierung" gesprochen.[279] Die Forfaitierung findet bei der öffentlichen Hand Anwendung, wenn sie als Auftraggeber eines Projektes auftritt und dem Auftragnehmer, also einem privaten Unternehmen, günstigere Finanzierungskonditionen verschaffen will, als dieser ohne Forfaitierung erreichen könnte. Die Einsparungen, die der Private dadurch erreichen kann, schlagen sich in seinem Angebotspreis gegenüber der öffentlichen Hand nieder und werden somit an die öffentliche Hand weitergegeben.

Um einem Privaten mit einer Forfaitierung möglichst günstige Finanzierungskonditionen zu ermöglichen, findet eine echte Forfaitierung Anwendung, d.h. der Forfaiteur (die Bank) übernimmt das Ausfallrisiko der Forderung. Diese sichert sich jedoch gegen das Ausfallrisiko ab: Zur Umgehung der Folgen des § 404 BGB bedient sich der öffentliche Auftraggeber (also der Schuldner) des Verzichts auf jegliche Einrede und Einwendungen aus dem Grundgeschäft („Forfaitierung mit Einredeverzicht").[280] Dies bedeutet eine Zusicherung der Zahlungsverpflichtung ggü. dem Forderungsankäufer, auch wenn Tatbestände vorliegen, die eine Minderung von Zahlungen bzw. eine Geltendmachung von Gewährleistungsrechten legitimieren würden. Dem öffentlichen Auftraggeber bleibt dann nur die Möglichkeit offen, sich mit dem Auftragnehmer ohne Zwischenschaltung des Forfaiteurs auseinanderzusetzen. Zur Absicherung seiner Ansprüche bedient er sich oft einer Bürgschaft oder Patronatserklärung des Privaten.[281] Somit bleibt aber ein wesentliches Risiko beim öffentlichen Auftraggeber, das Bestandsrisiko des Grundgeschäftes ex nunc oder ex tunc.

Verzichtet die öffentliche Hand hingegen auf den Einredeverzicht, liegt also eine einredebehaftete Finanzierung vor, so trägt die Bank das Risiko, dass die öffentliche Hand als Auftraggeber bei Schlechtleistung dem privaten Auftragnehmer gegenüber vertraglich festgelegte Kürzungen des Leistungsentgelts geltend macht, oder aber im Extremfall gar die Verträge kündigt, somit das Ausfallrisiko.[282] Da die Bank im Falle einer einredebehafteten Finanzierung also wesentliche Risiken trägt, die den Bestand der Forderung der Höhe nach bedrohen, ohne gleichzeitig Einfluss auf die Risiken zu haben, ergeben sich aus dieser Variante i.d.R. keine Vorteile bzgl. der Kosten der Finanzierung.[283]

[279] Vgl. *Rehkugler* (2007), S. 280.
[280] Vgl. hierzu und zum Folgenden *Littwin/Schöne* (2006), Rn. 523.
[281] Vgl. *Kleinlein* (2006), S. 30.
[282] Vgl. *Matthäus-Maier* (2006), S. 223.
[283] Vgl. auch BLA (2007), S. 22.

Die Forfaitierung mit Einrede- und Einwendungsverzicht ist eine verbreitete Form der Finanzierung bei PPPs, da sie - wie geschildert - dem Auftragnehmer günstige, denen der öffentlichen Hand ähnliche Konditionen verschafft. Aufgrund des Risikos, das die öffentliche Hand dabei trägt, sollte sie generell allerdings nur auf einzelne Vertragsbestandteile des PPP-Vertrages beschränkt sein. Bei Infrastrukturprojekten bezieht sie sich i.d.R. nur auf die Investition, also Planung und Bau.[284] Zudem sollte hier stets eine Staffelung erfolgen: Erst, wenn per Testat bestätigt wurde, dass die Projektgesellschaft eine zu erbringende (Teil-)Bauleistung auch tatsächlich erbracht hat, erfolgt eine Forfaitierung durch die finanzierende Bank und der Einrede- und Einwendungsverzicht durch die öffentliche Hand.[285] Eine solche Vorgehensweise entspricht dem sog. Mogendorfer Modell.[286] Das Baumängelrisiko wird bei der Forfaitierung mit Einrede- und Einwendungsverzicht somit auf die öffentliche Hand verlagert, da sie bei einer späteren Feststellung von Baumängeln diese nicht gegenüber dem Forfaiteur durch Entgeltkürzungen geltend machen kann, sondern allenfalls gegenüber dem Auftragnehmer. Sie trägt damit aber auch das Insolvenz- und Bonitätsrisiko der Projektgesellschaft:[287] Liegen gravierende Baumängel vor, so wird diese i.d.R. insolvent gehen, die öffentliche Hand hat aber weiterhin den Forfaiteur zu bedienen.[288] Die Forfaitierung mit Einrede- und Einwendungsverzicht bedeutet zwar im Ergebnis geringere Finanzierungskosten der PPP als bei einer Projektfinanzierung, jedoch entsprechend höhere Risikokosten.[289] Gleichzeitig entfallen bei der Forfaitierungslösung allerdings auch die Kosten der Risikoübertragung auf die Bank, also vor allem die Kosten für eine umfassende Due Diligence.[290]

2.7 Kritik an Public Private Partnerships

2.7.1.1 PPP und Verschuldung

Einer der wesentlichen Kritikpunkte an PPPs, welchem auch im Rahmen dieser Arbeit nachgegangen wird, ist, dass sie dazu dienen, die tatsächlichen finanziellen Belastungen und Konsequenzen aus einem solchen Projekt im Haushalt zu verbergen. So erscheint das kameralistisch geprägte Haushaltsrecht mit seinen Prinzipien der Jährlichkeit, Vollständigkeit und Kassenwirksamkeit derzeit nur

284 Vgl. *Littwin/Schöne* (2006), Rn. 33.

285 Eine solche Testierung im Rahmen einer Forfaitierung mit Einredeverzicht stellt indes keine Abnahme i.S.d. Werkvertragsrechts dar; vgl. *Littwin/Schöne* (2006), Rn. 142.

286 Vgl. zum Mogendorfer Modell ausführlich RhPfVerfGH, Urteil v. 20.11.1996, NVwZ-RR 1998, S. 145 ff.

287 Vgl, *Neugebauer* (2008), S. 167.

288 Durch diese Art der Risikoverteilung erscheint es *Leinemann/Kirch* fraglich, ob eine solche PPP überhaupt als „echte" PPP anzusehen sei; vgl. *Leinemann/Kirch* (2006), S. 37.

289 Vgl. *Kleinlein/Stein* (2007), Art. 4, Rn. 30.

290 Vgl. *Neugebauer* (2008), S. 167 f.

bedingt geeignet, langjährige Investitions- und Finanzierungsmaßnahmen transparent und konsistent darzustellen.[291] Das dabei auftretende wesentliche Problem ist, dass die regelmäßigen Entgelte der öffentlichen Hand an den privaten Auftragnehmer im Rahmen von PPP-Projekten zwar laufende Ausgaben darstellen, die eingegangenen Verbindlichkeiten aber nicht im Haushalt dargestellt werden, da sie nicht unter den haushaltsrechtlichen Kreditbegriff fallen. Gleichzeitig aber belasten sie den Haushalt genauso wie eine unmittelbare Kreditaufnahme.[292] Daher handele es sich im Ergebnis bei privater Vorfinanzierung und damit auch bei PPPs um eine bewusste Verletzung des Vollständigkeitsprinzips öffentlicher Haushalte.[293] Die damit einhergehenden Auswirkungen auf den Haushalt werden nur unzureichend betrachtet.[294] Es wird daher gefordert, die Einbeziehung von PPP-Projekten in die öffentlichen Haushalte zu überdenken.[295]

Die mangelnde Transparenz der Verpflichtungen aus PPP-Projekten in den öffentlichen Haushalten führt dann auch zum Vorwurf, die öffentliche Hand erhöhe ihre Verschuldung nicht unmittelbar sichtbar, sondern außerhalb des Haushaltes. So kritisieren einige Rechnungshöfe an privaten Vorfinanzierungen generell, dass hierbei eine „graue Finanzschuld" einhergeht, welche die öffentlichen Haushaltsträger aufbauen.[296] Da die Verbindlichkeiten nicht als Kreditaufnahme gewertet werden, bei einer klassischen Kreditaufnahme aber ein entsprechender Kredit in der Herstellungszeit in den Haushalt eingestellt wird, handele es sich um eine Lastenverschleierung.[297] Auch PPP-Projekten wird daher vorgeworfen, dass es sich um eine verdeckte Verschuldung handelt, da die Verpflichtungen auf Seiten der öffentlichen Hand nicht vollständig ausgewiesen werden, vielmehr verschleiert würden.[298]

Es wird daher gefordert, dass die Kosten und Folgekosten von PPPs in den öffentlichen Haushalten klar auszuweisen sind, damit PPPs nicht als verdeckte Kreditaufnahme, also als Schattenkredite ausgenutzt werden.[299] Nach dem Prinzip der Vollständigkeit sind derartige „Schattenhaushalte" ohnehin unzuläs-

---

291 Vgl. *Binus* (2005), S. 200.
292 Vgl. *Odenwald* (1997), S. 149.
293 Vgl. *Däke* (2006), S. 180.
294 Vgl. *Fawkner* (2004), S. 84; *Binus* (2005), S. 125.
295 Vgl. *Budäus* (2004), S. 21.
296 Vgl. Landesrechnungshof Schleswig-Holstein (2002), Nr. 21, S. 206 f.; Rechnungshof Baden-Württemberg (2000), Beitrag 13, S. 8 f.; Bayerischer Oberster Rechnungshof (1994), Anm. 17.3.1, S. 57.
297 Vgl. *Däke* (2006), S. 180.
298 Vgl. *Budäus* (2004), S. 21; *Fawkner* (2004), S. 84 f.
299 Vgl. *Däke* (2006), S. 178.

sig.[300] Um die Transparenz der Verpflichtungen aus den PPP-Modellen in den Haushalten zu erhöhen, wird daher u.a. gefordert, dem Haushaltsplan eine Übersicht über die entsprechenden Verbindlichkeiten anzuhängen.

Als Motiv für eine verdeckte Kreditaufnahme werden regelmäßig die angespannte Finanzierungslage öffentlicher Haushalte und ausgeschöpfte Verschuldungsmöglichkeiten gesehen. Die Begründung von derlei alternativen Finanzierungsformen stelle daher eine Flucht aus dem Budgetrecht dar, die dazu dienen soll, den finanziellen Spielraum unter Umgehung der Budgetrestriktionen weiter auszudehnen.[301] Es handele sich also um eine Kreditaufnahme, die gleichzeitig dazu dient, die verfassungsrechtlich gebotene Eingrenzung der Einnahmen aus Krediten zu umgehen.[302] Dies sei der einzige Grund, weshalb PPPs ihren heutigen Stellenwert erfahren.[303] Auch die Europäische Kommission teilt die Auffassung, dass die wachsende Bedeutung von PPP auf haushaltspolitische Sachzwänge der Mitgliedsstaaten zurückzuführen ist, da PPP einen Zufluss von Finanzmitteln aus der Privatwirtschaft bedeutet.[304]

Als Indikator für ein solches Motiv, also der Ausweitung der möglichen Verschuldung durch private Vorfinanzierung, dient der Zusammenhang zwischen Häufigkeit der PPP-Projekte und Verschuldung des betreffenden öffentlichen Aufgabenträgers.[305] *Roentgen* stellt daher die Hypothese auf, dass kommunale Aufgabenträger - je weniger sie über alternative Möglichkeiten zur Finanzierung ihrer Aufgabenerfüllung verfügen - desto eher auf eine PPP zurückgreifen.[306] Auch *Hetzel/Früchtl* sehen die Existenz von PPP an staatliche Finanznöte „nahezu gekoppelt".[307] In Zeiten einer besseren finanziellen Ausstattung sei es dagegen nicht nötig gewesen, Kooperationsformen mit dem privaten Sektor zur Einbindung privaten Kapitals anzustreben.[308]

Es muss also davon ausgegangen werden, dass PPPs zur Anwendung kommen, wenn der Verschuldungsspielraum öffentlicher Haushalte ausgeschöpft ist. Auf

---

300 Vgl. *Binus* (2005), S. 200.

301 Vgl. *Littwin/Schöne* (2006), Rn. 37; *Binus* (2005), S. 126; *Odenwald* (1997), S. 149.

302 Vgl. *Däke* (2006), S. 180.

303 Vgl. *Budäus* (2004), S. 10.

304 Vgl. Europäische Kommission (2004a), S. 4.

305 Vgl. *Budäus/Grüb* (2007b), S. 18. Für Schweden konnte der Zusammenhang zwischen der Verschuldung einer Kommune und deren Neigung zu PPPs bereits durch eine Regressionsanalyse bestätigt werden; vgl. *Collin* (1998).

306 Vgl. *Roentgen* (2001), S. 136; der Zusammenhang zwischen der finanziellen Lage einer Kommune - gemessen bspw. am Grad ihrer Verschuldung - und der Häufigkeit der Anwendung einer PPP scheint dabei bisher bis heute nicht empirisch belegt worden zu sein.

307 So *Hetzel/Früchtl* (2006), S. 653; ähnlich dazu auch *Gas/Rücker* (2004), S. 56; *Bonk* (2004), S. 146.

308 Vgl. *Stember* (2005), S. 15.

europäischer Ebene ist dies z.T. bereits zu beobachten. So werden PPPs in den neueren Mitgliedsländern offenbar bereits angewandt, um die Verschuldung hinsichtlich der Verschuldungsobergrenze des Stabilitäts- und Wachstumspakts (SWPs) nicht weiter zu erhöhen.[309] Auch für Deutschland wird in PPPs ein möglicher Beitrag zur Einhaltung der Maastricht-Kriterien gesehen.[310] Aber nicht nur hinsichtlich der Maastricht-Kriterien, sondern auch in Bezug auf die nationale Verschuldungsregel in Art. 115 GG werden PPPs als Konzept zur Umgehung von Verschuldungsrestriktionen angesehen, die bewusst derart gestaltet werden.[311]

Die wesentliche Gefahr, die aus einer intransparenten Darstellung der Verpflichtungen aus PPP-Geschäften in den öffentlichen Haushalten gesehen wird, ist, dass zusätzliche zukünftige Belastungen für die öffentlichen Haushalte geschaffen werden. Zwar steht außer Frage, dass auch im Falle einer klassischen, kreditfinanzierten Eigenrealisierung des Projektes eine entsprechende Kreditaufnahme und damit einhergehend eine Einengung zukünftiger finanzieller Handlungsmöglichkeiten stattfindet.[312] Jedoch wird im Falle einer PPP-Realisierung befürchtet, dass damit die Budgetrestriktionen umgangen werden könnten und dies dazu führt, dass die eigentlich nur zulässige Lastenverteilung in die Zukunft durch die Aufnahme von Krediten zusätzlich ausgedehnt und somit der finanzielle Spielraum zukünftiger Generationen übermäßig eingeschränkt wird. Anders formuliert: Die durch die Verschuldung außerhalb der Haushalte gewonnenen finanziellen Spielräume innerhalb der Haushalte könnten bei ihrer Ausnutzung zu weiteren Belastungen zukünftiger Generationen führen.[313]

So wurden in der Vergangenheit offenbar bereits mehrfach private Vorfinanzierungsmodelle gewählt, um die ausgereizten Kreditaufnahmegrenzen bewusst zu

---

309 Vgl. *Mersmann* (2006), S. 148.

310 Vgl. *Matthäus-Maier* (2006), S. 222.

311 Vgl. *Budäus/Grüb* (2007b), S. 18 u. S. 23; *Beckers* (2005), S. 144.

312 Vgl. *Littwin/Schöne* (2006), Rn. 14. *Beckers* vertritt dagegen die Auffassung, eine private Vorfinanzierung sei im Gegensatz zu einer klassischen Kreditaufnahme immer eindeutig nachteilig, weil sie die Flexibilität künftiger Haushalte einschränke. Diese hätten dann in ihren Haushalten Mittel gebunden, die sie alternativ für noch nicht vorhersehbare Verwendungszwecke zur Verfügung hätten; vgl. *Beckers* (2005), S. 157. Dem muss aber widersprochen werden, da die Einschränkung zukünftiger Haushaltsspielräume zunächst unabhängig von der Form der Verschuldung stattfindet. *Beckers* Auffassung folgend würde die Kreditfinanzierung dazu führen, dass zukünftige Handlungsspielräume offen bleiben, die Kreditverbindlichkeiten wären dabei zu vernachlässigen. Dem wäre nur zu folgen, sofern die derzeitige Praxis des Gesetzgebers der nicht vorhandenen Tilgung von Krediten zugrundegelegt wird. Als Argument für die Aufrechterhaltung zukünftiger Spielräume kann dies aber nur schwerlich bzw. gar nicht dienen, da letztendlich die Schuld nur zunehmend in die Zukunft verschoben wird.

313 Vgl. *Däke* (2006), S. 180.

umgehen.[314] Ein Beispiel hierfür ist das PPP-Projekt in Offenbach. Dort hatte der Landkreis Offenbach die Versagung der Aufsichtsbehörde, eine weitere Neuverschuldung zuzulassen. Daraufhin wurden umfassende Schulsanierungsarbeiten im Rahmen einer PPP verwirklicht. Die private Vorfinanzierung ermöglichte also hier das Eingehen weiterer Verbindlichkeiten, obwohl eine Kreditaufnahme bereits untersagt wurde.[315] Eine ähnliche Konstellation liegt im Falle des Schulprojektes der Stadt Monheim vor. Auch dort wurden im Rahmen eines PPP-Projektes die Sanierungen verschiedener Schulgebäude realisiert. Zur Begründung der Realisierung als PPP wurde angeführt, dass die notwendige Summe an finanziellen Mitteln i.H.v. 21 Mio. Euro nicht aus dem Haushalt finanziert werden konnte. Zudem war eine weitere Kreditaufnahme untersagt.[316] Auch hier kann unterstellt werden, dass das PPP-Projekt dazu gedient hat, bewusst bestehende Kreditaufnahmebeschränkungen zu umgehen.

Auch die Rechtsprechung hat in der Vergangenheit ein Geschäft privater Vorfinanzierung als Umgehungsversuch der bestehenden Budgetrestriktionen öffentlicher Haushalte erkannt und die damit verbundene Aufnahme von Schattenkrediten aufgedeckt. Allerdings stand dabei eine Veräußerung staatlichen Vermögens im Mittelpunkt. Dabei handelt es sich um eine Immobilienveräußerung i.V.m. einem Sale-and-lease-back-Geschäft des Landes Schleswig-Holstein. Dieses private Vorfinanzierungsmodell wurde als Missbrauchsversuch zur Umgehung der öffentlichen Verschuldungsregeln gewertet, so dass die darin eingegangenen Verbindlichkeiten nach dem Urteil des Bundesverfassungsgerichts als Kreditaufnahme zu werten waren.[317] Die Umgehung der Kreditaufnahmebeschränkungen und eine verdeckte Verschuldung haben meist einen politischen Hintergrund. So erhofft sich die Politik, durch die höhere Ausgabenmöglichkeit und die geringere Verschuldung Popularitätszuwächse und durch die höheren Investitionsmöglichkeiten höhere Chancen einer Wiederwahl.

Andererseits wird aber auch die Möglichkeit gesehen, dass PPP-Modelle trotz ihrer tendenziellen Verschleierung der daraus resultierenden Verbindlichkeiten dazu dienen, den Haushalt zu sanieren.[318] Denn anders als bei einer klassischen Eigenfinanzierung führten die regelmäßig an den Privaten zu zahlenden Entgelte auf öffentlicher Seite dazu, dass eine echte Tilgung der Schulden erfolgt. Dies

314 Vgl. *Binus* (2005), S. 125.
315 So der Landrat des Landkreises Offenbach *Walter*; vgl. *Graef* (2006), S. 58.
316 So der Oberbürgermeister der Stadt Monheim *Dünchheim*; vgl. *Graef* (2006), S. 71 f.
317 Vgl. BVerfG, NVwZ (1999), S. 173 ff. bzw. ausführlich auch noch Abschnitt 4.3.1.2.
318 Vgl. *Witte* (2006), S. 8.

führe aufgrund der Kostentragung über die Nutzungsperioden hinweg zu einer höheren Generationengerechtigkeit als bei der konventionellen Beschaffung.[319]

2.7.1.2 Weitere Kritik

Als Erfolgsvoraussetzung einer PPP wird die Verfolgung eines gemeinsamen Zieles von öffentlicher Hand und Privatem gesehen - die wirtschaftlichere Erfüllung einer öffentlichen Aufgabe.[320] Dagegen wird argumentiert, öffentliche Hand und Privater könnten gar kein gemeinsames Ziel verfolgen, da der Staat im Gegensatz zum Privaten das Ziel der Wirtschaftlichkeit stets dem Ziel des Allgemeinwohls unterzuordnen hat.[321] Dies enthalte Konfliktpotenzial.[322] Weiter wird kritisiert, PPPs verfügen nicht über ausreichend Effizienzvorteile gegenüber einer Eigenrealisierung.[323] Diese ergäben sich bei den Wirtschaftlichkeitsuntersuchungen u.a. durch hohe Diskontierungsfaktoren.[324] Oftmals ergeben Überprüfungen auch Zweifel an der unterstellten Vorteilhaftigkeit.[325] Vor allem aber wird argumentiert, die Vorteilhaftigkeit sei in Deutschland bis heute noch nicht abschließend festgestellt worden, da noch kein PPP-Projekt beendet wurde.[326] Dem kann jedoch entgegen gehalten werden, dass auch im Falle der Beendigung einer PPP eine Vorteilhaftigkeit nie vollkommen nachgewiesen werden kann, da die Vergleichsbasis der Eigenrealisierung auch nur auf einer Schätzung beruht. Weiter wird bemängelt, dass PPP-Projekte zu einem staatlichen Kompetenzverlust und ferner zu einem Verlust von demokratischer Legitimation durch Verlagerung von Tätigkeiten der öffentlichen Hand auf Private führten.[327] PPP-Projekte seien zudem aufgrund ihrer finanziellen Volumina und des umfassenden Leistungsspektrums mittelstandsfeindlich.[328] Dies wird jedoch in einer Studie des DIFU widerlegt, wonach PPP-Projekte aber noch über ein erhebliches Maß an Optimierungspotenzial hinsichtlich Partizipation des Mittelstandes verfügen.[329]

---

319 Vgl. *Weber* (2004), S. 30.

320 Vgl. *Eggers* (2004), S. 14.

321 Vgl. *Kirsch* (1997), S. 109 ff. u. S. 119.

322 Vgl. *Budäus/Grüning/Steenbock* (1997b), S. 6 f; *Eisenkopf/Schnöbel* (2007), S. 58.

323 Vgl. zuletzt BRH (2009), S. 5.

324 Vgl. *Beckers* (2005), S. 120.

325 So ergab der Revisionsbericht beim PPP-Projekt Frankfurter Bildungszentrum Ostend, dass eine Eigenrealisierung nicht 25 % teurer, sondern 6,45 % günstiger gewesen wäre; vgl. Revisionsamt (2006), S. 6.

326 Vgl. *Littwin/Schöne* (2006), Rn. 30.

327 Vgl. *Sack* (2003), S. 355; *Ziekow* (2003), S. 96 f.

328 Vgl. Westdeutscher HWKT (2007), S. 2; Zentralverband des Deutschen Handwerks (2003), S. 11.

329 Vgl. DIFU (2008a). Eine Übersicht über weitere Kritikpunkte an PPPs liefern *Littwin/Schöne* (2006), Rn. 30.

3. Die öffentliche Haushaltsführung in Deutschland

PPP-Projekten wird vorgeworfen, dass die durch sie eingegangenen Verbindlichkeiten in den öffentlichen Haushalten nur unzureichend dargestellt werden. Um diesem Vorwurf im Rahmen dieser Arbeit nachzugehen, ist zu betrachten, wie die aus PPP-Projekten resultierenden Verbindlichkeiten in den öffentlichen Haushalten veranschlagt werden. Zudem erscheint es zur Frage nach der Verschuldungswirkung der PPP-Modelle auch notwendig, auf die Einordnung der mit ihnen verbundenen Ausgaben einzugehen. Denn schließlich ist es bspw. für Art. 115 GG relevant, ob die im Rahmen eines PPP-Projektes zu leistenden Entgelte Investitionsausgaben beinhalten, da diese aufgrund des Kredit-Investitions-Junktims die Aufnahme von Krediten ermöglichen. Daher werden im Folgenden zunächst die Grundlagen der öffentlichen Haushaltsführung in Deutschland beschrieben, um im Kapitel 5 detaillierte Beschreibungen zur Veranschlagung der PPP-Projekte in den Haushalten treffen zu können.

Die Haushaltsführung bei Bund, Ländern und Gemeinden befindet sich derzeit im Umbruch. Die öffentlichen Haushalte wurden in Deutschland seit jeher nach dem System der Verwaltungskameralistik geführt.[330] Die Kritik an diesem pagatorischen System, welches ursprünglich der Abbildung der Zahlungsströme im absolutistischen Staat diente, steht ebenso nicht erst in jüngerer Zeit im Raum.[331] Die Anforderungen, welche heute an das öffentliche Haushaltswesen gestellt werden, können dabei wie folgt beschrieben werden:[332]

- Informationslieferung über Effizienz und Effektivität
- Darstellung der tatsächlichen Vermögenslage
- Transparenz
- Unterstützung der Outputorientierung

Im Schrifttum herrscht weitestgehend Einigkeit darüber, dass die klassische Kameralistik (Verwaltungskameralistik)[333] diesen Anforderungen nicht gerecht wird. Es steht daher seit längerem die Forderung nach einem reformierten öffentlichen Rechnungswesen im Raum.[334] Dies führt bis heute dazu, dass vor allem auf kommunaler, aber auch auf Länderebene die Kameralistik zunehmend zugunsten einer doppischen Haushaltsführung weicht.

---

330 Vgl. zu den Anfängen der heutigen Kameralistik *Walb* (1926) und weiter *Johns* (1938).
331 Vgl. bspw. *von Wysocki* (1965).
332 Vgl. *Eibelshäuser/Eckes* (2009), IV, Teil 2, Rn. 18 ff.
333 Vgl. *von Wysocki* (1965), S. 17.
334 Vgl. *Berens* et al. (2008); *Bolsenkötter/Poullie/Vogelpoth* (2007); *Budäus* (2007); *Budäus* (2006); *Budäus/Behm/Adam* (2004); *Lüder* (2004); *Vogelpoth* (2001); *Bals/Reichard* (2000).

Wenn daher im Rahmen dieser Arbeit die haushaltsrechtliche Veranschlagung der PPP-Projekte betrachtet wird, so kann sich dies nicht auf eine kameralistische Haushaltsführung beschränken. Daher werden nachfolgend zunächst die Verwaltungskameralistik und die ihr vorgehaltenen Schwächen aufgezeigt und anschließend als Lösungsvorschläge zur Modernisierung des Rechnungswesens die erweiterte Kameralistik sowie die Doppik vorgestellt. Es folgen ein kurzer Vergleich der Systeme und anschließend ein Überblick über den derzeitigen Reformstand.

3.1 Grundlagen der öffentlichen Haushaltsführung

3.1.1 Haushaltskreislauf

Der Haushaltskreislauf beschreibt den kontinuierlichen Prozess, den ein öffentlicher Haushalt auf allen Ebenen der Verwaltung - Bund, Ländern und Gemeinden - zu durchlaufen hat. Er stellt einen in sich geschlossenen Kreislauf dar, der die unterschiedlichen Phasen der Haushaltswirtschaft abbildet. Der Haushalt durchläuft vier aufeinanderfolgende Phasen:[335] Die Aufstellung des Haushaltsplanes, die Feststellung des Haushaltes, die Haushaltsführung und schließlich die Rechnungs- und Rechenschaftslegung am Ende des Haushaltsjahres sowie die anschließende parlamentarische Entlastung. Die Dauer des Durchlaufens eines vollständigen Haushaltskreislaufes beträgt ca. vier Jahre.[336]

Die Haushaltsplanung beinhaltet die Aufstellung der voraussichtlichen Einnahmen und Ausgaben von Haushaltsmitteln für die betrachtete Haushaltsperiode. Sie erfolgt durch die jeweilige Exekutive und hat den Haushaltsplan zum Ergebnis (auch Budget oder Etat). Anschließend erfolgt die Feststellung des Haushaltsplanes durch die Legislative, d.h., der Haushaltsplan wird in Form eines Haushaltsgesetzes (Bund und Länder) oder einer Haushaltssatzung (Kommunen) durch das jeweilige parlamentarische Gremium genehmigt und fixiert.[337] Der so erfolgten Ermächtigung der Exekutive[338] schließt sich ihre Haushaltsführung mit Vollzug der geplanten Einnahmen und Ausgaben an: Im Rahmen der Rechnungslegung erfolgt nach Ablauf der Haushaltsperiode die Jahresrechnung. Sie überprüft, inwieweit die Vorgaben des Haushaltsplanes innerhalb der Haushaltsführung eingehalten wurden (Soll-Ist-Vergleich).[339] Die Jahresrechnung obliegt der Legislative mit Unterstützung durch Prüfungsorgane wie den Rechnungshöfen, aber auch der Exekutive. Ist das Ergebnis der Prüfung

335 Vgl. *Blankart* (2006), S. 462 ff.; *Brümmerhoff* (2007a), S. 158 ff.
336 Vgl. *Zimmermann/Henke* (2005), S. 91.
337 Der Haushaltsplan ist ein „Hoheitsakt in Gesetzesform", so BVerfGE 79, S. 328.
338 § 3 Abs. 1 HGrG.
339 Vgl. *Knöll/Grunert* (1997), S. 79.

positiv, so erfolgt im letzten Schritt die Entlastung der jeweiligen mit der Haushaltsführung ermächtigten Exekutive durch die Legislative, also das jeweilige parlamentarische Kontrollgremium.

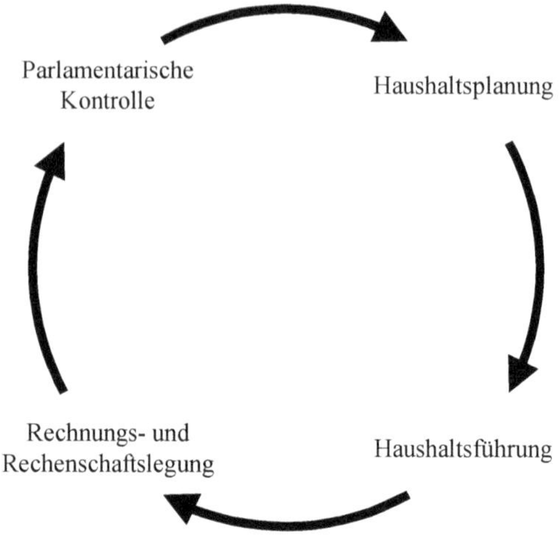

Abbildung 3-1: Der Haushaltskreislauf
[Quelle: Eigene Darstellung in Anlehnung an *Blankart* (2006), S. 462]

3.1.2 Haushaltsgrundsätze und Budgetprinzipien

Unter Haushaltsgrundsätzen oder Budgetprinzipien werden justizielle Regeln verstanden, die bei der öffentlichen Haushaltswirtschaft im Rahmen der Erstellung, des Vollzugs und der Kontrolle des Haushaltsplans zwingend zu befolgen sind.[340] Sie genießen z.T. Verfassungsrang nach Art. 109-115 GG. Daneben existieren auch einzelgesetzliche Vorgaben, vornehmlich im HGrG. Insbesondere der Verfassungsrang verdeutlicht, dass diese Grundsätze unabhängig von der angewandten Haushaltssystematik - Kameralistik oder Doppik - zu beachten sind. Die haushaltsrechtlichen Vorgaben aus dem HGrG sind für den Bund weiter konkretisiert in der BHO, für die Länder in den LHO bzw. für Kommunen in den GemHVO.[341]

Der *Grundsatz der Einheit und Vollständigkeit* (Art. 110 Abs. 1 S. 1 GG, § 8 Abs. 1 HGrG) besagt, dass Einnahmen und Ausgaben des Bundes in *einem* Haushaltsplan zu veranschlagen sind. Ferner sind *alle* zu erwartenden Einnahmen und Ausgaben in der geplanten Höhe auszuweisen.

[340] Vgl. *Eichhorn* et al. (2003), S. 473.
[341] Vgl. *Brümmerhoff* (2007a), S. 152.

Nach dem *Grundsatz des Haushaltsausgleichs* müssen die Ausgaben des Haushaltsplanes durch seine Einnahmen vollkommen gedeckt sein, Art. 110 Abs. 1 S. 2 GG.

Der *Grundsatz der Vorherigkeit* besagt, dass der Haushaltsplan vor Beginn des betreffenden Rechnungsjahres auszustellen und festzustellen ist, Art. 110 Abs. 2 S. 1 GG. Zusätzlich verdeutlicht Art. 110 Abs. 2 S. 1 GG, dass der Haushaltsplan immer für eine Periode von 12 Monaten aufzustellen ist, was dem *Grundsatz der Jährlichkeit* entspricht.

Nach dem *Bruttoprinzip* gem. § 12 Abs. 1 S. 1 HGrG sind die Einnahmen und Ausgaben im Haushaltsplan getrennt voneinander zu veranschlagen; eine Saldierung korrespondierender Einnahme- und Ausgabeposten darf nur im begründeten Einzelfall (wie bspw. bei der Nettokreditaufnahme, vgl. § 12 Abs. 1 S. 2 HGrG i.V.m. § 15 Abs. 1 S. 2 BHO) erfolgen.[342]

Nach dem *Grundsatz der Gesamtdeckung*, § 8 Abs. 1 BHO, dienen alle Einnahmen im Haushaltsplan dazu, alle Ausgaben zu decken, eine Zweckbindung von Einnahmen ist ausgeschlossen (Non-Affektationsprinzip).[343]

Nach dem *Fälligkeitsprinzip* gem. § 11 Abs. 2 BHO sind im Haushaltsplan nur solche Einnahmen und Ausgaben zu veranschlagen, welche im Haushaltsjahr kassenwirksam werden. Erst später kassenwirksame Ausgaben werden als Verpflichtungsermächtigungen im Anhang ausgewiesen.[344]

Durch den *Grundsatz der zeitlichen und sachlichen Bindung* nach § 45 Abs. 1 BHO dürfen Ausgaben nur innerhalb des vom Haushaltsplan abgedeckten Zeitraums und nur für den darin vorgesehenen Zweck getätigt werden. Da im Haushaltsplan ermächtigte Ausgaben nicht in den folgenden Haushaltsplan übertragen werden können, führt dies regelmäßig zum „Dezemberfieber", d.h., es kommt zu verschwenderischen Ausgaben, um die Budgets vollständig auszuschöpfen. Um dies zu vermeiden, soll eine Flexibilisierung des Grundsatzes der zeitlichen und sachlichen Bindung durch sog. Übertragungsvermerke, aber auch durch Deckungs- und Verstärkungsvermerke erfolgen.[345]

---

342 Vgl. *Brümmerhoff* (2007a), S. 158.
343 Vgl. auch *Brümmerhoff* (2007a), S. 153.
344 Vgl. *Brümmerhoff* (2007a), S. 154.
345 Allerdings mit eher mäßigem Erfolg; vgl. dazu ausführlich *Brümmerhoff* (2007a), S. 167 f.

Der *Grundsatz der Haushaltsklarheit und -wahrheit* besagt, dass der Haushaltsplan klar gegliedert sein muss und die darin getroffenen Annahmen bzgl. der Einnahmen und Ausgaben wahrheitsgemäß zu erfolgen haben.[346]

Auf den *Grundsatz der Wirtschaftlichkeit und Sparsamkeit* - § 7 Abs. 1 HGrG - wurde bereits ausführlich eingegangen.[347]

Abschließend besagt das *Öffentlichkeitsprinzip*, dass sowohl der Haushaltsplan bzw. das Haushaltsgesetz nach der - ebenso öffentlichen - Haushaltsdebatte zu veröffentlichen sind. Die Beratungen der Parlamentsausschüsse zum Haushalt sind hingegen nicht öffentlich.[348]

3.2 Die Verwaltungskameralistik

Die öffentliche Rechnungslegung basiert in Deutschland zumeist auf der Verwaltungskameralistik: Sie stellt in Deutschland seit Dekaden das Standardbuchhaltungssystem der öffentlichen Haushalte dar.[349] Die Kameralistik dient zur Planung und Dokumentation der Geldmehrung in Form von Einnahmen und des Geldverbrauchs in Form von Ausgaben der Gebietskörperschaften innerhalb einer Haushaltsperiode.[350] Im Einzelnen kommen ihr folgende Aufgaben zu:[351]

1. Abstimmung zwischen Haushaltsplanung und Haushaltsführung;
2. Abstimmung zwischen Zahlungsanordnung und Zahlungsausführung;
3. Erfassung der Zahlungsmittelbestände und deren Veränderung;
4. Ergebnisfeststellung.

3.2.1 Die kameralistische Haushaltssystematik

Unter der Haushaltssystematik wird die systematische Gliederung und Kontierung des Haushaltsplans verstanden. Nach diesem System wird also die Haushaltswirtschaft der Gebietskörperschaften im Haushaltsplan abgebildet.[352] An die Haushaltssystematik werden gem. §§ 10, 11 HGrG bzw. §§ 13, 14 BHO/LHO und diverse GemHVO gesetzliche Mindestanforderungen postuliert. So besteht der Haushaltsplan nach § 10 Abs. 1 HGrG bzw. § 13 Abs. 1

---

[346] Vgl. *Zimmermann/Henke* (2005), S. 93; aus diesem Grundsatz ergibt sich auch die Haushaltssystematik, vgl. hierzu Abschnitt 3.2.1.

[347] Vgl. Abschnitt 2.4.1

[348] Begründet wird dies mit dem Argument höherer Sachlichkeit; vgl. *Blankart* (2006), S. 461.

[349] Vgl. *König* (2007), S. 3.

[350] Vgl. *Budäus* (2006), S. 190.

[351] Vgl. *von Wysocki* (1965), S. 18 ff. Lange Zeit wurde die öffentliche Rechnungslegung mit der Kameralistik assoziiert und gleichgesetzt. Korrekterweise müsste heute von der kameralistischen öffentlichen Rechnungslegung gesprochen werden.

[352] Vgl. *Eichhorn* et al. (2003), S. 479.

BHO/LHO aus einem Gesamtplan, der sich weiter in verschiedene Einzelpläne unterteilt bzw. die Einzelpläne zusammenfasst, § 10 Abs. 4 HGrG bzw. § 13 Abs. 4 BHO/LHO. Die Einzelpläne werden weiterführend in Kapitel und auf einer weiteren Ebene in Titel unterteilt.

Die Haushaltssystematik von Bund und Ländern einerseits unterscheidet sich dabei von der Haushaltssystematik der Kommunen andererseits. Bei Bund und Ländern werden die Einzelpläne anhand des Ressortprinzips erstellt: Für jedes Ressort oder Ministerium wird ein Einzelplan aufgestellt.[353] Weiter findet eine Aufspaltung der Einzelpläne in Kapitel und auf der nachfolgenden Ebene in Titel statt. Auch die Bildung von Kapiteln orientiert sich anhand des Verwaltungsaufbaus des Ressorts des Einzelplans. Die Titel schließlich sind die kleinsten, aber auch die bedeutendsten Einheiten im Haushaltsplan. Sie umfassen sowohl den Zweck als auch den Geldansatz: In ihnen werden die Einnahmen nach Entstehungsgrund und Ausgaben nach Verwendungszweck aufgelistet.[354] Im Rahmen der Feststellung des Haushaltsplanes werden auf Bundesebene alle Titel einzeln vom Haushaltsausschuss überprüft.[355]

Die Einteilung der Kapitel in verschiedene Titel richtet sich gem. § 10 Abs. 2 HGrG bzw. § 13 Abs. 2 BHO/LHO nach dem Gruppierungsplan. Dessen Mindestanforderungen ergeben sich aus § 10 Abs. 3 HGrG bzw. § 13 Abs. 3 BHO/LHO. Er orientiert sich an der Gliederung der Staatseinnahmen und -ausgaben der Volkswirtschaftlichen Gesamtrechnung (VGR), entspricht dieser allerdings nicht.[356] Die Gruppierung des Haushaltsplans nach Einnahmen- und Ausgabenarten soll die durch die Haushaltsermächtigung der Legislative vorgegebene Zweckbindung der Mittel durch die Exekutive garantieren.[357] Die Einteilung nach Arten verläuft auf Bundes- und Länderebene über drei Stufen: Zunächst erfolgt eine Untergliederung in Hauptgruppen, anschließend in Obergruppen und schließlich in Gruppen. Auf allen drei Stufen erfolgt eine Differenzierung in maximal zehn verschiedene Arten, welche mit einer Ziffer zwischen 0 und 9 versehen sind. Tabelle 3-1 zeigt exemplarisch die Hauptgruppen auf Bundes-, Landes- und Kommunalebene. Ein Titel umfasst somit zunächst

353 Diese Gliederung nach Verwaltungen (Ressortprinzip) wird nur ausnahmsweise nicht verfolgt und durch sachlich zusammenhängende Gruppen ersetzt (Realprinzip). Auf Bundesebene sind dies die Einzelpläne 32 Bundesschuld, 33 Versorgung und 60 Allgemeine Finanzverwaltung; vgl. *Brümmerhoff* (2007a), S. 153.

354 Vgl. *von Mutius* et al. (1984), S. 537.

355 Vgl. *Brümmerhoff* (2007a), S. 161.

356 Vgl. *Brümmerhoff* (2007a), S. 155.

357 Vgl. *Brixner* et al. (2002), S. 11.

mindestens drei Ziffern; ergänzend dazu kann allerdings noch eine weitergehende Differenzierung anhand zusätzlicher Ziffern erfolgen.[358]

Tabelle 3-1: Hauptgruppen des Gruppierungsplans auf Bundes- und Landesebene sowie auf Kommunalebene

Hauptgruppe	***Bundes- und Landesebene***	***Kommunalebene***
0	*Einnahmen aus Steuern und steuerähnlichen Abgaben sowie EU-Eigenmittel*	*Steuern, allgemeine Zuweisungen*
1	*Verwaltungseinnahmen, Einnahmen aus Schuldendienst und dgl.*	*Einnahmen aus Verwaltung und Betrieb*
2	*Einnahmen aus Zuweisungen und Zuschüssen für laufende Zwecke (ohne Investitionen)*	*Sonstige Finanzeinnahmen*
3	*Einnahmen aus Schuldenaufnahmen, aus Zuweisungen und Zuschüssen für Investitionen, besondere Finanzierungseinnahmen*	*Einnahmen des Vermögenshaushalts*
4	*Personalausgaben*	*Personalausgaben*
5	*Sächliche Verwaltungsausgaben, militärische Beschaffungen usw., Ausgaben für Schuldendienst*	*Sächlicher Verwaltungs- und Betriebsaufwand*
6	*Ausgaben für Zuweisungen und Zuschüsse mit Ausnahme für Investitionen*	
7	*Baumaßnahmen*	*Zuweisungen und Zuschüsse (nicht für Investitionen)*
8	*Sonstige Ausgaben für Investitionen und Investitionsförderungsmaßnahmen*	*Sonstige Finanzausgaben*
9	*Besondere Finanzierungsausgaben*	*Ausgaben des Vermögenshaushalts*

[Quelle Eigene Darstellung]

Um neben dieser Einteilung nach dem Ressortprinzip auch eine Untergliederung der Einnahmen und Ausgaben nach Aufgabengebieten zu ermöglichen, werden auf Bundes- und Landesebene die Titel zusätzlich um eine Kennziffer nach dem Funktionenplan ergänzt.[359] Der Funktionenplan ermöglicht folglich, die Ausgaben für bestimmte Zwecke ressortübergreifend darzustellen, aber bspw. auch, dem gleichen Zweck dienende Einnahmen verschiedener Verwaltungen aggre-

358 Vgl. *Brümmerhoff* (2007a), S. 155.
359 Vgl. *von Mutius* et al. (1984), S. 540.

giert darzustellen. Analog zum Gruppierungsplan erfolgt auch hier eine dreistufige Differenzierung nach Hauptfunktion, Oberfunktion und Funktion, welche gleichsam durch Ziffern von 0 bis 9 ausgedrückt werden.

Tabelle 3-2: Hauptfunktionen des Funktionsplans auf Bundes- und Landesebene

Hauptfunktion	***Bundes- und Landesebene***
0	*Allgemeine Dienste*
1	*Bildungswesen, Wissenschaft, Forschung, kulturelle Angelegenheiten*
2	*Soziale Sicherung, soziale Kriegsfolgeaufgaben, Wiedergutmachung*
3	*Gesundheit, Umwelt, Sport und Erholung*
4	*Wohnungswesen, Städtebau, Raumordnung und kommunale Gemeinschaftsdienste*
5	*Ernährung, Landwirtschaft und Forsten*
6	*Energie- und Wasserwirtschaft, Gewerbe, Dienstleistungen*
7	*Verkehrs- und Nachrichtenwesen*
8	*Wirtschaftsunternehmen, allgemeines Grund- und Kapitalvermögen, Sondervermögen*
9	*Allgemeine Finanzwirtschaft*

[Quelle: Eigene Darstellung nach *Rehm* (2006), S. 289 ff.]

Ein Haushaltstitel definiert sich somit nach dem Ressortprinzip anhand der staatlichen Ordnungshierarchie (Einzelplan, Kapitel), enthält Informationen über die Arten der Einnahmen und Ausgaben (Hauptgruppe, Obergruppe, Gruppe), und erteilt über die Funktionskennziffer zusätzlich Auskunft über das Aufgabengebiet, aus dem die Einnahmen stammen bzw. in welches Aufgabengebiet die Ausgaben fließen.[360]

[360] Im Gegensatz zu Bund und Ländern verfügen die Kommunen über eine Allzuständigkeit. Eine Differenzierung der Einzelpläne nach Kapiteln (Ressorts bzw. Ministerien) nach dem Ressortprinzip entfällt daher. Stattdessen erfolgt hier eine Einteilung des Gesamtplans in Einzelpläne anhand des Gliederungsplans. Dieser unterscheidet wiederum drei Ebenen, Einzelplan, Abschnitt und schließlich Unterabschnitt, wobei eine Kennzeichnung analog zum Gruppierungsplan mit Ziffern zwischen 0 bis 9 erfolgt; vgl. *Brixner* et al. (2002), S. 13 f. Da sich der Gliederungsplan nicht an Ressorts orientiert, sondern an Auf-

3.2.2 Der kameralistische Haushaltsplan

Das Ergebnis der jährlichen Haushaltsplanung[361] ist der Haushaltsplan, bestehend aus Gesamtplan und allen Einzelplänen. Der Gesamtplan dient dem Überblick und enthält eine Haushaltsübersicht, eine Finanzierungsübersicht, einen Kreditfinanzierungsplan sowie eine Zusammenstellung der flexibilisierten Ausgaben.[362] Die Haushaltsübersicht ist eine Zusammenfassung der Einzelpläne, in der Einnahmen und Ausgaben nach Hauptgruppen gegliedert ausgewiesen werden; zusätzlich ist eine Übersicht über die Verpflichtungsermächtigungen anzufügen.[363]

Verpflichtungsermächtigungen sind stets notwendig für Maßnahmen, welche zu Ausgaben in zukünftigen Haushaltsperioden verpflichten können.[364] Sie drücken damit eine Belastung zukünftiger Haushalte aus, da sie den darin enthaltenen Ausgabenspielraum einschränken. Verpflichtungsermächtigungen gehen über die in Art. 115 GG genannten Kredite und Gewährleistungen hinaus bzw. sind davon nicht erfasst,[365] können aber gleichsam aufgrund ihrer nicht vorhandenen Kassenwirksamkeit in der zu planenden Periode nicht als Ausgaben in den Haushaltsplan eingestellt werden. Sie bilden daher ein Instrument, um auch im Fall des zeitlichen Auseinanderfallens von Geschäftsabschluss und Geldabfluss in unterschiedliche Haushaltsperioden das parlamentarische Budgetrecht zu wahren: Ohne Verpflichtungsermächtigung würde die öffentliche Hand stets gegen dieses Budgetrecht verstoßen.[366] Durch den Ausweis von Verpflichtungsermächtigungen wird daneben sichergestellt, die zukünftige Belastung der Haushalte transparenter zu machen. Sie werden bei den betreffenden Ausgabenposten im Haushaltsplan gesondert ausgewiesen.[367] Werden Verpflichtungen zu Lasten mehrere Haushaltsjahre eingegangen, so sind gem. § 16 Satz 2 BHO die Jahresbeträge im Haushaltsplan auszuweisen.

---

gabengebieten, entfällt auf kommunaler Ebene der Funktionenplan. Somit setzt sich ein Haushaltstitel bzw. auf kommunaler Ebene die sog. Haushaltsstelle aus Einzelplan, Abschnitt, Unterabschnitt sowie aus Hauptgruppe, Gruppe und Untergruppe zusammen, wobei eine Unterteilung nur in die jeweils ersten beiden Ebenen gesetzlich vorgeschrieben ist; vgl. *Henkes* (2008), S. 12. Zusätzlicher Unterschied des kommunalen Haushaltsplanes im Vergleich zum Haushaltsplan auf Bundes- und Landesebene ist eine Unterteilung in Vermögens- und Verwaltungshaushalt, worauf an dieser Stelle nicht weiter eingegangen wird; vgl. dazu *Henkes* (2008), S. 10 f. und *Brixner* et al. (2002), S. 13 f.

361 Vgl. Abschnitt 3.1.1.

362 Vgl. *Brümmerhoff* (2007a), S. 157.

363 § 10 Abs. 4 Nr. 1 HGrG, § 13 Abs. 4 Nr. 1 BHO/LHO.

364 § 22 Abs. 1 HGrG, § 28 Abs. 1 BHO/LHO.

365 Vgl. dazu Abschnitt 4.3.1.1 bzw. Art. 115 Abs. 1 S. 1 GG.

366 Vgl. *Gröpl* (2001), S. 467.

367 § 16 BHO/LHO.

Nicht notwendig sind Verpflichtungsermächtigungen für die Verpflichtungen aus laufenden Geschäften.[368] Dazu zählen alle Vorgänge „im Rahmen der üblichen Tätigkeit der Verwaltung"[369]. Beispiele für laufende Geschäfte sind klassische Mietverträge, vor allem aber die (unbefristete) Beschäftigung von Verwaltungspersonal.[370] Ausnahmen von laufenden Geschäften bilden Miet- und Pachtverträge, wenn ihr Umfang einen Mindestbetrag überschreitet.[371]

Die Finanzierungsübersicht als Teil des Gesamtplans enthält den Finanzierungssaldo, also die Gegenüberstellung von Einnahmen ohne Einnahmen aus Krediten, der Entnahme aus Rücklagen, Einnahmen aus kassenmäßigen Überschüssen und Münzeinnahmen und Ausgaben ohne Ausgaben der Schuldentilgung, der Zuführung in Rücklagen und der Ausgaben zur Deckung eines kassenmäßigen Fehlbetrags.[372] Der Kreditfinanzierungsplan enthält die geplanten Einnahmen aus Krediten sowie die Tilgungsausgaben.[373]

3.2.3 Die kameralistische Haushaltsführung

Die Kameralistik als Buchungsverfahren erscheint durch die Art des Aufbaus der Konten, nämlich einer strikten Trennung von Geld- und Nichtgeldvorgängen durch ein System von Soll- und Ist-Buchungen, besonders geeignet, Massenzahlungen rechnerisch zu erfassen und eine Kontrolle zu ermöglichen.[374]

Im Zeitbuch werden alle Buchungen chronologisch geordnet. Eine solche Buchung beinhaltet u.a. immer eine laufende Buchungsnummer, das Datum des Vorgangs, den Buchungsbetrag sowie einen Verweis auf die entsprechende Buchung im Sachkonto.[375] Das Zeitbuch entspricht also der Art nach einem Kassenjournal.

Die Gliederung des Sachbuchs entspricht der Haushaltssystematik des Haushaltsplans. Stellt das Zeitbuch nur ein Kassenjournal dar, so findet sich innerhalb der Sachbücher bzw. seinen Buchungen der volle Rechnungsinhalt. Ein Sachbuchkonto in der Kameralistik entspricht stets einem Titel bzw. einer Haushaltsstelle. Es verfügt über einen mehrgliedrigen Aufbau, besteht also aus mehreren Spalten: Zum einen unterscheidet es zwischen Einnahmen und Aus-

[368] Vgl. § 22 Abs. 4 HGrG, § 28 Abs. 4 BHO/LHO.
[369] *Gröpl* (2001), S. 471.
[370] Vgl. *Gröpl* (2001), S. 471 f.
[371] Vgl. BLA (2007), S. 26.
[372] § 10 Abs. 4 Nr. 2 HGrG, § 13 Abs. 4 Nr. 2 BHO/LHO; auch *Höfling* (1993), S. 175.
[373] § 10 Abs. 4 Nr. 3 HGrG, § 13 Abs. 4 Nr. 3 BHO/LHO; auch *Höfling* (1993), S. 175 f.
[374] Vgl. *von Wysocki* (1965), S. 12.
[375] Vgl. *Schmidt/Hähnlein* (2005), S. 47.

gaben, zum anderen jeweils in Anordnungssoll, Ist und Reste (Reste aus Vorperioden sowie Reste der Buchungsperiode).[376]

Die Soll-Spalten bilden sämtliche Zahlungsanordnungen ab. In der öffentlichen Kassenführung herrscht der Grundsatz, dass keine Einzahlung oder Auszahlung ohne vorherige Annahme- bzw. Auszahlungsanordnung erfolgen kann:[377] Forderungen und Verbindlichkeiten werden zum Zeitpunkt ihrer Entstehung im Soll verbucht. Hierbei ergibt sich durch das Fälligkeitsprinzip allerdings eine bedeutsame Einschränkung: Danach dürfen nur solche Buchungen über Zahlungen erfolgen, welche auch innerhalb der Haushaltsperiode fällig werden. Daher werden langfristige Verbindlichkeiten wie Kreditschulden und Pensionsverpflichtungen, aber auch Forderungen wie Darlehensvergaben nicht im Soll verbucht, da deren Fälligkeit in einer zukünftigen Haushaltsperiode liegt.[378] Dennoch umfasst die kameralistische Buchführung über die Soll-Buchungen somit nicht nur Einzahlungen und Auszahlungen, sondern stattdessen (wenn auch durch das Fälligkeitsprinzip nicht vollständig) Einnahmen und Ausgaben.[379]

Am Ende der Haushaltsperiode erfolgt der kameralistische Jahresabschluss, die sog. Haushaltsrechnung (staatliche Ebene) bzw. die Jahresrechnung (kommunale Ebene). Diese besteht im Wesentlichen aus der Gegenüberstellung des Planungssolls des Haushaltsplans und der erfolgten kassenmäßigen Abwicklung, also entweder dem (Anordnungs-)Soll oder dem Ist der Haushaltsperiode.[380] Die Planung des Haushaltes wird somit mit der Ausführung des Haushalts verglichen; es kann damit eine Aussage darüber getroffen werden, inwieweit die Vorgaben aus der Planung erfüllt wurden. Das Ergebnis ist nicht ein erfolgswirtschaftliches Ergebnis - Gewinn oder Verlust -, sondern vielmehr, inwieweit eine Haushaltsdeckung der Ausgaben der Einzel- und Gesamtpläne erreicht wurde, also ein finanzwirtschaftliches Ergebnis.[381] Anders formuliert: Nicht der (wirtschaftliche) Erfolg, sondern die Ordnungsmäßigkeit der Haushaltsführung wird geprüft; die Kameralistik wird daher vereinzelt auch als externes Rechnungswesen bezeichnet.[382] Ein kameralistischer Haushaltsausgleich liegt vor, falls die Deckung aller Ausgaben durch die vorhandenen Einnahmen erreicht

---

376 Daneben beinhaltet es natürlich auch Datum und Buchungstext, vgl. für das Beispiel eines Sachbuchkontos *Mülhaupt* (2002), S. 538.

377 Die Anordnungen selbst werden nur von den über die Mittel verfügenden Stellen erteilt, nicht etwa durch die Buchhaltung oder die mit dem Zahlungsvorgang beauftragte Stelle; vgl. *Gornas* (1989), Sp. 1653.

378 Vgl. *von Wysocki* (1965), S. 29 f.; teilweise werden zukünftige Ausgaben und Einnahmen allerdings im Anhang ausgewiesen; vgl. *Beyer/Kinzel* (2005), S. 353.

379 Vgl. *Lüder* (2001), S. 7 f.

380 Auch „materieller Abschluss“; vgl. *Eibelshäuser/Nowak* (2009), IV, Teil 1, Rn. 27.

381 Vgl. *Winckelmann* (1950), S. 23.

382 Vgl. *Beyer/Kinzel* (2005), S. 352.

wird (wurde).[383] Neben der Haushaltsrechnung wird eine Kassenrechnung durchgeführt. Diese umfasst die Gegenüberstellung der Soll-, Ist- und Restbeträge aller Konten.[384] Der Liquiditätssaldo, also der Saldo aller Soll-Buchungen von Einnahmen und Ausgaben, stellt die Änderung des Geldvermögens innerhalb der Haushaltsperiode dar,[385] der Saldo aller Ist-Buchungen analog die Änderung des Kassen- bzw. Zahlungsmittelbestandes.[386]

3.2.4 Zur Kritik an der Verwaltungskameralistik

Die kameralistische Buchführung weist in der soeben geschilderten Form einige Schwächen auf. Nicht alle Ausgaben stellen Aufwand dar und nicht alle Einnahmen Ertrag. Vielmehr können Einnahmen in Ertragseinnahmen (Steuereinnahmen), Einnahmen aus Vermögensminderung (Veräußerung) sowie Einnahmen aus Schuldenmehrung unterschieden werden; gleichsam Ausgaben in Aufwandsausgaben (Ausgaben für Güter- und Leistungsverbrauch), Ausgaben zur Vermögensmehrung sowie Ausgaben zur Tilgung von Schulden.[387] Nach der kameralistischen Buchführung erfolgt allerdings eine solche Differenzierung nicht. Innerhalb eines formal ausgeglichenen Haushalts stellt es jedoch einen erheblichen Unterschied dar, ob bspw. Einnahmen aus der Veräußerung von Vermögen stammen oder aber aus einer Schuldenaufnahme.[388] Somit muss - um eine solche Aussagekraft zu ermöglichen - parallel zur beschriebenen Buchführung eine Vermögens- und Schuldenrechnung erfolgen.

Selbst bei einer Differenzierung der Zahlungsvorgänge nach Aufwands- oder Vermögenswirksamkeit erfasst die Kameralistik durch die Beschränkung auf die Kassenwirksamkeit von Buchungen allerdings verschiedene vermögenswirksame Geschäftsvorfälle nicht. Hierzu zählen insbesondere Abschreibungen, also die Abnutzung und damit den Wertverlust des vorhandenen Vermögens. Da die Vermögens- und Schuldenänderung einzig über die damit verbundenen Zahlungsvorgänge erfasst werden, ergibt sich das Problem der Bewertungsfrage bspw. des Anlagevermögens erst gar nicht. Bis heute werden das Vermögen und die Schulden allerdings nicht konsequent und stringent erfasst, es besteht zudem nicht einmal eine Verknüpfung mit der Haushaltsrechnung.[389] Die Kameralistik ist somit aufgrund ihrer pagatorischen Systematik, welche nicht Aufwendungen

---

[383] Vgl. *Eibelshäuser/Nowak* (2009), IV, Teil 1, Rn. 27; weiter KPMG (2005), S. 8; *Bolsenkötter* (2007), S. 159 f.
[384] Auch „formaler Abschluss"; vgl. *Eibelshäuser/Nowak* (2009), IV, Teil 1, Rn. 27.
[385] Vgl. *Freudenberger* (1994), S. 407.
[386] Vgl. *Beyer/Kinzel* (2005), S. 352.
[387] Vgl. *von Wysocki* (1965), S. 39.
[388] Vgl. *Breyer* (1998), S. 151.
[389] Vgl. *Beyer/Kinzel* (2005), S. 353.

und Erträge erfasst, nicht in der Lage, den tatsächlichen Ressourcenverbrauch abzubilden: Der Staat erhält zwar eine hervorragende Übersicht über seine Ausgaben, allerdings hat er aufgrund der Atomisierung der Kosten in die Kostenteilbeiträge der Einzelpläne, Kapitel und schließlich Titel keinerlei Übersicht darüber, welche Leistung bzw. welches Produkt ihn was kostet.[390]

Die Änderung des Vermögens und der Schulden werden lediglich in einer Nebenrechnung ausgewiesen.[391] Diese Vermögensaufstellung ist jedoch in keinem Fall mit einer Bilanz im Sinne einer kaufmännischen Buchführung vergleichbar. So erfassen nur kostenrechnende Einrichtungen aktives Vermögen in einem Anlagenverzeichnis und schreiben dieses fort;[392] die sonst verbreiteten Bestandsverzeichnisse weisen weder Werte aus, noch erfassen sie bspw. immaterielle Vermögensgegenstände.[393] Auch Forderungen werden aufgrund des Fälligkeitsprinzips unzureichend ausgewiesen. Auf der Passivseite werden gleichsam nicht sämtliche Schulden ausgewiesen, sondern nur die Finanzschuld;[394] so fehlen bedeutende Größen wie die Rückstellungen bspw. für Versorgungsansprüche.[395] In eine Vermögensrechnung sind jedoch idealerweise alle vorhandenen Schulden und alles realisierbare, d.h. zur Deckung der Schulden einsetzbare Vermögen, aufzunehmen.[396] Die Kameralistik liefert somit keinen Erfolg i.S. eines Vermögensverbrauchs oder eines Vermögensverzehrs. Ihre Informationsgenerierung ist daher unzureichend.[397] Insbesondere ist es unmöglich, anhand der kameralistischen Rechnung eine Aussage über die intergenerative Gerechtigkeit im Hinblick auf Vermögen und Schulden zu treffen.[398]

Die Kameralistik konzentriert sich daneben lediglich auf den Input:[399] Als Input stehen die Haushaltsplanansätze zur Verfügung. Über den Output, also das, was die Verwaltung leistet, werden durch sie keinerlei Informationen geliefert.[400] Einnahmen und Ausgaben werden getrennt voneinander behandelt, so dass zwischen Mittelherkunft und Mittelverwendung keine Verknüpfung besteht.

---

390 Vgl. *Kirchhof* (1997), S. 751.
391 Vgl. *Eichhorn* (1987), S. 55.
392 Vgl. statt vieler *Homann* (2005), S. 82 f.
393 Vgl. *Kußmaul/Henkes* (2005), S. 95; *Fudalla/zur Mühlen/Wöste* (2005), S. 23.
394 Vgl. *Gröpl* (2006), S. 101.
395 Vgl. *zur Mühlen/Loitz* (1998), S. 578; die Bildung von Rückstellungen ist im Prinzip nicht vorgesehen, vgl. *Harms* (2004), S. 21; *Gröpl* (2006), S. 102. Vgl. zur Bedeutung bspw. der Pensionsrückstellungen *Besendorfer* et al. (2005).
396 Vgl. *Lüder* (1989), S. 1011.
397 *Harms* (2003), S. 145; *Eichhorn* redet gar von mangelhafter Informationsgenerierung; vgl. *Eichhorn* (2000), S. 407.
398 Vgl. *Freudenberg* (1994), S. 406.
399 Vgl. *Bernhard/Mutschler/Stockel-Veltmann* (2005), S. 44.
400 Vgl. *Beyer/Kinzel* (2005), S. 354.

Somit kann aber auch keine Relation zwischen Input und Output erfolgen und damit keine Aussage über die Wirtschaftlichkeit des öffentlichen Verwaltens getätigt werden. Dies wird auch bei der Haushaltsrechnung deutlich: Hier wird nur die Ordnungsmäßigkeit des Haushaltsvollzugs bzgl. der Haushaltsplanansätze, also der Inputs überprüft. Eine Aussage über die Wirtschaftlichkeit bzw. generell über den Sinn der Ausgaben ist durch diesen Jahresabschluss indes schwierig. Daher kann nach dem System der Kameralistik entsprechend § 6 HGrG zwar sparsam gehandelt werden; ob allerdings wirtschaftlich gehandelt wurde, bleibt hingegen verborgen. Denn die Feststellung von wirtschaftlichem Handeln bei Unklarheit über Ressourcenverbrauch und Kosten erscheint kaum möglich.[401]

Nach alldem erscheint die Kameralistik für eine demokratische und wirtschaftliche Steuerung eines modernen, komplexen und dezentral organisierten Gemeinwesens nur bedingt uneingeschränkt geeignet.[402]

3.2.5 Die erweiterte Kameralistik

Die klassische Verwaltungskameralistik weist einige Schwächen auf. Um diese zu beheben und ein der kaufmännischen Doppik vergleichbares System auf der Kameralistik basierend zu etablieren, wurde die sog. erweiterte Kameralistik entwickelt. Wesentlicher Bestandteil ist hierbei die Einführung einer „echten“, also vollständigen Vermögensrechnung, die somit - theoretisch - ermöglicht, trotz Anwendung der Kameralistik eine Bilanz auszuweisen und insbesondere ein Ressourcenverbrauchskonzept umzusetzen.[403] Zusätzlich soll eine Verschiebung weg von der Inputorientierung hin zur Outputorientierung erfolgen. Die erweiterte Kameralistik soll damit einer Doppik in der öffentlichen Verwaltung in möglichst keinem Punkt nachstehen.[404]

Wesentlicher Bestandteil der erweiterten Kameralistik ist die Umstellung der Haushaltsstruktur. Statt einer Gliederung nach dem Funktionenplan (Bund/Länder) bzw. dem Gliederungsplan (Kommunen) erfolgt eine Gliederung nach Produktbereichen, Produktgruppen und Produkten, welche den Produktrahmen bilden.[405] Die Produkte und Leistungen sind jeweils zu definieren; schließlich ist am Ende der Abrechnungsperiode eine Aussage über deren Errei-

---

[401] Vgl. dazu ausführlich *Kirchhof* (1997), S. 751 f., der auch darauf hinweist, dass die kameralistische Haushaltsführung keinerlei Anreiz zum wirtschaftlichen Handeln beinhaltet.

[402] Vgl. *Berens* et al. (2008); *König* (2007), S. 1.

[403] Vgl. AK III (2003), S. 5 f.

[404] Vgl. *Kußmaul/Henkes* (2004), S. 452.

[405] Vgl. AK III (2003), S. 4.

chungsgrad zu tätigen.[406] Dieses System ermöglicht die Ermittlung und sachgerechte Zuordnung von Kosten zu Leistungen und Produkten, also die Implementierung einer Kosten-Leistungs-Rechnung (KLR).[407] Die folgende Tabelle zeigt die unterschiedlichen Gliederungen der Verwaltungskameralistik und der erweiterten Kameralistik im Vergleich.

Tabelle 3-3: Gliederungs-/Funktionenplan und Produktrahmen

	Gliederungsplan/Funktionenplan (Kameralistik)		***Produktrahmen*** (Doppik, erweiterte Kameralistik)
1.	Einzelplan	1.	Produktbereich
2.	Abschnitt	2.	Produktgruppe
3.	Unterabschnitt	3.	Produkt

[Quelle: Eigene Darstellung]

Die Vermögensrechnung der erweiterten Kameralistik umfasst im Gegensatz zur Verwaltungskameralistik sämtliches Anlage- und Umlaufvermögen sowie sämtliche Schulden und Rückstellungen;[408] zudem sind Abschreibungen flächendeckend zu erfassen.[409] Zur Etablierung einer derart vollständigen Vermögensrechnung innerhalb der Kameralistik ist zunächst eine inventarmäßige Erfassung des Ausgangsvermögens notwendig.[410] Darauf aufbauend können der Vermögenszuwachs und die -minderung über eine Nebenrechnung auch innerhalb der Kameralistik erfolgen. Eine direkte, permanente Fortschreibung des Vermögens im Sinne eines Buchungsverbundes mit der kameralistischen Buchführung ist allerdings nicht realisierbar, womit die kameralistische Vermögensrechnung zwar in einem logischen, nicht aber in einem technischen Verbund mit der Buchführung steht.[411] Vielmehr wird die Fortschreibung des Vermögens über die Anwendung und Ausweitung der vorhandenen kameralistischen Nebenrechnungen bzw. über die Neueinführung weiterer Nebenrechnungen erreicht.[412]

Die Integration des Ressourcenverbrauchskonzepts vollzieht sich über die Bewegung von Rücklagen und Rückstellungen und damit pagatorisch.[413] Vermögen und Schulden stellen letztlich nichts anderes dar als in Beständen gespeicherte Zahlungen. Abschreibungen werden als Ausgaben, Zuschreibungen

406 Vgl. AK III (2003), S. 5.

407 Die Einführung einer KLR ist wesentlicher Bestandteil des Modernisierungsprozesses im öffentlichen Rechnungswesen; vgl. *Reichard* (2003), S. 126.

408 Vgl. § 39 Abs. 1 GemHVO-E-K-IMK.

409 Vgl. AK III (2003), S. 5.

410 Vgl. §§ 37, 38 GemHVO-E-K-IMK.

411 Vgl. *Lüder* (2001), S. 7.

412 Vgl. *Kußmaul/Henkes* (2004), S. 453.

413 Vgl. zum Folgenden *Kußmaul/Henkes* (2004), S. 454 ff.

als Einnahmen des jeweiligen Produktbereiches im Soll gebucht und somit sachgerecht zugeordnet. Gleichzeitig findet eine gegenteilige Buchung als Einnahme bzw. Ausgabe im Produktbereich Allgemeine Finanzwirtschaft statt, so dass der Saldo des Haushaltes zunächst unberührt bleibt. Schließlich werden alle Abschreibungen abzüglich der Zuschreibungen summiert; der entstehende Saldo wird als Ausgabe einer Rücklage zugeführt und muss somit „verdient" werden. Die weiteren zu bildenden Rückstellungen wie bspw. Pensionsverpflichtungen bzw. der notwendige Rückstellungszuwachs innerhalb der Haushaltsperiode wird jeweils in einer Sonderrücklage gesammelt, welche eine Ausgabenbuchung bedeutet; auch diese muss also auf der Einnahmeseite „verdient" werden. Bei der kameralistischen Rücklage handelt es sich also um eine tatsächliche Ansparung barer Mittel.[414] Die Mittel aus Sonderrückstellungen können für den Zweck innerer Darlehen genutzt werden;[415] entfällt ihr Verwendungszweck, so sind sie wieder als haushaltsausgleichswirksame Einnahme zu buchen. Durch dieses Verfahren werden nicht-zahlungswirksame Größen wie Abschreibungen zu zahlungswirksamen Größen transformiert. Durch die Zusammenführung der Ergebnisse entsteht eine Vermögensübersicht, welche der doppischen Bilanz weitestgehend entspricht.[416] Die Vermögensrechnung nach der erweiterten Kameralistik ist somit in der Lage, die Reinvermögens(Eigenkapital-)änderung als auch die Art der Finanzierung des Haushaltes (laufende Einnahmen, Vermögensveräußerung, Schuldenaufnahme) darzustellen.[417] Einzig verbleibender, wesentlicher Unterschied der erweiterten Kameralistik zur doppischen Buchführung ist die periodengerechte Zuordnung von Zahlungen anhand von Rechnungsabgrenzungsposten (RAP) i.S.d. Verursacherprinzips und der Lagerhaltung.[418] Die Bedeutung der betroffenen Größen wird allerdings als gering betrachtet.[419]

Auch wenn die erweiterte Kameralistik somit Ergebnisse und Informationen liefert, die denen der Doppik nahezu entsprechen und somit der Verwaltungskameralistik deutlich überlegen scheint, so bietet sie doch im Vergleich zur Doppik einige gravierende Nachteile. Zum einen ist es mit dem Verfahren der erweiterten Kameralistik nicht möglich, konsolidierte Abschlüsse zu erstellen; es kann keine öffentliche „Konzernbilanz" erstellt werden.[420] Auf Landesebene bspw. erscheint jedoch nur eine solche Konzernbilanz in der Lage, eine Über-

---

414 Vgl. KPMG (2005), S. 16.
415 Vgl. zu inneren Darlehen auch Abschnitt 4.1.2.1.
416 Vgl. § 47 GemHVO-E-K-IMK.
417 Vgl. *Kußmaul/Henkes* (2004), S. 453.
418 Vgl. AK III (2003), S. 6.
419 Vgl. *Kußmaul/Henkes* (2004), S. 457.
420 Vgl. *Homann* (2005), S. 91.

sicht über die tatsächliche wirtschaftliche Lage des Landes zu vermitteln.[421] Zum anderen findet die Vermögensrechnung nach wie vor innerhalb einer bzw. über diverse Nebenrechnungen statt, sie kann nicht direkt aus den Daten der Buchführung extrahiert werden. Schließlich steht für eine Implementierung der erweiterten Kameralistik keine Standardsoftware zur Verfügung, so dass bei ihrer Einführung vermutlich einige Fixkosten entstehen.[422] Als Argument für ihre Implementierung werden regelmäßig die Beibehaltung des grundsätzlichen kameralistischen Systems und damit der verminderte Umstellungsaufwand des betroffenen Personals ins Feld geführt. Ob dieser Vorteil - sofern er sich tatsächlich ergibt - aber die geschilderten Nachteile aufwiegt, erscheint fraglich. Die erweiterte Kameralistik erscheint daher teilweise eher als ein Zwischenschritt auf dem Weg von der Kameralistik zur Doppik in den öffentlichen Haushalten. Dafür jedoch verursacht sie vermutlich einen zu hohen Aufwand und damit zu hohe Kosten, so dass sie als ein solcher Zwischenschritt - aus ökonomischen Gesichtspunkten - abzulehnen ist.[423]

3.3 Die Doppik in öffentlichen Haushalten

Die Einführung der Doppik in den öffentlichen Haushalten gilt als ein zentraler Baustein des NPMs.[424] Sie ist originär ein kaufmännisches Rechnungswesen:[425] Mit der Doppik sollen betriebliche Tatbestände erfasst werden, um mittels der Informationen zielorientierte, i.d.R. also möglichst wirtschaftliche, gewinnmaximierende Entscheidungen im Hinblick auf Beschaffung, Erstellung, Abgabe und Finanzierung von Produkten und Leistungen treffen zu können.[426]

Die Einführung der Doppik in den öffentlichen Haushalten bedeutet allerdings nicht, dass der Staat den Schwerpunkt seines öffentlichen Handelns weg von der Daseinsvorsorge hin zur gewinnmaximierenden Erstellung von Produkten und Leistungen verlagert.[427] Das Ziel ist vielmehr, die öffentliche Leistungsfähigkeit dauerhaft zu sichern und einen Generationenschutz durch die Abbildung des tatsächlichen Ressourcenverbrauchs über die Bereitstellung aussagekräftiger Daten zu ermöglichen.[428]

---

421 Vgl. HMdF (2005), S. 6.
422 Vgl. *Bolsenkötter/Poullie/Vogelpoth* (2007), S. 297.
423 Vgl. auch *Frischmuth* (2004), S. 97.
424 Vgl. *Böcking/Dutzi* (2008), S. 416.
425 Vgl. *Eibelshäuser/Eckes* (2009), IV, Teil 2, Rn. 54.
426 Vgl. *Eichhorn* (1987), S. 53 u. S. 56.
427 Vgl. DStGB (2008), S. 6 f.
428 Vgl. *Böcking/Dutzi* (2008), S. 416 f.

Die Möglichkeit zur Anwendung der Doppik in den öffentlichen Haushalten öffnet sich z.Zt. über § 33a HGrG (sog. „Experimentierklausel"[429]) und analogen Formulierungen in den LHO.[430] Diese Vorschrift sieht jedoch nur eine parallele Durchführung der Doppik vor, die entsprechenden Haushalte sind weiterhin verpflichtet, auch nach der Kameralistik Buch zu führen. Zudem besteht innerhalb des HGrG noch eine ganze Zahl gesetzlicher Bestimmungen zur Kameralistik. So wird bspw. auch bei Anwendung der Doppik die Haushaltsplanung in ihrer jetzigen Form beibehalten, muss also in Form einer Liquiditätsplanung erfolgen. Eine Ressourcenplanung über Aufwendungen und Erträge kann allenfalls nebenbei erfolgen. Auch der Haushaltskreislauf und die Haushaltsprinzipien werden in der gegenwärtigen Form zur Anwendung der Doppik beibehalten. Nachfolgend werden die wesentlichen Punkte der doppischen Buchführung in den öffentlichen Haushalten vorgestellt.

3.3.1 Die doppische Haushaltssystematik

Wie bereits unter Abschnitt 3.2.1 beschrieben, ist Aufgabe der Haushaltssystematik die systematische Gliederung und Kontierung des Haushaltsplanes. Die Haushaltssystematik der Doppik weicht dabei wesentlich von der der Kameralistik ab.

Anstelle der bei Bund, Ländern und Gemeinden vorgenommenen Einteilung anhand des Gruppierungsplanes in Hauptgruppe, Obergruppe, Gruppe bzw. Hauptgruppe, Gruppe, Untergruppe findet bei der doppischen Haushaltsführung der sog. Kontenrahmen Anwendung. Dieser differenziert in vier Stufen Kontenklassen, Kontengruppen, Kontenarten und die Konten selbst, wie auch in Tabelle 3-4 dargestellt.

Neben dem Gruppierungsplan entfällt der aus der Kameralistik stammende Funktionenplan bzw. Gliederungsplan. An seine Stelle tritt in der Doppik der öffentlichen Verwaltung eine Unterteilung in Produktbereiche. Im Gegensatz zum Funktionen-/Gliederungsplan sind die Produktbereiche nicht Bestandteil der Buchführung, weshalb diese Einteilung sowohl bei der erweiterten Kameralistik als auch bei der Doppik Anwendung findet.[431] Auch die Definition des Produktrahmens sollte möglichst einheitlich erfolgen, um einerseits eine Vergleichbarkeit zu gewährleisten, andererseits die Anforderungen an eine finanz-

---

429 *Hansmann* (2007), S. 184.
430 Eine entsprechende Formulierung in der BHO liegt nicht vor.
431 Vgl. daher zu den Produktbereichen die Ausführungen unter Abschnitt 3.2.5.

statistische Auswertung zu erfüllen, da diese in Ermangelung des Funktionenplans nun auf die Systematik des Produktrahmens zurückgreifen muss.[432]

Tabelle 3-4: Kontenrahmen und Gruppierungsplan

	Gruppierungsplan (Kameralistik, erw. Kameralistik)		***Kontenrahmen*** (Doppik)
---	---	1.	Kontenklasse
1.	Hauptgruppe	2.	Kontengruppen
2.	Obergruppe	3.	Kontenarten
3.	Gruppe	4.	Konten

[Quelle: Eigene Darstellung]

3.3.2 Der doppische Haushaltsplan

Der klassische Haushaltsplan, wie er in der Kameralistik erstellt wird, ist eine Besonderheit der öffentlichen Haushalte und des deutschen Gesetzgebers. Er ist somit ebenso wenig Bestandteil der Rechnungslegung nach HGB wie nach IAS/IFRS oder IPSAS.[433] Dennoch kann die öffentliche Rechnungslegung auch bei Anwendung des doppischen Systems verbunden mit einer Rechnungslegung bspw. nach HGB einen Haushaltsplan erstellen, der den Anforderungen der Kameralistik Rechnung trägt. Ein doppischer Haushaltsplan geht allerdings noch darüber hinaus und enthält im Vergleich zu seinem kameralistischen Pendant umfassendere Informationen. So ergeben sich aufgrund des unterschiedlichen Aufbaus und Umfangs des Haushaltsplans in Verwaltungskameralistik und Doppik zwangsläufig Unterschiede hinsichtlich der Veranschlagungen innerhalb des Haushaltsplanes. Werden bei der Kameralistik alle Einnahmen und Ausgaben der betreffenden Haushaltsperiode geschätzt und gegenübergestellt bzw. als (Haushalts-)Soll im Haushaltsplan veranschlagt, müssen bei Anwendung des doppischen Systems *zusätzlich* alle Aufwendungen und Erträge abgeschätzt werden: Neben dem *Finanzplan* ist der *Ergebnisplan* aufzustellen, welcher als wesentliches Planungselement angesehen werden kann.[434] Dies stellt einen nicht zu vernachlässigenden Mehraufwand dar.[435]

---

432 Vgl. zur Finanzstatistik Abschnitt 4.1.2.1.

433 Vgl. *Häfner* (2005), S. 26 f.

434 Vgl. *Kußmaul/Henkes* (2005), S. 142 f.; natürlich ist auch die Liquiditätssteuerung weiterhin von Bedeutung, steht allerdings nicht im Zentrum; vgl. BMF (2008a), S. 45.

435 Der doppische Haushaltsplan besteht daher aus zwei Plankomponenten bzgl. Ergebnis und Finanzen. Eine Planvermögensrechnung findet nicht statt, es ist somit keine Planbilanz aufzustellen; vgl. *Kußmaul/Henkes* (2005), S. 138 f.

Die Pläne können daneben weiter in Teilhaushalte differenziert werden. Ein Teilhaushalt stellt dabei einen Ausschnitt des gesamten Ergebnis- oder Finanzplanes für einen spezifischen Tätigkeitsbereich dar; eine Unterteilung erfolgt daher i.d.R. anhand der Produktbereiche.

Somit kann festgestellt werden, dass der klassische Haushaltsplan bei Anwendung der Doppik in den öffentlichen Haushalten einer Plan-Bilanz, einer Plan-GuV und einer Plan-Finanzrechnung weicht.[436]

3.3.3 Die doppische Haushaltsführung

Bei der doppischen Buchführung nach HGB sind stets die Grundsätze ordnungsgemäßer Buchführung (GoB) zu beachten. Diese stellen einen unbestimmten Rechtsbegriff dar;[437] sie werden sowohl über die Rechtsprechung, als auch über den Einfluss von Wissenschaft und Praxis geformt und unterliegen so einem ständigen Prozess der Anpassung und Weiterentwicklung. Die GoBs ersetzen nicht etwa die sich aus dem GG ergebenden Haushaltsgrundsätze.[438] Vielmehr ist die doppische Haushaltsführung mit den daraus bestehenden Vorgaben für Bund, Länder und Gemeinden vereinbar.[439] In vielen Punkten ergänzen sich die Haushaltsgrundsätze und die GoBs bzw. stimmen überein, bspw. im Prinzip der Wahrheit, der Klarheit und der Vollständigkeit.[440] Das von der Kameralistik abweichende wesentliche Ziel der GoBs ist die periodengerechte Abgrenzung von Aufwendungen und Erträgen, welche sich in der Bildung von Forderungen und Verbindlichkeiten (Rückstellungen) sowie aktiven und passiven Rechnungsabgrenzungsposten niederschlägt.

Die doppische Buchführung unterscheidet alle Konten nach Bestandskonten, Erfolgskonten oder Finanzkonten. In der Doppik werden bei jeder Buchung immer genau zwei Konten berührt, jeweils einerseits auf der Soll-, andererseits auf der Habenseite. Dies begründet auch ihren Namen, welcher als Synonym für „doppelte Buchführung in Konten" steht.[441] Die Konten können weiter danach differenziert werden, ob sie der Aktiv- oder Passivseite der Bilanz zuzuordnen sind.

Die Bestandskonten spiegeln jeweils einen Posten der Bilanz wieder. Auf ihnen wird unterjährig jegliche Veränderung des Anfangsbestandes aus der Bilanz

---

436 Vgl. *Eibelshäuser/Nowak* (2009), IV, Teil 3, Rn. 9 mit Verweis auf *Vogelpoth* (2007).
437 Vgl. *Coenenberg* (2005), S. 38.
438 Vgl. Abschnitt 3.1.2.
439 Vgl. dazu das Gutachten von *Kirchhof* (2006).
440 Vgl. zu den GoBs bspw. *Wambach/Redenius* (2005), S. 58.
441 Vgl. statt vieler *Eibelshäuser/Eckes* (2009), IV, Teil 2, Rn. 54.

verbucht. Der Saldo am Ende der Abrechnungsperiode bildet dann den Endbestand bzw. den neuen Bilanzansatz des betreffenden Postens.

Erfolgskonten stellen Unterkonten des Eigenkapitalkontos dar. Auf ihnen werden alle Aufwendungen und Erträge verbucht, die der betreffenden Haushaltsperiode zuzurechnen sind. Die Erfolgskonten verfügen weder über Anfangs-, noch über Schlussbestände. Der Saldo von Aufwendungen und Erträgen wird vielmehr am Ende der Rechungsperiode mit dem Eigenkapital gegen- bzw. ausgebucht; unterjährig werden also Aufwendungen und Erträge gesammelt und erst am Ende der Abrechnungsperiode mit dem Saldo die Auswirkung auf das Vermögen ausgewiesen. Die Ergebnisrechnung entspricht der betriebswirtschaftlichen Gewinn- und Verlustrechnung. Die unterschiedliche Bezeichnung resultiert daraus, dass die öffentlichen Haushalte keine Gewinnerzielungsabsicht verfolgen, sondern vielmehr eine Bedarfsdeckung.[442]

Darüber hinaus werden in der öffentlichen Doppik sog. Zahlungskonten geführt. In diesen werden auf verschiedene Weisen alle zahlungswirksamen Vorgänge verbucht, also alle Einnahmen und Ausgaben bzw. alle Ein- und Auszahlungen.[443] Die Erfassung der betreffenden Größen kann dabei auf verschiedene Arten, direkt oder indirekt erfolgen.[444] Der Saldo aller Zahlungskonten entspricht somit weitgehend der aus der Kameralistik bekannten Kassenrechnung. Je nachdem, ob die kurzfristigen Forderungen und Verbindlichkeiten einbezogen werden oder nicht, ergibt sich der Liquiditätssaldo oder die Änderung des Kassenbestandes. Im Gegensatz zur klassischen Doppik, wie sie bspw. den Ansprüchen an das HGB genügt, muss innerhalb der doppischen öffentlichen Haushaltsführung zwangsweise Buch über die liquiden Mittel geführt werden. Dies

---

[442] Vgl. *Fiebig* (2003), Rn. 286.

[443] Bei der Finanzrechnung muss zunächst definiert werden, welche Positionen der Bilanz in ihr zu berücksichtigen sind (sog. Fondsabgrenzung). Dies kann sich auf die reinen Ein- und Auszahlungen beschränken, was dann dem kameralistischen Kassen-Ist gleichkommt. Zusätzlich können aber auch die kurzfristigen Forderungen und Verbindlichkeiten mit einbezogen werden, was dann dem kameralistischen Soll nahekommt. Nahekommt deshalb, da Einnahmen und Ausgaben innerhalb des kameralistischen Systems nicht Einnahmen und Ausgaben der doppischen Rechnungslegung entspricht; vgl. *Kußmaul/Henkes* (2005), S. 144 bzw. zur unterschiedlichen Abgrenzung von Einnahmen und Ausgaben in Kameralistik und Doppik *Zahradnik* (2003), S. 34.

[444] Als direkte Erfassung wird die zahlungsscharfe Darstellung des Cashflows aus der laufenden Verwaltungstätigkeit verstanden, die indirekte Erfassung bezeichnet die Darstellung anhand der Rückrechnung aus dem Periodenergebnis. Die erforderlichen Daten können originär, also direkt aus der laufenden Buchführung, ermittelt werden, oder aber derivativ, also im Nachhinein abgeleitet. Für eine Übersicht und detaillierte Beschreibung der Verfahren vgl. *Kußmaul/Henkes* (2005), S. 145.

ergibt sich aus den Anforderungen des GG an die Haushaltswirtschaft.[445] Die Finanzrechnung entspricht der aus dem kaufmännischen Bereich bekannten handelsrechtlichen Kapitalflussrechnung.[446]

Daraus ergibt sich das sog. „Dreikomponentenmodell", also eine dreigliedrige Struktur bestehend aus der Ergebnisrechnung, Vermögensrechnung und Finanzrechnung, welche sich somit auch im Jahresabschluss niederschlägt. Dieser besteht damit im Gegensatz zu den handelsrechtlichen Bestimmungen nicht nur aus Bilanz und GuV, sondern beinhaltet zusätzlich die Finanzrechnung.[447] Die drei genannten Rechnungen laufen nicht parallel nebeneinander, sondern sind durch eine geeignete Buchführung miteinander verknüpft.[448]

Die Salden der Bestandskonten werden am Ende der Rechnungsperiode direkt mit der Bilanz gegengebucht, der Saldo des Erfolgskontos (Gewinn oder Verlust) mit dem Eigenkapital und darüber weiter mit der Bilanz. Der Saldo der Finanzrechnung wird mit dem Bilanzposten der liquiden Mittel verbucht.[449]

Im öffentlichen doppischen Jahresabschluss selbst werden schließlich die Vorgaben aus Ergebnisplan und Finanzplan mit den Ergebnissen der Ergebnis- und Finanzrechnung verglichen. Über den Vergleich zwischen Ergebnisplan und Ergebnisrechnung kann eine Aussage getätigt werden, wie erfolgreich die Veranschlagung der Haushaltsführung war, also inwiefern die geplanten Aufwendungen und Erträge realisiert werden konnten. Der Vergleich zwischen Finanzplanung und Finanzrechnung hingegen entspricht weitestgehend der Haushaltsrechnung der Kameralistik.[450]

Das Resultat der Ergebnisrechnung ist ein Gewinn oder Verlust. Sie bildet die betrieblichen Ursachen der Vermögensänderungen der Bilanz ab und weist in Summe aus, ob der öffentliche Haushalt Werte geschaffen oder verzehrt hat. Die Ergebnisrechnung stellt somit die Umsetzung des Ressourcenverbrauchs-

---

445 Nach Art. 110 Abs. 1 S. 1 1. Hs. GG sind im Staatshaushalt Einnahmen und Ausgaben aufzuzeichnen. Dabei ist davon auszugehen, dass hierunter Einnahmen und Ausgaben in formeller Hinsicht, also kassenwirksame, zu verstehen sind, nicht etwa in materieller Hinsicht, was Erträgen und Aufwendungen entsprechen würde; vgl. *Kirchhof* (2006), S. 60 f.

446 Vgl. *Fudalla/zur Mühlen/Wöste* (2005), S. 68.

447 Daneben erhält der Jahresabschluss analog zum Handelsrecht auch Anhang und Lagebericht; vgl. *Eibelshäuser/Eckes* (2009), IV, Teil 2, Rn. 56.

448 Vgl. *Eibelshäuser/Nowak* (2009), IV, Teil 3, Rn. 9; *Harms* (2003), S. 146.

449 Vgl. *Fudalla/zur Mühlen/Wöste* (2005), S. 155 ff.

450 Weitestgehend, da sich doppische Finanzrechnung und kameralistische Haushaltrechnung systembedingt nicht vollkommen entsprechen, vgl. Fn. 443.

konzeptes dar. Sie bildet die Grundlage für die Implementierung einer Kosten-Leistungs-Rechnung.[451]

Das Ergebnis der Finanzrechnung stellt die Änderung des Geldvermögens dar und schlägt sich entsprechend in der Bilanz nieder. Über sie werden die Menge, die Herkunft und der Verbrauch liquider Mittel nach Zwecken ersichtlich.

Die Bilanz als Ergebnis der Vermögensrechnung besteht aus zwei Spalten. Die linke - „Aktiva" - umfasst dabei das Vermögen, also Anlage- und Umlaufvermögen;[452] die rechte - „Passiva" - umfasst die Verbindlichkeiten, also Eigen- und Fremdkapital. Das gesamte Vermögen wird also allen Verbindlichkeiten - v.a. inkl. aller Schulden - transparent gegenübergestellt. Mit anderen Worten: Die Mittelverwendung (Aktiva) wird der Mittelherkunft (Passiva) gegenübergestellt. Zudem wird beim Vergleich der Bilanzen unterschiedlicher Abrechnungszeiträume deutlich, wie sich die einzelnen Vermögens- und Verbindlichkeitsposten im Zeitverlauf geändert haben, es werden also Aussagen über den Vermögenszuwachs und Vermögensverzehr der einzelnen Bilanzposten und des Haushalts insgesamt möglich.[453]

Für nach dem System der doppelten Buchführung geführte öffentliche Haushalte kommt dem Haushaltsausgleich eine andere Bedeutung als innerhalb der Kameralistik zu. Der doppische Haushalt ist dann ausgeglichen, wenn die Erträge der Periode ausreichen, um alle Aufwendungen der Periode zu decken, also in der Ergebnisrechnung kein Fehlbetrag, sondern ein Überschuss ermittelt wird. Dies zu erreichen, stellt sich allerdings schwieriger als unter der Doppik

451 Vgl. *Zahradnik* (2003), S. 58.

452 Neben einer Trennung der Aktiva in Anlage- und Umlaufvermögen gibt es auf Länderebene abweichende Vorgehensweisen. So offeriert Baden-Württemberg seinen Kommunen, das Vermögen in realisierbares und nicht realisierbares zu unterteilen. Unter realisierbarem Vermögen wird dabei das Vermögen verstanden, dessen Veräußerung keinen Einfluss auf die Wahrnehmung öffentlicher Aufgaben hat (bspw. Wohnungen). Das nicht realisierbare Vermögen umfasst dagegen alles Verwaltungsvermögen, also solches Vermögen, welches zur Erfüllung der öffentlichen Aufgaben notwendig erscheint (bspw. Schulen, Straßen); vgl. § 52 E-GemHVO BW. Diese Vorgehensweise ist jedoch in zweierlei Hinsicht kritisch zu beurteilen. Zum einen weisen die Bilanzen der verschiedenen Bundesländer unterschiedliche strukturelle Aufbauten auf, was eine *unmittelbare* Vergleichbarkeit erschwert. Zum anderen erscheint die Definition des „nicht realisierbaren Vermögens" fraglich, da offensichtlich kein Erfordernis zum Eigentum an einem Schulgebäude besteht, um dem öffentlichen Bildungsauftrag nachzukommen; vgl. dazu Abschnitt 2.3.2.

453 Vgl. *Harms* (2003), S. 146.

dar, da nun auch sämtliche nicht-pagatorischen Werteverzehre wie Abschreibungen berücksichtigt werden müssen.[454]

Die Bilanz stellt immer eine Momentaufnahme des Vermögens des betreffenden Haushalts dar. Die Veränderung ihrer einzelnen Posten wird unterjährig wie beschrieben durch die doppelte Buchführung erfasst. Da allerdings nur die Veränderung erfasst wird, muss zu Beginn der Rechnungsperiode eine sog. Eröffnungsbilanz vorliegen. Diese entspricht zwar der Schlussbilanz der Vorrechenperiode; wenn allerdings wie bei der öffentlichen Hand eine erstmalige Anwendung der Doppik erfolgt, muss diese anhand einer Inventur erstellt werden. Im Rahmen der Inventur ist also sämtliches Vermögen zu erfassen und monetär zu bewerten. Dies kann durchaus mit Problemen verbunden sein, insbesondere, da die öffentliche Hand regelmäßig über zahlreiche besondere Vermögensgegenstände verfügt.[455]

3.4 Rechnungslegungsstandards

Bei einer doppischen Buchführung wie auch bei der erweiterten Kameralistik müssen Entscheidungen über Bilanzierungs- und Bewertungsvorschriften getroffen werden, wie sie in der klassischen Verwaltungskameralistik nicht auftauchen. Bei Bilanzierungsfragen handelt es sich um die Frage, welche Vermögensgegenstände und welche Verbindlichkeiten überhaupt bzw. in welcher Form in die Bilanz aufzunehmen sind. Die Bewertungsfragen gehen hingegen darauf ein, mit welchem monetären Wert zu bilanzierende Vermögensgegenstände und Verbindlichkeiten in der Bilanz auszuweisen sind. Oft gibt es verschiedene Alternativen, so können Grundstücke bspw. generell zum Anschaffungs- oder aber zum Verkehrswert (Marktwert) bilanziert werden.

Zur Beantwortung dieser Fragen und einer möglichst einheitlichen Behandlung existieren verschiedene Rechnungslegungsstandards. Solche Standards werden entweder von staatlichen Institutionen entwickelt und verfügen dann i.d.R. über Gesetzescharakter. Ein Beispiel hierfür ist die Rechnungslegung nach dem deutschen Handelsgesetzbuch (HGB). Die Standards werden heute aber auch vermehrt von privatwirtschaftlich organisierten Gremien entworfen. Beispiele für solche Gremien sind das International Accounting Standards Board (IASB), das

---

454 Deutlich wird der Unterschied zwischen kameralistischem und doppischem Haushaltsausgleich anhand einiger Beispiele. So sank das Jahresergebnis der Stadt Bad Homburg des Jahres 2005 von ca. +20 Mio. Euro auf ca. -1,5 Mio. Euro; in der Stadt Marburg von +10,5 Mio. Euro auf ca. -8 Mio. Euro; vgl. hierzu und für weitere Beispiele Hessischer Rechnungshof (2007), S. 173.

455 Z.B. das Eigentum an öffentlichen Denkmälern oder an naturwissenschaftlichen Exponaten in Museen. Zu Bewertungsproblemen auch *Böcking/Dutzi* (2008), S. 417 f.

Deutsche Rechnungslegung Standards Committee (DRSC) sowie das Public Sector Committee (PSC). Das IASB entwirft die International Accounting Standards (IAS) bzw. die International Financial Reporting Standards (IFRS) und entwickelt sie weiter. Die IAS/IFRS stellen internationale Rechnungslegungsstandards von großer Bedeutung dar, zu deren Anwendung auch in Deutschland ansässige Unternehmen gesetzlich verpflichtet sind, sofern sie die Voraussetzungen des § 315a HGB erfüllen. Für die öffentlichen Haushalte von höherer Bedeutung ist jedoch das PSC als Fachausschuss der International Federation of Accountants (IFAC), welches internationale Rechnungslegungsstandards speziell für den öffentlichen Bereich entwickelt, die sog. International Public Sector Accounting Standards (IPSAS). Die von privatwirtschaftlichen Gremien entwickelten Rechnungslegungsstandards verfügen jedoch nicht über Gesetzescharakter; sie können vielmehr als „soft law" bezeichnet werden.[456] Bei der Anwendung von Rechnungslegungsstandards privatwirtschaftlicher Gremien in den Gebietskörperschaften muss indes hinterfragt werden, ob nach dem Demokratieprinzip der Zugriff auf ein Regelwerk, das außerhalb des Parlaments gestaltet wird, legitim ist.[457]

Für die öffentlichen Haushalte in Deutschland besteht nach § 33a HGrG die Vorgabe zur Anwendung der Rechnungslegungsstandards nach HGB. Demnach kann die doppische Buchführung „in sinngemäßer Anwendung der Vorschriften des Handelsgesetzbuches" erfolgen. Der Zusatz „in sinngemäßer Anwendung" erfolgte, da das HGB originär den Gläubigerschutz verfolgt, der aber bei der öffentlichen Hand nicht in einem solchen Maß von Interesse ist und somit einige Regelungen abweichend vom HGB ausgelegt werden (können).[458] Auf den ersten Blick erscheint es, als ob nur eine Rechnungslegung nach HGB zulässig ist, nicht aber nach internationalen Rechnungslegungen.[459]

Die Freie und Hansestadt Hamburg weist davon abweichend darauf hin, es habe bei der Einführung der doppischen Buchführung in seinem Haushalt die „anerkannten Standards kaufmännischer Buchführung"[460] angewendet. Im Einzelnen

---

456 Vgl. *Schultz* (2008), S. 107.

457 Vgl. *Kirchhof* (2006), S. 53 f., der verfassungsrechtliche Probleme bei dieser Konstellation durchaus für möglich hält.

458 So findet sich auf kommunaler Ebene bspw. in § 43 Abs. 1 Nr. 3 GemHVO-E-K-IMK eine Abweichung der entsprechenden Formulierung des § 252 Abs. 1 Nr. 4 HGB. Während das HGB dort auf die vorsichtige Bewertung abstellt und damit das Prinzip der Vorsichtigkeit und des Gläubigerschutzes hervorhebt, zielt der Entwurf der IMK auf eine wirklichkeitsgetreue Bewertung ab und kommt damit einer größtmöglichen Information für den Bürger über die tatsächlichen Gegebenheiten nach; vgl. dazu auch *Schultz* (2008), S. 106.

459 Vgl. *Böcking/Dutzi* (2008), S. 417.

460 Freie und Hansestadt Hamburg (2008), Anhang, unter 1.

wurden Vorschriften des HGB, der IAS/IFRS, der IPSAS sowie Sonderregelungen für öffentliche Haushalte wie Stellungnahme IDW ERS ÖFA 1 berücksichtigt.[461] Neben der grundsätzlichen Frage der gesetzlichen Zulässigkeit dieser Vorgehensweise im Hinblick auf § 33a HGrG bzw. § 71 a LHO Hamburg, die durchaus strittig bleibt,[462] muss hinterfragt werden, ob die Anwendung diverser Rechnungslegungsstandards parallel sinnvoll erscheint.[463] Es könnte der Verdacht aufkommen, dass eine Selektion vorliegt, der die Überlegung vorausgeht, für jeden zu bewertenden oder zu bilanzierenden Sachverhalt die jeweils günstigste Regelung zu ermitteln.

Zu überprüfen ist an dieser Stelle, ob diese Entwicklung zusätzlich mit dem Grundsatz der Vergleichbarkeit nach Art. 109 Abs. 3 GG in Einklang steht. Zwar ist die Doppik nach h.M. damit vereinbar, da auch sie in der Lage ist, die Finanzströme abzubilden, so dass weiterhin ein direkter Vergleich mit der Kameralistik möglich ist.[464] Darüber hinaus liefert Doppik sogar noch weitere Ergebnisse wie den Ressourcenverbrauch. Hier muss allerdings betont werden, dass zwar durch die Finanzrechnung die Vergleichbarkeit mit der Kameralistik gewahrt bleibt. Wenn aber Ergebnisrechnung und Bilanzierung bei der Frage der Vergleichbarkeit mit einbezogen werden, so ergibt sich ein abweichendes Bild. Wenn jedes Bundesland eine eigene Kombination verschiedener Rechnungslegungsstandards der Vorgehensweise der Freien und Hansestadt Hamburg folgend entwirft, dann erscheint eine Vergleichbarkeit insbesondere der doppischen Bilanzen nur bedingt gegeben.[465] Wenn aber das Ziel der Einführung der Doppik in den öffentlichen Haushalten lautet, langfristig weg von einem Finanzergebnis hin zu einem Ressourcen- und Vermögensergebnis zu kommen, dieses dann aber auf staatlicher Ebene nicht vergleichbar ist, so muss eine solche Vorgehensweise in Frage gestellt werden.

Der Lösungsansatz des Gesetzgebers ist daher prinzipiell begrüßenswert.[466] Dieser propagiert die Gründung eines gemeinsamen Gremiums von Bund und Ländern, das ein einheitliches Verfahren zur Behandlung von Kameralistik, Doppik und Produkthaushalten auf Grundlage des HGB entwerfen soll. Das Gremium soll dabei sicherstellen, dass die Anforderungen der Finanzstatistik

461 Vgl. *Böcking/Dutzi* (2008), S. 419 bzw. Freie und Hansestadt Hamburg (2008), Anhang, unter 1.

462 Vgl. *Böcking/Dutzi* (2008), S. 419.

463 Vgl. dazu, vor allem zur Frage nach Inkonsistenzen ausführlich *Böcking/Dutzi* (2008), S. 419 f.

464 Vgl. *Kirchhof* (2006), S. 42 ff.

465 Anders *Eibelshäuser/Eckes* (2009), IV, Teil 2, Rn. 44, welche eine Vergleichbarkeit des Vermögensbestandes unter der momentanen Regelung als gegeben ansehen.

466 Vgl. hierzu und zum Folgenden BT-Drucks. 16/12060, § 49a.

und der VGR an die öffentliche Rechnungslegung gewahrt bleiben. Dadurch werden „Alleingänge" wie im Falle Hamburgs zukünftig vermieden und einer Tendenz divergierender Entwicklungen bzw. Umsetzungen der doppischen Haushaltsführung somit entgegengewirkt.[467] Da das Regelwerk zudem vom Gesetzgeber selbst entwickelt wird, somit die Identität zwischen Verfasser der Rechnungslegungsstandards und deren Anwender identisch ist, entfällt die Frage nach der demokratischen Legitimation, da diese zweifellos gegeben ist.[468]

Es stellt sich aber die Frage, ob die Entwicklung eigener Standards basierend auf dem HGB tatsächlich nötig ist, oder ob das HGB nicht bereits auch für eine doppische öffentliche Haushaltsführung eine ausreichende Grundlage darstellt. Für eine eigenständige Rechnungslegung basierend auf dem HGB, sog. Grundsätzen ordnungsgemäßer öffentlicher Buchführung (GoöB) sprechen sich bspw. *Lüder*, *Budäus* et al. und *Gröpl* aus. Sie sehen die GoBs des HGB als nicht ausreichend an und weisen dabei meist auf spezifische Bewertungsfragen und -probleme der öffentlichen Haushalte hin, für die das HGB und die GoBs keine Antworten hätten.[469] Diese Auffassung wird allerdings nicht überall geteilt und argumentiert, dass auch das HGB mit seinen bereits bestehenden GoBs als für die öffentliche Rechnungslegung durchaus geeignet erscheint.[470] Dennoch ist aufgrund des nach Art. 1 HGrGMoG einzuführenden § 49a HGrG davon auszugehen, dass eigenständige Grundsätze in Form von GoöBs umgesetzt werden. Für die im Rahmen dieser Arbeit betrachteten Bilanzierungs- und Bewertungsfragen hinsichtlich der Immobiliengeschäfte bei PPPs scheint dies aber irrelevant, da diese bereits im HGB, im Schrifttum und in der Rechtsprechung ausführlich behandelt werden und nicht davon auszugehen ist, dass innerhalb eventueller GoöBs eine eigenständige, davon abweichende Methodik entwickelt wird.

3.5 Kameralistik, erweiterte Kameralistik und Doppik - ein kurzer Vergleich und Stand der Reformbewegungen

Wie beschrieben, weist die Verwaltungskameralistik Schwächen auf, welche sie im Hinblick auf die heutigen Anforderungen an das öffentliche Rechnungswesen zur Haushaltsführung nur bedingt geeignet erscheinen lässt. Zur Überwindung werden zwei Lösungsvorschläge, der der erweiterten Kameralistik und

467 Vgl. BT-Drucks. 16/12060.

468 Vgl. auch *Kirchhof* (2006), S. 54.

469 Vgl. *Lüder* (2006), S. 606; *Lüder* (2001); Wissenschaftlicher Arbeitskreis IVR (2005); *Gröpl* (2001), S. 423; zuletzt auch *Wirtz* (2008), S. 217.

470 Vgl. ausführlich *Eibelshäuser/Breidert* (2009), IV, Teil 4, Rn. 13 ff; polemisch der Finanzsenator der Freien und Hansestadt Hamburg *Peiner*, der die Entwicklung eigenständiger GoöBs an der Verwaltungsfachhochschule Speyer als „esoterische Veranstaltung" bezeichnet; vgl. bei *Hansmann* (2007), S. 184.

der der Doppik, vertreten. Tabelle 3-5 vergleicht die drei Rechnungssysteme hinsichtlich ihrer Möglichkeiten und Aussagekraft.

Tabelle 3-5: Vergleich zwischen Verwaltungskameralistik, erweiterter Kameralistik und Doppik

	Kameralistik	***erweiterte Kameralistik***	***Doppik***
Darstellung Geldverbrauch	ja	ja	ja
Schuldenübersicht	ja (Finanzschuld)	ja (Fremdkapital)	ja (Fremdkapital)
Darstellung Ressourcenverbrauch	nein	ja	ja
Tatsächliche Vermögenslage	nein	ja	ja
Darstellung Zukunftslasten	nein	ja	ja
Beurteilung intergenerativer Gerechtigkeit	nein	ja	ja
Beurteilung Effizienz	nein	ja	ja
Beurteilung Effektivität	nein	ja	ja
Outputorientierung	nein	ja	ja
Kosten-Leistungs-Rechnung	nein	ja	ja
Transparenz	bedingt	ja	ja
Buchungsverbund	nein	nein	ja
Konsolidierungsmöglichkeit	nein	nein	ja

[Quelle: Eigene Darstellung]

Zwar scheint die erweiterte Kameralistik der Verwaltungskameralistik weit überlegen, allerdings in zwei Punkten der Doppik gleichsam unterlegen. Dies sind zum einen das Nichtvorhandensein eines technischen Buchungsverbundes und zum anderen die fehlende Konsolidierungsmöglichkeit. Der fehlende Buchungsverbund erhöht sowohl den Aufwand durch Nebenrechnungen, als auch die Fehleranfälligkeit. Schließlich stellt die fehlende Möglichkeit zur Konsolidierung insbesondere im Hinblick auf die zahlreichen Formen der Übertragung öffentlicher Aufgaben an öffentliche Unternehmen des Privatrechts, die bereits heute aufgrund ihrer Eigenschaft als Kaufleute verpflichtet sind, nach HGB Rechnung zu führen, ein Hindernis dar.[471] Da daneben die internen Leistungs- und Lieferbeziehungen einer hierarchisch gegliederten Gebietskörperschaft bei fehlender Konsolidierungsmöglichkeit nicht einfach heraus gerechnet werden können, also Teilkonzern- und Konzernbilanzen nicht erstell-

471 Vgl. *Eibelshäuser/Nowak* (2009), IV, Teil 1, Rn. 8.

bar sind, herrscht ein vergleichsweise geringeres Informations- und Transparenzniveau als bei Anwendung der Doppik.[472]

Der Bund implementiert dennoch sukzessive die erweiterte Kameralistik. Überlegungen, den Bundeshaushalt auf die Doppik umzustellen, wurden mit der Begründung technischer, organisatorischer und finanzieller Risiken sowie der hohen Rate der Gleichheit von Aufwand und Ausgaben auf Bundesebene - der mit 80 % quantifiziert wird - verworfen.[473] Gerade der zuletzt genannte Aspekt wirkt vor dem Hintergrund, dass auch im Rahmen der erweiterten Kameralistik eine Umstellung der Erfassung von reinen Einnahmen und Ausgaben hin zu Erträgen und Aufwendungen erfolgt, verfehlt.

Auf Länderebene führen Hamburg, Hessen, Bremen und Nordrhein-Westfalen derzeit einen doppischen, produktorientierten Haushalt ein.[474] Als am weitesten fortgeschritten kann dabei die Entwicklung in Hamburg angesehen werden. U.a. Baden-Württemberg, Niedersachsen und Rheinland-Pfalz verfolgen dagegen die Einführung der erweiterten Kameralistik, wobei bspw. Bayern hingegen weiterhin einen rein kameralistischen Haushalt führt.[475]

Seit Festsetzung der Rahmenbedingungen zur Umstellung der Kommunalhaushalte auf die erweiterte Kameralistik und Doppik durch die IMK im Jahr 2003 stellen diese ihre Haushaltsführung nach und nach um. Der IMK-Beschluss hat allerdings nur empfehlenden Charakter.[476]

Am 2. Januar 2009 erfolgte die Verabschiedung des Gesetzes zur Modernisierung des Haushaltsgrundsätzegesetzes.[477] Mit Einführung des § 1 a HGrG ab dem 1. Januar 2010 ist eine echte Wahl zwischen kameralistischer und doppischer Haushaltsführung entgegen der bisherigen Regelung zur zusätzlichen Anwendung der Doppik neben der Kameralistik vorgesehen.

---

472 Vgl. *Eibelshäuser/Nowak* (2009), IV, Teil 3, Rn. 15.
473 Vgl. BMF (2008a), S. 45.
474 Vgl. *Eibelshäuser/Nowak* (2009), IV, Teil 1, Rn. 32.
475 Vgl. BMF (2008a), S. 41.
476 Vgl. BMF (2008a), S. 41.
477 Haushaltsgrundsätzemodernisierungsgesetz - HGrGMoG.

4. Die Staatsverschuldung in Deutschland

Um in Kapitel 6 die Wirkungsweise von PPP-Projekten auf die öffentliche Verschuldung untersuchen zu können, muss zunächst definiert werden, wie sich Staatsverschuldung ausdrückt und wie sie gemessen wird. Daher erfolgt in diesem Kapitel eine Übersicht über Kennziffern der Staatsverschuldung und deren Messung nach der Finanzstatistik und dem Europäischen System Volkswirtschaftlicher Gesamtrechnung (ESVG).[478] Dem schließt sich eine kurze Übersicht über die Entwicklung der Staatsverschuldung seit 1949 an. Im nächsten Schritt werden die bestehenden gesetzlichen Vorgaben zur Staatsverschuldung betrachtet. In Deutschland bestehen zwei unterschiedliche Regelwerke zu ihrer Eingrenzung. Dies ist zum einen Art. 115 GG i.V.m. Art. 109 Abs. 2 GG, zum anderen die europäischen Vorgaben aus dem SWP. Schließlich wird abschließend der Entwurf der Föderalismuskommission II zur Einführung einer neuen Schuldenbremse vorgestellt.

4.1 Kennzahlen und Messung der Staatsverschuldung

4.1.1 Kennzahlen der Staatsverschuldung

Wenn Aussagen über die Verschuldung eines Staates getroffen werden sollen, so stellt sich die Frage, anhand welcher Kennzahlen oder Indikatoren sie gemessen werden kann. Dabei können sowohl absolute als auch relative Maße zur Anwendung kommen. Als absolutes Maß bietet sich vornehmlich der Schuldenstand an, der alle expliziten Verbindlichkeiten des Staates oder der öffentlichen Haushalte zu einem definierten Zeitpunkt umfasst.[479] Absolute Größen scheinen zur Messung der Verschuldung allerdings nur bedingt geeignet, da sie nichts über die wirtschaftliche Leistungsfähigkeit der betreffenden Volkswirtschaft bzw. ihrer öffentlichen Haushalte aussagen und daher vor allem eine Vergleichbarkeit nur bedingt gewährleistet ist. Daher bieten sich relative Größen wie bspw. die Schuldenstandsquote an, die den absoluten Betrag der Schulden ins Verhältnis zum nominalen Bruttoinlandsprodukt des Staates setzen. Nachfolgend wird eine Übersicht über die relevanten Kennzahlen zur Messung der öffentlichen Verschuldung geliefert.[480]

---

478 Für eine Übersicht über die Theorien und Gründe der Staatsverschuldung vgl. SVR (2007), Ziff. 34 ff. und *Brümmerhoff* (2007a), S. 264 ff.

479 Vgl. SVR (2007), Ziff. 16.

480 Für weitere Verschuldungskennzahlen vgl. SVR (2007), Ziff. 16 ff.

4.1.1.1 Schuldenstandsquote

Die Schuldenstandsquote setzt den absoluten Schuldenstand eines öffentlichen Haushaltes in Relation zum nominalen Bruttoinlandsprodukt eines Staates.[481] Sie wird in Deutschland vom Statistischen Bundesamt nach Abgrenzung der Finanzstatistik erhoben.[482] Als relative Größe ist sie insbesondere auch zum Vergleich unterschiedlicher öffentlicher Haushalte bzw. Körperschaften geeignet. Zudem ist die Schuldenstandsquote seit Beginn der Einführung der europäischen Verschuldungsgrenzen von Relevanz, da im europäischen SWP eine nationale Schuldenstandsquote von maximal 60 % festgelegt ist.[483] Zur Beurteilung der Einhaltung dieses Maastricht-Kriteriums wird sie allerdings nicht wie vom Statistischen Bundesamt in Abgrenzung der Finanzstatistik erhoben, sondern mit Hilfe einer Übergangsrechnung aus der Finanzstatistik nach Abgrenzung des ESVG.[484]

4.1.1.2 Finanzierungssaldo

Der Finanzierungssaldo umfasst alle Einnahmen des Staates ohne Einnahmen aus Krediten sowie alle Ausgaben einschließlich der zu leistenden Zinszahlungen.[485] Der Finanzierungssaldo einer Haushaltsperiode sagt damit aus, inwiefern die Einnahmen der öffentlichen Stelle ausreichen, um veranschlagte Ausgaben inklusive des Schuldendienstes zu finanzieren. Überwiegen die Einnahmen, so liegt ein Finanzierungsüberschuss vor. Sind die Einnahmen dagegen geringer als die Summe der Ausgaben, so liegt analog ein Finanzierungsdefizit vor.

4.1.1.3 Primärsaldo

Die Differenz zwischen öffentlichen Einnahmen ohne Kredite und Ausgaben abzüglich Zinsausgaben wird als Primärsaldo bezeichnet.[486] Ist der Primärsaldo

---

481 Vgl. SVR (2007), Ziff. 18.

482 Rechtsgrundlage für diese Erhebung ist das Finanz- und Personalstatistikgesetz (FPStatG) in der Fassung der Bekanntmachung vom 22. Februar 2006 (BGBl. I 2006, S. 438) i.V.m. dem Bundesstatistikgesetz (BStatG) vom 22. Januar 1987 (BGBl. I 1987, S. 462, 565), zuletzt geändert durch Artikel 3 des Gesetzes vom 7. September 2007 (BGBl. I 2007, S. 246).

483 Vgl. Art. 126 Abs. 2 EGV i.d.F. des Vertrags von Lissabon i.V.m. Art. 1 des Protokolls Nr. 12 über das Verfahren bei einem übermäßigen Defizit. Der Wert von 60 % ist ökonomisch nicht begründet, sondern stellt vielmehr den durchschnittlichen Schuldenstand der am europäischen Stabilitäts- und Wachstumspakt beteiligten Länder zum Zeitpunkt seiner Einführung dar; vgl. *Peffekoven* (2004), S. 10.

484 Vgl. SVR (2007), Ziff. 18.

485 Vgl. SVR (2007), S. 17, Kasten 2.

486 Vgl. zum Folgenden SVR (2007), Ziff. 25.

positiv (Primärüberschuss), so sind ausreichend Einnahmen vorhanden, um alle geplanten Ausgaben des Staates ohne Schuldendienst zu finanzieren. Zusätzlich sind finanzielle Mittel vorhanden, um darüber hinaus zumindest einen Teil des Schuldendienstes (Zinszahlungen) zu bedienen. Ist der Primärsaldo hingegen negativ (Primärdefizit), so reichen die Einnahmen ohne Einnahmen aus Krediten nicht aus, um die Kosten nur für die Staatsaufgaben ohne Schuldendienst zu decken. Es müssen somit bereits zur Finanzierung der Kernausgaben Kredite aufgenommen werden, sowie zusätzlich in Höhe der gesamten Zinszahlungen. Da langfristig der nominale Zinssatz der öffentlichen Kreditschuld höher sein muss als die nominale Zuwachsrate des BIPs, müssen Primärüberschüsse erzielt werden, um ein Anwachsen der Schuldenstandsquote zu verhindern: Ein dauerhaftes Primärdefizit würde zu einer exponentiellen Zunahme der Schuldenstandsquote und damit nolens volens zum Staatsbankrott führen.

4.1.1.4 Neuverschuldung und Nettokreditaufnahme

Das Finanzierungsdefizit sagt aus, in welcher Höhe sich der öffentliche Haushalt Geldmittel beschaffen muss, um seine Ausgaben bestreiten zu können. Da eine Deckungslücke vorliegt, entspricht das Finanzierungsdefizit der Neuverschuldung. Für die Neuverschuldung ist es irrelevant, auf welchem Weg sich der Haushalt diese Mittel verschafft. Wenn er sich dafür ausschließlich am Kapitalmarkt zusätzlich verschuldet, so entspricht die Neuverschuldung der Nettokreditaufnahme. Allerdings besteht auch die Möglichkeit, sich in gewissem Umfang anderweitig die fehlenden Deckungsmittel zu beschaffen, so dass die Neuverschuldung nicht zwangsläufig der Nettokreditaufnahme entspricht. Die Nettokreditaufnahme entspricht den Einnahmen aus Krediten i.S.d. Art. 115 Abs. 1 S. 2 1. Hs. GG.[487]

Steigt die Neuverschuldung in einer Periode im Vergleich zur Vorperiode, so sinkt parallel dazu der Primärsaldo, der Spielraum für staatliche Ausgaben wird also erweitert.[488] In der Folgeperiode wächst allerdings die Belastung aus den Zinsen.[489] Soll der erreichte Spielraum bei den Ausgaben unter der Voraussetzung, dass der nominale Zinssatz auf die staatliche Kreditschuld über der nominalen Zuwachsrate des BIPs liegt, nun erhalten bleiben, ist zwingend erneut eine höhere Neuverschuldung notwendig. Um den erreichten finanziellen Spielraum also dauerhaft aufrecht zu erhalten, wäre in jeder Nachfolgeperiode eine höhere Kreditaufnahme als in der Vorperiode notwendig. Dies würde allerdings langfristig zu einem unendlichen Anwachsen der Verschuldung und damit

---

487 Vgl. zur Ermittlung der Einnahmen aus Krediten Abschnitt 4.3.1.2.
488 Vgl. *Brümmerhoff* (2007a), S. 636.
489 Vgl. *Brümmerhoff* (2007a), S. 658.

zwangsläufig zum Staatsbankrott führen.[490] Unter diesen Voraussetzungen müssen die staatlichen Zinszahlungen somit auf Dauer die Neuverschuldung übertreffen.[491] Nur falls der nominale Zinssatz unter der nominalen wirtschaftlichen Wachstumsrate liegt, führt eine dauerhafte öffentliche Neuverschuldung zu einem langfristigen Anwachsen des Ausgabenspielraums.[492] Da diese Voraussetzung in Deutschland allerdings regelmäßig nicht zutrifft, erweist sich eine dauerhafte Ausweitung des Ausgabenspielraums des Staates durch stetige Kreditaufnahme als unmöglich.[493]

4.1.1.5 Implizite Staatsschuld

Neben der expliziten Staatsschuld besteht eine größere implizite Staatsschuld. Implizite Staatsschulden ergeben sich u.a. aus Pensionsverpflichtungen und Ansprüchen an die Sozialversicherungssysteme.[494] Wesentlicher Unterschied zu den expliziten Schulden ist, dass implizite Schulden unverbrieft sind, also kein Rechtsanspruch besteht. Sie können somit bspw. durch Reformen der Sozialversicherungssysteme in der Höhe beeinflusst werden, während explizite Schulden nur durch nominale Tilgung reduziert werden können.[495] Implizite Schulden werden auch als verdeckte Schulden bezeichnet.[496] Sie sind jedoch klar von den verdeckten expliziten Schulden zu trennen.[497] Da implizite Schulden für die vorliegende Arbeit nicht von Bedeutung sind, werden sie im weiteren Verlauf nicht wieder aufgegriffen.

4.1.2 Die Messung der Staatsverschuldung nach der Finanzstatistik und dem ESVG

Zur Berechnung der Lage der öffentlichen Finanzen und damit auch der Staatsverschuldung kommen in Deutschland zwei unterschiedliche Verfahren zur Anwendung. Hier ist zunächst die Finanzstatistik zu nennen, welche an das kameralistische System anknüpfend die Zahlungsströme der öffentlichen Hand erfasst, um anhand dessen eine Übersicht über die Herkunft und die Verwendung von Zahlungsmitteln zu liefern. Da dieses System allerdings durch seine

490 Vgl. SVR (2007), Ziff. 26.

491 Dies stimmt mit der Aussage überein, dass unter der Voraussetzung eines gegenüber der nominalen Wachstumsrate des BIPs größeren nominalen Schuldzinses auf Dauer ein positiver Primärsaldo vorliegen muss, also dauerhaft Primärüberschüsse erzielt werden müssen, um ein unendliches Anwachsen der Staatsschuld zu vermeiden.

492 Vgl. *Brümmerhoff* (2007a), S. 638.

493 Vgl. SVR (2007), Ziff. 55.

494 Vgl. *Brümmerhoff* (2007a), S. 622.

495 Vgl. SVR (2007), Ziff. 29.

496 Vgl. *Brümmerhoff* (2007a), S. 622.

497 Vgl. zu verdeckten expliziten Schulden Abschnitt 2.7.1.1.

Ausrichtung am deutschen Haushaltsrecht nur bedingt geeignet ist, eine internationale Vergleichbarkeit der Finanzlage der öffentlichen Haushalte zu gewährleisten, kommt zur Berechnung der öffentlichen Finanzen daneben das ESVG zur Anwendung. Beide Systeme weisen als Ergebnis einer Haushaltsperiode den Finanzierungssaldo aus, also eine Gegenüberstellung der Einnahmen und Ausgaben einer Haushaltsperiode und damit einen Finanzierungsüberschuss oder ein Finanzierungsdefizit. Der Finanzierungssaldo weicht aufgrund der unterschiedlichen Systematik der beiden Rechnungssysteme jedoch verfahrensspezifisch ab. Weiterhin führen die unterschiedlichen Systeme von Finanzstatistik und ESVG auch dazu, dass der öffentliche Schuldenstand mit der Berechnungsmethodik leicht variiert. Im Folgenden werden die beiden Rechnungssysteme zur Darstellung der öffentlichen Finanzen erläutert.

4.1.2.1 Die Messung der Staatsverschuldung nach der Finanzstatistik

Das Statistische Bundesamt erhebt jährlich den Schuldenstand der öffentlichen Haushalte zum Stichtag des 31.12. jeden Jahres in der Schuldenstatistik, welche sie anhand der Finanzstatistik erstellt.[498] Die Finanzstatistik erfasst *kassenwirksame* Zahlungsvorgänge, namentlich die Einnahmen und Ausgaben der Haushalte, ist also zahlungsstromorientiert (cash basis).[499] Sie kann somit als relativ budgetgetreu bezeichnet werden, da sie im Wesentlichen tatsächliche und geplante Zahlungsströme so abbildet, wie sie im öffentlichen Rechnungswesen von Bund, Ländern und Gemeinden nebst Extrahaushalten verbucht werden.[500] Die Finanzstatistik soll nicht nur einen Überblick über die Finanzlage liefern, sondern auch eine Kontrolle ermöglichen, inwieweit die Haushaltspläne umgesetzt werden können.[501] Sie steht damit im engen Zusammenhang mit dem Haushaltsverfahren[502] und entspricht der Abgrenzung nach dem Grundgesetz, da auch dieses Bezug auf das Rechnungswesen der öffentlichen Haushalte nimmt. Dies bedeutet insbesondere, dass die Finanzstatistik auch mit Art. 115 GG kongruent ist.[503] Allerdings stellt Art. 115 Abs. 1 S. 2 GG nicht auf den Finanzierungssaldo ab, sondern auf die Nettokreditaufnahme.[504]

---

498 Vgl. Statistisches Bundesamt (2008b), unter 1.

499 Vgl. Deutsche Bundesbank (2003), S. 17.

500 Da sie daneben allerdings auch statistische Größen verwendet, die so im öffentlichen Rechnungswesen nicht erscheinen, erklärt sich der Zusatz „relativ“ hinsichtlich der Budgettreue; vgl. *Dietz* (2006), S. 340.

501 Vgl. Deutsche Bundesbank (2003), S. 17.

502 Vgl. Abschnitt 3.1.

503 Vgl. *Dietz* (2006), S. 341.

504 Vgl. auch Abschnitt 4.3.1.

Entgegen der weitläufig verbreiteten Darstellung entsprechen sich Finanzierungssaldo und Nettokreditaufnahme jedoch nicht.[505] In der Realität weichen zwar beide Größen i.d.R. nur geringfügig voneinander ab, da ein Finanzierungsdefizit zum Großteil durch die Aufnahme von Krediten finanziert wird. Allerdings kann ein Finanzierungsdefizit auch durch alternative Maßnahmen im Gegensatz zu einer Verschuldung am Kreditmarkt finanziert werden. Hier bieten sich u.a. die Auflösung von Rücklagen, die Finanzierung aus vorhandenen Kassenbeständen oder durch Münzeinnahmen an.[506] Übersteigt das veranschlagte Finanzierungsdefizit eines Haushaltsjahres also die Summe der im Haushaltsplan veranschlagten Investitionen, so kann daraus nicht die Schlussfolgerung gezogen werden, dass ein verfassungswidriger Haushaltsplan vorliegt. Gleichsam bedeutet ein Finanzierungsüberschuss nicht, dass die Nettokreditaufnahme im Haushalt null beträgt. Die Nettokreditaufnahme ergibt sich letztlich nicht direkt aus einem Finanzierungsdefizit, sondern muss vielmehr in der Schuldenstatistik als Teil der Finanzstatistik in jedem Haushaltsjahr extra erhoben werden.

Die Statistik über die Schulden der öffentlichen Haushalte nach Abgrenzung der Finanzstatistik beinhaltet grundsätzlich sämtliche Schuldenaufnahmen, Schuldentilgungen, sonstige Schuldenbewegungen sowie Bürgschaften, Garantien und weitere Gewährleistungen innerhalb des Berichtsjahres.[507] Die öffentlichen Haushalte umfassen dabei den Bund inkl. Extrahaushalte,[508] die Länder und ihre Extrahaushalte,[509] die Gemeinden, Gemeindeverbände und ihre Extrahaushalte,[510] die Zweckverbände, die Sozialversicherungsträger inkl. der Bundes-

---

505 Vgl. *Dietz* (2006), S. 341.

506 Vgl. SVR (2007), Ziff. 17.

507 Vgl. Statistisches Bundesamt (2008b), unter 2.

508 Zu den Extrahaushalten des Bundes zählen sein Sondervermögen sowie alle Fonds, Einrichtungen und Unternehmen, die ihm nach Abgrenzung des ESVG 1995 zuzurechnen sind. Die Extrahaushalte des Bundes umfassen also u.a. den Entschädigungsfond, den Erblastentilgungsfond, das Bundeseisenbahnvermögen, den Ausgleichsfonds Steinkohle, den Fonds Deutsche Einheit, den Bundes-Pensions-Service für Post und Telekommunikation e.V. sowie die Schulden des European Recovery Programs (ERP). Nicht verschuldet sind hingegen die Versorgungsrücklage sowie das Sondervermögen „Kinderbetreuungsausbau"; vgl. Statistisches Bundesamt (2008b), unter 1 bzw. detailliert unter 9. Unter das Sondervermögen fällt auch der im Zuge der Finanzkrise im Jahr 2008 neu aufgesetzte „Fonds zur Stabilisierung des deutschen Finanzmarktes"; vgl. Statistisches Bundesamt, Pressemitteilung Nr. 398 v. 27.10.2008.

509 Die Extrahaushalte inkl. Sondervermögen umfassen bei den Ländern vor allem die ausgegliederten Hochschulen mit eigenem Rechnungswesen, die aus den Haushalten ausgegliederten Statistischen Landesämter sowie ausgegliederte Betriebe des Straßenbaus; vgl. Statistisches Bundesamt (2008b), unter 9.

510 Bei den Extrahaushalten sind hier v.a. die kameralistisch buchenden Zweckverbände anzuführen, wobei die Schulden der kaufmännisch buchenden Zweckverbände bei den

agentur für Arbeit, sowie die öffentlich bestimmten Fonds, Einrichtungen und wirtschaftlichen Unternehmen.[511] Die Datenakquise findet in Form einer Totalerhebung zum Stichtag 31.12. statt. Als Datenbasis dienen die Ergebnisse aus den Rechnungsabschlüssen der Gebietskörperschaften und der weiteren zum Berichtskreis zugehörigen Institutionen.[512] Die Ergebnisse werden jeweils im 2. Halbjahr des dem Stichtag folgenden Jahres veröffentlicht, wobei vorab Daten an die Bundesbank zur Ermittlung der für die Maastricht-Kriterien relevanten Größen übermittelt werden.[513]

Die Schuldenstatistik nach Abgrenzung der Finanzstatistik lässt sich weiter differenzieren. Für Bund, Länder und Gemeinden wird einerseits die Verschuldung der Kernhaushalte ausgewiesen. Unter Kernhaushalten werden dabei die eigentlichen öffentlichen Haushalte ohne die zahlreichen Extrahaushalte verstanden, deren Kreis sich durch eine zunehmende Übertragung öffentlicher Aufgaben inkl. ihrer Schulden auf Fonds, Einrichtungen und Unternehmen mit selbständigem Rechnungswesen immer weiter ausdehnt.[514] Aus dieser Entwicklung resultiert auch, dass die Vergleichbarkeit der Kernhaushalte von Bund, Ländern und Gemeinden aufgrund des individuellen Ausmaßes der Schuldenübertragung durch die Gebietskörperschaften zunehmend erschwert wird bzw. die Aussagekraft des Vergleichs zunehmend schwindet.

Um diesem Trend entgegenzuwirken und damit eine aussagekräftige und qualitativ hochwertige Beurteilung der Verschuldung der öffentlichen Haushalte zu gewährleisten, beinhaltet die Schuldenstatistik seit dem Erhebungszeitraum 2007 auch die Extrahaushalte von Bund, Ländern und Gemeinden in Form von Fonds, Einrichtungen und Unternehmen, die nach dem ESVG dem Sektor Staat hinzuzurechnen sind: Der *öffentliche Gesamthaushalt* setzt sich zusammen aus den *Kernhaushalten* der Gebietskörperschaften sowie ihren *Extrahaushalten*.[515] Die Abgrenzung des öffentlichen Gesamthaushalts in der Finanz- bzw. Schuldenstatistik entspricht somit nunmehr der Abgrenzung nach dem ESVG, was eine zunehmende Harmonisierung der beiden Systeme bedeutet. Darüber hinaus werden im nächsten Schritt die Schulden des *gesamten öffentlichen Sektors*

Schulden der Fonds, Einrichtungen und Unternehmen nachgewiesen werden; vgl. Statistisches Bundesamt (2008b), unter 9.

[511] Eine öffentliche Bestimmung für Fonds, Einrichtungen und Unternehmen trifft zu, wenn öffentliche Institutionen *zusammen* mit mehr als 50 % des Nennkapitals oder Stimmrechts unmittelbar oder mittelbar beteiligt sind; vgl. Statistisches Bundesamt (2008b), unter 1.

[512] Vgl. Statistisches Bundesamt (2008b), unter 3.

[513] Vgl. Statistisches Bundesamt (2008b), unter 5.

[514] So werden bereits heute über die Hälfte aller kommunalen Investitionsausgaben nicht durch die kommunalen Haushalte, sondern von kommunalen Einrichtungen mit eigenem Rechnungswesen abgewickelt; vgl. *Reidenbach* (2006).

[515] Vgl. Statistisches Bundesamt (2008b), unter 10.

ausgewiesen. Hierzu werden zu den Schulden des öffentlichen Gesamthaushaltes noch die Schulden der Fonds, Einrichtungen und Unternehmen unter öffentlichem Einfluss hinzuaddiert, die nach der Abgrenzung des ESVG nicht im öffentlichen Gesamthaushalt enthalten sind, also nicht Teil des Sektors Staat, aber Teil des öffentlichen Sektors sind. Eine grafische Übersicht der Abgrenzung liefert Abbildung 4-1.

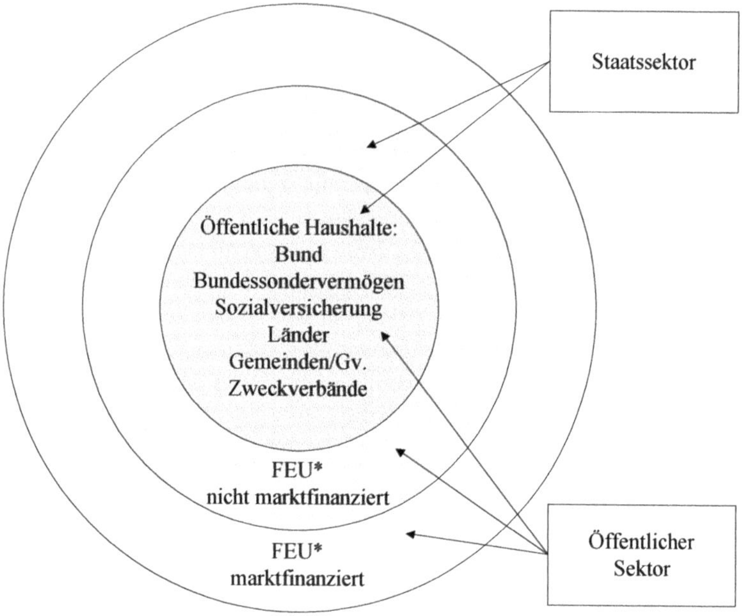

*Öffentliche Fonds, Einrichtungen und Unternehmen mit Beteiligung der öffentlichen Hand unmittelbar oder mittelbar über 50 %

Abbildung 4-1: Öffentlicher und staatlicher Sektor nach Finanzstatistik und ESVG
[Quelle: Eigene Darstellung nach *Rehm* (2006), S. 281.]

Neben der Abgrenzung der zu betrachtenden Institutionen erfolgt eine Abgrenzung der zu berücksichtigenden Schulden bzw. Schuldarten, welche in der Schuldenstatistik erfasst werden. Die einzelnen öffentlichen Berichtsstellen haben alle Schulden nachzuweisen, für welche sie der Schuldner sind, also auch die ihrer rechtlich unselbständigen Fonds, Einrichtungen und Unternehmen.[516] Nach Schuldarten differenziert werden können Schulden aus Kreditmarktmitteln, Ausgleichsforderungen, Schulden bei öffentlichen Haushalten, Innere

[516] Vgl. hierzu und zum Folgenden Statistisches Bundesamt (2008b), unter 8.

Darlehen, Kassenverstärkungskredite, kreditähnliche Rechtsgeschäfte sowie Bürgschaften und sonstige Gewährleistungen.

Die Kreditmarktschulden i.e.S. lassen sich weiter untergliedern in Wertpapierschulden, Schuldscheindarlehen sowie Schulden in fremder Währung. Ausgleichsforderungen stellen Forderungen gegenüber Bund und Ländern dar, welche ursprünglich das Dritte Reich als Schuldner vorsahen.[517] Die Summe von Kreditmarktschulden i.e.S. und Ausgleichsforderungen werden als Kreditmarktschulden i.w.S. kumuliert. Die Schulden bei den öffentlichen Haushalten umfassen Schulden, welche von einer Berichtsstelle bei einer öffentlichen Institution wie Bund, Länder oder Gemeinden, aber auch bspw. bei einem Sondervermögen aufgenommen wurden. Unter einem inneren Darlehen wird eine vorübergehende Inanspruchnahme von (eigenen) Rücklagemitteln verstanden, die ursprünglich für einen anderen Zweck angelegt wurden. Kassenverstärkungskredite stellen kurzfristige Kredite dar, die zur Wahrung der Liquidität der Berichtsstelle dienen.

Ein kreditähnliches Rechtsgeschäft bezeichnet die wirtschaftlich einer Zahlungsverpflichtung gleichkommende Kreditaufnahme, Hypotheken-, Grund- und Rentenschulden sowie Restkaufgelder. Zusätzlich werden seit dem Jahr 1994 teilweise die Verpflichtungen aus Leasingkrediten hinzugezählt.[518] Die kreditähnlichen Rechtsgeschäfte sind *nicht* Teil des Schuldenstandes des öffentlichen Sektors. Daher werden sie auch als verdeckte Staatsverschuldung aufgefasst.[519] Sie sind jedoch nicht Teil der impliziten Schuld, sondern stellen aufgrund des auf sie bestehenden Rechtsanspruchs explizite Schulden dar.[520]

Bürgschaften stellen Bürgschaften i.S.d. § 775 BGB dar und werden in Höhe der Haftungssummen, nicht der Kreditsummen berücksichtigt. Zudem werden Rückbürgschaften heraus gerechnet. Unter die sonstigen Gewährleistungen schließlich fallen noch Kreditaufträge nach § 778 BGB, Schuldmittelübernahmen, Gewährleistungs- und Garantieverträge, Ausbietungsgarantien und Wechselbürgschaften von Bund und Ländern. Gesetzlich verankerte Bürgschaften wie bspw. die der Länder für ihre Gemeinden sind indes nicht enthalten.

---

[517] Da die Bundesrepublik Deutschland nicht Rechtsnachfolger des Deutschen Reiches ist, sondern als Staat vielmehr identisch mit diesem, die Forderungstitel gegen das Dritte Reich aber nach Ende des 2. Weltkrieges wegfielen, wurden verschiedene Stellen nach der Währungsreform von 1948 ermächtigt, als Ausgleich Forderungen gegen Bund und Länder zu stellen; vgl. zur Identität des Deutschen Reiches und der Bundesrepublik BVerfGE 36, S. 1.

[518] Teilweise, da die Erfassung der Zahlungsverpflichtungen aus Leasingverträgen in einigen Ländern offenbar Schwierigkeiten bereitet; so Statistisches Bundesamt (2008b), unter 8.

[519] Vgl. Abschnitt 2.7.1.1.

[520] Vgl. Abschnitt 4.1.1.5.

4.1.2.2 Die Messung der Staatsverschuldung nach dem ESVG

Da sich die deutsche Finanzstatistik (wie unter 4.1.2.1 beschrieben) streng an der nationalen Haushaltssystematik orientiert, ist eine europaweite Vergleichbarkeit aufgrund der Heterogenität der Haushaltssysteme nur bedingt möglich. Aus diesem Grund wird zur Ermittlung der nach Maastricht relevanten Kriterien für die unterschiedlichen Mitgliedsstaaten auf das europaweit vereinheitlichte System der Volkswirtschaftlichen Gesamtrechnung (ESVG) zurückgegriffen, zu dessen Anwendung alle Mitgliedstaaten verpflichtet sind.[521] Das ESVG ist das zentrale volkswirtschaftliche Statistiksystem und bildet den gesamtwirtschaftlichen Prozess der Einkommensentstehung, -verwendung und -verteilung sowie die Umverteilungs- und Vermögensbildungsvorgänge ab.[522] Sie zielt auf die Darstellung eines möglichst umfassenden, übersichtlichen, hinreichend gegliederten, quantitativen Gesamtbilds der Volkswirtschaft ab und erfasst daher Forderungen und Verbindlichkeiten zum Zeitpunkt ihrer Entstehung, unabhängig davon, wann die Zahlungsströme im Anschluss an die Realisierung des Anspruches tatsächlich fließen (accrual basis).[523]

Zentrale Größe des ESVG ist das Bruttoinlandsprodukt. Sie umfasst die gesamte Volkswirtschaft, unterteilt allerdings in verschiedene Sektoren, neben dem der privaten Haushalte und dem der Unternehmen auch in einen öffentlichen (Public Sector). Davon weiter zu differenzieren ist der Sektor des Staates, welcher nur diejenigen Wirtschaftseinheiten[524] umfasst, die öffentliche Aufgaben erfüllen und sich vor allem überwiegend durch hoheitliche Abgaben finanzieren.[525] Zum Sektor Staat zählen die Kernhaushalte von Bund, Ländern, Gemeinden und Gemeindeverbänden, die Sondervermögen inkl. der Sozialversicherungen sowie die Zweckverbände. Zusätzlich umfasst er weitere Extrahaushalte der öffentlichen Haushalte, namentlich die solcher Einheiten, die öffentliche Aufgaben erfüllen und vom Staat finanziert werden, allerdings über ein separates Rechnungswesen außerhalb der Kernhaushalte verfügen. Zur Klassifizierung solcher Fonds, Einrichtungen und Unternehmen, welche dem Sektor Staat zuzuordnen sind, im Gegensatz zu solchen, die zwar dem öffentlichen, nicht aber dem Sektor Staat angehören, findet die 50 %-Regel Anwendung: Deckt die Wirtschaftseinheit ihre Einnahmen zu über 50 % aus Marktentgelten, ist sie nicht als Teil des Staatssektors anzusehen.[526]

---

521 Verordnung (EG) Nr. 2223/96.
522 Vgl. *Brümmerhoff* (2007b), S. 1.
523 Vgl. Statistisches Bundesamt (2008c), S. 3.
524 Vgl. zum Begriff der Wirtschaftseinheit Statistisches Bundesamt (2008c), S. 3.
525 Vgl. *Rehm* (2006), S. 281.
526 Vgl. *Brümmerhoff* (2007b), S. 33; vgl. zur Sektorenabgrenzung auch Abbildung 4-1.

Das ESVG gliedert sich weiter in verschiedene Rechnungen, der Inlandsproduktberechnung, der Input-Output-Rechnung, der Finanzierungsrechnung, der Erwerbstätigenrechnung, der Arbeitsvolumenrechnung und der Vermögensrechnung.[527] Der Fokus liegt hier auf der Finanzierungsrechnung, welche alle Transaktionen innerhalb der Finanzsphäre eines Haushaltsjahres umfasst. Sie dokumentiert die Finanzen und zeichnet auf, von wem, in welchem Umfang, wem und in welcher Form innerhalb der Volkswirtschaft finanzielle Mittel bereitgestellt bzw. in Anspruch genommen wurden.[528] Auf den Sektor Staat bezogen liefert sie somit ein Bild über sein finanzielles Verhalten und die Mittelherkunft. Das Ergebnis der Finanzierungsrechnung des Staates ist der Finanzierungssaldo. Dieser weicht in der Abgrenzung nach ESVG vor allem aufgrund der unterschiedlichen Bewertung verschiedener Transaktionen, weniger aufgrund der Phasenverschiebung bedingt durch die periodengerechte Zuordnung von dem der Abgrenzung nach der Finanzstatistik ab.[529] Ein negativer Finanzierungssaldo, wenn also die Ausgaben einer Periode die Einnahmen übersteigen, wird nach dem ESVG als Defizit bezeichnet: Das jährliche öffentliche Defizit nach den Maastricht-Kriterien ist im Protokoll zum Verfahren bei einem übermäßigen Defizit definiert als das Nettofinanzierungsdefizit im Sinne des ESVG.[530] Der EGV bildet somit die rechtliche Grundlage der Anwendung des ESVG zur Ermittlung der Einhaltung der Kriterien des SWPs.

Der Finanzierungssaldo nach ESVG kann auf drei verschiedene Wege berechnet werden, wie Tabelle 4-1 veranschaulicht.

Tabelle 4-1: Drei Berechnungsarten des Finanzierungssaldos nach ESVG

	Einnahmen der Periode
	- Ausgaben der Periode
=	Sparen + Saldo der Vermögenstransfers
	- Nettoinvestitonen - Nettozugang an nichtproduzierten Vermögensgütern
=	Veränderungen der Forderungen
	- Veränderungen der Verbindlichkeiten
=	**Finanzierungssaldo in Abgrenzung der Volkswirtschaftlichen Gesamtrechnung**

[Quelle: *Brümmerhoff* (2007b), S. 140.]

527 Vgl. *Brümmerhoff* (2007b), S. 1.
528 Vgl. Deutsche Bundesbank (2008), S. 7.
529 Vgl. *Brümmerhoff* (2007b), S. 118; *Dietz* (2006), S. 342 f.
530 Vgl. EGV, Protokoll Nr. 12 über das Verfahren bei einem übermäßigen Defizit, Art. 2.

In Deutschland wird der Finanzierungssaldo anhand der Daten der Finanzstatistik erstellt. Die Errechnung des Finanzierungssaldos in Abgrenzung des ESVG aus dem Finanzierungssaldo in Abgrenzung der Finanzstatistik erfolgt dabei wie in Tabelle 4-2 dargestellt.

Tabelle 4-2: Berechnung des Finanzierungssaldos in Abgrenzung des ESVG aus dem Finanzierungssaldo in Abgrenzung der Finanzstatistik

	Finanzierungssaldo des Staates in Abgrenzung der Finanzstatistik
+	Darlehensgewährung an den privaten Sektor
-	Darlehensaufnahme vom privaten Sektor
+	Erwerb von Beteiligungen
-	Veräußerung von Beteiligungen
+	Tilgungsausgaben an den öffentlichen Bereich
-	Schuldenaufnahme beim öffentlichen Bereich
+/-	Sonstige Unterschiede (Phasenverschiebungen, Schuldenerlass, Korrektur Bundesbankgewinn, sonstige Abweichungen)
=	**Finanzierungssaldo in Abgrenzung der Volkswirtschaftlichen Gesamtrechnung**

[Quelle: *Dietz* (2006), S. 342; *Brümmerhoff* (2007b), S. 118.]

Der wesentliche Unterschied zur Finanzstatistik ist neben der periodengerechten Darstellung die asymmetrische Behandlung von finanziellen und nichtfinanziellen Aktiva im ESVG. Nichtfinanzielle Aktiva werden auf dem Vermögensbildungskonto verbucht und wirken sich in voller Höhe auf den Finanzierungssaldo aus, finanzielle Aktiva werden dagegen auf dem Finanzierungskonto verbucht. Rein finanzielle Vorgänge wirken sich somit nicht auf den Finanzierungssaldo aus, sondern nur solche Vorgänge, bei der eine finanzielle Transaktion bzw. die Veränderung des Finanzierungskontos mit einer Änderung des Vermögensbildungskontos gegengebucht wird.[531] So stellt bspw. die Veräußerung von Beteiligungen der öffentlichen Hand nach ESVG einen reinen Aktivtausch finanzieller Mittel dar, der sich nicht auf den Finanzierungssaldo ausübt: Nach Logik des ESVG erfolgt lediglich der Austausch eines finanziellen Aktivums durch ein anderes finanzielles Aktivum.[532] Die Höhe des Vermögens des Staates selbst wird nicht tangiert.[533] Nach der Finanzstatistik hingegen ist mit der Veräußerung ein Zahlungsstrom hin zum Staat gegeben, womit sich die Transaktion in voller Höhe auf den Finanzierungssaldo auswirkt. Aufgrund dessen erfolgt nach Tabelle 4-2 zur Ermittlung des Finanzierungssaldos nach dem ESVG

531 Vgl. Europäische Kommission (2002), S. 28.
532 Vgl. Europäische Kommission (2002), S. 33 f.
533 Vgl. Europäische Kommission (2002), S. 41.

anhand der Finanzstatistik die Hinzurechnung der Veräußerungen von Beteiligungen. Analoges gilt für Darlehen an und vom privaten Sektor sowie für Schuldenaufnahme und Tilgung innerhalb des öffentlichen Bereiches. Ein weiteres Beispiel stellt der Erlass von Schulden dar: Da durch einen Erlass kein Zahlungsstrom entsteht, findet er in der Finanzstatistik keine Berücksichtigung. Da die entsprechende Forderung allerdings erlischt und damit die Finanzaktiva schrumpfen, wirkt der Schuldenerlass sich nach dem ESVG in voller Höhe auf den Finanzierungssaldo aus.[534] Die Kreditaufnahme vom bzw. die Kredittilgung an den Kreditmarkt werden hingegen in beiden Rechnungssystemen als rein finanzielle Vorgänge angesehen und sind daher nicht saldenwirksam.[535]

Aber auch die periodengenaue Abgrenzung der Einnahmen und Ausgaben ist im ESVG wesentlich. Sie knüpft im Gegensatz zur Finanzstatistik nicht an der kameralistischen Haushaltsführung an, als vielmehr an einer doppischen Haushaltsführung im kaufmännischen Sinne. Aufgrund des zeitlichen Auseinanderfallens von Forderungsentstehung und Zahlungsstrom entsteht zwischen dem ESVG und der Finanzstatistik eine Phasenverschiebung: So entsteht bspw. eine Forderung über die Lohnsteuer des Monats Dezember in ebendiesem Monat, der entsprechende Zahlungsstrom fließt allerdings erst im Januar. Da im ESVG der Zeitpunkt des Entstehens der Forderung ausschlaggebend ist, die Finanzstatistik aber den Zahlungsstrom selbst erfasst, muss zur Berechnung des Finanzierungssaldos nach dem ESVG anhand der Daten der Finanzstatistik eine entsprechende Korrektur vorgenommen werden.[536] Der Unterschied zwischen dem Finanzierungssaldo von Finanzstatistik und ESVG geht jedoch im Wesentlichen auf die differierende Beurteilung finanzieller Transaktionen zurück, die Phasenverschiebungen spielen eine vergleichsweise untergeordnete Rolle.[537]

Mit Hilfe des Finanzierungssaldos in der Abgrenzung des ESVG wird der öffentliche Schuldenstand nach Maastricht berechnet.[538] Die nach den Maastricht-Kriterien ausgewiesenen Schulden umfassen alle zum staatlichen Sektor zählenden Schulden. Im Wesentlichen sind von den Schulden Bargeld und Einlagen, Geldmarkt- und Kapitalmarktpapiere sowie kurz- und langfristige Kredite

---

534 Die Löschung der Forderung muss mit dem „Eigenkapital" verrechnet werden und verringert somit das öffentliche Vermögen.

535 Vgl. *Dietz* (2006), S. 341.

536 Vgl. SVR (2007), S. 10 Kasten 1; *Brümmerhoff* (2007b), S. 117 f. Weitere Phasenverschiebungen entstehen bspw. bei Bauten, Sozialbeiträgen, Zinseinnahmen und -ausgaben sowie beim Kindergeld.

537 Vgl. *Brümmerhoff* (2007b), S. 118; *Dietz* (2006), S. 342 f.

538 Der öffentliche Schuldenstand nach Maastricht bedeutet dabei in Abgrenzung des Sektors Staat; vgl. EGV i.d.F. Vertrag von Lissabon, Protokoll Nr. 12 über das Verfahren bei einem übermäßigen Defizit, Art. 2 und Abbildung 4-1.

umfasst, nicht jedoch Finanzderivate und Handelskredite (kurzfristige Verbindlichkeiten).[539] Der Kreditbegriff des ESVG ist deutlich abweichend von dem des deutschen Haushaltsrechts definiert. Demnach stellt ein Kredit eine unbedingte Verbindlichkeit gegenüber dem Gläubiger dar, die bei Fälligkeit zurückzuzahlen ist und verzinst wird.[540]

Bei der Ermittlung des Schuldenstands werden die Verbindlichkeiten nicht mit den Finanzaktiva des Staates saldiert. Einzige Ausnahme ist die Verrechnung von innerstaatlichen Forderungen und Verbindlichkeiten. Der Schuldenstand nach Maastricht umfasst also die Bruttoverschuldung zum Nominalwert nach innerstaatlicher Konsolidierung, nicht die Nettoverschuldung.[541] Dies ist der wesentliche Unterschied zum jährlichen Defizit, in dem Saldierungen erfolgen und damit der Grund, wieso der Schuldenstand nicht einfach um das jährliche Defizit anwächst, sondern der Zuwachs entsprechend bereinigt werden muss.

4.2 Die Entwicklung der Staatsverschuldung in Deutschland seit 1949

Seit Gründung der Bundesrepublik im Jahr 1949 verzeichnen die öffentlichen Haushalte nach Abgrenzung der Finanzstatistik fast ausnahmslos Finanzierungsdefizite; Finanzierungsüberschüsse gab es in den vergangenen 50 Jahren nur im Jahr 1969, im Jahr 2000 und jüngst im Jahr 2007.[542] Für 2008 beträgt das Finanzierungsdefizit in Abgrenzung der Finanzstatistik 2,7 Mrd. Euro.[543]

Da die Finanzierungsdefizite größtenteils durch Aufnahme von Krediten finanziert werden, stieg der Schuldenstand der öffentlichen Haushalte kontinuierlich an, wie aus Abbildung 4-2 ersichtlich wird. Bei einer nach Staats- bzw. Verwaltungsebenen differenzierten Betrachtung ist festzustellen, dass der Bund mit 63,1 % oder 956,9 Mrd. Euro den mit Abstand größten Anteil an der Verschuldung trägt, gefolgt von den Ländern mit 31,8 % bzw. 481,7 Mrd. Euro und den Gemeinden inkl. Gemeindeverbänden mit nur 5,2 % bzw. 78,5 Mrd. Euro.[544] Gegenüber dem Jahr 1991, in dem die Verschuldung am Kreditmarkt noch 596 Mrd. Euro betrug, hat sich die Verschuldung somit seit der Wiedervereinigung bis Ende des Jahres 2008 um über das 2,5-fache erhöht (+155 %).

---

539 Vgl. Europäische Kommission (2002), S. 204.
540 Vgl. ESVG 1995, Nr. 5.70 c).
541 Vgl. Europäische Kommission (2002), S. 204.
542 Wobei der Überschuss im Jahr 2000 einzig aus der Versteigerung der UMTS-Mobilfunklizenzen resultiert; vgl. zu den Zahlen Statistisches Bundesamt (2008a), S. 15.
543 Vgl. Statistisches Bundesamt, Pressemitteilung Nr. 131 vom 31.03.2009.
544 Die Zahlen beziehen sich auf das Jahr 2007; vgl. Statistisches Bundesamt (2008b), unter 1.1.2.

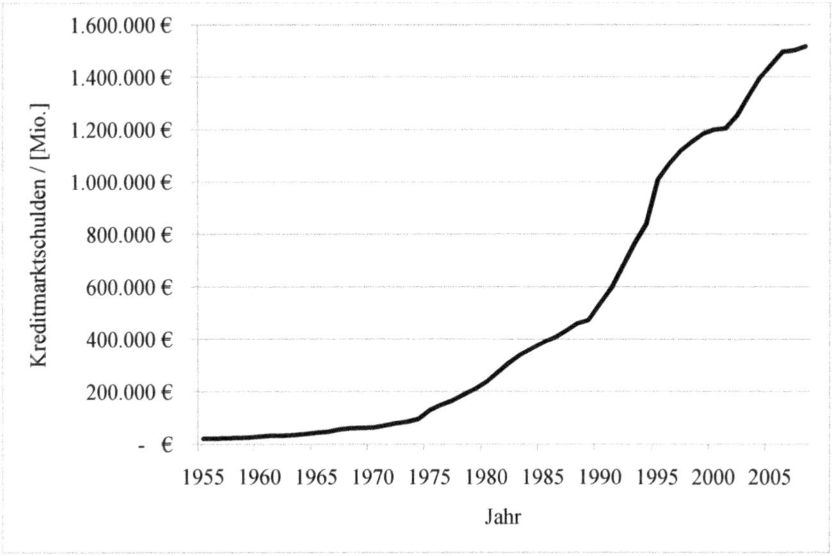

Abbildung 4-2: Kreditmarktschulden der öffentlichen Haushalte von Bund, Ländern und Gemeinden/Gemeindeverbänden von 1955 bis 2008[545]
[Quelle: Statistisches Bundesamt (2009)]

Bei einer Abgrenzung nach ESVG 1995 reduziert sich die Anzahl der von den öffentlichen Haushalten erwirtschafteten Finanzierungsüberschüsse sogar, da nach dieser Rechnung im Jahr 2007 kein Finanzierungsüberschuss, sondern ein Finanzierungsdefizit von -0,2 % vorlag.[546] Auch im Jahr 2008 konnte nach Maastricht-Kriterien wohl kein Überschuss erwirtschaftet werden, die Defizitquote für die öffentlichen Haushalte der BRD im Jahr 2008 beträgt nach vorläufigen Ergebnissen -0,1 %.[547] Wie die Abbildung 4-3 verdeutlicht, bedeutet dies allerdings trotzdem eine deutliche Konsolidierung gegenüber den Defizitquoten seit Beginn des 21. Jahrhunderts. Dadurch konnte auch die Schuldenstandsquote in Abgrenzung des ESVG zuletzt gesenkt werden. Aufgrund der ungünstigen Prognosen für die wirtschaftliche Entwicklung in 2009, der damit verbundenen Wahrscheinlichkeit deutlich sinkender Steuereinnahmen und der Implementierung verschiedener konjunkturfördernder Maßnahmen durch den Gesetzgeber ist allerdings von einem deutlich höheren Finanzierungsdefizit und somit einer

545 Kreditmarktschulden ohne Kassenkredite in der Abgrenzung der Finanzstatistik (bis 2005 ohne Extrahaushalte; danach inkl. Extrahaushalte; vor 1991 nur Westdeutschland).
546 Vgl. Eurostat (2008).
547 Vgl. Statistisches Bundesamt, Pressemitteilung Nr. 62 vom 25.02.2009.

wieder wachsenden Schuldenstandsquote im Jahr 2009 und vermutlich auch darüber hinaus im Jahr 2010 auszugehen.[548]

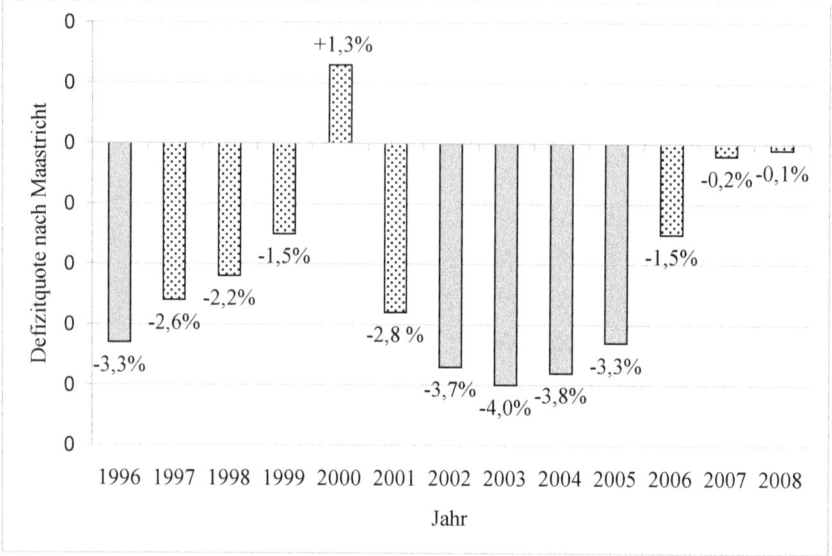

Abbildung 4-3: Jährliche Defizitquote der öffentlichen Haushalte von Bund, Ländern und Gemeinden/Gemeindeverbänden nach ESVG (Maastricht-Kriterien)[549]
[Quelle: Eurostat (2008); Statistisches Bundesamt (2009)]

4.3 Regelungen zur Eingrenzung der Verschuldung in Deutschland

Zur Eingrenzung der Verschuldung der öffentlichen Haushalte existieren in Deutschland zwei Systeme. Das eine ergibt sich aus der Finanzverfassung des Grundgesetzes, zielt auf die Eingrenzung der Neuaufnahme von Krediten ab und ist im Wesentlichen in Art. 115 GG verankert. Das andere stammt aus dem europäischen SWP und versucht die jährliche Neuverschuldung einzugrenzen. Zudem setzt es eine Obergrenze der Staatsverschuldung in Bezug auf das BIP. Aufgrund der Definition der europäischen Verschuldungskriterien im Vertrag von Maastricht werden diese auch als Maastricht-Kriterien bezeichnet.

---

548 So ist allein für das Jahr 2009 eine Nettokreditaufnahme von 47,6 Mrd. Euro vorgesehen; vgl. Spiegel Online v. 27.05.2009.

549 Die in grau gekennzeichneten Jahre markieren ein Überschreiten der nach Maastricht zulässigen jährlichen Defizitquote i.H.v. 3 %; vgl. dazu die Ausführungen unter Abschnitt 4.1.2.2.

4.3.1 Die verfassungsrechtliche Verschuldungsbegrenzung nach Art. 115 GG

Die wichtigste nationale Verschuldungsbegrenzungsregel stellt seit der Haushalts- und Finanzreform des Jahres 1969 Art. 115 GG dar, der so oder in nahezu identischer Form auch in allen Landesverfassungen enthalten ist.[550] Dieser knüpft an eine Kreditaufnahme verschiedene Voraussetzungen. Zunächst ist eine Ermächtigung zur Kreditaufnahme per Gesetz notwendig, Art. 115 Abs. 1 S. 1 GG. Weiter dürfen die Einnahmen aus Krediten nicht die Summe der im Haushaltsplan veranschlagten Investitionen überschreiten, Art. 115 Abs. 1 S. 2 1. Hs. GG. Schließlich enthält Art. 115 GG noch einen Ausnahmetatbestand, unter dessen Voraussetzung von der beschriebenen Beschränkung der Kreditaufnahme abgewichen werden darf, Art. 115 Abs. 1 S. 2 2. Hs. Art. 115 GG enthält somit eine objektbezogene Regel zur Eingrenzung der Kreditaufnahme, indem er sie an die Investitionsausgaben knüpft, sowie eine situationsbezogene Regel, die eine davon abweichende Kreditaufnahme in Ausnahmesituationen vorsieht.[551] In seiner derzeitigen Form weist Art. 115 GG offensichtlich einige Schwächen auf; zumindest war er nicht in der Lage, die ständig anwachsende staatliche Verschuldung zu verhindern.[552]

Im Folgenden wird detailliert auf die genaue Formulierung des Art. 115 GG eingegangen. Dabei werden vor allem die Schwachstellen herausgearbeitet, die eine stetig anwachsende Staatsverschuldung ermöglichen. Aufgrund der Analogie landesverfassungsrechtlicher Kreditaufnahmebegrenzungen beschränkt sich die Betrachtung auf das Grundgesetz und damit auf die Kreditaufnahmebegrenzung des Bundes.

4.3.1.1 Die Aufnahme von Krediten und der Kreditbegriff i.S.d. Art. 115 GG

Nach Art. 115 Abs. 1 S. 1 GG bedarf die Aufnahme von Krediten der gesetzlichen Ermächtigung.[553] Diese Voraussetzung ist Ausdruck des parlamen-

---

[550] Vgl. SVR (2007), Ziff. 81. Die kommunale Ebene ist von diesen Regelungen zwar nicht unmittelbar betroffen. Hier werden die Vorgaben zur Verschuldung in den Gemeindeordnungen und Haushaltssatzungen geregelt. Allerdings orientieren sich auch die Verschuldungsmöglichkeiten auf gemeindlicher Ebene i.d.R. an den Investitionsausgaben. Die Junktimklausel des Art. 115 Abs. 1 Satz 2 GG ist daher auch in den meisten Kommunen hinsichtlich ihrer Kreditaufnahmemöglichkeiten und ihres Schuldenstandes von Bedeutung; vgl. SVR (2007), Ziff. 106.

[551] Vgl. *Heun* (2008), Art. 115 GG, Rn. 18.

[552] Vgl. *Brümmerhoff* (2007a), S. 647. Dem Gesetzgeber wird sogar vorgeworfen, die in Art. 115 GG enthaltenen Schwächen seien so gewollt; vgl. *Reimer* (2008), Art. 115 GG, Rn 2.

[553] Eine bloße Rechtsverordnung ist nicht ausreichend; vgl. *Papier* (1973), S. 104. Auch eine Kreditermächtigung als Teil des Haushaltsplans reicht nicht aus, da im BGBl nur das

tarischen Bewilligungsrechtes als Kern des Haushaltsverfassungsrechts.[554] Art. 115 Abs. 1 S. 1 GG betrifft jedwede Art der Kreditaufnahme, also die Bruttokreditaufnahme.[555] Um die „Aufnahme von Krediten"[556] zu quantifizieren, muss zunächst eine Definition dessen, was im Sinne des Art. 115 GG als Kredit aufzufassen ist, erfolgen. Eine haushaltsrechtliche Definition des Kredites liegt jedoch nicht vor.[557] Der Auslegung des Kreditbegriffs i.S.d. Art. 115 GG kommt somit eine Schlüsselrolle zu. Dies gilt vor allem, weil die Kreditfinanzierung die einzige Verschuldungsform ist, die die Finanzverfassung kennt.[558]

Im Schrifttum wird der Begriff des Kredites i.S.d. Art. 115 GG eng definiert. Demnach umfasst er die Finanzschulden, welche durch einen schuldrechtlichen Vertrag zwischen staatlicher Stelle und einem Kreditgeber mit dem Zweck der Gewinnung von Einnahmen in Form von Geldmitteln zur Finanzierung von Haushaltsausgaben oder der Ersparnis von Haushaltsausgaben abgegrenzt werden.[559] Als Hinweis darauf, dass diese Abgrenzung der Idee des Art. 115 GG entspreche, wird Art. 115 GG a.F. genannt, der den Passus „Beschaffung von Geldmitteln im Wege des Kredites" explizit enthielt, sowie die Begründung des Regierungsentwurfes zur Neufassung des Art. 115 GG.[560] Die Kreditaufnahme unselbständiger Sondervermögen wird indes von Art. 115 GG nicht erfasst.[561]

Haushalts*gesetz*, nicht der Haushalts*plan* verkündet wird; so *Höfling* (1993), S. 20; anders *Maunz* (2009), Art. 115 GG, Rn. 8.

554 Vgl. *Höfling* (1993), S. 16.

555 Vgl. *Friauf* (1990), § 91, Rn. 41.

556 Art. 115 Abs. 1 S. 1 GG.

557 BerlVerfGH, NVwZ-RR 2003, S. 538.

558 Vgl. *Jahndorf* (2003), S. 255. Da der Kreditbegriff die einzige Verschuldungsform ist, die in der Finanzverfassung genannt wird, stellt sich die Frage, ob die Kreditfinanzierung neben der Steuerfinanzierung auch die einzig zulässige (Schulden-)Finanzierung ist. Der Zweck des Art. 115 GG scheint verfehlt, wenn neben der Kreditfinanzierung und deren Beschränkung anderweitige Verschuldungsformen beliebig ausgedehnt werden könnten. Ein Wahlrecht der Verschuldungsform wird daher an verschiedenen Stellen abgelehnt, so bspw. von *Brockmeyer* (2008), Rn. 3 u. 3a. Andere Verschuldungsformen neben dem Kredit seien nur im Einzelfall gerechtfertigt. Ein zulässiges Argument dafür sei eine höhere Wirtschaftlichkeit. Dagegen seien alternative Verschuldungsformen aufgrund von Ausreizung der Kreditaufnahmen zur Ausweitung des Haushaltsspielraums und zur Überbrückung finanzieller Engpässe als unzulässig anzusehen; vgl. *Jahndorf* (2003), S. 131 ff.

559 Vgl. *Heintzen* (2008), Art. 115 GG, Rn. 8; *Maunz* (2009), Art. 115 GG, Rn. 10; *Piduch* (2007), Art. 115 GG, Rn. 14; *Henneke* (2000), § 11, Rn. 530; *Vialon* (1959), Art. 115 GG, Anm. 4; *Patzig* (1991), Art. 115 GG, Rn. 10. Eine Ersparung von Haushaltsausgaben liegt bspw. vor, wenn der Staat Schuldurkunden zur Abgeltung von Zahlungsansprüchen emittiert; vgl. *Jahndorf* (2001), S. 621.

560 Vgl. *Höfling* (1993), S. 30 bzw. BT-Drucks. V/3040, Tz. 129.

561 Vgl. *Maunz* (2009), Art. 115 GG, Rn. 52; auch *Jahndorf* (2003), S. 307 mit dem Hinweis, dass daher Art. 115 Abs. 2 GG unnötig erscheint.

Die Formen der Finanzschulden und damit die Kreditformen bestimmen sich zunächst historisch aus der Reichsschuldenordnung des Jahres 1924 i.d.F. vom 5. Juli 1934.[562] Die dort genannten Verschuldungsformen entsprechen in der heutigen Haushaltspraxis Bundesanleihen, Bundesschatzbriefen, unverzinslichen Schatzanweisungen, Kassenobligationen, Schuldscheindarlehen, Schuldbuchforderungen, Bundesobligationen und Finanzierungsschätzen.[563] Der nach der Reichsschuldenordnung abgegrenzte Kreditbegriff hat jedoch nach h.M. keinen Verfassungsrang und somit keine Ausschließlichkeitswirkung, sondern stellt vielmehr einen Mindestumfang dar, welcher erweitert werden könne.[564] Voraussetzung zur Wertung als Kredit i.S.d. Art. 115 GG sei lediglich die beschriebene wirtschaftliche Wirkung, also der Zufluss von Geldmitteln oder die Ersparnis des Abflusses von Geldmitteln.[565]

Da im Schrifttum bei der Frage des haushaltsrechtlichen Kreditbegriffes auf einen Vertrag zwischen staatlicher Stelle und einem Kreditgeber abgestellt wird, wird deutlich, dass nur solche Kredite umfasst sind, die der Staat selbst aufnimmt.[566] Nicht umfasst sind somit Kreditaufnahmen Dritter. Ein solcher Kredit ist dem Staat nach h.M. nur zurechenbar, sofern eine Umgehung des Art. 110 GG und seinem Gebot der Vollständigkeit droht.[567] Wann eine solche Konstellation vorliegt, scheint noch nicht abschließend geklärt und muss im Einzelfall gewertet werden. Sicher soll eine Umgehung des Art. 110 GG vorliegen, wenn der Staat einen Privaten beauftragt, im eigenen Namen und auf Rechnung des Staates einen Kredit aufzunehmen.[568] Zusätzlich wird eine staatliche Kreditaufnahme im Schrifttum unterstellt, sofern ein Dritter einen Kredit auf eigene Rechnung und eigenen Namen aufnimmt, an dem der Staat allerdings maßgeblich

---

562 RGBl. I 1934, S. 574; diese erlangt durch Art. 123, 124 GG Zuständigkeit; vgl. *Stern* (1980), S. 1269.

563 Vgl. dazu ausführlich *Jahndorf* (2003), S. 258.

564 Vgl. *Jahndorf* (2003), S. 259; anders noch *Vialon* (1959), Art. 115 GG, Anm. 4.

565 Vom Kreditbegriff erfasst und somit ermächtigungsbedürftig i.S.d. Art. 115 Abs. 1 S. 1 GG sind nach h.M. daher auch die Kassenverstärkungskredite. Dies ergebe sich aus der Entstehungsgeschichte, dem Wortlaut sowie dem Schutzzweck des Art. 115 GG. Insbesondere lasse die Formulierung des Art. 115 GG nicht erkennen, dass vom Kreditbegriff nur die langfristige Beschaffung von Geldmitteln umfasst ist; vgl. *Höfling* (1993), S. 46 ff. Durch die Verknüpfung des haushaltsrechtlichen Kredits mit einem schuldrechtlichem Vertrag stellen dagegen Zwangsanleihen keine Kreditform in diesem Sinne dar. Die Frage, ob die Zwangsanleihen vom Kreditbegriff i.S.d. Art. 115 GG erfasst sind, ist ohnehin theoretischer Natur, da Zwangsanleihen nach dem Steuerstaatsprinzip in Deutschland nicht gestattet sind; vgl. dazu *Jahndorf* (2003), S. 260 f.

566 Begründet wird dies mit der Formulierung des Art. 110 Abs. 1 Satz 1 GG, in dem von Einnahmen und Ausgaben des Bundes die Rede ist, was sich auch auf den Anwendungsbereich des Art. 115 GG ausdehne; vgl. *Höfling* (1993), S. 49.

567 Vgl. *Maunz* (2009), Art. 115 GG, Rn. 12.

568 Vgl. *Heintzen* (2008), Art. 115 GG, Rn. 8.

beteiligt ist, ihm daraus Mittel zur Bewältigung von Staatsaufgaben zufließen und er den Finanzdienst übernimmt.[569] Eine Zuordnung der Kreditaufnahme Dritter basierend auf dem wirtschaftlichen Verständnis eines Kreditbegriffes lehnt die h.M. jedoch ab.[570]

Der Abgrenzung des haushaltsrechtlichen Kreditbegriffs im Schrifttum folgt auch die Rechtsprechung. So liegt eine Kreditaufnahme demnach vor, wenn (dem Staat) temporär Geldmittel zur Haushaltsfinanzierung zugeführt werden oder unmittelbar Haushaltsausgaben erspart bleiben.[571] Das Berliner Verfassungsgericht spricht von einer Kreditaufnahme, wenn dem Staat unmittelbar oder mittelbar Geldleistungen zugewandt werden, die er zurückzahlen muss und auf die er i.d.R. zusätzlich Zinsen zu zahlen hat; Kreditaufnahmen dieser Art begründen eine Finanzschuld.[572] Die Verknüpfung des Kreditbegriffes mit einem Zufluss von Geldmitteln wird eindeutig hervorgehoben. Nach dieser Systematik sind vom Kreditbegriff des Art. 115 GG sowohl Ausgabendeckungskredite als auch Kassenverstärkungskredite umfasst.[573]

Durch diese Formulierung wird außerdem deutlich, dass auch die Rechtsprechung an das Rechtsträgerprinzip anknüpft: Eine Kreditaufnahme liegt nur dann vor, wenn die betreffenden Mittel dem Staat zufließen; eine Kreditaufnahme liegt nicht vor, wenn der Schuldner des Kredites eine dritte, juristisch selbständige Person ist.[574] Gleichsam hat sich auch die Rechtsprechung bereits zur abweichenden Zuordnung der Kreditaufnahme Dritter an den Staat geäußert. Zuletzt stellte das Berliner Verfassungsgericht fest, dass dem Staat in drei Fällen die Kreditaufnahme durch Dritte zuzurechnen ist.[575] Diese lauten im Einzelnen:

1.) Gründung von Finanzierungsgesellschaften, die weder Sachaufgaben noch eigenes Vermögen besitzen, aber Kredite aufnehmen dürfen, für die Bund oder Land Garantien übernehmen;
2.) Einem Dritten wird der Auftrag erteilt, auf Rechnung von Bund oder Land Kredite zur Finanzierung von Bundes-/Landesaufgaben aufzunehmen;
3.) Einem Dritten wird der Auftrag erteilt, im eigenen Namen und auf eigene Rechnung Kredite für Finanzierung von Bundes- oder Landesaufgaben aufzunehmen unter interner Übernahme des Schuldendienstes von Bund oder Land.

---

[569] Vgl. *Wendt* (1994), S. 45; *Heintzen* (2008), Art. 115 GG, Rn. 8; *Höfling* (1993), S. 53.
[570] Vgl. BMVBW (2003b), S. 149.
[571] RhPfVerfGH, NVwZ-RR 1998, S. 145.
[572] BerlVerfGH, NVwZ-RR 2003, S. 538.
[573] Vgl. *Reimer* (2008), Art. 115 GG, Rn. 9.
[574] BerlVerfGH, NVwZ-RR 2003, S. 540.
[575] BerlVerfGH, NVwZ-RR 2003, S. 540.

Zuvor hatte sich bereits der Rheinland-Pfälzische Verfassungsgerichtshof der herrschenden Meinung angeschlossen. Demnach liege eine haushaltsrechtliche Kreditaufnahme vor, wenn sich der Staat durch die Kreditaufnahme Dritter Einnahmequellen zum Zwecke des Haushaltsausgleiches erschafft. Eine Zurechnung sei immer geboten, wenn durch rechtliche Gestaltung haushaltsrechtlich relevante Sachverhalte verschleiert werden.[576] Die reine Nutzung eines kreditfinanzierten Gegenstandes lasse weder die Kreditaufnahme des Privaten zu einer des Staates werden, noch unterwerfe sie das Rechtsgeschäft dem staatsschuldrechtlichen Gesetzesvorbehalt.[577] Die Forderung nach einer entsprechenden Ausweitung der haushaltsverfassungsrechtlichen Schranken auf derartige Rechtsgeschäfte bleibt dogmatisch unklar.[578]

In einem anderen Fall entschied die Rechtsprechung in einer einstweiligen Anordnung die staatliche Zurechnung der Kreditaufnahme eines Dritten. Hierbei handelte es sich um ein Sale-and-lease-back-Geschäft des Landes Schleswig-Holstein. Das Land veräußerte Immobilien an die Investitionsbank Schleswig-Holstein, welche zur Finanzierung der Transaktion den Kapitalmarkt in Höhe von ca. 500 Mio. Euro in Anspruch nehmen sollte. Neben einer Rücklage bei der Investitionsbank Schleswig-Holstein in Höhe von 30 % der Transaktionssumme sollte der Rest der Mittel zur Haushaltssanierung und Schuldentilgung verwendet werden. Somit lagen die nach der Rechtsprechung notwendigen Kriterien einer Zuordnung des Kredites über die volle Summe zum Staat vor, da dieser aus der beschriebenen Transaktion eine Einnahmequelle zum Ausgleich des Haushaltes und der Ersparung von Haushaltsausgaben erschloss. Das Bundesverfassungsgericht hat die Einnahmen der Mittel aus der Transaktion als „Einnahmen aus Kredit“ klassifiziert und sich damit sowohl der h.M. im Schrifttum als auch der vorangegangenen Rechtsprechung angeschlossen.[579]

Der haushaltsrechtliche Kreditbegriff umfasst nur die Finanzschulden. Andere Verschuldungsformen, welche nicht zur Gewinnung von Einnahmen dienen, unterliegen somit weder dem Gesetzesvorbehalt des Art. 115 Abs. 1 S. 1 GG, noch der Beschränkung des Kreditvolumens gem. Art. 115 Abs. 1 S. 2 GG.[580] Diese weiteren Verschuldungsformen werden unter dem Begriff Verwaltungsschulden subsumiert und sind definiert als Schulden, die dem Staat aus der Geschäfts- und Verwaltungstätigkeit entstehen,[581] ohne jedoch kassenwirksame

---

576 Vgl. RhPfVerfGH, NVwZ-RR 1998, S. 146.
577 RhPfVerfGH, NVwZ-RR 1998, S. 147.
578 BerlVerfGH, NVwZ-RR 2003, S. 540.
579 BVerfGE 99, S. 57.
580 Vgl. *Jahndorf* (2003), S. 261.
581 Vgl. *Reuter* (2005), S. 1248.

Liquidität zu entfalten.[582] Als Beispiel hierfür dienen kurzfristige Verbindlichkeiten aus Lieferungen und Leistungen, aber auch Miet- oder Pachtzahlungen. Zwischen Gläubiger und Schuldner besteht also eine Austauschbeziehung, auf der die Schuld aufbaut bzw. welche die Schuld begründet.[583] Zwar ist nicht zu leugnen, dass auch lange Stundungen und Zahlungsziele eine Finanzierungsfunktion erfüllen können;[584] dennoch besteht weitestgehend Konsens darüber, dass Verwaltungsschulden nicht zu den Krediten i.S. Art 115 Abs. 1 S. 1 u. 2 GG zu zählen sind und damit weder einer Ermächtigung per Gesetz bedürfen, noch bei der Berechnung der Verschuldungsgrenze zu berücksichtigen sind.[585] Die Begründung von Verwaltungsschulden unterliegt also nur formeller Anforderung.[586] Die Entscheidung zur Begründung von Verwaltungsschulden durch die Exekutive abseits des parlamentarischen Vorbehaltes wird als kritisch erachtet.[587] Als geeignetes Mittel, um diese Umgehung des Parlaments zu heilen, werden Verpflichtungsermächtigungen gesehen.[588]

Eine Unterteilung der staatlichen Schulden in Finanz- und Verwaltungsschuld wird von verschiedenen Stellen kritisiert.[589] So komme einer terminologischen Unterscheidung der Schulden keine unmittelbare normative Direktionskraft zu. Der Kreditbegriff solle vielmehr zur Einschränkung der Gefahr von Umgehungen des Vollständigkeitsgebots nach Art. 110 GG bzw. der verdeckten Ausweitung der Verschuldung problemadäquat erweitert werden, so dass er auch die Verwaltungsschuld umfasst. Dies sei insbesondere gerechtfertigt, wenn bei einer Verwaltungsschuld, welche auf einer Austauschbeziehung aufbaut, sekundär eine Finanzierungsfunktion auftritt.[590] Das Vorliegen einer solchen wird gesehen, falls dem Staat finanziell eine außergewöhnliche, materiell mit der vorübergehenden Erschließung einer Geldquelle vergleichbare Position verschafft werde.[591] Dem entgegnet *Jahndorf*, dass der Anwendungsbereich des Veranschlagungsrechts des Art. 110 GG nicht den Anwendungsbereich des Verschuldungsrechtes des Art. 115 GG tangiere.[592] Auch wenn die Verwaltungsschuld wirtschaftlich einer Kreditaufnahme des Art. 115 GG gleichkomme, stelle sie

---

582 Vgl. *Reimer* (2008), Art. 115 GG, Rn. 9.
583 Vgl. *Höfling* (1993), S. 44.
584 Vgl. *Vialon* (1959), Art. 115 GG, Anm. 4; *Höfling* (1993), S. 43.
585 Vgl. *Jahndorf* (2001), S. 621.
586 Vgl. *Reimer* (2008), Art. 115 GG, Rn. 5.
587 Vgl. *Höfling* (1993), S. 32.
588 Vgl. NWVerfGH, DVBl. 1994; S. 860; RhPfVerfGH, NVwZ-RR 1998, S. 148; kritisch dazu *Jahndorf* (2003), S. 248.
589 Vgl. *Püttner* (1996), S. 738; *Jahndorf* (2001), S. 624; *Höfling* (1995), S. 144.
590 Vgl. *Höfling* (1993), S. 44. Ein solches Geschäft stellt ein kreditähnliches Rechtsgeschäft dar; vgl. Abschnitt 4.1.2.1.
591 Vgl. *Höfling* (1995), S. 146.
592 Vgl. *Jahndorf* (2003), S. 280.

doch veranschlagungsrechtlich i.S.d. Art. 110 GG keine Einnahme dar, da hier nur auf die Kassenwirksamkeit abgestellt wird. Somit scheitere eine Argumentation über Art. 110 GG und dessen Gebot der Vollständigkeit. Dennoch könne der aktuelle Stand des Kreditbegriffs nicht als Schluss der Diskussion gesehen werden.[593]

Nach Art. 115 Abs. 1 S. 1 GG bedarf auch die Übernahme von Bürgschaften, Garantien und sonstigen Gewährleistungen einer gesetzlichen Ermächtigung. Durch die Bürgschaft verpflichtet sich der Bürge gegenüber dem Gläubiger eines Dritten, für die Erfüllung einer Verbindlichkeit des Dritten einzustehen.[594] Es handelt sich um eine von der Hauptschuld verschiedene, einseitig übernommene eigene Leistungspflicht des Bürgen, die also unabhängig von der Hauptleistung ist.[595] Die Garantie bezeichnet die Übernahme einer schuldunabhängigen Einstandspflicht für die Zahlungsverpflichtungen eines Dritten gegenüber einem Begünstigten.[596] Sie deckt also gegenüber dem Begünstigten das Ausfallrisiko des Dritten ab. Die Garantie ist von der Bürgschaft abzugrenzen, die Grenze kann jedoch zweifelhaft sein.[597] Auch die sonstigen Gewährleistungen i.S.d. Art. 115 Abs. 1 S. 1 GG stellen Übernahmen der Haftung für bestimmte Risiken Dritter dar, wobei auch hier die Abgrenzung gegenüber den anderen Varianten der Haftungsübernahme schwer fällt.[598] Bürgschaften, Garantien und sonstige Gewährleistungen i.S.d. Art. 115 GG stellen somit Eventualverbindlichkeiten dar.

4.3.1.2 Einnahmen aus Krediten

Art. 115 Abs. 1 S. 2 1. Hs. GG beschränkt die Höhe der innerhalb des Haushaltsplans zu veranschlagenden Investitionen auf die Summe der im Haushaltsplan veranschlagten Ausgaben für Investitionen. Nachdem im vorangegangenen Abschnitt bzgl. der Aufnahme von Krediten die Frage, was im Sinne des Art. 115 Abs. 1 S. 1 GG als Kredit aufzufassen ist, behandelt wurde, ist daher im Folgenden der Frage nachzugehen, was unter den *Einnahmen* aus Krediten i.S.d. Junktimklausel zu verstehen ist.

Die h.M. vertritt die Ansicht, dass die Einnahmen aus Krediten und die Aufnahme von Krediten aufgrund der terminologischen Differenzierung auch auf eine inhaltliche Differenzierung hinsichtlich der beiden Größen schließen las-

---

593 Vgl. *Jahndorf* (2003), S. 263.
594 Vgl. *Sprau* (2009), vor § 765 BGB, Rn. 1.
595 Vgl. *Sprau* (2009), vor § 765 BGB, Rn. 1.
596 Vgl. *Sprau* (2009), vor § 765 BGB, Rn. 16.
597 Vgl: *Sprau* (2009), vor § 765 BGB, Rn. 17.
598 Vgl. *Heun* (2008), Art. 115 GG, Rn. 12; *Maunz* (2009), Art. 115 GG, Rn. 20.

sen.[599] Dabei werden die Einnahmen aus Krediten als kleinere Größe angesehen, da nicht jede Aufnahme von Krediten auch zu Einnahmen aus Krediten führt.

Zur Klärung, was unter den Einnahmen aus Krediten zu verstehen ist, ist zunächst auf den Einnahmebegriff einzugehen. Die Formulierung „Einnahmen aus Krediten“ verdeutlicht, dass Art. 115 Abs. 1 GG auf die Nettokreditaufnahme abzielt.[600] Die Nettokreditaufnahme umfasst nicht die bereits bestehenden Kredite, sondern nur die im Vergleich zur Vorperiode zusätzlich aufzunehmenden Kredite:[601] Die Junktimklausel des Art. 115 Abs. 1 S. 2 1. Hs. GG kann ihre ökonomische Wirkung nur entfalten, wenn auf die zusätzliche Verschuldung im Vergleich zur Vorperiode abgestellt wird. Kredite, die zur Tilgung bestehender Kredite aufgenommen werden und somit nichts anderes als eine Laufzeitverlängerung bewirken, sind daher nicht als Einnahmen aus Krediten zu bewerten.[602] Da sich die Einnahme aus Krediten darüber hinaus durch die Summe der veranschlagten Ausgaben für Investitionen auf den Haushaltsplan bezieht, sind unter Einnahmen aus Krediten auch nur solche Kreditaufnahmen zu verstehen, die nach Abschluss der Haushaltsperiode ergebniswirksam sind.[603] Daher ist auch die Aufnahme von Kassenverstärkungskrediten nicht als Krediteinnahme zu werten, da sie laut Definition lediglich der Wahrung der Liquidität innerhalb einer Haushaltsperiode dienen und somit den Schuldenstand am Ende der Haushaltsperiode nicht tangieren.[604] Da die Kreditaufnahmen der Sondervermögen nicht der Regelung des Art. 115 Abs. 1 GG unterliegen, sind auch ihre Einnahmen aus Krediten hinsichtlich der Junktimklausel irrelevant.[605] Der Zufluss von Geldmitteln bei der Kreditaufnahme einer öffentlichen Stelle von anderen öffentlichen Stellen bleibt bei den Einnahmen aus Krediten ebenso unberücksichtigt; begründet werden kann dies mit der ökonomischen Wirkung öffentlicher Kreditaufnahme auf die Volkswirtschaft.[606] Die Einnahmen aus Krediten umfassen somit die Geldmittel, die dem Staat aus der Nettokreditaufnahme am Kapitalmarkt zufließen.[607] Art. 115 GG zielt somit auf die Eingrenzung des jährlichen Schuldenzuwachses ab.

Diese Regelung erschiene vernünftig, wenn durch die Junktimklausel des Art. 115 Abs. 1 GG auf Seite der Investitionen ebenso nur auf die Nettoinvestitionen

[599] Vgl. *Höfling* (1993), S. 172 f.
[600] Vgl. dazu ausführlich *Höfling* (1993), S. 173 ff.
[601] Vgl. *Reimer* (2008), Art. 115 GG, Rn. 21.
[602] Vgl. *Friauf* (1990), § 91, Rn. 41.
[603] Vgl. *Höfling* (1993), S. 178 f.
[604] Vgl. *Heun* (2008), Art. 115 GG, Rn. 20.
[605] Vgl. *Maunz* (2009), Art. 115 GG, Rn. 52.
[606] Vgl. dazu ausführlich *Höfling* (1993), S. 174 ff.
[607] Vgl. *Höfling* (1993), S. 185.

abgezielt würde. In diesem Fall könnte die Ausweitung des öffentlichen Kapitalstocks kreditfinanziert werden. Da sich Art. 115 Abs. 1 GG jedoch nicht auf die Nettoinvestitionen beschränkt, sondern in der Staatspraxis die Bruttoinvestitionen umfasst, können auch reine Ersatzinvestitionen (erneut) kreditfinanziert werden, auch wenn die Erstinvestition selbst per Kredit finanziert wurde.[608] Zudem können fällige Kredite durch neue Kredite ersetzt werden. Diese Tilgung von Schulden durch Aufnahme neuer Schulden wird als Revolvierung bezeichnet.[609] *Kirchhof* weist darauf hin, dass durch die Revolvierung der Kredite diese langfristig vom Normbereich der Junktimklausel des Art. 115 Abs. 1 S. 2 GG in den Normbereich des Art. 115 Abs. 1 S. 1 GG rutschen, der keine Bindung an Investitionen mehr aufweist.[610] Eine echte Tilgung muss nicht erfolgen. Stattdessen können auf diesem Weg bestehende Kredite ohne Beschränkung in die kommenden Haushaltsperioden transferiert werden, da sie bei der Bruttokreditaufnahme zwar enthalten sind, im Saldo der Nettokredite allerdings nicht. Theoretisch ist diese Vorgehensweise aufgrund einer fehlenden Tilgungsverpflichtung unendlich oft wiederholbar. Die Eingrenzung des jährlichen Schuldenzuwachses über die Bruttoinvestitionen i.V.m. der Nettokreditaufnahme führt daher dazu, dass der absolute Schuldenstand langfristig theoretisch unendlich weit ausgedehnt werden kann. Im Grundgesetz wird er jedoch indirekt durch die Vorgaben des Art. 109 Abs. 2 GG begrenzt.

4.3.1.3 Der Investitionsbegriff nach Art. 115 GG

Art. 115 GG knüpft die Höhe der zulässigen Einnahmen aus Krediten an die Summe der im Haushaltsplan veranschlagten Ausgaben für Investitionen. Diese sog. „Goldene Regel" verkörpert die Idee, dass öffentliche Investitionen durchaus kreditfinanziert werden dürfen, da ihre Erträge i.d.R. erst in der Zukunft anfallen, der Kapitalstock also zugunsten zukünftiger Generationen erhöht wird und somit die künftigen Nutzenträger auch partiell die finanzielle Last aus der Investition tragen sollen.[611] Die Goldene Regel beinhaltet somit das Motiv einer intergenerativen Verteilungsgerechtigkeit.[612] Sie zielt auf den Grundsatz der

---

608 Vgl. SVR (2007), Ziff. 88.

609 Vgl. *Jahndorf* (2003), S. 159.

610 Vgl. *Kirchhof* (2000), S. 249.

611 Vgl. BVerfGE 79, S. 314; zur „Goldenen Regel" SVR (2006), Ziff. 390; auch Wissenschaftlicher Beirat beim BMF (1980), S. 44. Auch bei der Diskussion um geeignete Verschuldungsregeln für den Euro-Währungsraum wurde die Forderung nach einer Orientierung der Finanzplanung an der Goldenen Regel gefordert; vgl. *Modigliani* et al. (1998) sowie *Blanchard/Giavazzi* (2004).

612 Eine Definition der intergenerativen Gerechtigkeit, auch Generationengerechtigkeit, scheint indes unmöglich, da dafür eine Vielzahl von Faktoren wie bspw. Arbeitsmarktchancen vorhergesagt und berücksichtigt werden müssten; vgl. ausführlich *Rürup* (2004). Daher wird der Begriff im weiteren Verlauf der Arbeit nur noch im Zusammenhang mit

Kongruenz von Zukunftslasten und Zukunftsvorteilen ab.[613] Die intergenerative Verteilungsgerechtigkeit soll also durch eine intertemporale Verteilung der finanziellen Lasten, durch ein System des „pay-as-you-use“ erreicht werden. Dies ist die Art. 115 GG zu Grunde liegende Norm.[614]

Analog zur Frage des Kredites und der Einnahmen aus Kredit stellt sich die Frage, was unter Investitionen bzw. Ausgaben für Investitionen i.S.d. Art. 115 Abs. 1 S. 2 1. Hs. GG zu verstehen ist. Die Definition des nicht weiter präzisierten Investitionsbegriffs und die damit festzulegende Höhe der Summe der Ausgaben für Investitionen stellen sich ähnlich schwierig wie die Kreditfrage dar.

Die Investition ist ökonomisch betrachtet bei der Koexistenz des Gegensatzpaares Investition und Konsum das Pendant zum Konsum.[615] Konsum stellt dabei den Gegenwartsverbrauch dar, während Investitionen zukunftsbegünstigende Ausgaben repräsentieren.[616] Eine Investition kann somit auch als Verzicht des Konsums in der Gegenwart zugunsten eines höheren Konsums in der Zukunft aufgefasst werden.[617] Dabei stellt es sich im Einzelnen durchaus schwierig dar, eine wirtschaftstheoretische Differenzierung zwischen Konsum und Investition vorzunehmen, da dafür stets über den ökonomischen Nutzen der Ausgaben in der Zukunft belegbare Aussagen zu treffen wären.[618] Zudem kann eine haushaltsrechtliche Definition durchaus von einer ökonomischen Definition des Begriffs der Investition abweichen: Auch der haushaltsrechtliche Kreditbegriff entspricht nicht dem Kreditbegriff im ökonomischen Sinne.[619] Was unter einer Investition i.S.d. Art 115 Abs. 1 GG zu verstehen ist, blieb daher lange Zeit offen.

Das Bundesverfassungsgericht mahnte bereits im Jahr 1989 das Versäumnis der Legislative, eine haushaltsrechtlich relevante Definition des Investitionsbegriffs in Art. 115 GG gem. Art. 115 Abs. 1 S. 3 GG zu liefern; jedenfalls dürfe der Investitionsbegriff nicht noch weiter gefasst werden als in der bis dahin üblichen Staatspraxis bereits erfolgt, sondern könne allenfalls eingeschränkt werden.[620]

Zitationen verwendet. In Bezug auf Art. 115 GG und die ihm zu Grunde liegende Norm wird unterstellt, dass die Goldene Regel bzw. das Prinzip „pay-as-you-use“ dann besser erfüllt ist, wenn eine gleichmäßigere intertemporale Verteilung von Finanzierungslasten erreicht wird. Ob eine solche gleichmäßige Verteilung und damit eine Gleichbehandlung dagegen intergenerative Gerechtigkeit impliziert, bleibt offen und wird im Rahmen dieser Arbeit nicht beantwortet.

613 Vgl. *Fischer-Menshausen* (1996), Art. 115 GG, Rn. 13.
614 Vgl. *Gröpl* (2001), S. 474 f.
615 Vgl. *Osterloh* (1990), S. 146.
616 Vgl. BVerfG, NVwZ 2007, S. 1410.
617 Vgl. *Rürup* (1981), S. 138.
618 Vgl. *Osterloh* (1990), S. 149 m.w.N.
619 Vgl. dazu die beiden vorangegangenen Abschnitte.
620 Vgl. BVerfGE 79, S. 337 f.

Insbesondere stellte das Bundesverfassungsgericht fest, dass der Investitionsbegriff nicht auf Ausgaben für Humankapital und investive Ausgaben im Verteidigungsbereich auszuweiten ist, auch wenn diese durchaus als zukunftswirksame Ausgaben zu qualifizieren sind.[621] Die Exklusion der Verteidigungsausgaben entspricht der international üblichen Praxis,[622] während die Ausnahme der Ausgaben für die Bildung von Humankapital einerseits auf der nicht vollziehbaren Trennung von investiven und konsumtiven Anteilen daran, andererseits auf dem hohen Abschreibungsbedarf des Humankapitals beruht.[623]

Damit hält sich die Rechtsprechung im Hinblick auf die Definition der Investitionsausgaben relativ kurz und verweist stattdessen durch Erwähnung der „bisherigen Staatspraxis“[624] auf eine Definition der Exekutive.[625] Diese kurze Ausführung erklärt das Bundesverfassungsgericht damit, dass eine engere Auslegung des Investitionsbegriffs als in der gängigen Staatspraxis praktiziert nur zu einer noch höheren Überschreitung der Regelgrenze geführt hätte und somit für die Frage des Verfahrens, ob die Regelgrenze überschritten wurde, als irrelevant anzusehen ist und daher für das Ergebnis nicht weiter von Interesse ist.[626]

Auf die vom Bundesverfassungsgericht geäußerte Kritik reagierte der Gesetzgeber im Jahr 1990 mit einer haushaltsrechtlichen Definition der Investitionsausgaben in § 10 Abs. 3 Nr. 2 HGrG sowie wortgetreu in § 13 Abs. 3 Nr. 2 BHO, die allerdings die bis dahin vorherrschende Staatspraxis nicht einschränkte, sondern lediglich gesetzlich verankerte. Ausgaben für Investitionen umfassen demnach alle Ausgaben, welche nach der Systematik des Haushaltsplanes nach Gruppierungsplan unter Nr. 7 und Nr. 8 zu veranschlagen sind.[627] Somit zählen zu den Ausgaben für Investitionen im Einzelnen:[628]

- Baumaßnahmen, soweit sie nicht militärische Anlagen betreffen;
- Der Erwerb von beweglichen Sachen, soweit sie nicht als sächliche Verwaltungsausgaben veranschlagt werden oder soweit es sich nicht um Ausgaben für militärische Beschaffungen handelt;
- Der Erwerb von unbeweglichen Sachen;

---

621 Vgl. BVerfGE 79, S. 337 f. und *Fischer-Menshausen* (1996), Art. 115 GG, Rn. 13.
622 Vgl. *Höfling* (1993), S. 212 m.w.N.
623 Vgl. *Heun* (2008), Art. 115 GG, Rn. 22 sowie zum Abschreibungsbedarf auf Humankapital *Ewerhart* (2002) u. *Ewerhart* (2003), der diesen zwischen 90 % und 95 % p.a. sieht.
624 BVerfGE 79, S. 311.
625 Vgl. *Osterloh* (1990), S. 147.
626 Vgl. BVerfGE 79, S. 337 und BVerfG, NVwZ 2007, S. 1410.
627 Vgl. dazu Abschnitt 3.2.1.
628 § 10 Abs. 3 Nr. 2 lit. a-g HGrG.

- Der Erwerb von Beteiligungen und sonstigem Kapitalvermögen, von Forderungen und Anteilsrechten an Unternehmen, von Wertpapieren sowie für die Heraufsetzung des Kapitals von Unternehmen;
- Darlehen;
- Die Inanspruchnahme aus Gewährleistungen;
- Zuweisungen und Zuschüsse zur Finanzierung von Ausgaben für die voran genannten Zwecke.

Das Bundesverfassungsgericht nennt diese Vorgehensweise später die formelle Erfüllung des Regelungsauftrags aus dem Urteil von 1989 und weist auf die Diskrepanz dieses haushaltsrechtlichen Investitionsbegriffes mit der verfassungsrechtlichen Intuition der Junktimklausel des Art. 115 GG hin.[629]

Neben der laufenden Diskussion um die Definition der Investitionen beherrscht ein weiterer Streitpunkt die Diskussion um die Junktimklausel des Art. 115 Abs. 1 GG. Dabei handelt es sich um die Frage, ob die Summe der Ausgaben für Investitionen i.S.d. Art. 115 Abs. 1 S. 2 1. Hs. GG die Bruttoinvestitionen oder nur die Nettoinvestitionen umfasst. Die Staatspraxis hat diese Frage zu Gunsten der Bruttoinvestitionen entschieden.[630] Begründet wird dies u.a. mit der amtlichen Begründung der Neufassung des Art. 115 GG.[631]

Nach der oben dargestellten Argumentation und Intention der Goldenen Regel sollten aber nur die Investitionen kreditfinanziert werden dürfen, die dauerhaft den Kapitalstock erhöhen, also die *Netto*investitionen.[632] Vor allem Ersatzinvestitionen, die lediglich dazu dienen, einen Abbau des Kapitalstocks zu verhindern und diesen zu erhalten, dürften also nicht kreditfinanziert werden. Die Einbeziehung der Ersatzinvestitionen verhindert den sinnfälligen Zweck des Art. 115 GG, namentlich den Schutz zukünftiger Steuerzahler vor Finanzierungslasten, deren Nutzen bereits verbraucht ist.[633] Ein Abstellen auf die Nettoinvestitionen scheint indes derzeit kaum umsetzbar, da eine entsprechende staatliche Vermögensrechnung im kameralistischen Rechnungswesen nicht vorliegt.[634] Eine mangelnde Praktikabilität kann jedoch nicht als Begründung für eine Umsetzung des

[629] Vgl. BVerfG, NVwZ 2007, S. 1411; vgl. zur Intuition der Junktimklausel auch *Höfling* (1993), S. 188 ff.
[630] Vgl. statt vieler SVR (2007), Ziff. 94.
[631] Diese bezeichnet Ausgaben für Investitionen als solche, die die Produktionsmittel der Volkswirtschaft erhalten, vermehren oder verbessern; vgl. BT-Drucks. V/3040, S. 47, Tz. 134.
[632] Vgl. statt vieler BMF (1980), S. 44 u. 52; weiter *Dieckmann* (1998), S. 668.
[633] Vgl. *Osterloh* (1990), S. 146.
[634] Vgl. NWVerfGH, NVwZ 2007, S. 1422 mit Hinweis auf *Heun* (2008), Art. 115 GG, Rn. 22.

Art. 115 GG entgegen seiner normativen Intuition geliefert werden.[635] *Höfling* sieht die Veranschlagung der Nettoinvestitionen aus Art. 115 GG und damit verfassungsrechtlich als geboten an.[636] Diese Auffassung ist jedoch umstritten.[637]

Zusätzlich werden bei der Errechnung der Summe der Ausgaben für Investitionen Privatisierungserlöse und Darlehensrückzahlungen nicht als Desinvestitionen berücksichtigt, Darlehensvergaben aber als Investitionen.[638] Dies moniert u.a. der Bundesrechnungshof.[639]

Auch die Veräußerung von Vermögensgegenständen wird nicht als Desinvestition von der Summe der Ausgaben für Investitionen subtrahiert, was verfassungsrechtlich auch nicht geboten ist.[640] Weiterhin liegen z.T. Doppelzählungen vor, da einige staatliche Stellen von ihren Investitionsausgaben nicht die dafür empfangenen Investitionszuschüsse abziehen und somit ihren Kreditaufnahmeraum erweitern.[641] Ob diese Vorgehensweise gegen die verfassungsrechtlichen Vorgaben verstößt, ist umstritten.[642]

Schließlich werden bei der Ermittlung der Summe der Ausgaben für Investitionen auch Investitionszuschüsse an das Ausland als Investitionen gewertet, erhöhen den inländischen Kapitalstock jedoch nicht.[643]

Festzustellen ist jedoch, dass der genannten Kritik in der heutigen Form des Art. 115 GG nicht Rechnung getragen werden kann, da dieser die bisherige Vorgehensweise und Handhabung durch den Staat, die auf die Bruttoinvestitionen abzielt, deckt.[644] Gleichsam steht der Praxis des Gesetzgebers, als „Ausgaben für Investitionen" alle Ausgaben der Gruppierungsnummern 7 und 8 des Haushaltsplanes zu veranschlagen, Art. 115 GG nicht im Wege.[645] Daher weist das Bundesverfassungsgericht in seinem jüngsten Urteil zu Art. 115 GG erneut darauf hin, dass es auch bei oftmals geforderter schärferer Kontrolle der

---

635 Vgl. *Friauf* (1990), § 91, Rn. 51; auch *von Arnim/Weinberg* (1986), S. 113.
636 Vgl. *Höfling* (1993), S. 191 ff.
637 Zweifel daran äußert bspw. *Jahndorf* (2003), S. 171 f.
638 Vgl. *Andel* (1998), S. 457 ff.
639 Vgl. BRH, BT-Drucks. 14/1667, S. 59 f.
640 Vgl. *Jahndorf* (2003), S. 172 f.
641 Vgl. SVR (2007), Ziff. 94. So findet eine entsprechende Berechnung bspw. in Rheinland-Pfalz statt, in einigen anderen Bundesländern jedoch nicht; vgl. RhPfVerfGH, NVwZ-RR 1998, S. 148 und *Bröcker* (1997), S. 74.
642 Einen Verfassungsverstoß sieht bspw. *Fischer-Menshausen* (1996), Art. 115 GG, Rn. 13; keinen Verfassungsverstoß dagegen *Jahndorf* (2003), S. 174 f.
643 Vgl. SVR (2006), Ziff. 406; *für* eine Hinzurechnung der Investitionszuschüsse und Darlehen zu den Investitionsausgaben dagegen *Höfling* (1993), S. 212 ff. u. S. 216.
644 Vgl. SVR (2007), Ziff. 94.
645 Vgl. BVerfG, NVwZ 2007, S. 1412.

Haushaltsplanung und Haushaltsführung des Gesetzgebers im Hinblick auf Art. 115 GG nur in der Lage sei, eine Vereinbarkeit mit der vorhandenen Norm zu prüfen. Nicht in seiner Kompetenz liege jedoch eine Änderung der derzeitigen Form des Art. 115 GG, welche aus Sicht des Bundesverfassungsgerichts viel maßgeblicher für die ausufernde Verschuldung des Staates verantwortlich ist als eventuelle Verstöße gegen die bestehende Regelung. Dies sei vielmehr Aufgabe des Gesetzgebers.[646]

Allerdings vertreten drei Richter eine andere Auffassung als die Mehrheit des Senats. *Di Fabio* und *Mellinghoff* meinen, das Bundesverfassungsgericht hätte dem Gesetzgeber auftragen müssen, den Investitionsbegriff endlich anders zu definieren, und zwar enger.[647] Es habe die Definition 1989 bereits im Vertrauen auf eine Konkretisierung des Investitionsbegriffes derart, dass der verfassungsrechtliche Zweck der Schuldenbegrenzung erreicht wird, dem Parlament überlassen. Dieses Vertrauen sei jedoch enttäuscht worden. Die rein formelle Definition des Gesetzgebers verfehle den Definitionsauftrag durch das Bundesverfassungsgericht im Urteil aus dem Jahr 1989, der darauf abzielte, den Investitionsbegriff so zu präzisieren, dass er seiner Funktion möglichst gerecht werden könne, also der Staatsverschuldung vorbeugen und eine intertemporale Ausgleichsfunktion[648] herbeiführen.[649] Eine Auslegung des Investitionsbegriffes durch die Judikative sei damit überfällig.[650] *Landau* vertritt zudem die Auffassung, aufgrund der Idee des Art. 115 GG dürften nur die Nettoinvestitionen berücksichtigt werden, zudem müssten auch Desinvestitionen Eingang finden; die gegenwärtige Definition des Art. 115 GG stehe dazu nicht im Widerspruch.[651] Insbesondere widerspreche die Betrachtung der Bruttoinvestitionen der Systematik, da andererseits die Nettokreditaufnahme betrachtet wird und damit das Gebot materieller Symmetrie verletzt werde.[652] Unabhängig von der herrschenden Meinung und der dargestellten Sondervoten des Bundesverfassungsgerichts werden die Schwäche und die Kritik an der derzeitigen Auslegung des Investitionsbegriffes deutlich.

646 Vgl. BVerfG, NVwZ 2007, S. 1412.
647 Vgl. BVerfG, NVwZ 2007, S. 1415.
648 Vgl. zur intertemporalen Ausgleichsfunktion bspw. *Heun* (2008), Art. 115 GG, Rn. 8 m.w.N.
649 Vgl. BVerfG, NVwZ 2007, S. 1419.
650 Vgl. BVerfG, NVwZ 2007, S. 1415.
651 Vgl. BVerfG, NVwZ 2007, S. 1419.
652 Vgl. BVerfG. NVwZ 2007, S. 1419.

4.3.1.4 Haushaltsplan/-aufstellung

Ein weiteres Problem des Art. 115 GG ist der Wortlaut „[...] die Summe der im Haushaltsplan veranschlagten Ausgaben für Investitionen [...]".[653] Der explizite Bezug auf den Haushalts*plan* lässt offen, ob die Regelung des Art. 115 GG auch im Haushalts*vollzug* zu beachten ist. Streng genommen stellt der Wortlaut dem Gesetzgeber frei, zusätzliche Ausgaben im laufenden Haushaltsjahr per Kredit zu finanzieren.[654] Diese strenge Auslegung würde in Konsequenz dazu führen, dass die Regel zur Begrenzung der Kreditaufnahme zur „bloßen formalen Ordnungsvorschrift ohne inhaltliche Bindungswirkung"[655] verkommt. Zusätzlich setzt die derzeitige Form einen Anreiz, das Defizit im Haushaltsplan durch die Veranschlagung zu hoher Einnahmen und zu geringer Ausgaben tendenziell niedrig auszuweisen.[656]

4.3.1.5 Ausnahmetatbestand „Störung des gesamtwirtschaftlichen Gleichgewichts"

Art. 115 GG enthält einen Ausnahmetatbestand, bei dessen Eintreten die Beschränkung zur Kreditaufnahme außer Kraft tritt. Voraussetzung hierfür ist nach Art. 115 Abs. 1 S. 2 2. Hs. GG eine „Störung des gesamtwirtschaftlichen Gleichgewichts". Die Verpflichtung von Bund und Ländern, dem gesamtwirtschaftlichen Gleichgewicht Rechnung zu tragen, welche im Ausnahmefall des Art. 115 Abs. 1 GG zur Verfolgung dieses Ziels auch eine (zusätzliche) Kreditaufnahme gestattet, orientiert sich an den Lehren von *Keynes* zur antizyklischen Steuerung des Konjunkturverlaufs.[657] Analog zur Rüge einer fehlenden Definition des Investitionsbegriffs bemängelte das Bundesverfassungsgericht in seinem Urteil aus dem Jahr 1989 das Fehlen objektiver Kriterien, wann eine solche Störung tatsächlich vorliegt, erkennt aber gleichsam an, dass die Störung des gesamtwirtschaftlichen Gleichgewichts einen unbestimmten Verfassungsbegriff darstellt, der auch neuen Erkenntnissen der Wirtschaftswissenschaften zugänglich bleiben muss.[658] Generell eröffnet die ungenaue Definition der Störung des gesamtwirtschaftlichen Gleichgewichts der Finanzpolitik jedoch Ermessensspielräume.[659]

---

653 Art. 115 Abs. 1 S. 2 1. Hs. GG.

654 Vgl. SVR (2007), Ziff. 95.

655 *Friauf* (1990), § 91, Rn. 43.

656 Vgl. SVR (2007), Ziff. 95.

657 Vgl. BVerfG, NVwZ 2007, S. 1405.

658 BVerfGE 79, S. 338 f.; vgl. zur Wahl eines unbestimmten Rechtsbegriffes in Art. 115 GG durch den Gesetzgeber auch *Höfling/Rixen* (2003), Art. 109 GG, Rn. 183.

659 Vgl. SVR (2007), Ziff. 96.

Als kritisch ist weiterhin zu beurteilen, dass im Falle eines Vorliegens des Ausnahmetatbestandes die Beschränkung der Kreditaufnahme nach Art. 115 GG völlig beseitigt wird. Lediglich die Zweckgebundenheit der Kreditaufnahme an die Beseitigung der Störung des gesamtwirtschaftlichen Gleichgewichts, die das BVerfG vorgegeben hat, sowie Art. 109 Abs. 2 GG, der indirekt einen zu hohen Schuldenstand untersagt,[660] stellen eine gewisse Begrenzung der Kreditaufnahme dar, welche allerdings bisher keine defizitbeschränkende Wirkung entfalten konnten.[661] Einen falschen Anreiz setzt zudem die Möglichkeit des Übertrags nicht ausgeschöpfter Kreditaufnahmemöglichkeiten eines Haushaltsjahres in das kommende Haushaltsjahr (sog. Restkreditermächtigung), die eine übermäßige Kreditaufnahme lukrativ erscheinen lässt.[662] Schließlich lässt Art. 115 GG eine Regel vermissen, die zum Ausgleich des Ausnahmetatbestandes eine Rückführung oder Tilgung der zusätzlich aufgenommenen Kredite in wirtschaftlich besseren Zeiten vorsieht.[663]

Das Konzept der Verschuldung zum Zweck der keynesianischen Finanzpolitik wird daher teilweise als gescheitert angesehen.[664] Da die Politik in Zeiten der Hochkonjunktur keine Überschüsse bildet, wirke es vielmehr, als sei die BRD seit über 30 Jahren in einer Rezession.[665] In der heutigen Zeit der Finanz- und Wirtschaftskrise erlebt die keynesianische Finanzpolitik aber offensichtlich eine Renaissance. Dies liegt auch daran, dass nicht ein Angebots-, sondern ein Nachfrageschock vorliegt - entgegen der Rezessionen aufgrund der Ölkrisen in der Vergangenheit. So fordern heute auch ökonomische Gremien wie der Sachverständigenrat nach Konjunkturpaketen, was viele in jüngerer Vergangenheit noch für unmöglich gehalten hätten.[666] Die in Art. 115 GG enthaltene Abbildung der Verschuldung zum Zweck einer keynesianischen Wirtschaftspolitik muss daher heute von vielen Seiten begrüßt werden.

4.3.1.6 Fehlende Sanktionsregelung

Damit Gesetze eine geeignete Anreizwirkung zur Erfüllung entfalten, wird deren Nichterfüllung i.d.R. mit Sanktionen belegt. Somit stellt sich auch bei Art. 115 GG die Frage, welche Sanktionen im Falle eines Verstoßes gegen die Rechtsnorm verhängt werden (können). Hierzu ist festzustellen, dass zunächst nur der Weg eines Normenkontrollverfahrens angestrebt werden kann. Neben

---

660 Vgl. hierzu ausführlich *Höfling/Rixen* (2003), Art. 115 GG, Rn. 355.
661 Vgl. SVR (2007), Ziff. 97.
662 Vgl. *Schemmel* (2006), S. 157.
663 Vgl. SVR (2007), Ziff. 98.
664 Vgl. bspw. *Zimmermann* (1999), S. 160 ff.; *Jahndorf* (2003), S. 95 ff.
665 Vgl. *Vanberg* (1998), S. 114 f.
666 Vgl. Financial Times Deutschland vom 12.11.2008, „Weisen-Rat fordert 25 Mrd.-Paket".

der Schwierigkeit der Einberufung eines solchen Verfahrens besteht weiter das Problem, dass aus Gründen der Rechtssicherheit und Verlässlichkeit der Haushaltsplanung zwar rückwirkend ein Verstoß gegen Art. 115 GG durch die Regierung festgestellt werden kann, eine rückwirkende Nichtigkeitserklärung des Haushaltsgesetzes erscheint jedoch unmöglich.[667] Aufgrund der zeitlichen Ausdehnung eines Normenkontrollverfahrens erübrigt sich gleichsam die Frage nach einer Nichtigkeitserklärung eines aktuellen Haushaltsvollzuges bzw. des Untersagens der für einen Haushalt geplanten Kreditaufnahme.[668] Schließlich findet im Falle eines festgestellten Verfassungsverstoßes auch keine Bestrafung der Regierungsverantwortlichen statt, so dass in Summe keine Sanktionsmöglichkeiten im Falle der Nichteinhaltung des Art. 115 GG existieren.

4.3.2 Die europäische Verschuldungsbegrenzung nach dem Stabilitäts- und Wachstumspakt

Der Vertrag zur Gründung der Europäischen Gemeinschaft enthält zur Eingrenzung der Staatsverschuldung der Mitgliedstaaten der EWU verschiedene Kriterien, die sog. „Maastricht-Kriterien".[669] Präzisiert werden die Regelungen im SWP[670] und der Reform des SWPs.[671] Zum einen soll die jährliche Defizitquote nicht mehr als 3 % des nationalen BIPs betragen; zum anderen soll die öffentliche Schuldenstandsquote, also die Schuldenstandsquote der Gebietskörperschaften und Sozialversicherungen, den Referenzwert von 60 % des BIPs nicht überschreiten.[672] Die jeweiligen jährlichen Werte der Mitgliedstaaten werden nach dem ESVG ermittelt.[673] Beide Maastricht-Kriterien sind über das nominale Wirtschaftswachstum voneinander abhängig: Um den Schuldenstand von 60 % des BIPs langfristig konstant zu halten, ist bei einer jährlichen Defizitquote von 3 % ein nominales Wirtschaftswachstum von 5 % p.a. notwendig.[674] Mittelfristig soll der jährliche Saldo der öffentlichen Haushalte allerdings nicht

667 BVerfGE 72, S. 421.

668 Vgl. SVR (2007), Ziff. 99.

669 Die Bezeichnung „Maastricht-Kriterien" erfolgte, da die Konvergenzkriterien erstmals im Vertrag zur Gründung der Europäischen Gemeinschaft i.d.F. Vertrag von Maastricht aufgeführt wurden; Vgl. Art. 104 c Abs. 2 EGV i.d.F. Vertrag von Maastricht i.V.m. Protokoll Nr. 5 über das Verfahren bei einem übermäßigen Defizit.

670 Verordnung (EG) Nr. 1466/97; Verordnung (EG) Nr. 1467/97.

671 Verordnung (EG) Nr. 1055/05; Verordnung (EG) Nr. 1056/05.

672 Vgl. zu den Referenzwerten der Defizitquote von 3 % des BIPs sowie des Schuldenstandes von 60 % des BIPs Art. 126 Abs. 2 EGV i.d.F. Vertrag von Lissabon i.V.m. Protokoll Nr. 12 über das Verfahren bei einem übermäßigen Defizit, Art. 1.

673 Vgl. SVR (2007), Ziff. 18 u. Ziff. 23.

674 Vgl. SVR (2007), S. 17, Kasten 2.

ein Defizit von 3 % ausweisen, sondern vielmehr nahezu ausgeglichen sein oder einen Überschuss ausweisen („close to balance or in surplus").[675]

Der europäische SWP kann hinsichtlich eines präventiven und eines korrigierenden Teils differenziert werden.[676] Der präventive Teil soll nationale Fehlentwicklungen möglichst früh vermeiden, indem die jährliche Defizitquote um 0,5 % p.a. reduziert werden soll; sofern eine positive Outputlücke vorliegt, sollte dieser Wert sogar überschritten werden. Der korrigierende Teil des SWPs regelt das Verfahren bei einer Überschreitung der Referenzwerte, insbesondere auch die Sanktionierungen.[677]

Der europäische Ansatz zur Eingrenzung der staatlichen Verschuldung orientiert sich also an den Kennzahlen Defizit- und Schuldenstandsquote, im Gegensatz zu Art. 115 GG, welcher eine öffentliche Schuldenbegrenzung durch die Beschränkung der öffentlichen Nettokreditaufnahme in Höhe der Ausgaben für Investitionen vorsieht.[678] Da das europäische Recht vorrangig selbst vor dem deutschen Verfassungsrecht zu behandeln ist, gelten die Verschuldungsregeln des EG-Vertrages auch unmittelbar in der BRD, selbst wenn sie der Regelung des Art. 115 GG zuwider laufen würden. Da die europäische Lösung einen anderen Ansatzpunkt verfolgt und somit der deutschen Regelung nicht unmittelbar widerspricht, *können* beide Verschuldungsschranken koexistent ohne Inkonsistenz bestehen. Widersprüche ergeben sich jedoch bspw., wenn die Summe der kreditfinanzierten Investitionen die maximale Defizitquote von 3 % überschreiten lässt. Zusätzlich, wenn die öffentliche Schuldenstandsquote bereits den Referenzwert von 60 % überschritten hat, denn dann erlaubt die nationale Regelung - also Art. 115 GG - ohne Einschränkung[679] eine weitere Verschuldung i.H.d. veranschlagten Investitionen, was dem europäischen Ansatz jedoch widerspricht.

Die Kritik am europäischen Ansatz zur Eingrenzung der Staatsverschuldung nach dem EG-Vertrag und dem SWP konzentriert sich zunächst auf die Maas-

---

675 Vgl. Verordnung (EG) Nr. 1466/97 Abs. 3; Verordnung (EG) Nr. 1467/97 Abs. 4.

676 Vgl. SVR (2007), Ziff. 108.

677 Die jährliche Defizitquote von 3 % darf nur in Ausnahmefällen überschritten wären, bspw. bei Naturkatastrophen oder einer schweren Rezession. Vgl. zum Ausnahmekatalog SVR (2005), Ziff. 657 ff.

678 Vgl. ausführlich Abschnitt 4.3.1. Die Beziehung zwischen Investitionen und Verschuldung taucht aber auch bei der europäischen Verschuldungsregel auf. So ist nach Art. 126 Abs. 3 EGV i.d.F. Vertrag von Lissabon im Falle des Verstoßes eines Mitgliedsstaates gegen eines oder beide der Maastricht-Kriterien von der Kommission ein Bericht zu verfassen, der berücksichtigt, ob das öffentliche Defizit (nicht die öffentliche Nettokreditaufnahme) die öffentlichen Ausgaben für Investitionen übertrifft.

679 Bzw. eingeschränkt nur durch die Maßgabe des Art. 109 Abs. 2 GG.

tricht-Kriterien. Bemängelt wird dabei vor allem die Höhe des Referenzwertes der Schuldenstandsquote von 60 %, da dieser lediglich eine Abbildung des Durchschnittes zum Zeitpunkt des Vertrages von Maastricht darstellt, insbesondere also keiner ökonomischen Basis entspricht.[680] Auch die Defizitquote von 3 % p.a. entspricht trotz des mathematischen Zusammenhangs mit den Größen nominales Wirtschaftswachstum und Schuldenstandsquote einer gewissen Willkür. Noch schwerwiegender war und ist die Kritik jedoch hinsichtlich der fehlenden Ausnahmeregelungen bzw. einer fehlenden individuellen Beurteilung des jährlichen Defizits anhand der jeweiligen Rahmenbedingungen eines Mitgliedstaates.[681] Dieser Kritik widerspricht der Sachverständigenrat und bemängelt stattdessen die unzureichende Implementierung und Durchsetzung der Regelungen durch den Ecofin-Rat.[682]

Zur Umsetzung der Verschuldungsregeln des EG-Vertrages, insbesondere der Haushaltsdisziplin zur Einhaltung der Referenzwerte, wurde im Jahr 2002 § 51a HGrG eingeführt. Zudem wurde die Aufteilung des sich aus der Defizitgrenze ergebenden finanziellen Spielraums zwischen Bund, Ländern und Gemeinden im Jahr 2003 bis zum Jahr 2006 auf das Verhältnis 45:55 zwischen Bund und Sozialversicherungen einerseits, Ländern und Gemeinden andererseits festgelegt.[683] Weitere Aufteilungen, insbesondere zwischen Ländern und Gemeinden, existieren allerdings bis heute nicht;[684] zudem erhielt die 45:55 Aufteilung nur eine Laufzeit bis zum Jahr 2006, bislang wurde allerdings keine Anschlussregelung getroffen. Im Falle von Strafzahlungen nach Brüssel als Resultat eines Verfahrens wegen einer Überschreitung der Referenzwerte des EG-Vertrages gegen die BRD regelt indes Art. 109 Abs. 5 GG die Aufteilung zwischen den staatlichen Institutionen.

4.4 Der Vorschlag zur Einführung einer neuen verfassungsrechtlichen Schuldenbremse

Art. 115 GG konnte nicht verhindern, dass die Verschuldung der öffentlichen Haushalte in der Bundesrepublik Deutschland über die vergangenen Jahrzehnte ständig zunahm. Daher stehen seit einiger Zeit verschiedene Vorschläge zur Implementierung einer neuen Verschuldungsregel im Raum. Bereits im Frühjahr 2005 veröffentlichte der Wissenschaftliche Beirat beim BMF ein Gutachten zur

680 Vgl. *Brümmerhoff* (2007a), S. 647.
681 Vgl. zur geäußerten Kritik die Zusammenfassungen in SVR (2003), Ziff. 412 ff. u. Ziff. 437 sowie SVR (2005), Ziff. 660.
682 Vgl. SVR (2007), Ziff. 109; SVR (2005), Ziff. 657 ff; auch *Brümmerhoff* (2007a), S. 648.
683 Vgl. BMF (2004), S. 2.
684 Vgl. *Brümmerhoff* (2007a), S. 713.

Reformierung der Verschuldungsregeln.[685] Der Entwicklung Aufschwung verliehen hat die Einberufung der Föderalismuskommission II (Kommission zur Modernisierung der Bund-Länder-Finanzbeziehungen) im Prozess der Reform des Föderalismus im März 2007. Parallel dazu veröffentlichten der Sachverständigenrat zur Begutachtung der gesamtwirtschaftlichen Entwicklung im Auftrag des Bundesministers für Wirtschaft und Technologie eine Expertise zur wirksameren Begrenzung der Staatsverschuldung[686] sowie die Konjunkturforschungsstelle der Eidgenössischen Technischen Hochschule Zürich einen Reformvorschlag.[687] Im Januar 2008 folgte ein Vorschlag des Wissenschaftlichen Beirats beim Bundesministerium für Wirtschaft und Technologie.[688] Auch von politischer Seite erfolgten zahlreiche Vorschläge.[689] Die Vorstellung der Vorschläge im Einzelnen würde den Rahmen dieser Arbeit sprengen. Daher wird anschließend lediglich der eingebrachte Vorschlag der Föderalismuskommission II vorgestellt.

Die Föderalismuskommission II präsentierte im März 2009 ihre Beschlüsse zur Einführung einer neuen Schuldenbremse im Grundgesetz.[690] Diese beinhalten im Wesentlichen ein Verbot struktureller Verschuldung mit einer Ausnahme für den Bund, eine langfristig neutrale konjunkturelle Verschuldung sowie Ausnahmetatbestände, welche eine situative Verschuldung gestatten.

So umfasst der Vorschlag, einen neuen Art. 109 GG einzuführen. Art. 109 Abs. 3 S. 1 GG n.F. besagt, dass die Haushalte von Bund und Ländern *grundsätzlich* ohne Einnahmen aus Krediten auszugleichen sind. Art. 109 Abs. 3 S. 2 GG n.F. regelt Ausnahmen hiervon: So können Bund und Länder Regelungen zu einer im Zeitverlauf neutralen, symmetrischen konjunkturellen Verschuldung zulassen (konjunkturelle Komponente); daneben sind Ausnahmen im Falle von Naturkatastrophen und außergewöhnlichen Notlagen, deren Eintritt sich staatlicher Kontrolle entziehen und die sich auf die Finanzsituation des Staates auswirken, zulässig (situative Komponente). Für die Kreditaufnahme im Ausnahmefall ist eine entsprechende Tilgungsregelung vorzusehen, Art. 109 Abs. 3 S. 3 GG n.F. Die Bedingung des Haushaltsausgleichs ohne Einnahmen aus Krediten des Art. 109 Abs. 1 S. 1 GG n.F. soll nach Art. 109 Abs. 3 S. 4 GG n.F. für den Bund auch erfüllt sein, sofern Einnahmen aus Krediten i.H.v. 0,35 % des BIPs

---

685 Vgl. Wissenschaftlicher Beirat beim BMF (2005).

686 Vgl. SVR (2007).

687 Vgl. Konjunkturforschungsstelle (2007).

688 Vgl. Wissenschaftlicher Beirat des BMWi (2008).

689 Vgl. SPD-Bundestagsfraktion (2008); CDU/CSU-Bundestagsfraktion (2008); FDP-Bundestagsfraktion (2008); Bündnis `90/Die Grünen (2007); *Deubel* (2008); *Fromme* (2007), S. 263 ff.

690 Vgl. Föderalismuskommission II (2009).

vorliegen (strukturelle Komponente). Für die Länder gilt diese Grenze jedoch nach Art. 109 Abs. 3 S. 5 GG n.F. nicht, für sie ist Art. 109 Abs. 1 GG n.F. tatsächlich nur erfüllt, sofern keine Einnahmen aus Krediten vorliegen.[691]

Ein neu einzuführender Art. 109a GG regelt die Errichtung eines Gremiums zur Überwachung der Haushaltslage und Haushaltsdisziplin bei Bund und Ländern (Stabilitätsrat). Die konkrete Gestaltung sowie Voraussetzungen zur Vorlage einer Haushaltsnotlage und Aufstellung und Durchführung von Sanierungsmaßnahmen im Falle einer solchen regelt Bundesgesetz. Das Ausführungsgesetz zu Art. 109a GG n.F. nimmt sich dieser Aufgabe an und klärt Zweck, Zusammensetzung und Kompetenzen des Stabilitätsrates.

Art. 115 Abs. 1 S. 1 GG a.F. bleibt im Vorschlag der Föderalismuskommission II in seiner bisherigen Form bestehen, der Rest des Art. 115 Abs. 1 GG a.F. wird gestrichen. Stattdessen wird ein neuer Art. 115 Abs. 2 GG n.F. eingeführt, der noch einmal bekräftigt, dass Einnahmen und Ausgaben ohne Einnahmen aus Krediten auszugleichen sind. Nach Art. 115 Abs. 2 S. 2 GG n.F. ist dieser Grundsatz auch erfüllt, sofern die Einnahmen aus Krediten den Wert von 0,35 % des BIPs nicht überschreiten. Art. 115 Abs. 3 S. 3 GG n.F. erlaubt darüber hinaus eine im Zeitverlauf neutrale, symmetrische konjunkturelle Verschuldung. Überschreiten die Einnahmen aus Krediten die nach Art. 115 Abs. 2 S. 1-3 GG n.F. zulässige Grenze, so werden die entsprechenden zusätzlichen Krediteinnahmen nach Art. 115 Abs. 2 S. 4 GG n.F. auf einem Kontrollkonto erfasst und sind in konjunkturell günstigen Zeiten zurückzuführen. Nach Art. 115 Abs. 2 S. 5 GG n.F. sind bei der Berechnung der Einnahmen und Ausgaben diverse Bereinigungen um finanzielle Transaktionen einzelgesetzlich zu regeln; zusätzlich ist die konkrete Ausgestaltung der konjunkturellen Komponenten einzelgesetzlich zu regeln. Art. 115 Abs. 2 S. 6 GG n.F. gibt Vorgaben an das Vorliegen von Not- und Ausnahmesituationen, die eine zusätzliche Kreditaufnahme erlauben sollen. Schließlich gibt Art. 115 Abs. 2 S. 7 GG n.F. Vorgaben für die Tilgung der durch die situative Komponente zugelassenen zusätzlichen Verschuldung. Der bisherige Art. 115 Abs. 2 GG a.F. entfällt.

Das Ausführungsgesetz zu Art. 115 Grundgesetz bestimmt einige weitere Details. An dieser Stelle soll nur auf drei Punkte näher eingegangen werden. § 3 AG zu Art. 115 GG behandelt die Bereinigung der Einnahmen und Ausgaben i.S.d. Art. 115 Abs. 2 S. 1 GG n.F. Demnach sind von den Ausgaben solche für den Erwerb von Beteiligungen, für Tilgungen an den öffentlichen Bereich und für Darlehensvergaben abzuziehen; gleichsam sind die Einnahmen um solche

[691] Gegen ein strukturelles Verschuldungsverbot für die Länder formiert sich allerdings schon Widerstand; vgl. Spiegel Online vom 26.05.2009.

aus der Veräußerung von Beteiligungen, aus der Kreditaufnahme beim öffentlichen Bereich sowie aus Rückflüssen von Darlehen zu reduzieren. Nach § 7 AG zu Art. 115 GG soll das Kontrollkonto im Soll den Wert von 1,5 % des BIPs nicht unterschreiten. Sobald das Soll die Marke von 1 % des BIPs überschreitet, verringert sich die strukturelle Kreditermächtigung des Bundes von 0,35 % des BIPs um diesen Wert auf maximal 0 %. Dies gilt allerdings nur in Jahren, in denen sich die Outputlücke positiv verändert. Die Kreditaufnahmen im Falle von Ausnahme- und Notfallsituationen werden indes nicht auf dem Kontrollkonto verbucht. Schließlich enthält § 8 AG zu Art. 115 GG noch Regelungen für den Fall notwendig werdender Nachtragshaushalte. In einem Nachtragshaushalt dürfen *zusätzlich* maximal Kredite i.H.v. 3 % der veranschlagten Steuereinnahmen aufgenommen werden. Auch diese zusätzlichen Einnahmen aus Krediten werden auf dem Kontrollkonto registriert und vermerkt.

Nach dem neu einzuführenden Art. 143d Abs. 1 GG behalten die Art. 109 u. Art. 115 GG a.F. ihre letztmalige Gültigkeit im Haushaltsjahr 2010, die Art. 109 u. Art. 115 GG n.F. sind ab dem Haushaltsjahr 2011 anzuwenden. Allerdings wird den Ländern durch Art. 143d Abs. 1 S. 2 GG eine Übergangsphase bis zum 31.12.2019 eingeräumt, währenddessen dürfen die Länder von den Vorgaben des Art. 109 Abs. 3 GG n.F. abweichen, es gelten dann ausschließlich die bestehenden alten Regelungen; spätestens ab dem Jahr 2020 müssen aber die Vorgaben aus Art. 109 Abs. 3 S. 5 GG n.F. erfüllt sein, also die Haushalte in Normallage ohne Einnahmen aus Krediten ausgeglichen sein. Dem Bund wird nach Art. 143d S. 4 GG vom 01.01.2011 bis zum 31.12.2015 eine Übergangsfrist eingeräumt, währenddessen er von den Vorgaben des Art. 115 Abs. 2 S. 2 GG n.F. abweichen kann. Während dieser Übergangsfrist soll das Defizit abgebaut werden, so dass ab 2016 die Vorgaben erfüllt werden können, Art. 143d S. 5 GG n.F.

Das erklärte Ziel der neuen Schuldenbremse ist es, die Prinzipien der Nachhaltigkeit und der Generationengerechtigkeit in der Finanz- und Wirtschaftspolitik stärker hervorzuheben.[692] Die Schuldenregel soll für Bund und Länder gleichermaßen gelten. Der Haushaltsautonomie der Länder wird durch Spielraum bei der konkreten Ausgestaltung verschiedener Einzelheiten Rechnung getragen.[693] Im Gegensatz zu den bisherigen Art. 109 u. Art. 115 GG orientiert sich das neue Regelwerk an den Mechanismen zur Eingrenzung der Verschuldung des europäischen SWPs. Zwar ist die zentrale Größe nach wie vor die Einnahme aus Krediten und damit die Nettokreditaufnahme, während der SWP das Finanzierungsdefizit in den Mittelpunkt stellt. Gleichsam rücken Nettokreditauf-

---

692 Vgl. Föderalismuskommission II (2009), S. 2.
693 Vgl. Föderalismuskommission II (2009), S. 5.

nahme und Finanzierungsdefizit durch die analog zum ESVG erfolgende Bereinigung der Einnahmen und Ausgaben um finanzielle Transaktionen näher zusammen. Der angestrebte Ausgleich von Einnahmen und Ausgaben ohne Nettokreditaufnahme kann daher durchaus als kongruent mit dem Ziel des mittelfristigen Ausgleichs von Einnahmen und Ausgaben im SWP bezeichnet werden.[694]

Die wesentlichen Neuerungen der Schuldenbremse gegenüber den bisherigen Regelungen sind also einmal die Abschaffung des Kredit-Investitions-Junktims des Art. 115 GG. Zukünftig soll es nicht mehr möglich sein, Ausgaben, die zum Erhalt, zur Verbesserung oder Mehrung des öffentlichen Vermögens dienen, durch Einnahmen aus Krediten zu finanzieren. Die wesentliche Begründung hierfür von Seiten der Föderalismuskommission lautet, dass die Abgrenzung des haushaltsrechtlichen Investitionsbegriffes Probleme bereitet und seit langem in der Kritik steht. Die Kopplung der Nettokreditaufnahme an den „unzulänglichen haushaltsrechtlichen Investitionsbegriff“[695] wurde also beseitigt, wodurch der Gestaltungsspielraum und die Flexibilität des Gesetzgebers für Maßnahmen, die künftigen Generationen zu Gute kommt, gesteigert werden soll.[696] Die Diskussion um den haushaltsrechtlichen Investitionsbegriff wird also beigelegt, indem das Kredit-Investitions-Junktim abgeschafft wird. Gleichsam wird betont, dass die neue Regelung dazu dienen solle, die Flexibilität des Haushaltsgesetzgebers für solche Maßnahmen zu erweitern, die der dauerhaften Stärkung von Wachstum und nachhaltiger Entwicklung dienen und auch zukünftigen Generationen zu Gute kommen.[697] Solche Maßnahmen sind aber gerade Investitionsmaßnahmen. Wie die neue Schuldenregel gerade dies bei Abschaffung des Kredit-Investitions-Junktims leisten soll, muss hinterfragt werden.

Weiterhin wurde die ursprüngliche Möglichkeit zur Verschuldung aufgrund konjunktureller Gegebenheiten wesentlich verändert. Ist eine erweiterte Kreditaufnahme bisher bei Störung des gesamtwirtschaftlichen Gleichgewichts prinzipiell ohne Beschränkung möglich, so ergibt sich zukünftig der Raum zur Krediteinnahme aufgrund der konjunkturellen Entwicklung mathematisch-formal anhand statistischer Daten. Daher entfällt zum einen die Notwendigkeit der Darlegung einer Störung des gesamtwirtschaftlichen Gleichgewichts, zum anderen wird auch bei gestatteter zusätzlicher Kreditaufnahmemöglichkeit aufgrund konjunktureller Einflüsse eine Obergrenze definiert.

---

[694] So Föderalismuskommission II (2009), S. 12.

[695] Föderalismuskommission II (2009), S. 41.

[696] So Föderalismuskommission II (2009), S. 41. Dies gilt aber nur auf Ebene des Bundes, da auf Ebene der Länder eine strukturelle Nettokreditaufnahme unzulässig ist.

[697] Vgl. Föderalismuskommission (2009), S. 41.

Allerdings ist festzustellen, dass drohende oder tatsächliche schwere konjunkturelle Einbrüche offenbar auch als Notsituation gewertet werden können, die eine erweiterte Kreditaufnahme - unabhängig der konjunkturellen Komponenten - gestatten. So wird die derzeitige Finanzkrise als exogener Schock extremen Ausmaßes und damit als Beispiel für eine außergewöhnliche Notsituation genannt.[698] In einer solchen besteht jedoch prinzipiell keine Obergrenze der zulässigen Nettokreditaufnahme mehr. Vermutlich wären auch die Ölkrisen in der zweiten Hälfte des vergangenen Jahrhunderts als solche Notsituationen zu werten gewesen, auf jeden Fall aber die Wiedervereinigung, womit in allen bisherigen schweren Rezessionen der Bundesrepublik die Obergrenze der konjunkturell gestatteten Nettokreditaufnahme beseitigt worden wäre.

Neben der bisher bestehenden generellen verfassungsrechtlichen Obergrenze des staatlichen Schuldenstandes nach Art. 109 GG, die sich aus dem Erfordernis ergibt, dem gesamtwirtschaftlichen Gleichgewicht Rechnung zu tragen, wird durch die Aufnahme der Verpflichtung der Erfüllung der Vorgaben des SWPs künftig die dort genannte Obergrenze des öffentlichen Schuldenstandes auch im Grundgesetz explizit verankert.

Art. 109 GG n.F. bezieht sich auf die Einnahmen und Ausgaben der Haushalte des Bundes und der Länder. Somit bleibt deutlich die kameralistische Prägung des Haushaltsrechts erhalten, es ist nicht etwa die Rede von Erträgen und Aufwendungen, die auszugleichen wären. Forderungen und Verbindlichkeiten sind also nach wie vor nicht bei der Haushaltsführung betrachtet, lediglich kassenwirksame Transaktionen werden berücksichtigt. Geblieben sind verbunden damit gleichzeitig die Einnahmen aus Krediten als zentrale Größe der Verschuldungsbegrenzung des Art. 115 GG n.F. und somit auch der haushaltsrechtliche Kreditbegriff. Da die Einnahme aus Krediten auf den kassenwirksamen Zufluss liquider Mittel zur Deckung von Haushaltsausgaben abzielt, bleibt auch die kameralistische Prägung des Verschuldungsrechts deutlich erhalten.

Da der Kreditbegriff des Haushaltsrechts offensichtlich erhalten bleibt, ist auch die Annäherung der Verschuldungsregel an die Vorgaben des SWPs zu relativieren. Richtig ist, dass die Nettokreditaufnahme durch die Bereinigung der Einnahmen und Ausgaben näher an den Finanzierungssaldo und damit an das zulässige Defizit nach Maastricht heranrückt. Deckungsgleichheit besteht aber nach wie vor nicht, da nach dem ESVG auch die Forderungen und Verbindlichkeiten des Staates zu berücksichtigen sind, während diese bei den Einnahmen und Ausgaben des Staates nach Art. 109 GG n.F. nicht enthalten sind. Darüber hinaus ist das zweite der Maastricht-Kriterien, der maximale öffentliche

[698] Vgl. Föderalismuskommission II (2009), S. 9.

Schuldenstand von 60 % des BIPs, nach wie vor nicht mit dem einnahmebezogenen Kreditbegriff des Haushaltsrechtes kongruent, da dieser im Gegensatz zu der Berechnung nach ESVG keinerlei Art von Verwaltungsschuld einbezieht. Der Kreditbegriff des EVSGs und des Haushaltsrechts unterscheiden sich nach wie vor also deutlich.

Zudem ist keine echte Sanktionsregel erkennbar. Zwar wird als „Gedächtnis" der Überschreitung der gestatteten Nettokreditaufnahme das Kontrollkonto eingeführt, welches den Verstoß registriert und speichert. Gleichsam soll bei einer Überschreitung gewisser Schranken des Kontos ein Plan zur Verringerung des darauf gebuchten Solls erstellt werden. Ebenso sind für die zusätzlichen Ausnahmenettokreditaufnahmemöglichkeiten parallel Tilgungspläne zu erstellen. Offen bleibt jedoch, was passiert, falls der negative Saldo des Ausgleichskontos nicht verringert oder ein Tilgungsplan nicht eingehalten wird.

Ferner muss auch die für den Bund eingeräumte Übergangsfrist betrachtet werden. Die dort getroffene Formulierung, dass der Bund vom Jahr 2011 bis zum Jahr 2015 von den Vorgaben des Art. 115 Abs. 2 S. 2 GG n.F. abweichen kann, lässt vermuten, dass in diesem Zeitraum überhaupt keine Beschränkung der Höhe der Einnahmen aus Krediten besteht. Denn die Übergangsfrist der Länder ist dagegen derart gestaltet, dass sie bis zur Anwendung und Erfüllung der neuen Schuldenbremse auf die bisherigen Beschränkungen zurückgreifen müssen. Für den Bund lässt sich aber keine derartige Formulierung ausfindig machen. Eine Aufhebung jeglicher Restriktionen der Krediteinnahmen des Bundes über mehrere Jahre muss daher als kritisch erachtet werden.

5. Die Veranschlagung der PPP-Modelle in kameralistischer und doppischer Haushaltsführung

Um der Frage nachzugehen, ob die Verbindlichkeiten resultierend aus PPPs in den öffentlichen Haushalten nur unzureichend abgebildet werden, wird im Folgenden ihre Veranschlagung in der Haushaltsführung dargestellt. Insbesondere auch hinsichtlich des Vorwurfs der verdeckten Verschuldung ist die Darstellung der PPP-Verträge in den Haushalten von Interesse, da anhand dessen eine Aussage darüber getroffen werden kann, wie transparent die einzelnen Geschäftsmodelle der PPPs in der Haushaltsführung und damit für die Öffentlichkeit sind.

Wie in Kapitel 4 dargestellt, sind für die derzeitige nationale Verschuldungsregel in Deutschland nach Art. 115 GG die Investitionsausgaben für die Höhe der gestatteten Nettokreditaufnahme maßgeblich. Um daher die Auswirkungen der PPP-Modelle auf die (zulässige) Staatsverschuldung zu beurteilen, sind sie vor allem bezüglich ihrer Investitionswirksamkeit zu untersuchen. Für jede Art der Vertragsgestaltung von Immobilien-Projekten im Rahmen einer PPP - also bspw. Kauf, Mietkauf, Leasing, Miete - sind also die von der öffentlichen Hand zu zahlenden Entgelte hinsichtlich ihrer investiven und konsumtiven Komponenten zu trennen. Zwar enthalten alle PPP-Verträge Werk- und Dienstleistungsverträge, konkret kommt es jedoch auf die jeweils individuelle Vertragsgestaltung an.[699] Eine Differenzierung der Entgeltbestandteile kann im Einzelfall durchaus mit erheblichen Problemen verbunden sein.

Im Folgenden werden daher die vorgestellten unterschiedlichen Modelle zur Realisierung einer PPP im öffentlichen Hochbau hinsichtlich ihrer Veranschlagung in den öffentlichen Haushalten betrachtet. Es erfolgt eine differenzierte Betrachtung nach kameralistischer und doppischer Haushaltsführung, wobei eine öffentliche doppische Haushaltsführung auf Grundlage des HGB unterstellt wird.[700] Auf eine gesonderte Untersuchung hinsichtlich der Veranschlagung innerhalb der erweiterten Kameralistik wird vor dem Hintergrund verzichtet, dass sich die Veranschlagung sowie die Auswirkung auf die Vermögensrechnung anhand der Ergebnisse der Kameralistik und Doppik ableiten lassen. Betrachtet wird weiterhin die Veranschlagung der PPP-Modelle in den Haushalten von Bund und Ländern. Auch wenn keine differenzierte Betrachtung für die Haushalte der Kommunen erfolgt, so ist auch hier davon auszugehen, dass sich die Argumentation und Betrachtung und somit die Logik und Ergebnisse - insbesondere im Bereich der doppischen Haushaltsführung - auf die kommunalen Haushalte übertragen lassen.

---

699 Vgl. *Horn/Peters* (2005), S. 2421.

700 Vgl. zur Begründung hierfür Abschnitt 3.4.

Für die Darstellung des Vermögens nach HGB sind nicht zivilrechtliche, sondern wirtschaftliche Eigentumsverhältnisse maßgeblich.[701] Die bilanzielle Zuordnung eines Vermögensgegenstandes richtet sich rein nach den wirtschaftlichen, nicht nach den zivilrechtlichen Verhältnissen: Wirtschaftliches Eigentum ist das entscheidende, nicht das ergänzende Kriterium.[702] Um im Bereich der öffentlichen Doppik nach HGB also Aussagen über die bilanziellen Konsequenzen der unterschiedlichen PPP-Modelle treffen zu können, sind Aussagen bezüglich des wirtschaftlichen Eigentums zwingend notwendig. Daher folgt zunächst eine Übersicht über den Begriff des wirtschaftlichen Eigentums und die damit verbundenen Zuordnungsfragen.

5.1 Wirtschaftliches Eigentum

Nach § 242 Abs. 1 HGB ist der Kaufmann verpflichtet, *sein* Vermögen und *seine* Schulden in den Jahresabschluss aufzunehmen. Zusätzlich hat er nach § 238 Abs. 1 HGB über *sein* Vermögen Buch zu führen und nach § 240 Abs. 1 HGB *sein* Vermögen und *seine* Schulden zu inventarisieren. Daher ist zunächst zu klären, was das Vermögen des Kaufmanns und seine Schulden umfasst, was er also in seiner Bilanz auszuweisen hat.

Ausgangspunkt der Frage nach dem Umfang des Vermögens und somit der bilanziellen Behandlung stellt grundsätzlich die zivilrechtliche Einordnung des Rechtsverhältnisses über den betreffenden Vermögensgegenstand dar.[703] Es existiert die Grundvermutung, dass ein Wirtschaftsgut bilanziell dem zivilrechtlichen Eigentümer zuzuordnen ist.[704] Den ersten Anhaltspunkt bildet daher die zivilrechtliche Eigentümerstellung i.S.d. § 903 BGB: Demnach ist zivilrechtlicher Eigentümer, wer mit der Sache nach Belieben verfahren und andere von jeder Einwirkung ausschließen kann. Für die rechtliche Schuldnerschaft ist auf §§ 241 ff. BGB abzustellen.[705]

Allerdings ist Teil der Grundsätze ordnungsgemäßer Buchführung (GoB, § 243 HGB), dass die bilanzielle Zuordnung des Wirtschaftsguts nicht ausschließlich anhand des zivilrechtlichen Eigentums erfolgt, sondern vielmehr wirtschaftliche Verfügungskriterien ausschlaggebend sind:[706] So zählen zum Vermögen des Kaufmanns im Sinne des § 256 HGB auch Vermögensgegenstände, an denen er

701 Im Rahmen dieser Arbeit erfolgt eine Betrachtung der doppischen öffentlichen Haushaltsführung auf Basis des HGB; vgl. dazu Abschnitt 3.4.
702 Vgl. *Moxter* (2007), S. 36.
703 Vgl. *Plathe* (1970), S. 602.
704 Vgl. *Sabel* (2006), S. 9 m.w.N.
705 Vgl. *Federmann* (2000), S. 209.
706 Vgl. *Federmann* (2000), S. 209.

kein zivilrechtliches Eigentum trägt, allerdings nach den tatsächlichen Verhältnissen eine Stellung einnimmt, die die Vermögensgegenstände aus *wirtschaftlicher* Sicht als Bestandteil seines Vermögens qualifizieren.[707] Demnach ist ein Bilanzobjekt demjenigen zuzuordnen, der aus wirtschaftlicher Perspektive „wie ein Eigentümer" bzw. „wie ein Schuldner" dasteht.[708] Der den zivilrechtlichen Eigentümer Verdrängende wird als wirtschaftlicher Eigentümer bezeichnet.[709]

Laut Schrifttum liegt eine solche Stellung als wirtschaftlicher Eigentümer vor, wenn der Betroffene die tatsächliche Herrschaft über den Vermögensgegenstand auf Dauer derart ausüben kann, dass er wirtschaftlich über Substanz und Ertrag verfügen kann,[710] d.h. über Risiken und Chancen hinsichtlich Ertrag und Substanz verfügt.[711] Insbesondere reicht nicht die alleinige tatsächliche Sachherrschaft, vielmehr kommt es auf die richtige Erfolgsabgrenzung an.[712] An anderer Stelle wird festgestellt, dass wirtschaftlicher Eigentümer nach den handelsrechtlichen Vorgaben ist, wem dauerhaft Besitz, Gefahr, Nutzungen und Lasten eines Vermögensgegenstandes zustehen.[713]

Da der wirtschaftliche und der zivilrechtliche Eigentümer nicht identisch sein müssen, widerspricht eine solche Differenzierung eigentlich dem im HGB geprägten Gläubigerschutz. So weist der wirtschaftliche Eigentümer einen Vermögensgegenstand in seiner Bilanz aus, der bei einer Zerschlagung des bilanzierenden Unternehmens mangels zivilrechtlichen Eigentums nicht zu verwerten ist. Eine Vereinbarkeit der Konzeption des wirtschaftlichen Eigentümers mit dem HGB wird jedoch aufgrund des Fortführungsprinzips dennoch nicht in Frage gestellt.[714]

Zur Beantwortung der Frage, wer der wirtschaftliche Eigentümer eines Wirtschaftsguts ist, muss neben der Beurteilung der Rechtsbeziehung nach HGB auch eine Beurteilung nach den dafür maßgeblichen steuerlichen Kriterien erfolgen. Die steuerliche Abgrenzung des wirtschaftlichen Eigentums findet sich in der Abgabenordnung (AO) wieder. Hiernach ist grundsätzlich der zivilrechtliche Eigentümer der wirtschaftliche Eigentümer,[715] sofern nicht ein anderer als der zivilrechtliche Eigentümer die tatsächliche Herrschaft über einen Vermögensgegenstand in der Weise ausübt, „dass er den [zivilrechtlichen] Eigentümer im

707 Vgl. BFH, BStBl. II 1992, S. 182 m.w.N.
708 Vgl. *Federmann* (2000), S. 209.
709 Vgl. *Moxter* (2007), S. 36.
710 Vgl. *Federmann* (2000), S. 209 f.
711 Vgl. statt vieler *Moxter* (2003), S. 64.
712 Vgl. *Moxter* (2007), S. 36 mit Verweis auf BFH, BStBl. 1970, 264.
713 Vgl. *Reuter* (2000), S. 662.
714 Vgl. statt vieler *Moxter* (2003), S. 65.
715 § 39 Abs. 1 AO.

Regelfall für die gewöhnliche Nutzungsdauer von der Einwirkung auf das Wirtschaftsgut wirtschaftlich ausschließen kann"[716]. Die Formulierung orientiert sich somit am Leasing-Urteil des BFH.[717] Diese Regelung erscheint insofern sinnvoll, als das (zivilrechtliche) Eigentum ja gerade die unbeschränkte wirtschaftliche Verfügungsmacht ermöglichen soll, diese aber unter diesen Umständen nicht gegeben ist.[718] Insbesondere ist die Voraussetzung des § 39 Abs. 2 AO erfüllt, wenn der Herausgabeanspruch des zivilrechtlichen Eigentümers keine wirtschaftliche Bedeutung mehr hat oder ein Herausgabeanspruch überhaupt nicht besteht.[719] Wirtschaftlich gesehen ist dann der Herrschaftsausübende i.S.d. § 39 Abs. 2 AO Eigentümer und hat den Vermögensgegenstand in seine Bilanz aufzunehmen. Allerdings scheint zur Beurteilung, ob die Voraussetzungen des § 39 AO erfüllt sind, eine Prüfung der Verhältnisse im Einzelfall notwendig.[720] Als Beispiele für das wirtschaftliche Eigentum werden in § 39 Abs. 2 AO Treuhandverhältnisse, Sicherungsübereignungen und Eigenbesitz genannt.[721]

Die bilanzrechtliche Zuordnung nach dem wirtschaftlichen Eigentum geht also über die nach § 39 Abs. 2 AO hinaus, indem zum Zwecke einer richtigen Erfolgsabgrenzung eine Aktivierung auch geboten ist, wenn der wirtschaftliche Eigentümer die Sachherrschaft nicht über die gesamte gewöhnliche Nutzungsdauer ausübt: So könne sich die Nutzungsdauer auf den Zeitraum verkürzen, „für den dem Steuerpflichtigen die Benutzung aufgrund eines dinglichen oder persönlichen Rechts zusteht"[722].[723]

Die Zuordnung des wirtschaftlichen Eigentums nach handels- und steuerrechtlichen Grundsätzen steht aber nicht in Konkurrenz zueinander; sie führt vielmehr zu gleicher Zuordnung, da § 39 Abs. 2 AO auf den handelsrechtlichen Grundsätzen aufbaut. *Federmann* vertritt zudem die Auffassung, es gelte für die steuerrechtliche Zuordnungsregel nach § 39 Abs. 2 AO der Maßgeblichkeitsgrundsatz als lex specialis.[724] Dagegen vertritt *Brockmeyer* unter Verweis auf den BFH die Auffassung, sofern § 39 AO einschlägig sei, verdränge er andere - bspw. zivilrechtliche - Vorschriften, welche eine Zurechnung des Vermögens-

716 § 39 Abs. 2 AO.
717 BFH, BStBl. II 1970, S. 264.
718 Vgl. *Moxter* (2007), S. 35.
719 Vgl. *Brockmeyer* (2006), § 39 AO, Rn. 10 mit Verweis auf die ständige Rechtsprechung, u.a. BFH BStBl. 1971, S. 133; BStBl. 1998, S. 97; BStBl. 2002, S. 278; BFH/NV 2004, S. 306, 1725; 2005, S. 1005.
720 Vgl. *Brockmeyer* (2006), § 39 AO, Rn. 10 mit Verweis auf BFH, BStBl. 1992, S. 812; BStBl. 2000, S. 527; BFH/NV 1996, S. 101; 2001, S. 1041.
721 Vgl. dazu auch *Arndt/Jenzen* (2005), S. 35.
722 RFH, StuW II 1927, S. 803.
723 Vgl. *Moxter* (2007), S. 37.
724 Vgl. *Federmann* (2000), S. 210.

gegenstands zu einem anderen vorsieht.[725] Im Gegensatz zu *Federmann* entspräche dies einer umgekehrten Maßgeblichkeit.

Schließlich ist festzuhalten, dass es im Einzelfall mangels einer Legaldefinition des wirtschaftlichen Eigentums und seiner Herleitung aus Rechtsprechung, Literatur und den GoB durchaus zu Problemen - und auch Interpretationsspielraum - bei der Zuordnung des wirtschaftlichen Eigentums kommen kann.[726]

5.2 Die Veranschlagung der PPP-Modelle in Kameralistik und Doppik

5.2.1 Erwerbermodell

Wie unter Abschnitt 2.5.2.1 dargestellt, übernimmt im Rahmen des PPP-Erwerbermodells ein privates Unternehmen Planung und Bau eines Gebäudes auf einem in seinem Eigentum befindlichen Grundstück, alternativ Planung und Sanierung eines in seinem Eigentum befindlichen Gebäudes. Zusätzlich betreibt der Private das Gebäude für die öffentliche Hand über die sich anschließende vertragliche Nutzungsdauer. Die Finanzierung des Projektes liegt dabei in seiner Hand. Am Ende der meist 30-jährigen Vertragslaufzeit ist vorab ein zivilrechtlicher Eigentumsübergang vom Privaten auf den öffentlichen Auftraggeber vorgesehen.

Die öffentliche Hand leistet über die Vertragslaufzeit ein regelmäßiges monatliches Entgelt, welches dem privaten Auftragnehmer zur Deckung all seiner Kosten und zur Erwirtschaftung einer für ihn angemessenen Verzinsung seines eingesetzten Eigenkapitals dient. Das Entgelt besteht aus einem Anteil zur Deckung der laufenden Ausgaben durch Unterhalt und Betrieb des Gebäudes, aus einem Anteil zur Tilgung der geleisteten Investitionskosten der Planungs- und Bauleistung des Privaten - welche dieser i.d.R. kreditfinanziert - und daher aus einem weiteren Anteil zur Deckung der Finanzierungskosten. Der Anteil zur Deckung der Investitionskosten entspricht dabei dem Anteil am Entgelt, den die öffentliche Hand zum Erwerb des Eigentums am Gebäude über die Vertragslaufzeit leistet.

5.2.1.1 Kameralistisch

Im kameralistischen Haushalt sind die Entgeltbestandteile je nach ihrer Verwendung differenziert zu veranschlagen.[727] Unzweifelhaft stellen die Anteile zur

[725] Vgl. *Brockmeyer* (2006), § 39 AO, Rn. 1 mit Verweis auf BFH, BStBl. 1992, S. 199.
[726] Vgl. *Reuter* (2000), S. 662 bzw. Fn. 23.
[727] Bei den folgenden Betrachtungen wird nicht auf die Problematik des Zeitpunkts der Veranschlagung der Kosten für PPP-Modelle im Haushalt vor Ausschreibung des Projekts

Deckung der Kosten aus dem laufenden Betrieb des Gebäudes konsumtive Ausgaben der öffentlichen Hand dar. Sie sind daher in Hauptgruppe 5 „Sächliche Verwaltungsausgaben“[728] des Gruppierungsplans zu veranschlagen. Um eine weitere Differenzierung zu vermeiden und so die Notwendigkeit der Verbuchung innerhalb verschiedener Gruppen zu verhindern, schlägt der Bund/Länder-Arbeitsausschuss „Haushaltsrecht und Haushaltssystematik“ die Neuanlage einer Gruppe mit der Nr. 520 und der Bezeichnung „Nicht aufteilbare sächliche Verwaltungsausgaben bei ÖPP-Projekten“ vor.[729]

Neben den Entgelten für Nutzung und Betrieb existieren Entgeltanteile zur Tilgung der Investitionskosten und Deckung der Finanzierungskosten des Privaten. Diese entsprechen, wie unter Abschnitt 2.5.2.1 dargestellt, den Kaufraten eines Ratenkaufs. Der Bund/Länder-Arbeitsausschuss weist auf die Analogie der Entgeltbestandteile zu den Raten eines Mietkaufs hin.[730] Für Raten- und Mietkäufe sehen die Haushaltstechnischen Richtlinien des Bundes (HRB) vor, dass diese investiv zu veranschlagen sind, sofern die Summe der Kaufpreis- bzw. Mietkaufraten und des Restkaufpreises den Wert von EUR 5.000 übersteigt.[731] Da für PPP-Projekte im öffentlichen Hochbau diese Wertgrenze irrelevant erscheint, stellen die Ausgaben für die öffentliche Hand als Auftraggeber und Erwerber des Gebäudes somit investive Ausgaben dar.[732] Daher sind sie im Haushalt unter Hauptgruppe 8 „Sonstige Ausgaben für Investitionen und Investitionsförderungsmaßnahmen“ zu veranschlagen; die entsprechende Gruppe trägt Nr. 823, die bestehende Bezeichnung sollte zugunsten von „Erwerbsanteile im Rahmen von ÖPP-Projekten sowie Erwerb privat vorfinanzierter unbeweglicher Sachen“ modifiziert werden.[733]

Die konkrete Formulierung in Nr. 10.1 HRB lässt darauf schließen, dass die dort genannten Raten des Ratenkaufs sowohl Anteile zur Begleichung der Anschaf-

---

und der daraus resultierenden Problematik der zu treffenden Kostenschätzungen eingegangen; vgl. dazu BLA (2007), S. 27 ff.

728 Vgl. dazu und zur vollständigen Bezeichnung Abschnitt 3.2.1.

729 Vgl. BLA (2007), S. 35.

730 Vgl. BLA (2007), S. 35 mit Hinweis auf BLA (1996).

731 Vgl. Nr. 10.1 HRB.

732 Eine davon abweichende Einschätzung kann sich ergeben, sofern mit dem PPP-Projekt Baumaßnahmen realisiert werden, die militärische Anlagen betreffen. Zwar sind bei den Ausgaben für den Erwerb unbeweglicher Sachen militärische Anlagen nach § 10 Abs. 3 Nr. 2 lit. c) HGrG nicht ausgeschlossen, allerdings ist nach der Rechtsprechung des Bundesverfassungsgerichts davon auszugehen, dass sie nicht umfasst sind; vgl. BVerfGE 79, S. 325.

733 Vgl. BLA (2007), S. 35. Stellt der Vermögensgegenstand eine bewegliche Sache dar, empfiehlt der Bund-Länder-Arbeitsausschuss die Neuanlage einer Gruppe unter der Obergruppe 81, der Gruppe Nr. 813 „Erwerbsanteile im Rahmen von ÖPP-Projekten bei beweglichen Sachen“.

fungs- und Herstellungskosten als auch zur Deckung der Finanzierungskosten des Privaten umfassen. Dies entspricht der gängigen Praxis, nach der die Raten sowohl Tilgungs-, als auch Finanzierungskosten des Verkäufers abdecken, somit einer Annuität entsprechen und daher über die Vertragslaufzeit der Höhe nach unverändert bleiben. Da bei einer PPP i.d.R. ein konstantes Entgelt vereinbart ist, ändert sich die Zusammensetzung der Raten im Zeitablauf bedingt durch die unterschiedliche Höhe von Tilgungs- und Finanzierungsausgaben über die Vertragslaufzeit hinweg. Eine typische Aufteilung der konstanten Raten in Zins- und Tilgungsanteile bei einer Laufzeit von 30 Jahren zeigt Abbildung 5-1.

Nach dem Wortlaut der HRB Nr. 12.2 sind die Raten komplett investiv zu veranschlagen. Dies würde allerdings bedeuten, dass auch die Finanzierungskosten als Investitionsausgaben gewertet werden würden. Einer solchen Vorgehensweise widerspricht der Rheinland-Pfälzische Verfassungsgerichtshof zu Recht und begründet dies damit, dass eine Einbeziehung der Finanzierungsausgaben in Investitionsausgaben die Summe der veranschlagten Investitionen im Haushalt systemwidrig erhöht.[734]

Dennoch scheint diese Vorgehensweise in der Praxis regelmäßig angewandt zu werden.[735] Sie ist allerdings abzulehnen. Vielmehr sind die jährlichen Raten in Tilgungs- und Zinsanteile aufzuspalten. Investiv zu veranschlagen sind ausschließlich die Anteile zur Begleichung der Anschaffungs- und Herstellungskosten. Die Entgeltbestandteile zur Deckung der Finanzierungskosten des privaten Auftragnehmers sind indes konsumtiv, nicht investiv zu veranschlagen und somit ebenso in Hauptgruppe 5 zu verbuchen.[736] Auch ihre Höhe ändert sich analog zu den Tilgungsausgaben im Zeitverlauf, dargestellt in Abbildung 5-1. Falls die Höhe des Zinssatzes aus den Vertragsunterlagen nicht hervorgeht, kann dies indes nicht als Argument dafür geltend gemacht werden, dass die Aufspaltung der Raten in Tilgungs- und Zinsausgaben nicht vorzunehmen sei.[737]

Gemäß § 11 Abs. 2 Nr. 3 BHO hat der Haushaltsplan auch die zu erwartenden benötigten Verpflichtungsermächtigungen abzubilden. Sie sind erforderlich für Maßnahmen, welche zu Ausgaben in zukünftigen Haushaltsperioden verpflichten können. Nicht notwendig sind Verpflichtungsermächtigungen für laufende Geschäfte sowie für Verpflichtungen zu Lasten übertragbarer Aufgaben, die in

---

[734] Vgl. RhPfVerfGH, NVwZ-RR 1998, S. 148.
[735] Vgl. BMVBW (2003b), S. 175.
[736] Vgl. RhPfVerfGH, NVwZ-RR 1998, S. 149.
[737] Zur detaillierten Vorgehensweise der Aufteilung der Verbindlichkeit bei unbekanntem Zinssatz vgl. die Ausführungen im Bereich der doppischen Haushaltsführung im folgenden Abschnitt 5.2.1.2.

den folgenden Haushaltsjahren zu Ausgaben führen.[738] Laufende Geschäfte stellen vor allem solche dar, die bei der Verwaltung Ausgaben der Hauptgruppen 4 und 5 bedeuten.[739] Dies ist bei den Entgeltanteilen des Erwerbermodells zum Kauf der Immobilie nicht der Fall. Verpflichtungsermächtigungen sind daher zwingend erforderlich.[740] Aufgrund der langfristigen Verträge mit oft erheblichem finanziellen Umfang sind darüber hinaus auch Verpflichtungsermächtigungen für die restlichen, konsumtiv zu veranschlagenden Entgeltbestandteile des Erwerbermodells notwendig.[741]

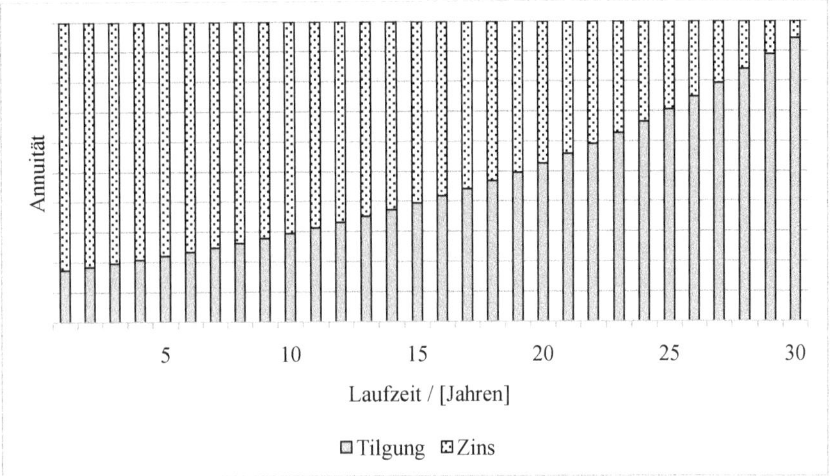

Abbildung 5-1: Tilgungs- und Zinsanteile bei konstanter Annuität
[Quelle: Eigene Darstellung]

Eine Besonderheit beim Erwerbermodell tritt auf, falls die öffentliche Hand vor Beginn des PPP-Projektes im Eigentum des betreffenden Grundstückes ist und dieses zur Durchführung des Projektes an den privaten Auftragnehmer veräußert. Der öffentliche Auftraggeber verschafft sich dadurch einen Veräuße-

738 Vgl. § 38 Abs. 4 BHO.

739 Vgl. VV Nr. 5 zu § 38 BHO.

740 Vgl. BLA (2007), S. 35; anders noch SPD (2004), S. 19. Dort wird das Instrument der Verpflichtungsermächtigung als für PPP „nicht passend" deklariert und abgelehnt.

741 Vgl. BLA (2007), S. 35. Auf kommunaler Ebene trifft dies jedoch nicht zu. Verpflichtungsermächtigungen sind auf kommunaler Ebene nur für die Verpflichtung zukünftiger Ausgaben für Investitionen notwendig und sind damit enger definiert als in § 38 BHO; BMVBW (2003b), S. 236; *Littwin/Schöne* (2006), Rn. 72. Zudem dürfen sie i.d.R. nur für maximal drei Jahre ausgestellt werden. Ausnahmen sind jedoch möglich und werden im Falle einer PPP auch gesehen; vgl. *Littwin/Schöne* (2006), Rn. 73 mit Einzelnachweis der GO.

rungserlös, i.d.R. in Höhe des Verkehrswerts des Grundstückes.[742] Im öffentlichen Haushalt ist somit eine Einnahme zu verbuchen. Die dafür zu wählende Gruppe lautet 131 „Erlöse aus der Veräußerung von unbeweglichen Sachen".[743] Ist das Vertragsobjekt beim Erwerbermodell nicht ein Neubau, sondern die Sanierung eines Gebäudes, so ist meist der öffentliche Auftraggeber der ursprüngliche zivilrechtliche Eigentümer des Objekts. Auch hier muss also zunächst eine Veräußerung zum Verkehrswert an den Auftragnehmer erfolgen. Analog zur reinen Grundstücksveräußerung wird auch diese Transaktion unter Gruppe 131 verbucht.

Zusätzlich kann anstelle einer Ratenzahlung die Umwandlung des Ratenkaufs in ein Vereinbarungsdarlehen erfolgen.[744] Es handelt sich dabei um eine Umgestaltung des Kausalverhältnisses, also der Geldschuld aus Kauf in eine Darlehensverbindlichkeit.[745] Auf die Veranschlagung des Erwerbermodells im Haushalt hat sie allerdings unmittelbar keinen Einfluss. Anstelle der Raten für Kauf zahlt die öffentliche Hand im Falle eines Vereinbarungsdarlehens Tilgungs- und Zinsanteile zur Rückzahlung des Darlehens, welche entsprechend den Anteilen im Falle des Ratenkaufs im Haushalt investiv und konsumtiv zu veranschlagen sind.

Im Gegensatz zu einer Differenzierung der Vertragsleistungen in Planung, Bau, Betrieb und Finanzierung kann beim Erwerbermodell alternativ auf eine einheitliche Gesamtleistung abgezielt werden. Da unter diesen Bedingungen eine Aufspaltung des Entgeltes in verschiedene Bestandteile nicht möglich erscheint, kann auch die o.g. Veranschlagungspraxis nicht verfolgt werden. Es stellt sich daher die Frage, wie das gesamte Entgelt im Haushalt veranschlagt werden sollte, insbesondere, da es zusammengefasst sowohl konsumtive, als auch investive Anteile aufweist. Eine Aufteilung der Entgeltbestandteile sollte daher anhand einer plausiblen Schätzung erfolgen.[746] Ist dies nicht möglich, sei auf den Schwerpunkt der Ausgaben für die Gesamtleistung abzustellen.[747] Da bei PPP-Projekten im öffentlichen Hochbau i.d.R. die Kosten des Gebäudebetriebes und der Finanzierung die der Investition übersteigen, liege der Schwerpunkt des Entgeltes auf dem konsumtiven Anteil:[748] So wird das Verhältnis von Betriebs-

---

[742] Vgl. § 63 Abs. 3 BHO, wonach aber bei Vorliegen eines dringenden Interesses auch Ausnahmen zulässig sind.
[743] Vgl. BMVBW (2003b), S. 178.
[744] Vgl. Abschnitt 2.5.2.1.
[745] Vgl. *Derleder* (2003), § 9, Rn. 18.
[746] Vgl. BMVBW (2003b), S. 175. Unter welchen Umständen eine Schätzung allerdings als plausibel einzustufen ist, lässt das Gutachten offen.
[747] Vgl. BLA (2007), S. 35; BMVBW (2003b), S. 174.
[748] Vgl. *Kleinlein/Stein* (2007), Art. 4, Rn. 53 u. 58.

kosten zu Investitionskosten bei PPP-Hochbauprojekten auf durchschnittlich ca. 70 % zu 30 % geschätzt.[749] Die Einordnung des gesamten Entgelts im Falle der Vereinbarung einer einheitlichen Gesamtleistung sollte somit laut des Bund-/Länder-Arbeitsausschusses „Haushaltsrecht und Haushaltssystematik“ konsumtiv und daher in der Gruppe 520 „Nicht aufteilbare sächliche Verwaltungsausgaben bei ÖPP-Projekten“ erfolgen.[750]

Diese Vorgehensweise muss aber als kritisch erachtet werden. Da im vereinbarten Entgelt definitiv Anteile enthalten sind, die auf den Erwerb des Objektes abzielen, würde ihre Verbuchung in Hauptgruppe 5 zu einer verzerrten Darstellung der tatsächlichen Verhältnisse führen. Das angebrachte Argument einer schweren Schätzbarkeit scheint indes verfehlt. Bei PPP-Projekten sind aufgrund von § 6 Abs. 2 HGrG u. § 7 Abs. 2 BHO Wirtschaftlichkeitsuntersuchungen im Vorfeld stets notwendig. Aufgrund der Haushaltssystematik muss dabei eine Wirtschaftlichkeitsprognose sowohl für eine Eigenerstellung, also auch für eine Durchführung des Privaten erstellt werden. Diese sollte eine ausreichende Basis für eine plausible Schätzung bieten, so dass die Entgeltbestandteile für den Erwerb der Immobilie auch bei Vereinbarung einer einheitlichen Gesamtleistung hinreichend quantifizierbar scheinen. Sie sollten entsprechend in Gruppe 823 verbucht werden.

Wird das Erwerbermodell im Rahmen eines Mietkaufvertrages verwirklicht, so stellen die Entgeltbestandteile für Investition und Finanzierung des Privaten zunächst reine Mietzahlungen dar, da bis zur Ausübung einer Kaufoption ein reines Mietverhältnis vorliegt.[751] Auch wenn bei Ausübung der Kaufoption die bis dahin geleisteten Mietzahlungen voll oder teilweise vom Kaufpreis abgezogen werden, können sie vor diesem Zeitpunkt nicht als investive Anteile gewertet werden, da sie im Falle der Nichtausübung der Kaufoption als reine Mietzahlungen zu werten sind, daher vor Ausübung einer Kaufoption keine kaufvertraglichen Elemente beinhalten. Dies spiegelt sich an dem Verlust der durch die Mietzahlungen angesparten Kaufpreisminderung bei Nichtausübung der Kaufoption wieder. Da die Zahlungen somit explizit nicht als solche zum Erwerb des dinglichen Eigentums aufgefasst werden können, sind die Mietzahlungen vor Ausübung der Kaufoption in Gruppe 518 „Mieten und Pachten“ zu veranschlagen.[752] Im Falle der Ausübung der Kaufoption wäre aufgrund des dann zustande kommenden Kaufvertrages der zu zahlende Kaufpreis investiv in Gruppe 823

[749] Vgl. BMVBS (2007), S. 5.

[750] Vgl. BLA (2007), S. 35; auch *Littwin/Schöne* (2006), Rn. 12.

[751] Vgl. Abschnitt 2.5.2.1.

[752] Nach der Argumentation des Bund/Länder-Arbeitsausschusses könnte wohl auch eine Verbuchung in Gruppe 520 erfolgen, da dies auch beim Leasing der Fall ist.

„Erwerbsanteile im Rahmen von ÖPP-Projekten sowie Erwerb privat vorfinanzierter unbeweglicher Sachen" zu verbuchen.

Neben einer klassischen Projektfinanzierung kommt beim Erwerbermodell auch die Forfaitierung zum Einsatz.[753] In der Praxis häufig anzutreffen ist das „Mogendorfer Modell".[754] Dabei veräußert der private Auftragnehmer seine Forderung über den Kaufpreis des erstellten oder sanierten Gebäudes an eine Bank, gleichzeitig verzichtet der öffentliche Auftraggeber auf alle Einwendungen und Einreden gegen die Forderung zum Zweck günstigerer Finanzierungskonditionen. An dieser Stelle muss hinterfragt werden, ob und wie sich eine solche Forfaitierung auf die Verbuchung des Erwerbermodells im kameralistischen Haushalt auswirkt. Dazu ist festzustellen, dass sich durch die Forfaitierung die Finanzierungskosten i.d.R. verringern, dadurch die Summe des Entgeltbestandteils aus Tilgungs- und Finanzierungsleistungen zwar sinken wird, die beschriebene Einordnung der Entgeltbestandteile von der Forfaitierung allerdings unberührt bleibt.

5.2.1.2 Doppisch

Wie unter Abschnitt 2.5.2.1 dargestellt, entspricht das Erwerbermodell vertraglich einem Ratenkauf. Die Überlassung der Immobilie zur Nutzung durch den Auftraggeber resultiert aus dem Kaufvertragsrecht (§ 433 ff. BGB), nicht aus einem Gebrauchsüberlassungsverhältnis wie Miete oder Pacht. Das zivilrechtliche Eigentum am Objekt liegt während der Nutzungsphase zwar (noch) beim privaten Auftragnehmer (Eigentumsvorbehalt), geht allerdings mit Ablauf der Nutzungsphase bzw. mit Zahlung aller vereinbarten Entgelte auf den Auftraggeber über.

Zunächst stellt sich die Frage, wie dieser Vertrag bilanziell bei der öffentlichen Hand zu veranschlagen ist. Zwar erhält sie das zivilrechtliche Eigentum erst am Ende der Vertragslaufzeit. Für die bilanzielle Behandlung ist jedoch das wirtschaftliche Eigentum von Bedeutung.[755] Der private Auftragnehmer erbringt die Bauleistungen, welche anschließend vom öffentlichen Auftraggeber abgenommen werden. Mit der Abnahme gehen die allgemeine Preis- und Sachgefahr auf die öffentliche Hand über. Sie trägt somit das Risiko des plötzlichen Untergangs und der Verschlechterung der Immobilie, gleichzeitig trägt sie aber mit dem Verwertungsrisiko auch das Recht des Ertrages bzw. das Risiko des Verlustes, welcher sich ergeben sollte, falls Grundstück und Gebäude am Ende der Laufzeit einen höheren bzw. im Verlustfall einen niedrigeren Wert aufweisen als ur-

---

753 Vgl. Abschnitt 2.6.2.

754 Vgl. Finanzministerium NRW (2005), S. 21.

755 Vgl. Abschnitt 5.1.

sprünglich kalkuliert.[756] Die öffentliche Hand übt somit die tatsächliche Herrschaft über den Vermögensgegenstand auf Dauer derart aus, dass sie über Ertrag und Substanz verfügen kann. Daraus resultiert nach den Abgrenzungskriterien des wirtschaftlichen Eigentums, dass sie zweifelsfrei wirtschaftlicher Eigentümer der Immobilie ist und diese dementsprechend in einem doppisch geführten Haushalt nach HGB in ihrer Bilanz auszuweisen hat. Insbesondere der vertraglich fixierte automatische Eigentumsübergang lässt keine alternative bilanzielle Einordnung zu.

Die öffentliche Hand hat somit auf der Aktivseite im Anlagevermögen entsprechende Posten zu bilanzieren, zum einen das betreffende Grundstück, zum anderen das Gebäude zu Anschaffungs- bzw. Herstellungskosten. Problemlos ist dies in dem Fall, in dem der öffentlichen Hand die Kostenbestandteile für Zahlung aller Anschaffungs- und Herstellungskosten an den Privaten aus dem PPP-Vertrag der Höhe nach bekannt sind. In aller Regel wird eine derart detaillierte Darstellung der Kosten des Privaten jedoch nicht gegeben sein, vielmehr wird die öffentliche Hand allenfalls die Höhe der Kaufraten kennen. Diese beinhalten allerdings Tilgungs- und Zinsanteile, also Bestandteile zur Zahlung der Anschaffungs- und Herstellungskosten des Privaten sowie Anteile zur Deckung seiner Finanzierungskosten. Die Finanzierungskosten sind jedoch nicht als Teil der Anschaffungs- und Herstellungskosten zu qualifizieren.

Daher sind auf Seiten der öffentlichen Hand Grundstück und Gebäude in Höhe der diskontierten Summe der Raten über die Vertragslaufzeit zu bilanzieren.[757] Als Diskontierungszinssatz sollte in diesem Fall der marktgängige Zinssatz für entsprechend langfristige Investitionen veranschlagt werden, da der öffentlichen Hand zum einen der interne Kalkulationszins des Auftragnehmers nicht bekannt ist, es zum anderen nicht sachgerecht erscheint, den Gewinnaufschlag des Auftragnehmers aus den Kosten zu eliminieren.[758] Offenbar bedient sich die öffentliche Verwaltung allerdings anstelle eines Marktzinses vorzugsweise des Zinssatzes gem. § 12 Abs. 3 BewG i.H.v. 5,5 %.[759] Ist dem öffentlichen Auftraggeber darüber hinaus der Wert des Grundstücks nicht bekannt, stellt sich die Frage der Aufteilung der diskontierten Summe der Ratenzahlungen auf Grundstück und Gebäude. Hier könnte eine Schätzung des Grundstückswertes Abhilfe schaffen, welche i.d.R. ohnehin zum Zweck einer Wirtschaftlichkeitsuntersuchung im Vorfeld zu erfolgen hat. Die anschließende Differenz zwischen den

---

[756] Vgl. Abschnitt 2.5.2.1.
[757] Vgl. *Sabel* (2006), S. 50.
[758] Vgl. *Sabel* (2006), S. 51 f.
[759] Vgl. BMVBW (2003b), S. 415 mit Verweis auf *Glanegger* (2008), § 6, Rn. 371.

diskontierten Raten und dem geschätzten Grundstückswert würde dann den Anschaffungs- und Herstellungskosten des Gebäudes entsprechen.

Ist die öffentliche Hand vor Beginn des Projektes Eigentümer des betreffenden Grundstückes, erübrigt sich die Frage nach der Höhe der Bilanzierung, da ihr unter diesen Umständen durch die Veräußerung an den privaten Auftragnehmer der Wert bekannt ist. Durch den Verkauf des Grundstückes vor Beginn des Projektes erlischt der betreffende Posten im Anlagevermögen der öffentlichen Hand, es kommt zur Verbuchung einer entsprechenden Einnahme oder Forderung, also einem Aktivtausch. Ist die Einnahme höher als der bilanzielle Wert des Grundstücks, was regelmäßig der Fall sein dürfte, da Grundstücke i.d.R. mit ihrem historischen Anschaffungswert in den Bilanzen stehen, kommt es neben dem Aktivtausch zu einem außerordentlichen Ertrag.

Da beim Erwerbermodell kein Gebrauchsüberlassungsverhältnis vorliegt, sondern das Recht zur Nutzung der Immobilie durch die öffentliche Hand aus dem Kauf auf Raten resultiert, liegt kein Dauerschuldverhältnis[760] vor. Vielmehr erbringt der private Auftragnehmer bereits zu Beginn des Vertrages hinsichtlich der Immobilie selbst seine gesamte (Planungs- und Bau-)Leistung, welche durch die Abnahmen der öffentlichen Hand bestätigt wird. Über die Vertragslaufzeit hinweg erbringt der öffentliche Auftraggeber sukzessive die Gegenleistung, welche aus der Zahlung des Kaufpreises besteht. Daher hat die öffentliche Hand auf der Passivseite als Pendant der Aktivierung von Grundstück und Gebäude eine langfristige Verbindlichkeit zu bilanzieren, welche der Höhe nach der Summe dieser beiden Aktivposten entspricht.[761] Andernfalls würde sich das Eigenkapital erhöhen, was dem Gebot des § 264 Abs. 2 HGB widerspräche.[762] Es kommt so-

---

760 Bei einem Dauerschuldverhältnis wird die Leistung durch den Leistenden nicht auf einmal erbracht, sondern durch dauerndes Verhalten; vgl. *Sabel* (2006), S. 39.

761 Die Höhe der ausgewiesenen Verbindlichkeit entspricht dabei allerdings nicht der Höhe der aktivierten Forderung auf Seiten des privaten Auftragnehmers. Dies liegt daran, dass die öffentliche Hand die Summe der Kaufraten mit dem marktüblichen Fremdkapitalzins bzw. mit dem Zinssatz von 5,5 % gem. § 12 Abs. 3 BewG diskontiert, um die Höhe der Anschaffungs- und Herstellungskosten und damit die Höhe der zu passivierenden Verbindlichkeit zu ermitteln. Der private Auftragnehmer dagegen verzinst seine Forderung in Höhe seiner Anschaffungs- und Herstellungskosten mit seinem internen Kalkulationszins. Dieser wird i.d.R. höher sein, da er neben dem Fremdkapitalzins auch einen Gewinn in Form einer für ihn angemessenen Verzinsung des Eigenkapitals enthält. Seine Anschaffungs- und Herstellungskosten beinhalten daher explizit nicht seinen Gewinnaufschlag, während es sachgemäß erscheint, dass die Anschaffungs- und Herstellungskosten auf Seiten der öffentlichen Hand diesen Gewinnaufschlag nicht eliminieren, sondern umfassen, und somit auch die passivierte Verbindlichkeit im Vergleich zur Forderung auf Seiten des Privaten entsprechend höher ausfällt; vgl. auch *Sabel* (2006), S. 50 ff.

762 Vgl. *Reuter* (2000), S. 662.

mit nach Abnahme des Gebäudes zu Beginn der Nutzungsphase auf Seiten der öffentlichen Hand zu einer Bilanzverlängerung.

Das Gebäude ist anschließend nach §§ 253 Abs. 2, 254 HGB laut Afa-Tabelle abzuschreiben. Diese orientiert sich an der wirtschaftlichen Nutzungsdauer der Vermögensgegenstände. Für Neubauten ist eine lineare jährliche Abschreibung mit einer Rate von 3 % vorgesehen.[763] Zur periodengerechten Erfassung des Werteverzehrs erfolgt somit in jeder Haushaltsperiode eine entsprechende Buchung. Die Abschreibung selbst geht am Ende des Jahres in die GuV bzw. bei der öffentlichen Hand in die Ergebnisrechnung ein. Im Gegensatz zum Gebäude sind auf das Grundstück keine Abschreibungen vorzunehmen.

Die langfristige Verbindlichkeit auf der Passivseite, welche im Ausgangspunkt genau der Summe der Nominalbeträge von Grundstückskosten und Anschaffungs- bzw. Herstellungskosten entspricht, verringert sich durch eine anteilige Tilgung in jeder Periode. Die jährliche Rate der Abnahme hängt aber im Gegensatz zur Abschreibung auf der Aktivseite nicht von der wirtschaftlichen Nutzungsdauer ab, sondern bemisst sich anhand der Vertragslaufzeit, da innerhalb dieser die gesamten Investitionskosten des Privaten zu decken sind. Im Gegensatz zur Abschreibung auf der Aktivseite findet auch keine lineare Verringerung der langfristigen Verbindlichkeit statt. Dies resultiert daraus, dass sich die monatlichen Kaufraten im Zeitverlauf zu unterschiedlichen Anteilen aus Tilgungs- und Zinsleistungen zusammensetzen. Bei einer Annuität sind zu Anfang die Tilgungsleistungen relativ gering, es überwiegen die Zinsleistungen.[764] Diese Aufteilung verschiebt sich im Zeitverlauf zugunsten der Tilgungsanteile. Da die langfristige Verbindlichkeit allerdings stets nur um den Betrag der Tilgungsleistung zu einer kurzfristigen Verbindlichkeit reduziert wird, verringert sie sich nicht linear, sondern progressiv.

Eine solch exakte Verbuchung scheint bei der öffentlichen Hand standardmäßig noch nicht der Fall zu sein. Vielmehr lassen eine Anfrage an die Kommunale Doppik Rheinland-Pfalz und die entsprechende Antwort darauf schließen, dass die Summe aller Ratenzahlungen als Grundlage für den Wert der Aktivierung einer Immobilie dient.[765] In gleicher Höhe solle demnach auf der Passivseite eine Verbindlichkeit ausgewiesen werden. Das Gebäude sei anschließend nach AfA-Tabelle abzuschreiben, die Verbindlichkeit in Höhe der Ratenzahlungen zu mindern. Damit enthalten die Anschaffungskosten der Immobilie allerdings die

763 § 7 Abs. 4 EStG.

764 Vgl. Abbildung 5-1.

765 Vgl. hierzu und zum Folgenden Kommunale Doppik Rheinland-Pfalz: Abschreibung bei Ratenzahlung, E-Mail-Anfrage vom 09. Januar 2008.

Finanzierungskosten des privaten Auftragnehmers und erhöhen somit analog zu den Ausführungen des Rheinland-Pfälzischen Verfassungsgerichtshofs in seinem Urteil aus dem Jahr 1996 die Investitionskosten systemwidrig.[766] Auf der anderen Seite ist somit zwangsläufig auch die Verbindlichkeit zu hoch ausgewiesen, und zwar um den Betrag der Finanzierungskosten des Privaten.

Da mit den bisher beschriebenen Buchungen allerdings keinerlei direkte Zahlungsströme verbunden sind,[767] wird die Finanzrechnung, welche innerhalb der Doppik weitgehend der kameralistischen Haushaltsrechnung entspricht, davon nicht berührt. In ihr werden innerhalb der Nutzungsphase sämtliche Zahlungen, die von der öffentlichen Hand an den privaten Auftragnehmer fließen, erfasst. Lässt sich das Entgelt beim Erwerbermodell in verschiedene Bestandteile auflösen, ist also eine Zuordnung der Entgeltbestandteile nach der Verwendung für Planung, Bau bzw. Sanierung, Betrieb und Finanzierung möglich, so sind die monatlichen Zahlungen vom öffentlichen Auftraggeber an den Auftragnehmer differenziert nach ihrer Verwendung zu betrachten.

Ein Anteil des Entgeltes dient dem Privaten zur Deckung seiner Investitionskosten und damit zur Tilgung des durch ihn aufgenommenen Kredites. Über die Vertragslaufzeit entspricht die Summe aller Beträge dafür genau der Summe der ursprünglichen Bilanzwerte von Grundstück und Gebäude und damit auch der entsprechenden langfristigen Verbindlichkeit auf der Passivseite. Monatlich wird die Zahlung dieses Entgelts mit der Verbindlichkeit resultierend aus dem Kauf verrechnet und tilgt diese.

Ein weiterer Entgeltbestandteil dient dem Privaten zur Deckung seiner Finanzierungskosten. Zinszahlungen stellen auch im doppischen Haushalt einen Aufwand dar, der periodengerecht in der GuV bzw. in der Ergebnisrechnung zu verbuchen ist. Der öffentlichen Hand werden sie monatlich durch den Auftragnehmer in Rechnung gestellt, so dass jeweils eine kurzfristige Verbindlichkeit darüber entsteht. Die Auflösung dieser Verbindlichkeit erfolgt durch eine entsprechende Zahlung an den Privaten. Da hier ein Zahlungsstrom entsteht, wird die Transaktion auch von der Finanzrechnung erfasst.

Der verbleibende Entgeltanteil vergütet die Betreiberleistungen des privaten Auftragnehmers. Auch sie sind als reiner Aufwand zu qualifizieren. Analog zu den Zinsforderungen des Privaten entsteht daher bei der öffentlichen Hand monatlich eine kurzfristige Verbindlichkeit. Die damit korrespondierende Zah-

---

766 Vgl. RhPfVerfGH, NVwZ-RR 1998, S. 148.

767 Abgesehen von einer eventuellen Grundstücksveräußerung vor Beginn des Projektes.

lung an den Auftragnehmer, die zur Auflösung der Verbindlichkeit führt, wird ebenso von der Finanzrechnung erfasst.

Die Umwandlung der Schuld resultierend aus dem Ratenkauf in ein Vereinbarungsdarlehen ist im doppisch geführten Haushalt insofern relevant, als das dem öffentlichen Auftraggeber dadurch die Aufteilung der Raten in Zins- und Tilgungsanteile vorgegeben wird, da im Vereinbarungsdarlehen die Finanzierungskonditionen und damit der Zinssatz explizit Bestandteil des Vertrages sind.[768] Anhand dieses Zinssatzes ist er in der Lage, die Kosten der Finanzierung exakt zu berechnen und somit die der Tilgung zum Zweck der Aktivierung von Grundstück und Gebäude zu extrahieren. Auf die bilanzielle Veranschlagung selbst hat das Vereinbarungsdarlehen allerdings keinen Einfluss.

Auch eine Forfaitierung ändert beim PPP-Erwerbermodell unabhängig ihrer konkreten Ausgestaltung nicht die Bilanzierung des Sachverhaltes. Wird sie gewählt, so wird der öffentlichen Hand jedoch vermutlich der Finanzierungszinssatz des privaten Auftragnehmers bekannt, da die Forfaitierung ausschließlich zur Vergünstigung der Finanzierungskonditionen des Privaten erfolgt. Dieser kann dann analog zur exakten Berechnung des Finanzierungsanteils der Kaufraten verwendet werden, womit sich die Aktivierungswerte für Grundstück und Gebäude bestimmen lassen.

Auch wenn das Erwerbermodell in Verbindung mit einem Mietkauf gestaltet wurde, muss sich die Frage der Bilanzierung und damit der Zuordnung des wirtschaftlichen Eigentums stellen. Im Falle des Mietkaufs hat der BFH hierzu eindeutige Entscheidungen getroffen.[769] Demnach kann das wirtschaftliche Eigentum abweichend vom zivilrechtlichen Eigentum einem anderen zugerechnet werden, wenn das Geschäft wirtschaftlich gesehen von Anfang an als Kaufvertrag anzusehen ist. Dies liege insbesondere dann vor, wenn dem Mieter die Kaufoption zu einem bereits vorab festgelegten Preis eingeräumt wird und ihm die Mietzahlungen bis zur Ausübung der Kaufoption in voller Höhe auf den Kaufpreis angerechnet werden.[770] Analoges ergebe sich, wenn sich aus dem Gesamtbild ergibt, dass der wesentliche Sinn im Erwerb eines Wirtschaftsgutes liegt. Dies bedeutet auch die Zuordnung des wirtschaftlichen Eigentums zum Nutzungsberechtigten bei einer Teilanrechnung der geleisteten Mietzahlungen auf den optionalen Kaufpreis,[771] insbesondere, wenn der Käufer eine durch Erklärung der Auflassung und Bewilligung der Eintragung der Auflassungsvor-

---

768 Vgl. *Derleder* (2003), § 9, Rn. 20.
769 Vgl. zum Folgenden BFH, BStBl. II 1992, S. 182.
770 Vgl. BFH, BStBl. II 1971, S. 133.
771 Vgl. *Federmann* (2000), S. 213; BGH, NJW 1978, S. 1384.

merkung abgesicherte sachenrechtliche Position erhält. Auf den Zeitpunkt des Übergangs von Nutzen und Lasten komme es dann nicht mehr an.[772] Vielmehr habe der Käufer bereits eine sachenrechtlich abgesicherte Rechtsposition, die ihn als den wirtschaftlichen Eigentümer erscheinen lasse.

Bei den hier betrachteten Varianten des Mietkaufs mit Voll- und Teilanrechnung der geleisteten Mietzahlungen auf den optionalen Kaufpreis ist daher eine Zuordnung des wirtschaftlichen Eigentums zum Nutzungsberechtigten, also der öffentlichen Hand, geboten. Die bilanzielle Behandlung und Veranschlagung folgt der des Ratenkaufs bzw. der des Vertrages über eine einheitliche Gesamtleistung.

Beim Erwerbermodell kann abweichend die Vereinbarung einer einheitlichen Gesamtleistung verabredet werden, also die Bereitstellung einer betriebenen Immobilie mit anschließender Eigentumsübertragung. Bezüglich der Bilanzierung ist dabei zu beurteilen, ob eine solche Vertragsgestaltung dazu führt, dass das wirtschaftliche Eigentum nicht beim öffentlichen Auftraggeber, sondern beim privaten Auftragnehmer liegt. Im Gutachten „PPP im öffentlichen Hochbau" wird dies bejaht.[773]

Durch die in diesem Fall nicht erfolgende Abnahme der Immobilie durch die öffentliche Hand verbleibe das allgemeine Sach- und Preisrisiko beim privaten Auftragnehmer. Demnach hat der Private seine Leistung in Form des Gebäudes nicht *zu Beginn* der Nutzungsphase bereits erbracht, sondern erbringt diese erst *im Laufe* der Nutzungsphase. Durch die Nichterfüllung der Leistung des Privaten sei der Vertrag nach den Ausführungen des BFH als schwebend einzustufen.[774] Nach dem Realisationsprinzip könne dieser daher keine entsprechende Forderung in seiner Bilanz ausweisen. Erfülle er nämlich die Leistung „Bereitstellung der Immobilie in einem bestimmten Zustand" nicht, so entfalle sein Anspruch auf Gegenleistung entsprechend.

Für den genauen Zeitpunkt, an dem der Private seine Leistung gemäß Vertrag erbracht hat, der Schwebezustand somit beendet ist, komme es entscheidend auf den Übergang des wirtschaftlichen Eigentums auf den Erwerber an. Diese Argumentation entspricht der herrschenden Meinung bzgl. Leasingverträge, nach der ein Forderungsausweis beim Leasinggeber nur dann für zulässig erachtet wird, wenn der Übergang des wirtschaftlichen Eigentums am Leasingobjekt zum Leasingnehmer erfolgt.[775] Konkret ist also der Zeitpunkt, an dem Besitz, Gefahr,

---

[772] Vgl. BFH, BFH/NV 1996, S. 101.
[773] Vgl. zum Folgenden BMVBW (2003b), S. 421 ff.
[774] BFH, BStBl. II 1990, S. 733.
[775] Vgl. *Sabel* (2006), S. 45.

Nutzungen und Lasten übergehen, relevant.[776] Daneben kommt es aber auch auf den Zeitpunkt des Übergangs der allgemeinen Sach- und Preisgefahr an.[777] Da diese beim Erwerbermodell i.V.m. dem Vertrag über eine einheitliche Gesamtleistung aber bis zur Übertragung des Eigentums beim Auftragnehmer liegt, spreche dies unabhängig des Zeitpunkts des Übergangs von Besitz und Nutzungen dafür, dass der Auftragnehmer auch wirtschaftlicher Eigentümer der Immobilie ist und diese weiterhin zu bilanzieren hat. Eine vollständige Realisierung des Gewinnes sei somit erst am Ende der Vertragslaufzeit mit Beendigung des Dauerschuldverhältnisses möglich.

Diese Auffassung muss an dieser Stelle allerdings hinterfragt werden. So weist die Argumentation eine Schwachstelle auf, da die Festlegung des Übergangs des wirtschaftlichen Eigentums am Zeitpunkt des Übergangs der allgemeinen Sach- und Preisgefahr nicht schlüssig erscheint. So geht die Sach- und Preisgefahr bspw. beim Vollamortisations-Leasing von Immobilien erlasskonform auf den Leasingnehmer über.[778] Sofern auch die anderen Bedingungen zur Erlasskonformität erfüllt sind, liegt das wirtschaftliche Eigentum aber dennoch beim Leasinggeber: Es kommt zu einem Übergang der Sach- und Preisgefahr, ohne dass damit das wirtschaftliche Eigentum ebenfalls wandert. Zusätzlich liegen auch Besitz und Nutzungen beim Leasingnehmer, ohne dass dieser wirtschaftlicher Eigentümer wird. Es verbleibt lediglich die Chance zur Wertsteigerung beim Leasinggeber.

Zwar kommt es bei der Frage des Zeitpunktes, zu dem beim Leasinggeber eine Forderung ausgewiesen werden darf, tatsächlich auf die Risikoverteilung und damit auf die allgemeine Sach- und Preisgefahr an. Bei der Frage nach der Zuordnung des wirtschaftlichen Eigentums kommt es jedoch nicht nur auf die Risikoallokation, sondern auf die Verteilung von Risiken *und* Chancen an: Verbleiben ausschließlich Chancen aus dem Leasingobjekt beim Leasinggeber, so darf dieser den Leasinggegenstand nach den Kriterien zum wirtschaftlichen Eigentum nicht ausbuchen.[779] Werden aber die Risiken übertragen, könnte der Leasinggeber theoretisch eine Forderung buchen, da die Aktivierung einer Forderung eigentlich nur von Risiken abhängt, nicht von Chancen: Bei Übergang der Risiken erscheint der Umsatz „so gut wie sicher“[780].[781] Daher wird die Gleichsetzung der Zeitpunkte des Übergangs wirtschaftlichen Eigentums und

---

[776] Vgl. *Adler/Düring/Schmalz* (1998), § 246 HGB, Tz. 170 u. 263.
[777] Vgl. BFH, Urteil vom 2.3.1990, BStBl. II 1990, S. 735.
[778] Vgl. Vollamortisationserlass für Immobilien, BStBl. I 1972, S. 188.
[779] Vgl. *Sabel* (2006), S. 45.
[780] BFH, BFH/NV 1986, S. 595.
[781] Vgl. *Sabel* (2006), S. 45.

der Erbringung der Hauptleistungspflicht, der zum Forderungsausweis berechtigt, an verschiedenen Stellen kritisiert.[782] Dennoch wird handelsrechtlich an ihr festgehalten, so dass die Buchung einer Forderung nicht erfolgt, auch wenn die Einschätzung des Geschäfts als schwebendes Dauerschuldverhältnis kritisch beurteilt werden kann.[783] Jedenfalls kann nicht umgekehrt alleine anhand des Übergangs der allgemeinen Sach- und Preisgefahr auf die Erbringung der Hauptleistungspflicht, damit verbunden der Berechtigung zur Bilanzierung einer Forderung und somit auf den Übergang des wirtschaftlichen Eigentums geschlossen werden.

Nebenbei erscheint fraglich, dass durch eine fehlende Abnahme des Bauwerks der Übergang der allgemeinen Sach- und Preisgefahr auf den Auftraggeber verhindert werde, da auch beim erlasskonformen Leasing die allgemeine Sach- und Preisgefahr i.d.R. auf den Leasingnehmer abgewälzt wird,[784] ohne dass dies einer Abnahme der Bauleistung durch ihn bedürfe.

Die Frage, wer der wirtschaftliche Eigentümer der Immobilie ist, entspricht der Frage, ob der Vertrag über die einheitliche Gesamtleistung als Dauerschuldverhältnis oder als Ratenkauf einzustufen ist.[785] Im ersten Fall läge das wirtschaftliche Eigentum beim privaten Auftragnehmer, im zweiten Fall beim öffentlichen Auftraggeber. Daher wird der Vertrag im Folgenden mit den typischen Dauerschuldverhältnissen bei Immobilien - Miete und Leasing - verglichen, um zu klären, ob anhand der dafür entwickelten Kriterien eine Zuordnung des wirtschaftlichen Eigentums erfolgen kann.

Zwar verbleiben beim Erwerbermodell unter einem Vertrag über eine einheitliche Gesamtleistung die Sach- und Preisgefahr beim Auftragnehmer. Damit weist er eine Ähnlichkeit zum klassischen Mietvertrag auf, da nach § 535 Abs. 1 S. 2 BGB der Vermieter die Mietsache während der Mietlaufzeit in einem zum vertragsgemäßen Gebrauch geeignetem Zustand zu erhalten hat.[786] Diese Gefahrtragung durch den Vermieter ist für das Wesen des Mietvertrages „von kardinaler Bedeutung“.[787] Das Mietverhältnis entspricht einem Dauerschuldverhältnis. Da im vorliegenden Fall allerdings bereits zu Beginn der zivilrechtliche Eigentumsübergang am Ende der Vertragslaufzeit feststeht, kann das Vertragsverhältnis nicht als Mietverhältnis gewertet werden: Kauf und Miete unterscheiden sich in ihrer Grundregelung nur durch die für den Kauf notwendige Eigen-

---

782 Vgl. *Sabel* (2006), S. 46.
783 Vgl. *Sabel* (2006), S. 46.
784 Ausgenommen davon ist die Teilamortisation von Immobilien.
785 Vgl. BFH, BStBl. II 1992, S. 182.
786 Vgl. *Sabel* (2006), S. 12.
787 Vgl. *Flume* (1972), S. 56.

tumsverschaffungspflicht.[788] Somit scheitert eine Einordnung des wirtschaftlichen Eigentums anhand der Vorgehensweise beim Mietvertrag.

Die Vertragsgestaltung weist daneben Ähnlichkeiten zu einem Leasingvertrag - also einem atypischen Mietvertrag[789] - auf, da es sich auch beim Leasing um eine Gebrauchsüberlassung auf Zeit handelt, in der die Hauptpflicht des Leasinggebers darin besteht, „dem Leasingnehmer die Leasingsache in einem für den Vertragszweck geeigneten Zustand zur Verfügung zu stellen"[790]. In der vorliegenden Ausgestaltung gleicht der Vertrag über eine einheitliche Gesamtleistung einerseits einem Immobilien-Vollamortisationsvertrag.[791] So liegen die Chancen der Wertsteigerung im Falle einer vereinbarten Kaufoption beim Leasingnehmer. Der Leasinggeber trägt im erlasskonformen Vertrag kein Restwertrisiko, da er seine gesamten Kosten über die Grundmietzeit amortisiert bekommt. Allerdings trägt der Leasingnehmer beim Immobilien-Vollamortisationsvertrag die allgemeine Sach- und Preisgefahr, die regelmäßig auf ihn abgewälzt wird.[792]

Die Risikoverteilung weicht somit wesentlich von dem vorliegenden Vertrag über eine einheitliche Gesamtleistung ab. Sie entspricht eher der eines erlasskonformen Teilamortisationsvertrags über Immobilienleasing, bei der es zu keiner Abwälzung der Sach- und Preisgefahr auf den Leasingnehmer kommen darf; sie liegt zwingend beim Leasinggeber.[793] Allerdings trägt der Leasinggeber bei der Teilamortisation ein Restwertrisiko. Dies wird jedoch als gering angesehen. Demnach könnte analog zum erlasskonformen Teilamortisationsleasing über eine Immobilie eine Bilanzierung der Immobilie beim privaten Auftragnehmer unterstellt werden.[794] Dabei würde aber übersehen, dass der hier betrachtete Vertrag nicht als Leasingvertrag gewertet werden kann, da dem Leasingnehmer bei einem Leasinggeschäft nicht von vornherein das zivilrechtliche Eigentum am Leasingobjekt zum Ende der Vertragslaufzeit verschafft wird.[795] Eine Zuordnung des wirtschaftlichen Eigentums anhand des genannten Leasing-Erlasses ist daher nicht möglich, da diese allenfalls eine nicht als günstig einzustufende Kauf- oder Mietverlängerungs*option* vorsehen.

---

788 Vgl. BGH, NJW 1978, S. 1384.
789 Vgl. Abschnitt 2.5.2.2.
790 BGH, NJW 1982, S. 106.
791 Vgl. Vollamortisationserlass für Immobilien, BStBl. I 1972, S. 188.
792 Vgl. *Feinen* (2002), S. 26.
793 Vgl. Teilamortisationserlass für Immobilien, BStBl. I 1992, S. 13.
794 Vgl. dazu Teilamortisationserlass für Immobilien, BStBl. I 1992, S. 15.
795 Vgl. *Papapostolou* (1987), S. 60; vgl. auch Abschnitt 2.5.2.2.

Trotz dieser Ähnlichkeiten scheitert somit ein Vergleich des Vertrages über eine einheitliche Gesamtleistung mit dem der Miete und dem des Leasings, da bei beiden ein fehlender Eigentumsübergang am Ende der Vertragslaufzeit wesentlich ist. Insbesondere kann somit zur Zuordnung des wirtschaftlichen Eigentums nicht auf die Leasingerlasse zurückgegriffen werden, da der hier vorliegende Vertrag nicht die Voraussetzungen dafür erfüllt. Vielmehr muss auf die allgemeinen Grundsätze zur Zuordnung des wirtschaftlichen Eigentums zurückgegriffen werden.[796]

Es stellt sich die Frage, ob der zivilrechtliche Eigentümer wesentliche Rechte verliert, die das zivilrechtliche Eigentum prägen. Hier ist vor allem die wirtschaftliche Bedeutung des Herausgabeanspruchs zu nennen.[797] Dieser scheint im Fall des Vertrags über eine einheitliche Gesamtleistung nicht gegeben. So ist bereits zu Vertragsbeginn der Übergang des zivilrechtlichen Eigentums am Ende der Nutzungsphase vereinbart und der öffentliche Auftraggeber zahlt dafür über die Vertragslaufzeit ein Entgelt. Er erwirbt somit sukzessive das Recht des zivilrechtlichen Eigentums. Der Herausgabeanspruch besteht daher nicht bedingungslos. Sofern der private Auftragnehmer tatsächlich darauf beharrt, könnte er den Besitz über die Immobilie wohl nur unter der Bedingung erlangen, dass er alle bis dahin erfolgten Entgeltzahlungen der öffentlichen Hand zurückerstattet. Da diese allerdings gerade zur Deckung seiner Investitionskosten dienen, er somit im Falle einer Rückerstattung auch keine partielle Deckung erhält, die Immobilie im Zeitverlauf aber gleichzeitig an Wert einbüßt, verliert sein Herausgabeanspruch in wirtschaftlicher Hinsicht seine Bedeutung: Sofern ihn der private Auftragnehmer tatsächlich durchsetzt, erfolgt dies stets zu seinem eigenen wirtschaftlichen Schaden. Bei Verlust der wirtschaftlichen Bedeutung des Herausgabeanspruchs aber liegt das wirtschaftliche Eigentum nicht mehr beim zivilrechtlichen Eigentümer, sondern beim Besitzer.[798]

Ist die Eigentumsübertragung erkennbares Ziel des Vertrages, so liegt im Falle des Leasings das wirtschaftliche Eigentum beim Leasingnehmer, das zivilrechtliche Eigentum des Leasinggebers dient diesem dann primär zur Sicherung von schuldrechtlichen Aufwendungsersatzansprüchen.[799] Überhaupt wird der Leasingvertrag in der Rechtsprechung nicht als atypischer Mietvertrag, sondern als Kaufvertrag gewertet, wenn die Zahlungen des Leasingnehmers Vorauszahlungen auf den Kaufpreis darstellen.[800] Dies sei immer dann anzunehmen, wenn

796 Vgl. Abschnitt 5.1.
797 Vgl. *Brockmeyer* (2006), § 39 AO, Rn. 10.
798 Vgl. BFH, BStBl. II 1991, S. 71.
799 Vgl. auch Abschnitt 5.1.
800 Vgl. BGH, NJW 1978, S. 1384 mit Verweis auf *Mezger* (1978), vor § 433 BGB, Rn. 24.

ein vereinbarter Kaufpreis am Ende der Nutzungsphase unterhalb des Marktpreises des Leasingobjektes liegt, da dann davon ausgegangen werden muss, dass der Leasingnehmer das Objekt aus wirtschaftlichen Gründen erwirbt.[801] Weitergehend betont der BGH im Falle des Leasings, sofern ein Übergang des zivilrechtlichen Eigentums von vornherein vereinbart sei, liege kein Leasing vor, sondern ein Kaufvertrag.[802] Diese Argumentation des BGH zum Leasing sollte sich auch auf den hier vorliegenden Vertrag über eine einheitliche Gesamtleistung übertragen lassen, selbst wenn er dem Leasing wie dargestellt nicht entspricht. Auch die bei einer einheitlichen Gesamtleistung vereinbarte Risikoverteilung steht einer solchen bilanziellen Einordnung als Kaufvertrag nicht zwingend entgegen. Denn auch beim Ratenkauf kann der Übergang der Sach- und Preisgefahr bzw. „die Gefahr- und Lastenübertragung“ auf den öffentlichen Auftragnehmer nach der Abnahme des Bauwerks vertraglich abbedungen und erst nach Ende der Laufzeit vorgesehen werden, ohne dass dies der Einordnung als Kaufvertrag schädlich ist.[803]

Schließlich ist aufgrund der Vertragsgestaltung davon auszugehen, dass der private Auftragnehmer gar kein Interesse mehr daran hat, das zivilrechtliche Eigentum am Objekt zu behalten: Durch den vereinbarten Eigentumsübergang am Ende der Nutzungsphase ist er für die gesamte betriebsgewöhnliche Nutzungsdauer von der Einwirkung auf die Immobilie ausgeschlossen. Nach § 39 Abs. 2 Nr. 1 AO liegt dann aber das wirtschaftliche Eigentum beim Nutzer, nicht beim zivilrechtlichen Eigentümer.

Es muss daher davon ausgegangen werden, dass auch bei Vereinbarung einer einheitlichen Gesamtleistung die öffentliche Hand wirtschaftlicher Eigentümer der Immobilie wird und sie somit in einem doppisch geführten Haushalt in ihrer Bilanz zu aktivieren hat. Dies entspricht auch der generellen Logik der Leasingerlasse und der Rechtsprechung des BGH, da dort das wirtschaftliche Eigentum zunächst beim rechtlichen Eigentümer vermutet wird, eine Zuordnung des wirtschaftlichen Eigentums abweichend davon nur dann geboten ist, falls ein Vertrag von vornherein derart gestaltet ist, dass anzunehmen ist, dass das zivilrechtliche Eigentum am Ende der Vertragslaufzeit auf einen anderen übergeht.[804] Wenn wie hier nicht nur eine Vermutung, sondern Gewissheit darüber besteht, sollte demnach eine Bilanzierung bei der öffentlichen Hand erfolgen.

801 Vgl. *Sabel* (2006), S. 11.
802 Vgl. BGH, NJW 1978, S. 1384 mit Verweis auf *Mezger* (1978), vor § 433 BGB, Rn. 24.
803 Vgl. BMVBW (2003b), S. 421.
804 Vgl. dazu die Ausführungen des BFH, BStBl. II 1992, S. 182.

Denn in diesem Fall stellt das Geschäft nichts anderes als eine besondere Form der Fremdfinanzierung dar.[805]

Zudem ist nicht ersichtlich, weshalb im Rahmen des Erwerbermodells bei gleichem Leistungsumfang des privaten Auftragnehmers einzig eine differenzierende Vertragsgestaltung zu einer Abweichung des wirtschaftlichen Eigentums führen sollte, da aus wirtschaftlicher Sicht beide Vertragsgestaltungen - also eine nach Leistungen differenzierte sowie die über eine einheitliche Gesamtleistung - zum gleichen Ergebnis führen. Nach dem Bilanzrecht ist die Vermögenszugehörigkeit aber ausschließlich nach wirtschaftlichen Kriterien bestimmt.[806] Die bilanzielle Darstellung sollte daher auch im Falle einer einheitlichen Gesamtleistung der eines Ratenkaufs und somit der des Erwerbermodells bei Differenzierung der Entgeltbestandteile folgen.

Daneben kann einer Einordnung des Vertrages über eine einheitliche Gesamtleistung nach dem Schwerpunkt entgegnet werden, dass zwar aus empirischer Sicht die Betreiberleistungen den finanziellen Schwerpunkt des Geschäfts bilden.[807] Allerdings muss der Schwerpunkt hinsichtlich der Zuordnung nicht immer der finanzielle Wert sein. Stattdessen kommt als Schwerpunkt auch der rechtliche Schwerpunkt des Vertrages in Betracht, so bspw. bei der Einordnung eines Vertrages als eine Form des öffentlichen Auftrags.[808] Im vorliegenden Fall kann festgehalten werden, dass die Betreiberleistung letztlich nur Nebenprodukt des eigentlichen Immobiliengeschäftes ist: Kommt dieses nicht zustande oder wird es im Laufe der Nutzungsphase vorzeitig beendet, so entfällt auch die Betreiberleistung zwangsläufig. Sie ist somit vom Bestand des Immobiliengeschäftes abhängig. Rechtlicher Schwerpunkt des Vertrages ist daher der Erwerb der Immobilie.

Auf den ersten Blick problematisch stellt sich bei der Bilanzierung der Immobilie im Rahmen eines Vertrages über eine einheitliche Gesamtleistung allerdings die veranschlagte Höhe der Aktivierung von Gebäude und Grundstück dar. An verschiedenen Stellen wird darauf verwiesen, dass eine nachträgliche Aufteilung des Entgelts in unterschiedliche Bestandteile unter diesen Umständen nur zulässig erscheint, wenn sie plausibel schätzbar ist.[809] Allerdings kann eine notwendige Bilanzierung aufgrund des wirtschaftlichen Eigentums bei der öffentlichen Hand nicht unterbleiben, da eine plausible Schätzung schwer möglich

---

[805] Vgl. *Büschgen* (1968), S. 49, der sich dabei zwar auf einen Leasing-Vertrag bezieht, dessen Argumentation aber auch auf den vorliegenden Fall angewandt werden kann.
[806] Vgl. *Fröschle/Kroner* (2006), § 246 HGB, Rn. 5 ff.
[807] Vgl. BMVBS (2007), S. 5.
[808] Vgl. *Marx/Werner* (2007), Art. 1, Rn. 3.
[809] Vgl. BMVBW (2003b), S. 175; BLA (2007), S. 35; *Littwin/Schöne* (2006), Rn. 12.

erscheint. Insbesondere spricht gegen eine Verweigerung der Bilanzierung bei der öffentlichen Hand aufgrund fehlender Aussagekraft hinsichtlich der Entgeltbestandteile, dass die stattdessen vorzunehmende Bilanzierung beim privaten Auftragnehmer ja gerade damit begründet wird, dass die Betreiberleistungen gegenüber dem Immobiliengeschäft den finanziellen Schwerpunkt des Vertrages ausmachten. Damit wird aber bereits eine Aussage über das Verhältnis der Entgeltbestandteile in Bezug auf Betreiberleistungen einerseits und Investitions- und Finanzierungskosten andererseits getroffen. Zudem sollte eine plausible Schätzung ohnehin bereits erfolgt oder möglich sein: Denn nach § 6 Abs. 2 HGrG bzw. wortgleich § 7 Abs. 2 BHO ist bereits im Vorfeld eines PPP-Projektes eine Wirtschaftlichkeitsuntersuchung notwendig, im Rahmen derer auch die Kosten des Privaten abgeschätzt werden müssen. Die Höhe der Aktivierung im Falle einer vereinbarten einheitlichen Gesamtleistung sollte also hinreichend genau bestimmbar sein.

5.2.2 Leasingmodell

Auch beim PPP-Leasingmodell übernimmt ein privates Unternehmen Planung und Bau eines Gebäudes auf einem in seinem Eigentum stehenden Grundstücks, alternativ Planung und Sanierung eines in seinem Eigentum stehenden Gebäudes mit anschließendem Betrieb für einen öffentlichen Auftraggeber.[810] Zusätzlich finanziert der Private das Projekt im eigenen Namen und auf eigene Rechnung. Die Vertragslaufzeit beträgt auch hier bis zu 30 Jahre. Im Mittelpunkt steht die Überlassung des Gebäudes vom Auftragnehmer an den Auftraggeber zur Nutzung, nicht der Erwerb des Gebäudes durch den Auftragnehmer. Allerdings wird dem Auftragnehmer zum Ende der Vertragslaufzeit eine Kaufoption zum im Zeitpunkt des Vertragsabschlusses kalkulierten Restwert am Vertragsende eingeräumt.

Der Auftraggeber entrichtet an den Auftragnehmer ein regelmäßiges monatliches Entgelt während der Vertragslaufzeit. Das Entgelt wird zunächst meist niedriger als das des Erwerbermodells angesetzt, da über die Laufzeit i.d.R. lediglich eine Teilamortisation des Leasingobjektes vorgesehen ist, während beim Erwerbermodell eine Vollamortisation der Investitionskosten des privaten Auftragnehmers erfolgt.[811]

5.2.2.1 Kameralistisch

Grundsätzlich lässt sich das Entgelt beim Leasingmodell in die gleichen Bestandteile wie beim Erwerbermodell differenzieren: Ein Anteil deckt die um-

---

[810] Vgl. hierzu und zum Folgenden Abschnitt 2.5.2.2.

[811] Vgl. Abschnitt 2.5.2.2.

fangreichen Betreiberleistungen. Dieser Anteil ist konsumtiv zu bewerten und damit analog in Gruppe 520 „Nicht aufteilbare sächliche Verwaltungsausgaben von ÖPP-Projekten“ zu veranschlagen.

Ein weiterer Entgeltbestandteil ist die Leasingrate. Sie ist in aller Regel linear und deckt die Planungs- und Baukosten des Auftragnehmers, also dessen Investitionskosten, und dient ihm vereinfacht ausgedrückt zur Tilgung seines i.d.R. dafür aufgenommenen Kredites.[812] Zusätzlich enthält sie einen Anteil zur Deckung der Finanzierungskosten des Privaten und dient letztlich auch dazu, ihm einen angemessenen Gewinn zu verschaffen. Analog zum Erwerbermodell verschieben sich auch bei den Leasingraten die Anteile zur Tilgung und zur Finanzierung sukzessive im Zeitverlauf. Abbildung 5-2 zeigt eine beispielhafte grafische Darstellung der Leasingraten bei Teilamortisation.

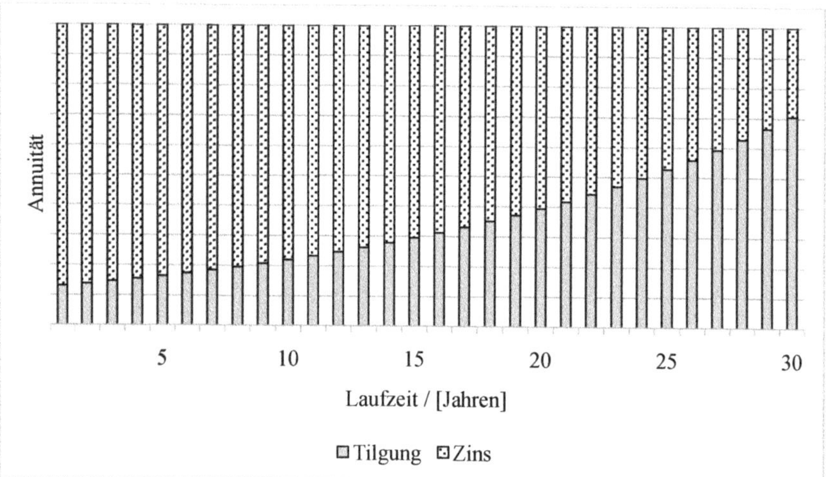

Abbildung 5-2: Leasingraten bei Teilamortisation
[Quelle: Eigene Darstellung]

Für den öffentlichen Auftraggeber ergibt sich hierbei ein wesentlicher Unterschied der Leasingraten gegenüber den Raten aus dem Erwerbermodell. So zielen seine Zahlungen nicht unmittelbar auf den Erwerb des zivilrechtlichen Eigentums am Objekt ab, sondern stellen vielmehr eine Vergütung für das vom Auftragnehmer eingeräumte Nutzungsrecht an der Immobilie dar. Leasingraten sind generell aber anders als Mietzahlungen kein Entgelt für eine garantierte Gebrauchstauglichkeit, sondern nur für die Bereitstellung des Leasingobjekts inkl. Einräumung der ungestörten Nutzungsmöglichkeit und der Finanzierungs-

812 Vgl. *Kroll* (2005), S. 49.

leistung des Leasinggebers.[813] Dies gilt auch bei einer PPP, die weiteren Leistungen des Privaten im Rahmen eines PPP-Projektes werden zusätzlich erbracht und abgegolten.

Beim Leasing herrscht somit in der Ausgangslage eine Austauschbeziehung in Form eines Dauerschuldverhältnisses zwischen öffentlichem Auftraggeber und privatem Auftragnehmer.[814] Daher sind die Leasingraten bei der öffentlichen Hand nicht investiv bzw. auch nicht in Höhe des Anteils zur Deckung der Investitionskosten investiv zu veranschlagen, sondern konsumtiv zu verbuchen.[815] Sie werden daher in der Gruppe 520 „Nicht aufteilbare sächliche Verwaltungsausgaben von ÖPP-Projekten" veranschlagt.[816]

Eine differenzierte Betrachtung des Leasingvertrages zwecks der Zuordnung des wirtschaftlichen Eigentums im Einzelfall entfällt dabei. Bei der haushaltsrechtlichen Einstufung des Vertrages hinsichtlich des Vorliegens eines Erwerbsgeschäfts ist einzig das dingliche Eigentum von Bedeutung, nicht das wirtschaftliche Eigentum am Leasingobjekt.[817] Unabhängig vom wirtschaftlichen Eigentum am Objekt kommt es hier nur darauf an, ob die Zahlungen der Leasingraten unmittelbar dem Erwerb dienen.[818] In diesem Fall sind sie investiv zu veranschlagen, ansonsten konsumtiv. Da beim Leasing vorbehaltlich einer möglichen Restzahlung im Falle der Ausübung der Kaufoption nicht unmittelbar auf den Erwerb abgezielt wird, sind die betreffenden Entgeltbestandteile stets konsumtiv einzuordnen, denn würde im Rahmen des Leasings ein Kauf zu Vertragsbeginn feststehen, so läge gar kein Leasing vor.[819] Eine umfassende Bewertung und Festsetzung des wirtschaftlichen Eigentums anhand der Leasingerlasse des BMF entfällt bei der kameralistischen Betrachtung daher.

Verpflichtungsermächtigungen sind grundsätzlich nicht für Verpflichtungen aus laufenden Geschäften nötig, worunter v.a. Geschäfte der Hauptgruppe 4 und 5 fallen. In Hauptgruppe 5 werden auch die Leasingraten beim Leasingmodell verbucht. Jedoch sind ausnahmsweise auch bei Verträgen wie Mietverträgen Verpflichtungsermächtigungen erforderlich, sofern eine Wertgrenze überschritten

---

813 Vgl. *Sabel* (2006), S. 17.
814 Vgl. BGH, NJW 1995, S. 1020.
815 Vgl. *Kleinlein/Stein* (2007), Art. 4, Rn. 57.
816 So BLA (2007), S. 36.
817 Vgl. BLA (2007), S. 36; auch *Kleinlein/Stein* (2007), Art. 4, Rn. 58; *Hüsken/Mann* (2005), S. 149 f.
818 Vgl. § 10 Abs. 3 Nr. 2 HGrG sowie wortgetreu § 13 Abs. 3 Nr. 2 BHO.
819 Vgl. BGH, NJW 1978, S. 1384 mit Verweis auf *Mezger* (1978), vor § 433 BGB, Rn. 24.

wird.[820] Der Bund/Länder-Arbeitsausschuss „Haushaltsrecht und Haushaltssystematik" wertet das Leasingmodell ohnehin nicht als laufendes Geschäft und hält daher Verpflichtungsermächtigungen für zwingend notwendig, auch für alle Entgeltbestandteile neben der Leasingrate.[821]

Neben dem monatlichen Entgelt kommt es durch eine optionale Ausübung der durch den Auftragnehmer eingeräumten Kaufoption am Ende der Vertragslaufzeit zu einer zusätzlichen Ausgabe für die öffentliche Hand. Da die im Rahmen der Wahrnehmung der Kaufoption geleistete Zahlung an den Privaten unmittelbar auf den Erwerb des Gebäudes abzielt, ist eine investive Einstufung der Ausgabe zweifellos gegeben.[822] Die Veranschlagung der Ausgaben erfolgt daher wie beim Erwerbermodell gemäß Nr. 12.2 HRB in Gruppe 823 „Erwerbsanteile im Rahmen von ÖPP-Projekten sowie Erwerb privat vorfinanzierter unbeweglicher Sachen". Wird dagegen von der Kaufoption kein Gebrauch gemacht, liegen nach kameralistischer Beurteilung in Summe nur konsumtive Ausgaben vor.

Bei der haushaltsrechtlichen Bewertung der Entgeltbestandteile ist es irrelevant, ob dem Leasingmodell eine Teil- oder Vollamortisation zugrunde gelegt wird. Diese Unterscheidung wirkt sich lediglich auf die Höhe der Entgelte, nicht jedoch auf die haushaltssystematische Einstufung aus.

Das Leasingmodell kommt auch zur Anwendung, wenn die öffentliche Hand zivilrechtlicher Eigentümer des zu bebauenden Grundstückes bzw. des zu sanierenden Gebäudes ist. In diesem Fall erwirbt die private Projektgesellschaft zu Beginn des Projektes Grundstück bzw. Gebäude von der öffentlichen Hand zum ausgewiesenen Verkehrswert. Diese Transaktion wird analog zum Erwerbermodell bei der öffentlichen Hand in Gruppe 131 „Erlöse aus der Veräußerung von unbeweglichen Sachen" erfasst. Bei einer vorangehenden Veräußerung ist zusätzlich zu beurteilen, ob das Leasinggeschäft eine Variante des Sale-and-lease-back darstellt. Das Sale-and-lease-back-Geschäft als Sonderform des Finanzierungsleasings führt zwar prinzipiell zu keiner differenzierten haushaltstechnischen Vorgehensweise des Leasingvertrages selbst. Unter Umständen könnte eine zu Vertragsbeginn erfolgende Veräußerung von Grundstück und ggf. Gebäude jedoch zu einer Veranschlagung der Einnahmen nicht in Gruppe

---

820 Auf Bundesebene beträgt diese Grenze 120.000 Euro; vgl. VV-BHO zu § 38. Auf Landesebene weichen diese Regelungen teilweise ab; vgl. BLA (2007), S. 26; zu den Ländern auch *Schweinfurth/Christen* (2005), S. 221.

821 Vgl. BLA (2007), S. 36. Auf kommunaler Ebene sind indes keine Verpflichtungsermächtigungen notwendig, da sie nur für investive Ausgaben erforderlich sind, die Leasingraten aber konsumtiv zu veranschlagen sind; vgl. Fn. 741.

822 Vgl. auch *Kleinlein/Stein* (2007), Art. 4, Rn. 57.

131 „Erlöse aus der Veräußerung von unbeweglichen Sachen", sondern als Einnahmen aus Krediten führen.[823]

Auch beim Leasingmodell kann die Forfaitierung (mit Einredeverzicht) angewandt werden, um die Finanzierungskonditionen des privaten Auftragnehmers zu verbessern. Hierzu reicht der Private seine Forderungen gegenüber dem Leasingnehmer, also der öffentlichen Hand, über die Summe der Leasingraten an die finanzierende Bank weiter. Zwar trägt die öffentliche Hand damit mehr Risiken, da es aber bei der Einstufung der Leasingraten nur auf den Erwerb des zivilrechtlichen Eigentums ankommt, dies aber auch im Falle der Forfaitierung nicht erworben wird, führt die Forfaitierung beim Leasingmodell zu keiner abweichenden Behandlung der Entgeltbestandteile.

5.2.2.2 Doppisch

Beim Leasingmodell überlässt der private Auftragnehmer dem öffentlichen Auftraggeber eine Immobilie zur Nutzung über eine bestimmte Laufzeit. Ein Kauf ist nicht explizit vorgesehen, wird aber ggf. durch Einräumung einer Kaufoption ermöglicht. Der Leasing-Vertrag weist, wie unter Abschnitt 2.5.2.2 beschrieben, Analogien zum klassischen Mietvertrag auf, wird daher als atypischer Mietvertrag bezeichnet und ist grundsätzlich dem Mietrecht nach § 535 ff. BGB zuzuordnen.

Für die Bilanzierung von Leasingverträgen sieht das Handelsrecht keine gesonderten Regelungen vor.[824] Entscheidend für die Bilanzierung des Leasingobjektes ist die Zuordnung des wirtschaftlichen Eigentums. Liegt es beim Leasinggeber, so erbringt dieser seine Leistung im Zeitverlauf durch Nutzungsüberlassung des Leasingobjektes. Somit liegt ein Dauerschuldverhältnis, also ein schwebendes Geschäft vor.[825] Ist das wirtschaftliche Eigentum jedoch beim Leasingnehmer anzusiedeln, so erbringt der Leasingnehmer seine Hauptleistungspflicht mit der Lieferung des Objektes. Eine Bilanzierung des Leasingobjektes erfolgt dann analog der eines Ratenkaufs.[826]

Die Bilanzierung des Leasinggeschäfts richtet sich im Wesentlichen nach den unterschiedlichen Leasing-Erlassen des Bundesministeriums der Finanzen, wo-

---

[823] Vgl. dazu unten Abschnitt 6.1.1.2.

[824] Vgl. *Adler/Düring/Schmaltz* (1998), § 246 HGB, Tz. 387.

[825] Eine gesetzliche Definition des Begriffs des schwebenden Geschäfts existiert nicht, hat sich allerdings in Rechtsprechung und Literatur entwickelt. Demnach ist ein schwebendes Geschäft ein zweiseitig verpflichtender Vertrag, bei dem die zur Sach- oder Dienstleistung verpflichtete Partei ihrer Hauptleistung noch nicht nachgekommen ist; vgl. *Sabel* (2006), S. 39 f. m.w.N.

[826] Vgl. *Sabel* (2006), S. 49.

nach jeweils die Zuordnung des wirtschaftlichen Eigentums der Voll- und Teilamortisation von Mobilien- und Immobilien-Leasinggeschäften und damit ihre Bilanzierung behandelt werden.[827] Leasingverträge werden demnach heute meist derart gestaltet, dass sie die in den Leasing-Erlassen genannten Anforderungen zur eindeutigen bilanziellen Zuordnung beim Leasinggeber entsprechen - sog. erlasskonforme Verträge -, da dies i.d.R. im Rahmen des Leasinggeschäfts zumindest innerhalb der Privatwirtschaft angestrebt wird.[828] Grundsätzlich müssen jedoch alle Leasingverträge - insbesondere, aber nicht ausschließlich nicht-erlasskonforme -, stets auch hinsichtlich der allgemeinen Regeln zur Zuordnung des wirtschaftlichen Eigentums beurteilt werden.[829]

Die Leasing-Erlasse vermuten das wirtschaftliche Eigentum des Leasingobjektes stets beim zivilrechtlichen Eigentümer. Sie beschreiben darüber hinaus Konstruktionen von Leasing-Verträgen, die dazu führen, dass das wirtschaftliche Eigentum ausnahmsweise abweichend vom zivilrechtlichen Eigentum beim Leasingnehmer liegt. Die Leasing-Erlasse zur Voll- und Teilamortisation behandeln dabei unterschiedlich ausgestaltete Leasingmodelle. Diese lassen sich grundsätzlich in Leasingverträge mit und ohne Kauf- bzw. Mietverlängerungsoption sowie in Spezialleasing-Verträge differenzieren.[830] Der Teilamortisationserlass für Mobilien enthält darüber hinaus die Behandlung im Falle eines Andienungsrechtes, einer Restwertgarantie mit Aufteilung des Mehrerlöses und eines kündbaren Vertrages mit Anrechnung des Veräußerungserlöses.[831]

Für eine wirtschaftliche Zuordnung des *Gebäudes* zum Leasinggeber bei Immobilien-Vollamortisation darf die Grundmietzeit des Vertrages demnach nicht unter 40 % und nicht über 90 % der betriebsgewöhnlichen Nutzungsdauer betragen.[832] Die betriebsgewöhnliche Nutzungsdauer für Neubauten beträgt seit dem Jahr 2001 nach § 7 Abs. 4 EStG aufgrund der dort vermerkten 3 % für die

---

827 Vollamortisationserlass für Mobilien: BdF-Schreiben vom 19.04.1971, IV B/2 - S 2170 - 31/71, BStBl. I 1971, S. 264; Vollamortisationserlass für Immobilien: BMWF-Schreiben vom 21.03.1972, F/IV B 2 - S 2170 - 11/72, BStBl. I 1972, S. 188; Teilamortisationserlass für Mobilien: BMF-Schreiben vom 22.12.1975, IV B 2 - S 2170 - 161/75, DB 1976, S. 172; Teilamortisationserlass für Immobilien: BMF-Schreiben vom 23.12.1991, W B 2 - S 2170 - 115/91, BStBl. I 1992, S. 13.

828 Vgl. *Sabel* (2006), S. 28 f.; vgl. zur ggf. abweichenden Motivation der Bilanzierung beim Leasinggeber im Rahmen von Leasingverträgen zwischen der öffentlichen Hand und der Privatwirtschaft Abschnitt 5.4.

829 Vgl. exemplarisch Vollamortisationserlass für Mobilien, BStBl. I 1971, S. 264 f.; entsprechende Formulierungen finden sich auch in den weiteren Leasing-Erlassen.

830 Vgl. auch *Kroll* (2005), S. 15.

831 Vgl. Teilamortisationserlass für Mobilien, DB 1976, S. 172.

832 Vgl. BStBl. I 1972, S. 188 f.

jährliche Abschreibungsrate 33 1/3 Jahre.[833] Beträgt die Grundmietzeit über 90 % der betriebsgewöhnlichen Nutzungsdauer, erscheint der Restwert des Gebäudes bedeutungslos, da der Leasinggeber langfristig von Substanz und Ertrag ausgeschlossen ist.[834] Unterschreitet die Grundmietzeit die 40 % Schranke, wird davon ausgegangen, dass Nebenabsprachen bzgl. der weiteren Verwertung des Objektes bestehen, da ansonsten aus wirtschaftlichen Gesichtspunkten heraus keine Amortisation der Kosten in einer derart kurzen Zeit durch den Leasingnehmer erfolgen würde.[835]

Liegt die Grundmietzeit innerhalb des 40 %-90 % Korridors, so ist im nächsten Schritt zu prüfen, ob eine Kauf- oder Mietverlängerungsoption vereinbart ist. Wurde keine Kauf- oder Mietverlängerungsoption vereinbart, so liegt das wirtschaftliche Eigentum in aller Regel beim Leasinggeber.[836] Ist eine Kaufoption vereinbart, so liegt das wirtschaftliche Eigentum nur beim Leasingnehmer, wenn die Höhe des vereinbarten Optionspreises unter dem Restwert des Gebäudes nach AfA zuzüglich des Grundstückspreises bzw. unter dem niedrigeren gemeinen Wert des Grundstückes im Zeitpunkt der Veräußerung liegt („günstige Kaufoption“).[837] Ist dies der Fall, liegt also eine günstige Kaufoption vor, so wird unterstellt, dass der Leasingnehmer aus wirtschaftlichen Gründen von ihr Gebrauch machen wird. Ist anstelle einer Kaufoption eine Mietverlängerungsoption vereinbart, so liegt das wirtschaftliche Eigentum nur dann beim Leasingnehmer, wenn die Anschlussmiete mehr als 75 % der für ein nach Art, Lage und Ausstattung vergleichbares Mietobjekts beträgt.[838] Ist dies nicht gegeben, so wird auch hier von einer günstigen Option gesprochen, die der Leasingnehmer aus wirtschaftlichen Gesichtspunkten heraus de facto auszuüben hat.

Unabhängig der Ausübung einer als günstig einzustufenden Kauf- oder Mietverlängerungsoption verfügt der Leasingnehmer so über die Chance der Wertsteigerung des Leasingobjektes. Da er durch die Abwälzung der allgemeinen Sach-

---

833 Vgl. dazu auch BMF-Schreiben vom 10.9.2002, IV A 6 - S 2196 - 1/02. Sie betrug vor Einführung des StSenkG aufgrund der damals gültigen Abschreibung von 4 % p.a. lediglich 25 Jahre.

834 Vgl. *Sabel* (2006), S. 34 mit Verweis auf *Hastedt/Mellwig* (1998), S. 39.

835 Vgl. *Isele* (1995), Rn. 456.

836 Vgl. Vollamortisationserlass für Immobilien, BStBI. I 1972, S. 189; in aller Regel, da nach wie vor auf den konkreten Einzelfall abzustellen ist; vgl. *Kroll* (2005), S. 15.

837 Nach § 9 Abs. 2 BewG entspricht der gemeine Wert dem Preis, der im gewöhnlichen Geschäftsverkehr nach der Beschaffenheit des Wirtschaftsgutes bei einer Veräußerung zu erzielen wäre.

838 Vgl. Vollamortisationserlass für Immobilien, BStBI. I 1972, S. 189.

und Preisgefahr auch die wesentlichen Risiken trägt, ist das wirtschaftliche Eigentum bei ihm anzusiedeln.[839]

Schließlich ist bei Spezial-Leasingverträgen eine Zurechnung zum Leasingnehmer geboten, und zwar unabhängig der Grundmietzeit und eventuell vereinbarter Kaufoptionen.[840]

Das wirtschaftliche Eigentum am *Grundstück* liegt bei Leasing-Verträgen ohne Kaufoption bzw. mit Mietverlängerungsoption immer beim Leasinggeber. Nur im Falle des optionalen Kaufs folgt die wirtschaftliche Zuordnung der des Gebäudes.[841]

Das BMF greift somit in seinen Leasing-Erlassen die Rechtsprechung des BFH auf und konkretisiert diese. Der BFH vermutet in seinem Urteil vom 26.1.1970 das wirtschaftliche Eigentum am Leasingobjekt vor allem dann beim Leasingnehmer, wenn:[842]

- Die betriebsgewöhnliche Nutzungsdauer des Leasinggegenstandes und die Grundmietzeit sich annähernd decken;
- Die betriebsgewöhnliche Nutzungsdauer erheblich länger als die Grundmietzeit ist, dem Leasingnehmer aber eine Kauf- oder Mietverlängerungsoption eingeräumt wird, bei dessen Ausübung nur ein geringer Mietzins oder Kaufpreis fällig wird;
- Der Leasinggegenstand speziell auf die Bedürfnisse des Leasingnehmers zugeschnitten ist und nach Ablauf der Grundmietzeit nur bei diesem weiter wirtschaftlich sinnvolle Verwendung findet (Spezialleasing).

Die Richtlinien zur Zuordnung des wirtschaftlichen Eigentums bei Immobilien-Vollamortisationsleasing entsprechen somit weitestgehend den bereits 1971 veröffentlichten Kriterien des Mobilien-Vollamortisationsleasings. Lediglich die Höhe der Miete im Falle einer vereinbarten Mietverlängerungsoption, bis zu der

---

839 Vgl. *Sabel* (2006), S. 33 f.

840 Vgl. Vollamortisationserlass für Immobilien, BStBI. I 1972, S. 189. Ein Spezialleasing ist anzunehmen, wenn das Leasingobjekt in einem solchen Maß auf den Leasingnehmer zugeschnitten ist, dass eine wirtschaftlich alternative Nutzung oder Verwertung de facto unmöglich scheint. Indiz dafür ist, dass für das Leasingobjekt kein Markt existiert; vgl. *Christen* (2005), S. 32 f. Leasing der öffentlichen Hand scheint diese Voraussetzungen durchaus häufig erfüllen zu können, da für öffentliche Leistungen und Gebäude wie Schulen bspw. kein Markt existiert. Allerdings hat das BMF darauf hingewiesen, dass Leasing der öffentlichen Hand nicht zwangsläufig zu Spezial-Leasing führt. Die Möglichkeit einer weiteren Verwertung wird durchaus weit gefasst, so dass Spezial-Leasing auch bei der öffentlichen Hand nur in den seltensten Fällen auftritt; vgl. *Kroll* (2005), S. 17.

841 Vgl. Vollamortisationserlass für Immobilien, BStBI. I 1972, S. 188.

842 Vgl. BFH, BStBl. II 1970, S. 264; vgl. auch *Moxter* (2007), S. 37 f.

kein günstiges Angebot vorliegt, berechnet sich beim Mobilien-Erlass nicht nach der Höhe der marktüblichen Miete, sondern stattdessen anhand des bilanziellen Restwerts des Objektes: Nicht als günstig einzustufen ist das Mietverlängerungsangebot dann, wenn die Miete den weiteren Werteverzehr des Restwertes des Objektes nach AfA deckt.[843]

Allerdings findet die Vollamortisation bei Immobilien heute kaum noch Anwendung. Begründet wird dies damit, dass vom Leasingnehmer einerseits eine Deckung der gesamten Investitionskosten des Leasinggebers sichergestellt wird, andererseits müsste der Leasingnehmer im Falle einer Kaufoption *zusätzlich* den Restwert - also i.d.R. den bilanziellen Restwert nach Abschreibung - zahlen.[844] Angesichts der generellen wirtschaftlichen Unattraktivität dieser Gestaltung stellt sich die Frage, ob ein solches Vorgehen der öffentlichen Hand als Leasingnehmer mit den Grundsätzen der Wirtschaftlichkeit nach § 6 HGrG bzw. § 7 BHO/LHO vereinbar ist.

Die Vorgaben der Zuordnung des wirtschaftlichen Eigentums weichen im Teilamortisations-Erlass für Immobilien in einigen Punkten von denen des Vollamortisations-Erlasses für Immobilien ab.[845] Ist keine Kauf- oder Mietverlängerungsoption vorgesehen, liegt das wirtschaftliche Eigentum am *Gebäude* stets beim Leasinggeber, unabhängig der Grundmietzeit.[846]

Ist eine Kaufoption vereinbart und beträgt die Grundmietzeit mehr als 90 % der betriebsgewöhnlichen Nutzungsdauer, ist das wirtschaftliche Eigentum beim Leasingnehmer zu vermuten. Die Begründung hierfür folgt der im Falle der Vollamortisation. Ist die Grundmietzeit kürzer, der vorgesehene Kaufpreis jedoch geringer als der Restbuchwert von Grundstück und Gebäude, gilt dies entsprechend.

Im Falle einer eingeräumten Mietverlängerungsoption ist das wirtschaftliche Eigentum beim Leasingnehmer anzusiedeln, sofern die Grundmietzeit über 90 % der betriebsgewöhnlichen Nutzungsdauer beträgt, oder sich die Miete bei ausgeübter Verlängerungsoption nicht auf mindestens 75 % der eines nach Art, Lage und Ausstattung vergleichbaren Mietobjektes beläuft. Auch hier entspricht die Argumentation der der Vollamortisation. Die Untergrenze von 40 % der Grund-

[843] Vgl. Vollamortisationserlass für Mobilien, BStBl. I 1971, S. 265.
[844] Vgl. Abschnitt 2.5.2.2.
[845] Vgl. zum Folgenden Teilamortisationserlass für Immobilien, BStBl. I 1992, S. 13.
[846] Vgl. *Sabel* (2006), S. 38.

mietzeit, wie sie beim Vollamortisations-Erlass für Immobilien genannt wird, existiert jedoch im Teilamortisations-Erlass für Immobilien nicht.[847]

Als weitere Leasingmodelle, für die Ausnahmen bei der Zuordnung des wirtschaftlichen Eigentums zum Leasinggeber definiert werden, nennt der Teilamortisations-Erlass für Immobilien Verträge mit nicht günstiger Kauf- oder Mietverlängerungsoption, bei denen zusätzlich besondere Verpflichtungen vereinbart sind. Im Wesentlichen ist unter diesen Voraussetzungen das wirtschaftliche Eigentum dann dem Leasingnehmer zuzuordnen, wenn dieser die objektbezogenen Risiken trägt, also die allgemeinen Sach- und Preisrisiken.[848] Hier ist vor allem die Gefahr des plötzlichen Untergangs zu nennen. Die Chance einer Wertsteigerung trägt er durch die Kaufoption ohnehin, während das Risiko eines Wertverlustes beim Leasinggeber liegt. Offenbar geht der Gesetzgeber davon aus, dass das Risiko des Wertverlustes bei Immobilien gering ist, weshalb die ausschließliche Zuordnung des (geringen) Wertverlustrisikos zum Leasinggeber nicht ausreicht, um diesen als wirtschaftlichen Eigentümer zu qualifizieren.[849] Der Teilamortisations-Erlass für Immobilien enthält somit als einziger der vier Leasing-Erlasse eine detaillierte Risikoverteilung. Es ist der einzige der Leasing-Erlasse, der zur Konformität voraussetzt, dass die allgemeine Sach- und Preisgefahr *nicht* auf den Leasingnehmer abgewälzt wird.[850]

Im Falle des Spezialleasings liegt auch bei der Teilamortisation von Immobilien das wirtschaftliche Eigentum stets beim Leasingnehmer.[851]

Die Zuordnung des wirtschaftlichen Eigentums an Grund und Boden folgt im Teilamortisations-Erlass für Immobilien stets der Zuordnung des Gebäudes.[852]

Die Regelungen des Teilamortisations-Erlasses für Mobilien erscheinen auf den ersten Blick für PPP-Projekte im öffentlichen Hochbau nicht weiter relevant. Jedoch ist festzustellen, dass auch im Bereich des Immobilien-Leasings eine Anwendung der dort vorgesehenen Vertragskonstruktionen wie bspw. Leasing mit Restwertgarantie und Mehrerlösbeteiligung erfolgt. Sofern die Verträge Regelungen enthalten, die im Teilamortisations-Erlass für Immobilien nicht behandelt werden, wohl aber im Teilamortisations-Erlass für Mobilien, wird auf die dort genannten Kriterien zur Zuordnung des wirtschaftlichen Eigentums zurück-

---

847 Als Grund dafür werden unüberwindliche Probleme in der Abgrenzung zum herkömmlichen Mietvertrag gesehen; vgl. *Hastedt/Mellwig* (1998), S. 56.
848 Vgl. *Sabel* (2006), S. 39.
849 Vgl. *Hastedt/Mellwig* (1998), S. 56.
850 Vgl. *Sabel* (2006), S. 39.
851 Vgl. zum Folgenden Teilamortisationserlass für Immobilien, BStBl. I 1992, S. 15.
852 Vgl. zum Folgenden Teilamortisationserlass für Immobilien, BStBl. I 1992, S. 15.

gegriffen, also bspw. auf die dort genannte Aufteilung der Mehrerlösbeteiligung (75 % / 25 %).[853]

Bei der Teilamortisation von Mobilien gelten zunächst die Vorgaben aus dem Vollamortisations-Erlass für Mobilien, also vor allem der 40 %-90 %-Korridor. Sofern das Leasinggeschäft diese Voraussetzungen erfüllt, behandelt der Teilamortisations-Erlass für Mobilien weitere drei Vertragstypen des Leasings.[854] Der erste beinhaltet ein Andienungsrecht für den Leasinggeber ohne Optionsrecht des Leasingnehmers. Konkret bedeutet dies, dass der Leasingnehmer bei Vertragsende vom Leasinggeber dazu verpflichtet werden kann, das Leasingobjekt zu einem vorab festgelegten Preis zu erwerben. Der Leasingnehmer hat selbst jedoch kein Recht, diese Option wahrzunehmen. Der Leasingnehmer trägt somit neben der allgemeinen Sach- und Preisgefahr auch das Risiko der Wertminderung, da er das Leasingobjekt in aller Regel kaufen muss, sofern der Marktpreis dafür bzw. für ein gleichwertiges Wirtschaftsgut geringer als der vereinbarte Preis ist. Der Leasinggeber verfügt währenddessen über die Chance auf eine Wertsteigerung, da er unter diesen Umständen das Leasingobjekt nicht an den Leasingnehmer zu verkaufen braucht, sondern am Markt zum Marktpreis veräußern kann. Der Leasinggeber bleibt daher auch wirtschaftlicher Eigentümer.

Beim zweiten behandelten Leasing-Vertragstyp wird das Leasingobjekt am Ende der Grundmietzeit durch den Leasinggeber an einen Dritten veräußert. Sofern der am Markt erzielbare Preis dafür geringer ist als die Differenz zwischen den Anschaffungs- und Herstellungskosten des Leasinggebers und seinen vereinnahmten Leasingraten (Restamortisation), so hat der Leasingnehmer dem Leasinggeber den resultierenden Fehlbetrag zu erstatten. Ist der Veräußerungserlös allerdings höher als diese Differenz, so wird der über die Restamortisation hinausgehende Teil zwischen dem Leasingnehmer und dem Leasinggeber aufgeteilt. Sofern diese Aufteilung derart erfolgt, dass der Leasinggeber einen Anteil von mindestens 25 % erhält, wird seine Beteiligung an der Wertsteigerung des Leasingobjektes als wirtschaftlich relevant erachtet. Unter diesen Umständen bleibt der Leasinggeber auch wirtschaftlicher Eigentümer des Leasingobjektes. Unterschreitet sein Anteil jedoch die 25 %-Marke, so wird dieser als wirtschaftlich nicht mehr gewichtig bewertet, so dass dann der Leasingnehmer der wirtschaftliche Eigentümer ist.

---

[853] Vgl. *Christen* (2005), S. 30.

[854] Vgl. zu den folgenden drei Vertragsgestaltungen den Teilamortisationserlass für Mobilien, DB 1976, S. 172.

Schließlich behandelt der Teilamortisations-Erlass für Mobilien noch innerhalb der Grundmietzeit kündbare Leasingverträge. Kündbar ist der Leasingvertrag frühestens nach 40 % der betriebsgewöhnlichen Nutzungsdauer, da ansonsten ohnehin nach den bereits vorhandenen Kriterien eine Zuordnung des wirtschaftlichen Eigentums zum Leasingnehmer erfolgen würde. Kündigt der Leasingnehmer den Vertrag danach, so hat er dem Leasinggeber die verbleibende Restamortisation durch eine Abschlusszahlung zu decken. Diese Abschlusszahlung wird jedoch zu 90 % um den Betrag gekürzt, den der Leasinggeber bei einer Veräußerung des Leasingobjektes nach Kündigung am Markt erzielen kann. Verbleibt danach immer noch ein Fehlbetrag, so hat der Leasingnehmer diesen an den Leasinggeber zu entrichten. Übertrifft die 90 %-Beteiligung am Veräußerungserlös die ursprüngliche Abschlusszahlung, so kommt der überschüssige Betrag ausschließlich dem Leasinggeber zu Gute. Er trägt somit die volle Chance der Wertsteigerung, während der Leasingnehmer die allgemeine Sach- und Preisgefahr sowie das Restwertrisiko trägt. Der Leasinggeber ist daher nicht nur zivilrechtlicher, sondern auch wirtschaftlicher Eigentümer des Leasingobjekts.

Verfügt der Leasinggeber über das wirtschaftliche Eigentum am Leasingobjekt, so bilanziert der Leasingnehmer das Leasinggeschäft nach den geltenden Grundsätzen „für Mietverträge (schwebende Geschäfte)“[855]. Dies bedeutet, dass der Leasingnehmer - hier also die öffentliche Hand - das Leasingobjekt nicht in seiner Bilanz ausweist, sondern aufgrund des Dauerschuldverhältnisses die Zahlungen über die Leasingraten an den Privaten als erfolgswirksamen Aufwand verbucht. Gleichsam passiviert die öffentliche Hand keine Verpflichtung aus dem Leasingvertrag. Das Leasinggeschäft ist unter diesen Bedingungen somit eine bilanzneutrale Finanzierungsform (off-balance-sheet-financing), da in der Bilanz des Leasingnehmers keine Schuld auftaucht.[856]

Bei einer Bilanzierung nach HGB kann es aber unter Umständen notwendig sein, die Verpflichtung aus dem Dauerschuldverhältnis im Anhang der Bilanz aufführen zu müssen. Voraussetzung dafür ist gem. § 285 Nr. 3 HGB, dass die Verpflichtung resultierend aus dem Leasinggeschäft für die Beurteilung der Finanzlage des Bilanzierenden von Bedeutung ist. Dies betrifft alle Dauerschuldverhältnisse unabhängig ihrer Laufzeit. Um die Relevanz des Geschäfts auf die Finanzlage des Bilanzierenden zu beurteilen, kommt es dabei nicht auf die einzelnen Beträge jedes Dauerschuldverhältnisses an, sondern auf den Betrag der Gesamtverpflichtung, der sich aus der Summe der Einzelverpflichtun-

---

[855] BFH, BStBl. II 1984, S. 825; zum Thema auch *Moxter* (2007), S. 38; weiter *Döllerer* (1985), S. 387.

[856] Vgl. *Sabel* (2006), S. 48.

gen ergibt.[857] Zusätzlich muss bei PPP-Projekten beachtet werden, dass es dann nicht nur um die Verpflichtung resultierend aus den Leasingraten, sondern um die gesamte Zahlungsverpflichtung resultierend aus der PPP, also inkl. Entgelt für die Betreiberleistungen geht. Der Gesamtbetrag darf auch nicht um entsprechend nicht bilanzierte Forderungen aus Dauerschuldverhältnissen reduziert werden. Eine Abzinsung der Forderung wird als nicht zulässig erachtet.[858]

Zur Beurteilung der Bedeutung des Leasinggeschäftes für die Finanzlage des Unternehmens ist auf dessen Finanzspielräume abzustellen, was Liquiditätsreserven, nicht ausgeschöpfte Kreditlinien und Cash-Flow Überschüsse umfasst.[859] Insbesondere aber sind die Höhen der periodischen Zahlungen im Rahmen des Dauerschuldverhältnisses im Vergleich zur Höhe der gesamten üblichen Geldströme des betreffenden Unternehmens zu betrachten.[860] Die Angabepflicht des Leasinggeschäfts im Anhang der Bilanz wird somit im Wesentlichen von der Größe der bilanzierenden öffentlichen Einheit und seines Haushaltsvolumens abhängen. Auf den ersten Blick wird auf Bundes- und Landesebene aufgrund ihrer Haushaltsvolumina davon auszugehen sein, dass die Leasinggeschäfte keine finanzielle Bedeutung i.S.d. § 285 Nr. 3 HGB haben. Jedoch ist zu beachten, dass auf Bundes- und Landesebene Einzelabschlüsse unterschiedlicher Ressorts zu erstellen sind, die Leasinggeschäfte also im Verhältnis zum finanziellen Volumen des jeweiligen Ressorts zu betrachten sind. Stellt eine Landesverwaltung bspw. ein Ressort zur Verwaltung der vom Land genutzten Immobilien auf, für welches ein Einzelabschluss aufzustellen ist, könnten die Leasinggeschäfte in Bezug auf den finanziellen Spielraum eine erhebliche Bedeutung einnehmen. Auf kommunaler Ebene findet indes bereits an anderer Stelle eine Beurteilung der finanziellen Bedeutung der Geschäftstätigkeiten der Gebietskörperschaften statt. So steht die Begründung eines Dauerschuldverhältnisses bei Kommunen in fast allen Bundesländern unter dem Genehmigungsvorbehalt der Kommunalaufsichtsbehörden.[861]

Eine Erleichterung von der Darstellung des Dauerschuldverhältnisses im Anhang ergibt sich daneben nach § 288 HGB, wonach diese nicht zu erfolgen braucht, wenn die bilanzierende Kapitalgesellschaft eine kleine Kapitalgesellschaft im Sinne des § 267 Abs. 1 HGB ist.[862]

---

857 Vgl. *Reuter* (2000), S. 661.
858 Vgl. *Ellrott* (2006), § 285 HGB, Rn. 30.
859 Vgl. *Adler/Düring/Schmaltz* (1998), § 285 HGB, Rn. 75.
860 Vgl. *Reuter* (2000), S. 661.
861 Vgl. BMVBW (2003b), S. 214 mit Nachweis der einzelnen Gemeindeordnungen.
862 *Sabel* weist darauf hin, dass aber auch die Bilanzsumme selbst Kriterium der Größenordnung des § 267 HGB ist, diese aber durch die Bilanzierung eines Leasinggeschäfts in

Ist das wirtschaftliche Eigentum am Leasinggegenstand dem Leasingnehmer zuzuordnen, liegt somit kein schwebendes Geschäft mehr vor, der Leasinggeber hat seine Hauptleistungspflicht mit Lieferung des Leasingobjektes erfüllt. Der Leasingnehmer hat das Leasinggeschäft dann „nach den für Ratenkaufverträge geltenden Grundsätzen zu behandeln"[863]. Es erfolgt also eine Aktivierung von Gebäude und Grundstück in der Bilanz der öffentlichen Hand, gleichsam der Ausweis einer entsprechenden Verbindlichkeit auf der Passivseite. Die Höhe der zu aktivierenden Posten richtet sich dabei jedoch nur nach dem Tilgungsanteil der Leasingrate, der Finanzierungsanteil ist von dieser zu extrahieren. Das Gebäude ist anschließend abzuschreiben. Die passivierte Verbindlichkeit ist um die Tilgungszahlungen periodengerecht zu reduzieren.[864]

Unabhängig der Zuordnung des wirtschaftlichen Eigentums und der Bilanzierung des Leasingobjektes ist der Anteil der Leasingrate zur Deckung der Finanzierungskosten als periodischer Aufwand in der Ergebnisrechnung zu verbuchen. Die Zahlungen an den Privaten für dessen Betreiberleistungen innerhalb der Nutzungsphase sind ebenso periodengerecht als Aufwand zu verbuchen und finden so Eingang in die Ergebnisrechnung.[865]

Ist die öffentliche Hand vor Beginn des Leasinggeschäftes Eigentümer des betreffenden Grundstücks bzw. des betreffenden Gebäudes und veräußert dieses an den Leasinggeber, so findet aufgrund des entsprechenden Zahlungseingangs in der Bilanz ein Aktivtausch statt. Die Zahlung des Kaufpreises wird von der Finanzrechnung erfasst. Auch hier stellt sich zwar die Frage, ob das Leasinggeschäft dann eine Variante des Sale-and-lease-back darstellt, was zu einer Wertung der Einnahme als Einnahme aus Kredit führen könnte,[866] was allerdings für die rein bilanzielle Behandlung der Transaktion irrelevant ist.

Auch beim Leasing kann zur Verbesserung der Finanzierungskonditionen des privaten Auftragnehmers die Forfaitierung in Form der Forfaitierung mit Einredeverzicht zur Anwendung kommen. Der Leasinggeber, also der Private, verkauft seine Forderung über die Leasingrate an eine Bank, wobei die öffentliche

---

Form eines Dauerschuldverhältnisses verkürzt bzw. eine Verlängerung vermieden wird. Dies könnte theoretisch dazu führen, dass das bilanzierende Unternehmen gerade durch die Vermeidung des Ausweises von Fremdkapital die Größenordnung erreicht, bei der der Ausweis des Geschäfts im Anhang der Bilanz unterbleiben kann; vgl. *Sabel* (2006), S. 49.

863 BFH, BStBl. II 1984, S. 825.

864 Zur genauen Vorgehensweise bei der Bilanzierung und Buchführung wird auf die Ausführungen zum Ratenkauf beim Erwerbermodell unter dem vorherigen Abschnitt 5.2.1.2 verwiesen.

865 Auch hier kann auf die entsprechenden Ausführungen in Abschnitt 5.2.1.2 verwiesen werden.

866 Vgl. dazu unten Abschnitt 6.1.1.2.

Hand als Leasingnehmer auf alle Einreden gegen die Forderung verzichtet.[867] Beim Leasing stellt sich dabei die Frage, ob dies zu einer abweichenden Zuordnung des wirtschaftlichen Eigentums führt. Schließlich führt diese Art der Gestaltung dazu, dass die öffentliche Hand im Falle der Schlechtleistung des Leasinggebers oder des Untergangs des Leasingobjektes ihre Zahlungen aus der Forderung gegen sie nicht einfach entsprechend kürzen bzw. einstellen kann. Sie kann lediglich versuchen, vom Leasinggeber eine entsprechende Entschädigung zu erhalten. Die allgemeine Sach- und Preisgefahr läge somit bei der öffentlichen Hand. Wenn aber wie üblicherweise im Immobilien-Leasing eine Teilamortisation vereinbart wurde, also der Leasing-Erlass zur Teilamortisation zur Anwendung kommt, würde dies eine Zuordnung des wirtschaftlichen Eigentums zum Leasingnehmer bedeuten, da zur Erlasskonformität der Leasinggeber wie dargestellt die allgemeine Sach- und Preisgefahr zwingend innehaben muss. Zu dieser Einschätzung kommt auch ein Erlass des Sächsischen Finanzministeriums, nachdem eine Forfaitierung mit Einredeverzicht nur unter strengen Voraussetzungen nicht zu einem Übergang des wirtschaftlichen Eigentums auf den öffentlichen Leasingnehmer führt.[868]

Daher erscheint ein Übergang des wirtschaftlichen Eigentums bei der Forfaitierung mit Einredeverzicht im Rahmen eines Leasinggeschäftes faktisch unumgänglich. Auch die Prüfungskommission für Kommunalleasing kommt zu dem Ergebnis, dass dann ein Verstoß gegen die Anforderungen der Tz. 12 ff. des Teilamortisations-Erlasses für Immobilien vorliegt, wenn das Recht auf Mietminderung bzw. Kürzung der Leasingrate nicht umfassend gegeben ist.[869] Sofern also die Forfaitierung mit Einredeverzicht vorgesehen ist, sollte dies nur erfolgen, wenn die Bilanzierung des Leasingobjektes beim öffentlichen Leasingnehmer akzeptiert wird, also ein off-balance-sheet-financing nicht angestrebt wird. Die dann zu erfolgende Bilanzierung als Ratenkauf kann auch damit begründet werden, dass kein schwebendes Geschäft mehr vorliegt, da die öffentliche Hand im Zweifel zur Erbringung der „Gegenleistung“ gezwungen ist, auch wenn die eigentliche Leistung durch den Leasinggeber ausbleibt.

5.2.3 Mietmodell

Beim PPP-Mietmodell plant und baut bzw. plant und saniert ein privates Unternehmen ein Gebäude auf seinem eigenen Grundstück für die öffentliche Hand,

---

867 Vgl. Abschnitt 2.6.2.

868 Vgl. Sächsisches Ministerium der Finanzen (1994), S. 208; Diese Voraussetzungen sind, dass der Leasingnehmer einen Rückgriffsanspruch ausdrücklich akzeptiert und diesen zusätzlich absichert, was nur im Falle einer selbstschuldnerischen Bürgschaft eines Dritten, dessen Bonität außer Zweifel steht, akzeptiert wird.

869 Vgl. *Christen* (2005), S. 32.

um es anschließend an diese zu vermieten.[870] Während der i.d.R. bis zu 30 Jahre andauernden Mietphase übernimmt der private Auftragnehmer zusätzlich umfangreiche Betreiberleistungen. Da er als Vermieter des Objektes auftritt, liegt ebenso die Verwertung des Gebäudes am Ende der Vertragslaufzeit in seiner Hand. Ein Eigentumsübergang am Ende der Mietphase ist somit nicht vorgesehen. Vielmehr überlässt der Auftragnehmer dem Auftraggeber das Gebäude über den vereinbarten Nutzungszeitraum zu dessen freier Verfügung.

Die öffentliche Hand als Mieter zahlt dem privaten Auftragnehmer als Vermieter eine monatliche Miete für die eingeräumte Nutzungsmöglichkeit des Gebäudes sowie ein weiteres Entgelt für dessen weitere, nicht bereits im Rahmen des Mietverhältnisses abgedeckten Betreiberleistungen. Wesentlicher Unterschied des Entgeltes im Vergleich zum Erwerbermodell und zum Leasingmodell ist, dass sich bei den beiden letztgenannten die Höhe des Anteils am Entgelt für das Gebäude selbst über eine Voll- oder Teilamortisation an den Investitionskosten orientiert. Im Gegensatz dazu richtet sich die Miete nicht an Anschaffungs- und Herstellungskosten der Immobilie aus, sondern anhand der für sie marktüblichen Miete in Abhängigkeit von Lage, Alter, Zustand, etc. Die Mietzahlungen decken damit nicht unmittelbar die Investitions- und Finanzierungskosten des privaten Auftragnehmers.

Zwar kann auch beim Mietmodell für das Ende der Vertragslaufzeit eine Kaufoption eingeräumt werden. Hierbei erfolgt allerdings nicht wie beim PPP-Leasingmodell bereits zu Beginn der Vertragsphase eine Vereinbarung des Erwerbes zu einem zu kalkulierenden Restwert. Vielmehr wird ein eventueller Kaufpreis erst zum Zeitpunkt des potenziellen Erwerbes festgelegt. Eine Anrechnung bereits geleisteter Mietzahlungen auf den Kaufpreis findet nicht statt.

5.2.3.1 Kameralistisch

Das Entgelt im Mietmodell setzt sich aus der Miete selbst sowie den Nebenkosten zusammen. Die Miete deckt dabei mehr Leistungen des Privaten ab, als dies bspw. im Erwerbermodell durch den für den Kauf verwendeten Entgeltanteil der Fall ist. Die Miete muss letztendlich alle Kosten des Vermieters decken, die diesem aufgrund seiner als Vermieter zwingend zu erbringenden Leistung entstehen. So muss sie seine Instandhaltungsaufwendungen decken, die aus seiner Position als Vermieter resultieren, während diese beim Leasingmodell nicht durch die Leasingraten gedeckt sind, da die Leasingrate nur eine Zahlung für die Nutzungsüberlassung an sich darstellt. Bei der Miete stellt also nur ein Anteil des Mietzinses - welcher tatsächlich die Investitionskosten des Privaten

[870] Vgl. hierzu und zum Folgenden Abschnitt 2.5.2.3.

deckt, also i.d.R. der Tilgung seines für Planung und Bau aufgenommenen Kredites dient - ein angemessenes Entgelt für die Nutzungsüberlassung dar. Insbesondere zielen die Mietraten im Mietmodell - mit oder ohne eingeräumte Kaufoption - nicht auf einen Eigentumserwerb an der Immobilie ab. Mietzahlungen sind daher als rein konsumtive Ausgaben zu werten.[871] Daher sind alle Mietzahlungen im Mietmodell in Gruppe 520 „Nicht aufteilbare sächliche Verwaltungsausgaben bei ÖPP-Projekten" zu veranschlagen.[872]

Die von der öffentlichen Hand neben der Miete zu entrichtenden Entgelte für die nicht bereits von der Miete abgedeckten Betreiberleistungen des Privaten stellen zweifelsohne konsumtive Zahlungen dar und sind dementsprechend ebenso in der vorgenannten Gruppe 520 zu verbuchen.

Die Miete als Dauerschuldverhältnis wird in Hauptgruppe 5 verbucht und ist als laufendes Geschäft der Verwaltung anzusehen. Eine Verpflichtungsermächtigung ist daher zunächst nicht notwendig. Notwendig wird sie aber dann, wenn das jährliche finanzielle Volumen eine gewisse Grenze überschreitet, da das Geschäft dann nicht mehr als laufendes zu qualifizieren ist.[873] Zudem hält der Bund/Länder-Arbeitsausschuss „Haushaltsrecht und Haushaltssystematik" Verpflichtungsermächtigungen beim PPP-Mietmodell ohnehin für alle Entgeltbestandteile angebracht.[874]

Wird eine eventuell eingeräumte Kaufoption durch die öffentliche Hand als Mieter wahrgenommen, ist der Preis für die Immobilie bei Ausübung der optionalen Kaufoption zum Zeitpunkt des damit verbundenen zivilrechtlichen Eigentumsübergangs anhand des Marktes zu bestimmen. Da die entsprechende Zahlung der öffentlichen Hand an den Vermieter zweifelsohne einzig zum Erwerb des Objektes bestimmt ist, verfügt sie über einen investiven Charakter. Sie ist daher unter der Gruppe 823 „Erwerbsanteile im Rahmen von ÖPP-Projekten sowie Erwerb privat vorfinanzierter unbeweglicher Sachen" zu veranschlagen. Falls keine Kaufoption verabredet wurde bzw. falls keine Ausübung einer optionalen Kaufoption erfolgt, liegen beim Mietmodell somit nur konsumtive Ausgaben vor.

---

[871] *Kleinlein/Stein* (2007), Art. 4, Rn. 56.

[872] So BLA (2007), S. 37; alternativ käme wohl auch Gruppe 518 „Mieten und Pachten" in Frage.

[873] Beim Bund 120.000 Euro p.a.; vgl. VV-BHO zu § 38 bzw. Fn. 820.

[874] Vgl. BLA (2007), S. 37. Auf kommunaler Ebene ist eine Verpflichtungsermächtigung dagegen nicht notwendig, da sie nur im Falle investiver Ausgaben notwendig wird, Mieten aber konsumtive Ausgaben darstellen; vgl. Fn. 741.

Auch beim Mietmodell kann das zu bebauende Grundstück oder das zu sanierende Gebäude im zivilrechtlichen Eigentum der öffentlichen Hand sein. Dieses wird dann entsprechend zu Beginn des Projektes an den privaten Auftragnehmer veräußert. Zur Veranschlagung der entsprechenden Zahlungsvorgänge und Transaktionen wird auf die Ausführungen zum Leasingmodell unter Abschnitt 5.2.2.1 verwiesen.

5.2.3.2 Doppisch

Beim Mietmodell liegt während der Vertragslaufzeit der PPP ein reines Mietverhältnis nach §§ 535 ff. BGB vor. Das zivilrechtliche Eigentum am Mietobjekt trägt im Fall des PPP-Mietmodells der private Auftragnehmer als Vermieter. Die öffentliche Hand wird als Mieter aufgrund der Verteilung der Risiken und Chancen zu keinem Zeitpunkt wirtschaftlicher Eigentümer des Mietobjektes.[875] So liegen prinzipiell alle Risiken, insbesondere die allgemeine Sach- und Preisgefahr und das Verwertungsrisiko beim Vermieter. Zusätzlich verfügt er über alle Chancen der Wertsteigerung. Wichtiges Indiz im Hinblick auf die Zuordnung des wirtschaftlichen Eigentums zum privaten Auftragnehmer ist auch sein Herausgabeanspruch als zivilrechtlicher Eigentümer.

Die Mietverträge bei PPP-Projekten sind oftmals über die Vertragslaufzeit hinweg unkündbar. Dies könnte theoretisch dazu führen, dass das wirtschaftliche Eigentum doch beim Mieter liegt, da dann der Herausgabeanspruch des Vermieters aus wirtschaftlicher Sicht an Bedeutung verliert.[876] Dies ist immer dann anzunehmen, wenn die Vertragslaufzeit sich der wirtschaftlichen Nutzungsdauer des Objektes annähert. Entscheidend ist nämlich nicht, ob der Vertrag als Mietvertrag bezeichnet wird, sondern vielmehr darauf, wie er gestaltet ist. Allerdings muss davon ausgegangen werden, dass die Vertragslaufzeit eines Mietvertrages im Rahmen eines PPP-Projektes auch bei vereinbarter Unkündbarkeit maximal 30 Jahre beträgt. Dies kommt zwar der wirtschaftlichen Nutzungsdauer nahe; da der BFH aber bei den Leasing-Urteilen bzgl. der Vertragslaufzeit in Bezug auf die betriebsgewöhnliche Nutzungsdauer eine Grenze von 90 % festgelegt hat, die *überschritten* sein muss, bleibt dennoch auch bei Unkündbarkeit das wirtschaftliche Eigentum am Mietobjekt i.a.R. beim Vermieter.[877]

Auch eine eventuell vereinbarte Kaufoption, die als Kaufpreis den Verkehrswert und keine Anrechnung bereits geleisteter Mietzahlungen auf den Kaufpreis vorsieht, führt nicht zur abweichenden Zuordnung des wirtschaftlichen Eigentums

---

[875] Vgl. dazu und zum Folgenden die allgemeinen Abgrenzungsmerkmale des wirtschaftlichen Eigentums in Abschnitt 5.1.

[876] Vgl. *Gundlach* (2001), S. 205.

[877] Vgl. BFH, BStBl. II 1970, S. 264.

zum Vermieter.[878] Denn sie beinhaltet durch die nicht vorhandene Anrechnung bereits geleisteter Mietzahlungen auf den Kaufpreis einerseits keinerlei wirtschaftlichen Zwang zur Ausübung, andererseits verfügt die öffentliche Hand bis zu ihrer Ausübung im Rahmen des Mietverhältnisses über keinerlei weitergehende Befugnisse als ein herkömmlicher Mieter. Bei Ausübung der Kaufoption ist das Mietverhältnis unmittelbar beendet, ab diesem Zeitpunkt ist dieser Teil des PPP-Vertrages als Kaufvertrag zu werten.

Die öffentliche Hand bilanziert im Rahmen des Mietmodells daher die Mietzahlungen nach den geltenden Grundsätzen für Mietverträge. Sie weist also in ihrer Bilanz das Mietobjekt zu keinem Zeitpunkt aus, sondern verbucht lediglich die Mietzahlungen periodengerecht als Aufwand, der in die Ergebnisrechnung eingeht. Aufgrund des schwebenden Zustands des Mietgeschäfts[879] und der fehlenden Aktivierung erfolgt auch nicht die Passivierung einer Verbindlichkeit. Ggf. ist aber eine Darstellung des Mietverhältnisses als Dauerschuldverhältnis im Anhang der Bilanz notwendig, sofern es gem. § 285 Nr. 3 HGB für die Finanzlage des Bilanzierenden von Bedeutung ist.[880]

Neben der zu entrichtenden Miete zahlt die öffentliche Hand dem Vermieter ein regelmäßiges Entgelt für dessen nicht im Rahmen der Miete abgedeckte Betreiberleistungen. Diese sind periodengerecht als Aufwand zu verbuchen und finden so Eingang in die Ergebnisrechnung. Hier kann auf die entsprechenden Ausführungen unter Abschnitt 5.2.1.2 verwiesen werden.

Da das Mietmodell bei Neubauten, aber auch bei zu sanierenden Gebäuden Anwendung findet, kann das zu bebauende Grundstück bzw. die zu sanierende Immobilie vor Vertragsbeginn im Eigentum der öffentlichen Hand liegen. Ggf. ist daher ein Verkauf an den privaten Auftragnehmer geboten. Bilanziell bedeutet dies eine Ausbuchung des betreffenden Wirtschaftsguts aus dem Anlagevermögen bei gleichzeitiger Erhöhung der finanziellen Aktiva (Aktivtausch).

5.2.4 Inhabermodell

Im Rahmen des Inhabermodells plant und baut bzw. plant und saniert ein privates Unternehmen ein Gebäude auf einem Grundstück der öffentlichen Hand bzw. ein Gebäude im Eigentum der öffentlichen Hand.[881] Der wesentliche

---

878 Die Fälle, in denen abweichend davon bereits geleistete Mietzahlungen auf den Kaufpreis angerechnet werden, wurden bereits als Mietkauf und somit als besondere Ausgestaltungsformen des Erwerbermodells unter Abschnitt 5.2.1.2 behandelt.

879 BFH, BStBl. II 1984, S. 825.

880 Zur Überprüfung dieses Tatbestandes und der genaueren Vorgehensweise sei auf die Ausführungen im vorangegangenen Abschnitt 5.2.2.2 verwiesen.

881 Vgl. hierzu und zum Folgenden Abschnitt 2.5.2.4.

Unterschied zu den vorangegangenen Modellen ist also, dass der Auftragnehmer zu keinem Zeitpunkt zivilrechtlicher Eigentümer der Immobilie bzw. des Grundstückes ist oder wird. Im Anschluss an die Bau- bzw. Sanierungsarbeiten übernimmt der Private weitere umfassende Betreiberleistungen. Die Vertragslaufzeit beträgt auch hier bis zu 30 Jahren. Ein Eigentumsübergang am Ende der Vertragslaufzeit findet aufgrund der kontinuierlichen Eigentümerstellung der öffentlichen Hand nicht statt.

5.2.4.1 Kameralistisch

Analog zum Erwerbermodell leistet der öffentliche Auftraggeber über die Vertragslaufzeit ein regelmäßiges monatliches Entgelt, welches dem privaten Auftragnehmer zur Deckung all seiner Kosten und zur Erwirtschaftung einer für ihn angemessenen Verzinsung seines eingesetzten Eigenkapitals dient. Auch hier besteht das Entgelt aus einem Anteil zur Deckung der laufenden Ausgaben für Unterhalt und Betrieb des Gebäudes, aus einem Anteil zur Tilgung der geleisteten Investitionskosten der Planungs- und Bauleistung des Privaten - welche dieser i.d.R. zum großen Teil kreditfinanziert - und daher aus einem weiteren Anteil zur Deckung seiner Finanzierungskosten.

Der Anteil zur Deckung der Investitionskosten entspricht allerdings nicht einem Anteil zum Erwerb des Gebäudes durch die öffentliche Hand, da diese ja bereits de jure das zivilrechtliche Eigentum am Objekt trägt. Es findet somit auch kein Kaufvertragsrecht, sondern Werkvertragsrecht Anwendung. Dennoch wird vorgeschlagen, die entsprechenden Entgeltbestandteile sollten in Gruppe 823 „Erwerbsanteile im Rahmen von ÖPP-Projekten sowie Erwerb privat vorfinanzierter unbeweglicher Sachen“ veranschlagt werden.[882] Diese Auffassung kann jedoch nicht vollends überzeugen. Da kein Kaufvertragsrecht angewendet wird, entsprechen die Tilgungszahlungen keinen Raten wie im Rahmen des Ratenkaufs beim Erwerbermodell. Da das zivilrechtliche Eigentum am Objekt durch das Eigentum des Grundstücks bereits bei der öffentlichen Hand liegt, liegt kein Erwerb im juristischen Sinne vor. Die auf die Tilgung abzielenden Bestandteile des Entgelts sollten daher vielmehr statt in Gruppe 823 in Hauptgruppe 7 „Baumaßnahmen“ veranschlagt werden.[883]

Das zivilrechtliche Eigentum liegt bereits beim Auftraggeber, bevor das vollständige Entgelt dafür gezahlt wurde. Rechtsdogmatisch handelt es sich bei den

[882] Vgl. BLA (2007), S. 37.
[883] So auch BMVBW (2003b), S. 181 f.

Entgeltbestandteilen zur Finanzierung analog zum Erwerbermodell um einen Kreditvertrag.[884]

Die weiteren Entgeltbestandteile zur Deckung der Finanzierungskosten und der Betreiberleistungen des Privaten sind konsumtiv zu bewerten und demnach analog der Ausführungen zu den anderen PPP-Vertragsmodellen in Gruppe 520 „Nicht aufteilbare sächliche Verwaltungsausgaben bei ÖPP-Projekten" zu veranschlagen. Für alle Entgeltbestandteile sind Verpflichtungsermächtigungen notwendig.[885]

Wird beim Inhabermodell auf die Aufstellung einzelner Entgeltbestandteile für Planung, Bau, Betrieb und Finanzierung verzichtet und stattdessen eine einheitliche Gesamtleistung vereinbart, sollte aufgrund der Analogie zum Erwerbermodell eine Einordnung der monatlichen Gesamtausgabe anhand des Schwerpunktes der Leistung vorzunehmen sein. Wie bei den Ausführungen zum Erwerbermodell gezeigt, liegt dieser Schwerpunkt in den allermeisten Fällen auf der Betreiberleistung, womit das gesamte Entgelt nach Auffassung des Bund/Länder-Arbeitsausschusses „Haushaltsrecht und Haushaltssystematik" konsumtiv zu bewerten wäre und damit unter Gruppe 520 „Nicht aufteilbare sächliche Verwaltungsausgaben bei ÖPP-Projekten" zu verbuchen sein soll. Diese Auffassung wird jedoch nicht geteilt, stattdessen sollten die Entgeltbestandteile aufgeteilt werden und die Tilgungsanteile wie beim klassischen Inhabermodell in Hauptgruppe 7 verbucht werden.[886]

Aufgrund der Gestaltung des Inhabermodells ist der öffentliche Auftraggeber zu Beginn des Projektes zivilrechtlicher Eigentümer von Grundstück bzw. Gebäude und bleibt dies auch. Eine Transaktion des Objektes vom Auftraggeber zum Auftragnehmer und damit einhergehend die Frage nach einer potenziellen Desinvestition und verbunden die Frage nach der Veranschlagung entfällt somit für das Inhabermodell.

5.2.4.2 Doppisch

Beim Inhabermodell wird ein Neubau auf einem Grundstück der öffentlichen Hand errichtet oder eine Sanierungsmaßnahme an einem Gebäude der öffentlichen Hand durchgeführt. Da die öffentliche Hand zu jedem Zeitpunkt das zivilrechtliche Eigentum am Grundstück trägt, geht das zivilrechtliche Eigentum des Neubaus automatisch auf sie über bzw. bleibt bei einer Sanierungsmaßnahme

---

[884] Vgl. Abschnitt 5.2.1.
[885] Vgl. BLA (2007), S. 37.
[886] Vgl. zur Begründung und zur genauen Vorgehensweise Abschnitt 5.2.1.1.

stets auch zivilrechtlicher Eigentümer der Immobilie.[887] Da der private Auftragnehmer mit Lieferung des Neubaus bzw. nach Durchführung der Sanierungsarbeiten seine Hauptleistung erbracht hat, liegt das wirtschaftliche Eigentum ebenso wie das zivilrechtliche Eigentum zu jedem Zeitpunkt bei der öffentlichen Hand.

Auch wenn wie dargestellt kein Kaufvertragsrecht, sondern Werkvertragsrecht Anwendung findet, entspricht die Bilanzierung daher der des Ratenkaufs beim Erwerbermodell. Auf der Aktivseite ist eine Aktivierung des Neubaus bzw. im Sanierungsfall aufgrund der umfassenden Sanierung eine Neubewertung der Immobilie geboten. Da die öffentliche Hand bereits im Eigentum des Grundstückes war und dieses somit auch in ihrer Bilanz bereits vorhanden sein muss, ergibt sich bezüglich des Grund und Bodens bilanziell kein Handlungsbedarf. Auf der Passivseite ist eine der Höhe nach der Aktivierung entsprechende langfristige Verbindlichkeit zu passivieren.[888]

Auch bei Vereinbarung einer einheitlichen Gesamtleistung ist das Objekt aufgrund der Ausführungen beim Erwerbermodell bei der öffentlichen Hand zu bilanzieren, da die Stellung als zivilrechtlicher Eigentümer nur als zusätzliches Indiz für die Zuordnung des wirtschaftlichen Eigentums aufgefasst werden kann.

5.3 Zum haushaltsrechtlichen Investitionsbegriff in Kameralistik und Doppik

Zur Einordnung von Haushaltsausgaben als Ausgaben für Investitionen kommt es darauf an, ob mit den Ausgaben der Erwerb des dinglichen Eigentums an einem Objekt vorgesehen ist.[889] Dies ergibt sich aus § 10 Abs. 3 Nr. 2 lit. b-d HGrG.[890] Demnach sind Ausgaben dann als Ausgaben für Investitionen zu werten, wenn sie für den Erwerb von beweglichen und unbeweglichen Sachen oder Beteiligungen dienen. Bei den hier betrachteten PPP-Modellen geht es stets um unbewegliche Sachen in Form von Gebäuden und Grundstücken.

Die Gestaltung des § 10 Abs. 3 HGrG erfolgte vom Gesetzgeber nach der Aufforderung zur Definition des Investitionsbegriffs des Art. 115 GG durch das Bundesverfassungsgericht.[891] Die Definition des Investitionsbegriffs lieferte der Gesetzgeber also mittelbar durch die Definition, welche Ausgaben als Ausgaben für Investitionen aufzufassen sind. Schließlich nennt auch Art. 115 GG explizit

---

887 Vgl. Abschnitt 2.5.2.4.

888 Zur näheren Vorgehensweise sei auf die Ausführungen unter Abschnitt 5.2.1.2 verwiesen.

889 Vgl. BLA (2007), S. 36; *Hüsken/Mann* (2005), S. 149 f.; BMVBW (2003b), S. 157; *Kleinlein/Stein* (2007), Art. 4, Rn. 58; HRB Nr. 10.4.

890 Wortgleich § 13 BHO.

891 Vgl. BVerfGE 79, S. 337.

die Ausgaben für Investitionen.[892] Erklären lässt sich dies vermutlich durch die bis zu diesem Zeitpunkt ausschließlich kameralistisch praktizierte Haushaltsführung des Staates. So bildet auch der Haushaltsplan gem. Art. 110 Abs. 1 S. 1 GG alle Einnahmen und Ausgaben ab und orientiert sich somit an Zahlungsströmen.[893] Daher erscheint es zweckmäßig, bei der Frage, was aus staatlicher Sicht zu einem Vermögenszuwachs, -erhalt oder einer Vermögensverbesserung führt, also eine Investition darstellt, dies anhand der Ausgaben in Form von Zahlungsströmen zu beurteilen, wie in Art. 115 GG und letztlich auch in § 10 HGrG geschehen.[894]

Letztlich werden anhand dieser Orientierung an den Ausgaben für Investitionen aber nur diejenigen investiven Vorgänge erfasst, die mit Zahlungsströmen verbunden sind.[895] Bei einer doppischen Haushaltsführung nach den Grundsätzen des HGB führt dies allerdings zu Problemen. Durch das handelsrechtlich relevante Konstrukt des wirtschaftlichen Eigentümers kann der öffentlichen Hand Vermögen zufließen, ohne dass damit ein Zahlungsstrom verbunden ist.[896] Dies wurde vor allem beim Erwerber- und Leasingmodell deutlich. Ist die öffentliche Hand wie im Falle des Erwerbermodells wirtschaftlicher Eigentümer des Objektes oder ist ihr im Falle des Leasings das wirtschaftliche Eigentum zuzurechnen, so hat sie den betreffenden Vermögensgegenstand in ihrer Bilanz auszuweisen. Jedoch ist mit der Vermögenstransaktion zunächst kein entsprechender Zahlungsvorgang verbunden. Dies führt zu dem Ergebnis, dass die öffentliche Hand in ihrer Bilanz zwar eine Investition, also einen Vermögensgegenstand in Form einer Immobilie ausweist, gleichsam aber bspw. wie im Falle des Erwerbermodells in der Haushaltsperiode keine investiven Ausgaben in entsprechender Höhe im Haushaltsplan geltend gemacht werden können. Erweitert wird die Problematik im Falle des Leasingmodells mit dem wirtschaftlichen Eigentum bei der öffentlichen Hand als Leasingnehmer. Sie weist den Vermögensgegenstand zwar in ihrer Bilanz aus, die entsprechenden Leasingraten sind aufgrund des Abstellens auf den dinglichen Erwerb des Eigentums allerdings nicht investiv, sondern konsumtiv zu bewerten. Somit weist die berichtende Stelle einen Vermögensgegenstand aus, ohne dafür allerdings jemals eine investive Ausgabe in einem Haushaltsplan auszuweisen.

---

[892] Art. 115 Abs. 1 S. 2 1. Hs. GG.

[893] Zusätzlich umfasst der Haushaltsplan gem. § 8 Abs. 2 Nr. 3 HGrG die Verpflichtungsermächtigungen.

[894] Vgl. *Jahndorf* (2003), S. 143 m.w.N.

[895] Dies führt bspw. dazu, dass Abschreibungen als vermögenswirksame Desinvestitionen nicht erfasst werden.

[896] Vgl. Abschnitt 5.1.

Die Definition des Investitionsbegriffes über die Ausgaben für Investitionen scheint also im doppischen Haushaltssystem an seine Grenzen zu stoßen. Weder die Art der Einteilung der Ausgaben in investive und konsumtive Ausgaben, noch das alleinige Abstellen des Investitionsbegriffs auf die Ausgaben für Investitionen scheint mit dem doppischen System der Haushaltsführung kompatibel. Die Einteilung der Ausgaben scheitert daran, dass durch das wirtschaftliche Eigentum des HGB bereits eine Systematik dahingehend besteht, was zu einem Vermögenszuwachs des Bilanzierenden führt und was nicht. Das Abstellen eines Vermögenszuwachses - also einer Investition - auf die Ausgaben scheitert daran, dass durch das wirtschaftliche Eigentum einem Bilanzierenden auch Vermögen zufließen kann bzw. zuzuordnen ist, ohne dass es zunächst zu entsprechenden finanziellen Transaktionen kommt.

Die Einstufung von Ausgaben als solcher investiver Art einzig anhand ihrer Funktion des Erwerbs des dinglichen Eigentums an einer Sache wird von mehreren Seiten kritisiert. Aus Haushaltssicht ist sie als nicht sachgerecht einzustufen, da die Entgelte darin nach ihrer ökonomischen Wirkung erfasst werden sollten.[897] So wird auch für Leasingraten der öffentlichen Hand gefordert, diese anhand des wirtschaftlichen Eigentums, also anhand der Erlass-Konformität des Leasinggeschäftes als konsumtiv oder investiv einzustufen.[898] Liegt das wirtschaftliche Eigentum beim Leasinggeber, lägen bei der öffentlichen Hand konsumtive Ausgaben vor, läge es beim Leasingnehmer, dementsprechend investive Ausgaben.

Eine Einstufung der Ausgaben hinsichtlich ihrer konsumtiven oder investiven Natur nach dem aus dem Steuerrecht stammenden und auch im Handelsrecht angewandten Konstrukt des wirtschaftlichen Eigentums erscheint angemessen.[899] Das wirtschaftliche Eigentum liegt - wie bereits erläutert - schließlich immer dann bei der öffentlichen Hand, wenn aufgrund der Vertragsgestaltung davon ausgegangen werden muss, dass sie auch zivilrechtlicher Eigentümer wird.

Dabei ist allerdings zu prüfen, ob diese Vorgehensweise mit den Vorgaben des Bundesverfassungsgerichts vereinbar ist. Dieses hatte festgestellt, dass der Investitionsbegriff keinesfalls noch weiter, sondern allenfalls enger zu fassen

---

897 Vgl. *Kleinlein/Stein* (2007), Art. 4, Rn. 58.

898 Vgl. *Schweinfurth/Christen* (2005), S. 220; dem zustimmend auch BMVBW (2003b), S. 177 f.; weiter *Kirchhoff/Napp/Henning* (2005), S. 275; *Jahndorf* (2003), S. 269 f.

899 Ein alternativer Vorschlag der Beratergruppe des ÖPP-Beschleunigungsgesetzes lautete, die Mittel für PPP immer als konsumtiv zu veranschlagen, sofern die wesentlichen Eigentümerrisiken vom Privaten getragen werden. Dies ist allerdings hinsichtlich der Problematik der doppischen öffentlichen Haushaltsführung nicht zielführend. Auch das BMF empfahl, keine gesetzliche Regelung des Problems vorzunehmen, woraufhin die Beratergruppe ihren Vorschlag zurückzog; vgl. *Kleinlein/Stein* (2007), Art. 4, Rn. 3.

ist.[900] Eine Beurteilung des investiven Charakters von Ausgaben anhand des wirtschaftlichen Eigentums würde aber bedeuten, dass tendenziell mehr Ausgaben als investiv zu werten sind, als dies bei einer Beurteilung alleine anhand des Erwerbs des dinglichen Eigentums der Fall ist. Ein Beispiel hierfür sind Leasingraten. Während diese bei letzterer Beurteilungsmethode stets als konsumtiv zu bewerten sind, werden sie im Falle eines nicht-erlasskonformen Leasingvertrags als investiv bewertet, da unter diesen Umständen das wirtschaftliche Eigentum bei der öffentlichen Hand liegt. Letztendlich befindet das Bundesverfassungsgericht in seinem Urteil allerdings lediglich, dass die Ausgaben für Investitionen nicht weiter gefasst werden können als in der bis dahin üblichen Staatspraxis, also nicht auf weitere Ausgabenbereiche ausgedehnt werden können. Die Staatspraxis schlägt sich in § 10 Abs. 3 Nr. 2 HGrG nieder. Im Wesentlichen sind die dort genannten Ausgaben solche der Hauptgruppen 7 und 8. Eine Einstufung der Ausgaben anhand des wirtschaftlichen Eigentums hätte zwar zur Folge, dass im Falle des Leasings u.U. Ausgaben, die vorher in Hauptgruppe 5 zu veranschlagen waren, nun in Gruppe 8 zu veranschlagen sind. Somit wird aber nicht der Kreis der Ausgabenarten, welche als Investitionsausgaben aufzufassen ist, erweitert, sondern lediglich die bereits als Investitionsausgaben bewerteten Ausgabekategorien inhaltlich erweitert. Eine Einordnung der Ausgaben in ihre konsumtive und investive Wirkung anhand des wirtschaftlichen Eigentums ist somit mit den Vorgaben des Bundesverfassungsgerichts vereinbar.[901] Eine Einordnung von Leasingraten anhand des wirtschaftlichen Eigentums wurde indes bereits von Sachsen und in erweiterter Form auch von Brandenburg umgesetzt.[902] Das dadurch nicht gelöste Problem des Vermögenszu-

[900] Vgl. BVerfGE 79, S. 336.

[901] Im Urteil des Rheinland-Pfälzischen Verfassungsgerichtshofs scheint es so, als ob auch dieser eine Bewertung der Ausgaben anhand des wirtschaftlichen Eigentums vornimmt. Zumindest verknüpft er die im Rahmen des Mogendorfer Modells zu zahlenden „Leasingraten“ mit einer privat vorfinanzierten Investitionsmaßnahme des Staates, was auf den investiven Charakter der Leasingraten schließen lässt. Zudem bezeichnet er das „Leasinggeschäft“ als Mietkauf; vgl. RhPfVerfGH, NVwZ-RR 1998, S. 147. Dazu ist festzustellen, dass das Mogendorfer Modell bei genauerer Betrachtung weder als Leasinggeschäft, noch als Mietkauf zu werten ist. Denn der Staat ist bereits mit der Fertigstellung Eigentümer der vom Privaten errichteten und vorfinanzierten Straße, da diese auf Grundstücken der öffentlichen Hand errichtet wurde. Unter diesen Umständen handelt es sich weder um ein Leasinggeschäft, noch um einen Mietkauf, sondern vielmehr um einen Warenkredit; vgl. *Zeiss* (2000), 2. Kapitel, B II 4. Eine offenbar vom Rheinland-Pfälzischen Verfassungsgerichtshof vorgenommene Bewertung der Leasingraten als investiv anhand wirtschaftlicher Kriterien entpuppt sich also bei genauerer Betrachtung als terminologisches Problem.

[902] Vgl. Sächsisches Ministerium des Inneren (2002); Ministerium des Inneren des Landes Brandenburg (2002), S. 20.

wachses ohne Ausgaben für Investitionen wird unter Abschnitt 6.1.4 noch einmal aufgegriffen.

5.4 Zum Interesse des off-balance-sheet-financings bei der öffentlichen Hand

Ziel eines Leasinggeschäftes ist meist die Bilanzierung des Leasingobjektes beim Leasinggeber. Weitergehend wird oftmals vom Auftragnehmer eine projektspezifische Tochtergesellschaft gegründet, die als Leasinggeber agieren und das Leasingobjekt bilanzieren soll, so dass weder der Leasingnehmer, noch der ursprüngliche Auftragnehmer das Leasingobjekt in seiner eigenen Bilanz ausweisen muss.[903] Der Vorteil dieses „off-balance-sheet-financing" besteht beim Leasingnehmer im Ausweis besserer Bilanzkennzahlen, da durch die fehlende Passivierung der Schuld seine Eigenkapitalquote und dementsprechend seine Eigenkapitalrendite steigt.[904] Die Leasingverträge werden dazu derart ausgestaltet, dass entsprechend der Leasingerlasse das für die Bilanzierung ausschlaggebende wirtschaftliche Eigentum beim Leasinggeber liegt, also ein erlasskonformes Leasinggeschäft vorliegt. Statt zu einer fremdfinanzierten Bilanzverlängerung zu führen, ist das Leasinggeschäft dann bilanzneutral. Allerdings tauchen die Verpflichtungen aus den Leasinggeschäften in aller Regel im Anhang der Bilanz auf, so dass die Information über die Zahlungsverpflichtung des Betroffenen nicht verborgen bleibt.[905]

Es stellt sich die Frage, ob die öffentliche Hand über die gleiche Motivation hinsichtlich eines off-balance-sheet-financing-Effektes verfügt wie ein privates Unternehmen. Zumindest ist festzuhalten, dass die öffentliche Hand - auch bei einer doppischen Haushaltsführung - nicht das Ziel einer bestimmten Eigenkapitalrendite verfolgt. Einer Bilanzverlängerung im Falle einer Zuordnung des wirtschaftlichen Eigentums zu ihr als Leasingnehmer stünde also grundsätzlich nichts im Wege. Auch in Bezug auf die Einstufung der Zahlungsfähigkeit hinsichtlich einer Bewertung im Rahmen einer Kreditvergabe erscheint für Gebietskörperschaften nicht von starkem Interesse zu sein, da sie hinsichtlich ihrer Bonität aufgrund ihrer Eigenschaft als öffentliche Körperschaft i.d.R. hervorragend eingestuft werden.[906]

---

903 Vgl. *Reuter* (2000), S. 659.

904 Vgl. *Sabel* (2006), S. 2; zu weiteren Vorteilen des off-balance-sheet-finance auch *Reuter* (2006), S. 1322.

905 Vgl. Abschnitt 5.2.2.2; auch *Sabel* (2006), S. 2 f.

906 Andernfalls wäre auch eine Forfaitierung mit Einredeverzicht unnötig, da sie ja gerade dem privaten Auftragnehmer die Finanzierungskonditionen des öffentlichen Auftraggebers verschaffen soll; vgl. Abschnitt 2.6.2.

Ein Interesse an einer davon abweichenden Bilanzierung bei ihm als Leasingnehmer könnte der öffentliche Auftraggeber bspw. aufgrund zu erwartender Investitionszuschüsse hegen. Investitionszuschüsse werden aber u.U. nur gewährt, sofern eine Kaufoption vorliegt[907] bzw. sofern eine Kaufoption realisiert wird. So ist der Bund nach Art. 104a Abs. 4 GG unter bestimmten Voraussetzungen ermächtigt, Investitionen der Länder und Kommunen finanziell zu fördern. Gleichsam ist es den Ländern ermöglicht, ihre Kommunen bei Investitionen finanziell zu unterstützen. Teilweise wird aber die Ansicht vertreten, dass die Förderung einer Einrichtung oder mit ihrer Nutzung verbundene Ausgaben im Rahmen einer alternativen Finanzierung von diesen Bestimmungen nicht gedeckt seien.[908] Häufig werde die Zuwendung nur gewährt, wenn der Zuwendungsempfänger diesen zum Vermögensaufbau nutzt.[909] Dies ist aber beim off-balance-sheet-financing nicht der Fall, da gerade die Zuordnung des Vermögensgegenstandes in das Anlagevermögen des Leasingnehmers vermieden werden soll. Geteilt sind die Meinungen daher auch bei der Frage, ob Leasing-Modelle im Hochschulbau förderungsfähig sind. Dies wird entweder abgelehnt[910] oder aber bejaht, allerdings nur unter der Voraussetzung, dass ein Erwerb am Ende der Laufzeit zwingend vorgesehen ist. In diesem Falle komme es nicht auf die Form der Finanzierung der Investition an, sondern nur auf den Zweck des Mittelflusses, also das Resultat des Eigentumserwerbs.[911]'Auf kommunaler Ebene spricht für ein on-balance-sheet-financing zusätzlich die Mindestzuführung an den Vermögenshaushalt.[912]

Für das Interesse an einem off-balance-sheet-financing bei der öffentlichen Hand spricht vor allem die Öffentlichkeitswirksamkeit einer Bilanz im Falle eines doppisch geführten Haushaltes. Auch wenn keine spezifische Eigenkapitalrendite angestrebt wird, wird das Wirtschaften der bilanzierenden Stelle nach Bilanzkennzahlen bewertet werden. Hier spielt insbesondere das Verhältnis von Eigenkapital zu Fremdkapital eine Rolle, da dieses unmittelbar als Anhaltspunkt für die finanzielle Lage der öffentlichen Stelle und ihre Verschuldung herangezogen werden kann. Ziel wird meist sein, ein möglichst hohes Eigenkapital auszuweisen, bzw. im Falle eines negativen Eigenkapitals dieses möglichst gering zu halten.[913] Wie bereits dargestellt, enthält die Bilanz zwar im An-

---

907 Vgl. *Kroll* (2005), S. 47.
908 Vgl. *Maunz* (2009), Art. 104a GG, Rn. 43.
909 Vgl. BMVBW (2003b), S. 495.
910 *Maunz* (2009), Art. 91b GG, Rn. 30, 42.
911 Vgl. *Heun* (2008), Art. 91a GG, Rn. 15.
912 Vgl. *Böhme* (2005), S. 35.
913 Insbesondere für Kommunen wäre ein hohes Eigenkapital von Interesse, sofern sie sich im Zusammenhang mit Basel II einer Bonitätsbewertung in Form eines Rating-Ver-

hang regelmäßig alle Informationen über das Leasinggeschäft, so dass eine fachgerechte Einstufung der Finanzsituation unabhängig einer bilanzneutralen Finanzierung möglich ist. Der allgemeinen Öffentlichkeit als Empfänger der Informationen dürfte eine solche Fachkenntnis aber verborgen sein. Die Politik wird daher - zu ihren Gunsten - oftmals auf eine zu detaillierte Darstellung verzichten.

Von besonderem Interesse würde das off-balance-sheet-financing durch Leasinggeschäfte sein, falls Bilanzkennzahlen wie bspw. das Verhältnis von Eigenkapital zu Fremdkapital von offizieller Seite als Kennziffer genutzt würden, um die Verschuldung der Gebietskörperschaften zum Ausdruck zu bringen. Denkbar ist, dass bspw. die Aufnahme von Krediten an solchen Bilanzkennzahlen gekoppelt würde. Bilanzneutrale Finanzierungsformen wären unter diesen Umständen fremdfinanzierten, bilanzverlängernden Finanzierungsformen vorzuziehen. Eine solche Verschuldungsregel müsste daher sicher stellen, dass auch die bilanzneutralen Finanzierungsformen eine angemessene Berücksichtigung finden.

5.5 Fazit

Vorliegend wurde untersucht, wie sich die PPP-Modelle in der kameralistischen und doppischen öffentlichen Haushaltsführung niederschlagen. Dies erscheint einerseits wichtig, um im folgenden Kapitel die Auswirkungen der PPP-Modelle auf die Staatsverschuldung zu beurteilen, da es dafür wesentlich auf den Charakter der Entgeltbestandteile im Rahmen eines PPP-Projektes ankommt. Andererseits, um Aussagen darüber zu ermöglichen, ob mit PPP-Projekten intransparente Belastungen der Haushalte einhergehen. Es ist festzustellen, dass die PPP-Modelle und die mit ihnen einhergehenden finanziellen Verpflichtungen in einer kameralistischen Haushaltsführung nur bedingt transparent dargestellt werden. Dies ist maßgeblich auf die kameralistischen Prinzipien der Fälligkeit und der Kassenwirksamkeit zurückzuführen, welches es bei modernen, von der klassischen Kreditfinanzierung abweichenden Finanzierungsmodellen schwer macht, eine adäquate Abbildung im Haushalt zu ermöglichen.

Die Verbindlichkeiten aus den PPP-Modellen werden in der Kameralistik im Wesentlichen durch die dafür notwendigen Verpflichtungsermächtigungen nach § 16 BHO sichtbar. Um die Transparenz der Verpflichtungen resultierend aus privaten Vorfinanzierungsmodellen weiter zu erhöhen, forderte der Bund-/Länder-Arbeitsausschuss „Haushaltsrecht und Haushaltssystematik" bereits 1996, dass privat vorfinanzierte Immobilien in einer zusätzlichen Übersicht an den

fahrens unterziehen müssten, was derzeit aber nicht der Fall ist. Vgl. zu den Effekten einer off-balance-sheet-finance bspw. *Reuter* (2004), S. 619.

Haushaltsplan anzuhängen sind.[914] 2007 bekräftigte der Bund-/Länder-Arbeitsausschuss diese Auffassung und erweiterte sie dahingehend, dass auch die Verbindlichkeiten aus Immobiliengeschäften über PPPs aufzunehmen sind.[915] Diese Forderung wurde zuvor bereits im Schrifttum erhoben, um der Kritik hinsichtlich einer Verschleierung von Haushaltsbelastungen und öffentlicher Verschuldung zu entgegnen.[916]

Dies liefert zwar einen Beitrag dazu, die finanziellen Verpflichtungen deutlicher zu Tage zu bringen. Dennoch fällt es schwer, aufgrund von Verpflichtungsermächtigungen und Haushaltsanhängen von echter Transparenz zu reden. Hier scheint eine doppische Haushaltsführung der kameralistischen klar überlegen. Durch die Doppik wird es insbesondere aufgrund der Aufgabe des Fälligkeits- und Kassenwirksamkeitsprinzips und der Auflistung von Vermögen und Verbindlichkeiten nach dem Konstrukt des wirtschaftlichen Eigentums möglich, ein klareres Bild der zukünftigen Belastungen der öffentlichen Haushalte auszuweisen.

---

914 Vgl. BLA (1996), S. 18.
915 Vgl. BLA (2007), S. 44.
916 Vgl. *Kleinlein/Stein* (2007), Art. 4, Rn. 63 f.; *Jahndorf* (2003), S. 284. Eine nicht ganz aktuelle Übersicht, wie die Verbindlichkeiten aus privat vorfinanzierten Modellen in den Haushalten der Länder abgebildet werden, liefert *Edinger* (1997), S. 254 f.

6. Die PPP-Modelle im Licht deutscher und europäischer Verschuldungsregeln

Nachdem im vorangegangenen Kapitel betrachtet wurde, wie die PPP-Modelle nach kameralistischer und doppischer Haushaltsführung im Haushaltsplan und im Haushalt selbst zu veranschlagen sind und abgebildet werden, wird im Folgenden untersucht, wie sie im Licht der deutschen und europäischen Verschuldungskriterien zu beurteilen sind. Dabei muss vor allem hinsichtlich der nationalen Verschuldungsregel des Art. 115 GG betont werden, dass es für die Regelung selbst zunächst keinen Unterschied macht, ob der Haushalt nach kameralistischer oder doppischer Rechnungslegung geführt wird. Lediglich hinsichtlich der Transparenz der Verschuldung ergeben sich u.U. voneinander abweichende Ergebnisse bei Kameralistik und Doppik.

Um Aussagen darüber zu treffen, inwiefern der öffentliche Schuldenstand nach der Finanzstatistik von den PPP-Modellen tangiert wird, ist eine Einstufung der daraus resultierenden Verbindlichkeiten notwendig. Anhand dessen können auch Aussagen bezüglich der Transparenz der aus den PPP-Projekten resultierenden Verbindlichkeiten hinsichtlich des öffentlichen Schuldenstandes getroffen werden, also auch, ob mit den PPP-Modellen eine verdeckte Verschuldung einhergeht. Da die PPP-Modelle im Allgemeinen eine Verwaltungsschuld begründen, wird weiterhin betrachtet, ob die mit den Projekten verbundenen Ausgaben über die Vertragslaufzeit hinweg eine Kreditaufnahme gestatten - und ob bzw. unter welchen Umständen eine solche sogar höher sein könnte als im Falle einer kreditfinanzierten Eigenrealisierung. Da die Art. 115 GG zu Grunde liegende Norm intergenerative Gerechtigkeit ist, die durch eine intertemporale Verteilung finanzieller Lasten erreicht werden soll,[917] wird schließlich betrachtet, welche intertemporale Verteilungswirkung von den PPP-Modellen gegenüber einer Eigenrealisierung ausgeht, und ob sie somit in Widerspruch zu Art. 115 GG stehen.

Die der europäischen Verschuldungsregel im SWP zugrunde liegende Norm ist die Aufrechterhaltung haushaltspolitischen Spielraums. Um diesen zu erhalten, wird einerseits das jährliche Defizit, andererseits die Schuldenstandsquote beschränkt. Im Hinblick auf die Maastricht-Kriterien ist somit zu klären, wie sich die PPP-Modelle gegenüber einer Eigenrealisierung auf Defizit und Schuldenstandsquote auswirken. Dafür muss die Behandlung der mit den Projekten verbundenen Entgelte im ESVG betrachtet werden. Denn das öffentliche Defizit und die öffentliche Verschuldung nach Maastricht ergeben sich unmittelbar aus dem Rechenwerk des ESVG.

---

[917] Vgl. Abschnitt 4.3.1.3.

Schließlich wird auch betrachtet, welche Wirkungen von den PPP-Modellen auf die öffentliche Verschuldung unter der geplanten neuen Schuldenbremse ausgehen. Hier ist wiederum zu betrachten, inwiefern der Schuldenstand der öffentlichen Haushalte nach der Finanzstatistik beeinflusst wird, und vor allem, ob sich durch die PPP-Modelle Möglichkeiten eröffnen, die neue Regelung zur Eingrenzung der Verschuldung zu umgehen. Da auch erklärtes Ziel der neuen Schuldenbremse die intergenerative Gerechtigkeit ist, wird auch hier untersucht, welche intertemporale Verteilung mit den PPP-Projekten im Vergleich zu einer Eigenrealisierung einhergeht.

6.1 Die PPP-Modelle im Licht der Verschuldungsregel des Art. 115 GG

6.1.1 Die schuldenrechtliche Einstufung der Verbindlichkeiten aus den PPP-Vertragsmodellen

Im Folgenden werden die Verbindlichkeiten aus den PPP-Vertragsmodellen hinsichtlich der Verschuldungsregel des Art. 115 GG beurteilt. Dabei wird betrachtet, inwiefern die im Rahmen der PPP eingegangenen Verbindlichkeiten als öffentliche Verschuldung bewertet und von der Schuldenstatistik erfasst werden. Im Einzelnen geht es also um die Frage, ob die resultierenden Verbindlichkeiten aus den unterschiedlichen PPP-Modellen einer Kreditaufnahme i.S.d. Art. 115 Abs. 1 S. 2 1. Hs. GG entsprechen und somit einem gesetzlichen Ermächtigungsvorbehalt unterliegen. Weiter wird betrachtet, ob eine Kreditaufnahme des privaten Auftragnehmers der öffentlichen Hand zuzurechnen ist, oder ob die Verbindlichkeit aus dem PPP-Vertrag vielmehr eine Form der Verwaltungsschuld darstellt. Ist letzteres der Fall, so wird innerhalb der Verwaltungsschuld weiter danach differenziert, welche Verbindlichkeiten aus PPP-Modellen als kreditähnliches Rechtsgeschäft anzusehen sind.[918] Ziel ist es festzustellen, ob und wie die Verbindlichkeiten von der Schuldenstatistik als Teil der Finanzstatistik erfasst werden, um so Aussagen über die Transparenz der Verschuldung treffen zu können.

Zusätzlich wird untersucht, ob ein PPP-Projekt in Kombination mit einer Forfaitierung mit Einrede- und Einwendungsverzicht durch die öffentliche Hand zu einer abweichenden Einschätzung hinsichtlich einer haushaltsrechtlichen Kreditaufnahme führt. Gleichsam, ob die Forfaitierung eine Form der Gewährleistung

[918] Die Einstufung eines Geschäfts der öffentlichen Hand als kreditähnliches Rechtsgeschäft hat zwar auf Ebene von Bund und Ländern keine solche Bedeutung wie auf Ebene der Kommunen (kreditähnliche Rechtsgeschäfte unterliegen auf Ebene der Kommunen einem Genehmigungsvorbehalt), allerdings werden die kreditähnlichen Rechtsgeschäfte von der Schuldenstatistik zumindest teilweise erfasst, auch wenn sie nicht Teil des öffentlichen Schuldenstandes sind; vgl. Abschnitt 4.1.2.1.

nach Art. 115 Abs. 1 S. 1 GG darstellt und somit der Ermächtigung per Gesetz bedarf. Abschließend wird betrachtet, ob eine ggf. vor Projektbeginn erfolgende Veräußerung eines Grundstückes oder zu sanierenden Gebäudes bzw. die daraus resultierenden Einnahmen als eine Kreditaufnahme i.S.d. Art. 115 GG zu bewerten sind.

6.1.1.1 Erwerbermodell

Beim Erwerbermodell in der klassischen Variante zahlt die öffentliche Hand an den privaten Auftragnehmer über die Vertragslaufzeit von i.d.R. bis zu 30 Jahren monatlich ein Entgelt.[919] Dieses lässt sich in Anteile für den Kauf, für die Finanzierung sowie für die Betreiberleistungen des Privaten aufspalten. Die auf den Kauf des Objektes bezogenen Entgeltbestandteile stellen Raten eines Ratenkaufs dar. Sie zielen auf den Erwerb der Immobilie ab. Der private Auftragnehmer hält für die Vertragslaufzeit eine Forderung gegenüber der öffentlichen Hand als Käufer. Für die öffentliche Hand stellt sich die Frage, wie diese Verbindlichkeit zu bewerten ist.

Der Ratenkauf entspricht rechtsdogmatisch einem Kreditvertrag.[920] Auch wirtschaftlich ist der Ratenkauf aufgrund der zeitlich verzögerten Zahlung des Kaufpreises als Kreditkauf anzusehen. Diese Einordnung muss aber nicht dem haushaltsrechtlichen Kreditbegriff entsprechen, welcher für die öffentlichen Haushalte relevant ist. Haushaltsrechtlich liegt ein Kredit dann vor, wenn sich der öffentliche Haushalt durch einen schuldrechtlichen Vertrag eine Einnahme zur Deckung von Haushaltsausgaben verschafft oder die Einsparung von Ausgaben ermöglicht.[921] Diese Voraussetzung ist beim Erwerbermodell nicht erfüllt. Der private Auftragnehmer finanziert zwar das Objekt und gewährt der öffentlichen Hand anschließend ein langfristiges Zahlungsziel. Er übernimmt somit zweifelsfrei eine Finanzierungsfunktion. Jedoch verschafft sich die öffentliche Stelle dadurch unmittelbar keine Einnahmequelle zur Deckung von Haushaltsausgaben.

Dem entspricht auch die Rechtsprechung. So stellte der Rheinland-Pfälzische Verfassungsgerichtshof fest, dass die „Eingehung von Schulden, die bei Waren- oder Dienstleistungsgeschäften entstehen, oder eine Gewährung von Zahlungszielen, die in diesem Zusammenhang verabredet werden“[922] keiner Kreditaufnahme im Sinne des Art. 115 GG entsprechen.[923] Es erfolgt auch keine Hingabe

---

919 Vgl. zum Erwerbermodell bereits Abschnitt 2.5.2.1.
920 Vgl. *Weidenkaff* (2009), vor § 433 BGB, Rn. 7.
921 Vgl. Abschnitt 4.3.1.1.
922 RhPfVerfGH, NVwZ-RR 1998, S. 147.
923 Das Urteil bezog sich zwar auf Art. 117 RhPfVerf, ist aber auf Artikel 115 GG übertragbar.

von Schuldurkunden an den privaten Auftragnehmer, welche eine Einsparung von Ausgaben ermöglicht und damit eine Kreditschuld begründen würde.[924] Eine Kreditaufnahme i.S.d. Art. 115 Abs. 1 GG liegt somit nicht vor.

Für die Frage, ob beim Erwerbermodell eine Kreditaufnahme der öffentlichen Hand vorliegt, ist es irrelevant, ob der Vertrag auf eine einheitliche Gesamtleistung abzielt, da es für die Beurteilung des Vertrages anhand der Kriterien einer haushaltsrechtlichen Kreditaufnahme darauf ankommt, ob sich der Staat eine Einnahmequelle verschafft, was unabhängig der Vertragsgestaltung beim Erwerbermodell nicht der Fall ist. Ebenso ändert die Gestaltungsvariante eines Mietkaufs nicht die rechtsdogmatische Einstufung des Erwerbermodells als Kreditkauf,[925] womit aufgrund des Fehlens einer Einnahmequelle zur Finanzierung von Haushaltsausgaben kein Kredit im haushaltsrechtlichen Sinne vorliegt.

Die staatliche Kreditaufnahme knüpft an das Rechtsträgerprinzip an. Jedoch sind vertragliche Konstellationen möglich, unter denen eine Kreditaufnahme Dritter der öffentlichen Hand zugerechnet werden kann. Dies ist immer dann geboten, wenn das Gebot der Vollständigkeit des Haushaltes nach Art. 110 GG droht, umgangen zu werden. Diesbezüglich und somit auf eine Hinzurechnung des Kredites eines Dritten ist auch das Erwerbermodell zu prüfen.

Zur Finanzierung des PPP-Projektes nimmt der private Auftragnehmer üblicherweise in Form einer Projektgesellschaft Fremdkapital auf. Dies erfolgt in seinem eigenen Namen und auf eigene Rechnung. Es liegt keine Beauftragung derart vor, dass die Projektgesellschaft auf eigenen Namen und Rechnung des öffentlichen Auftraggebers Fremdkapital aufnehmen soll. Zudem ist die öffentliche Stelle an der Projektgesellschaft i.d.R. weder beteiligt,[926] noch fließen ihr hieraus Mittel zur Bewältigung ihrer Staatsaufgaben zu. Sie verschafft sich beim Erwerbermodell keine Einnahmequelle. Gleichsam übernimmt die öffentliche Hand auch nicht die Zahlungsverpflichtung der Verschuldung. Die Gründung einer Projektgesellschaft entspricht auch nicht der Gründung einer Finanzierungsgesellschaft: Die Projektgesellschaft verfügt i.d.R. über eigenes Vermögen, sicher aber erledigt sie eigene Sachaufgaben. Die in der der Rechtsprechung und im Schriftum genannten Voraussetzungen zur Zurechnung der Kreditaufnahme

[924] Vgl. RhPfVerfGH, NVwZ-RR 1998, S. 147. Auch entsprechen die im Rahmen des Mogendorfer Modells erteilten Bautestate keiner Hingabe von Schuldurkunden, die zu einer Ersparnis von Haushaltsausgaben führen und damit vom haushaltsrechtlichen Kreditbegriff erfasst wären; vgl. RhPfVerfGH, NVwZ-RR 1998, S. 147.

[925] Vgl. *Hügel* (2006), Teil A, Rn. 7.

[926] Falls sich die öffentliche Hand an der privaten Projektgesellschaft beteiligt, dann i.d.R. nur zu einem sehr geringen Teil; vgl. *Reuter* (2005), S. 1249.

eines Dritten zu dem der öffentlichen Hand sind somit nicht erfüllt.[927] Auch das von der Rechtsprechung entwickelte generelle Zurechnungsgebot, welches eine Zurechnung der Kreditaufnahme Dritter immer dann fordert, wenn damit haushaltsrechtliche Sachverhalte verschleiert werden sollen, kann hier nicht als gegeben angesehen werden. Eine Zurechnung der Kreditaufnahme des privaten Auftragnehmers zu der des öffentlichen Auftraggebers scheidet beim Erwerbermodell somit aus.[928]

Die ratenweise Zahlung des Kaufpreises an den privaten Auftragnehmer kann auf den Wunsch der Vertragsparteien hin als Vereinbarungsdarlehen geschuldet werden.[929] Wirtschaftlich gesehen gewährt der Verkäufer im Falle eines Vereinbarungsdarlehens dem Käufer finanzielle Mittel aus einem Darlehensvertrag. Diese Mittel dienen dem Käufer dazu, den Kaufpreis unmittelbar zu zahlen, so dass die Forderung auf den Kaufpreis beim Verkäufer erlischt. Der Käufer schuldet dem Verkäufer fortan anstelle der Kaufraten Tilgungs- und Zinsraten resultierend aus dem Darlehensvertrag. Aus einer solchen wirtschaftlichen Perspektive wäre die Gewährung eines Vereinbarungsdarlehens wohl als Kreditaufnahme der öffentlichen Hand zu werten. Schließlich verschafft der Verkäufer dem öffentlichen Auftraggeber liquide Mittel in Form des Darlehens, die dieser unmittelbar nutzt, um Ausgaben in Form der Zahlung des Kaufpreises an den Auftragnehmer zu decken.

In der Praxis jedoch wird eine solche Umschichtung von finanziellen Mitteln nicht stattfinden. Rechtlich gesehen handelt es sich beim Vereinbarungsdarlehen um eine rein abstrakte Umwandlung des Kausalverhältnisses vom Kaufvertrag hin zum Darlehensvertrag.[930] Die Einwendungen und Einreden aus dem zuvor bestehenden Vertrag bestehen jedoch unverändert; weitergehende Rechtsfolgen bedürfen zwingend einer ausdrücklichen Vereinbarung.[931] Es stellt sich daher die Frage, ob diese Umwandlung des Kaufvertrags in ein Vereinbarungsdarlehen zu einer abweichenden Bewertung des Vertrages hinsichtlich der Kreditaufnahme i.S.d. Art. 115 GG führt.

Dazu ist zunächst auf die Definition des Darlehens einzugehen. Das Darlehen verpflichtet laut § 488 Abs. 2 BGB den Darlehensgeber, dem Darlehensnehmer einen Geldbetrag in vereinbarter Höhe auf Zeit zur Verfügung zu stellen. Es bezieht sich also eindeutig auf die Bereitstellung liquider Mittel, im Gegensatz

927 Vgl. Abschnitt 4.3.1.1.

928 Vgl. zu den hier genannten Kriterien der Zurechnung der Kreditaufnahme Dritter Abschnitt 4.3.1.1.

929 Vgl. Abschnitt 2.5.2.1.

930 Vgl. *Derleder* (2003), § 9, Rn. 18.

931 Vgl. *Derleder* (2003), § 9, Rn. 18.

zu einer Bereitstellung von Gegenständen:[932] Entscheidendes Tatbestandsmerkmal für die Begründung eines Darlehensverhältnisses ist die „Zur-Verfügung-Stellung eines Geldbetrages".[933] Im vorliegenden Fall wird dieser Geldbetrag vom Darlehensnehmer genutzt, um die Schuld aus dem Kaufvertrag zu tilgen. Auch wenn in der Praxis keine finanziellen Transaktionen erfolgen, die Umwandlung vielmehr abstrakt rein auf dem Papier vollzogen wird, stellt dies doch den Darlehensnehmer kraft Definition des Darlehens so, als ob er einen entsprechenden Geldbetrag vom Darlehensgeber zur Verfügung gestellt bekommen hätte. Schließlich hat er ihm in Folge auch die Gegenleistung aus dem Darlehensvertrag in Form der Zahlung von Tilgungs- und Zinsraten zu erbringen. Aus haushaltsrechtlicher Sicht bedeutet die Begründung eines Vereinbarungsdarlehens dann aber nichts anderes als eine Kreditaufnahme durch die betreffende öffentliche Stelle: Sie verschafft sich durch Begründung eines schuldrechtlichen Vertrages von einer nicht-öffentlichen Stelle Einnahmen, die der Deckung von Ausgaben - der Zahlung des Kaufpreises - dienen.

Dagegen kann argumentiert werden, dass auch nach Umwandlung der Schuld in ein Vereinbarungsdarlehen alle Einreden und Einwendungen des ursprünglichen Vertrages beibehalten werden. Zwar ist der Vertrag nach der Umwandlung rechtstechnisch dem Darlehensrecht unterstellt, jedoch basiert er nach wie vor offensichtlich auf dem Kausalgeschäft, welches die Lieferung der Immobilie an die öffentliche Hand durch den privaten Auftragnehmer darstellt. Da also Basis des Vertrages nach wie vor eine Austauschbeziehung zwischen öffentlichem und privatem Vertragspartner ist, kann das Erwerbermodell als Verwaltungsschuld qualifiziert werden: Eine Verwaltungsschuld liegt nämlich nach h.M. dann vor, wenn zwischen Gläubiger und Schuldner eine Austauschbeziehung besteht, auf der die Schuld aufbaut.[934] Zudem erscheint es fraglich, ob die formelle Stellung als Darlehensnehmer und der damit verbundene theoretische Geldmittelzufluss für die Haushaltspraxis von Relevanz ist. Da letztlich real kein Zahlungsstrom fließt, wird durch die öffentliche Haushaltsführung vermutlich auch im Haushaltsplan bzw. im Haushalt selbst ein solcher nicht erfasst werden. Die Einstufung des Geschäftes als Kredit im haushaltsrechtlichen Sinne ohne parallele Abbildung einer entsprechenden Einnahme im Haushalt scheint aber fraglich. Letztendlich steht auch im Falle des Mogendorfer Modells die öffentliche Hand durch die Forfaitierung mit Einrede- und Einwendungsverzicht

---

[932] Vgl. *Derleder* (2003), § 9, Rn. 1.
[933] Vgl. *Hügel* (2006), S. 46.
[934] Vgl. Abschnitt 4.3.1.1.

wie ein Darlehensnehmer dar, ohne dass dies zu einer Einordnung der Schuld als Kreditschuld führt.[935]

Da die Frage der Einstufung des Erwerbermodells als Kredit- oder Verwaltungsschuld im Falle der Umwandlung der Schuld in ein Vereinbarungsdarlehen eher rechtstheoretischer Natur scheint, soll eine abschließende Beurteilung im Rahmen dieser Arbeit nicht erfolgen. Es wird jedoch davon ausgegangen, dass die Umwandlung der Schuld aus dem Kaufvertrag in ein Vereinbarungsdarlehen nicht dazu führt, dass das Erwerbermodell abweichend seiner klassischen Form mit einem haushaltsrechtlichen Kreditgeschäft verbunden ist, sondern nach wie vor eine Verwaltungsschuld begründet.

Da das Erwerbermodell nicht als Kredit i.S.d. Art. 115 GG gewertet wird, ist es als eine Form der Verwaltungsschuld einzustufen: Es ist als Teil der Geschäfts- und Verwaltungstätigkeit der öffentlichen Hand anzusehen, welches eine Schuld begründet, ohne kassenwirksame Liquidität in Form eines Geldmittelzuflusses zum Staat zu entfalten. Der private Auftragnehmer übernimmt beim Erwerbermodell zwar eine Finanzierungsfunktion und räumt dem öffentlichen Auftraggeber bei einer Vertragslaufzeit bis zu 30 Jahren einen langen Tilgungsrahmen ein. Allerdings basiert das Modell auf einem Kaufvertrag, der eine Schuld zwischen privatem Gläubiger und öffentlichem Schuldner begründet. Basis der Schuld ist also ein Konnexitätsverhältnis, so dass nach der h.M. eine Verwaltungsschuld vorliegt.[936] Da haushaltsrechtlich keine Kreditaufnahme vorliegt, unterliegt das Erwerbermodell nicht dem Ermächtigungsvorbehalt des Art. 115 Abs. 1 S. 1 GG.

Das Erwerbermodell lässt sich innerhalb der Verwaltungsschuld noch näher klassifizieren. Der Vertrag zwischen der öffentlichen Hand und dem privaten Auftragnehmer entspricht einem kreditähnlichen Rechtsgeschäft.[937] Ein solches liegt vor, wenn das Geschäft aus wirtschaftlicher Sicht einer Kreditaufnahme gleichkommt.[938] Für eine Kreditähnlichkeit sind also ausschließlich wirtschaftliche Kriterien entscheidend: Es wird betrachtet, welchen wirtschaftlichen Zweck das Geschäft erfüllen soll.[939] Maßgeblich für ein kreditähnliches Rechtsgeschäft ist die Fälligkeit der Zahlungsverpflichtung: Bei kreditähnlichen Geschäften erhält die öffentliche Hand eine Leistung, deren Gegenleistung sie erst

935 Vgl. RhPfVerfGH, NVwZ-RR 1998, S. 147.

936 Vgl. Abschnitt 4.3.1.1.

937 Kreditähnliche Rechtsgeschäfte sind vor allem auf kommunaler Ebene von Bedeutung, da zu ihrem Abschluss eine Genehmigung der zuständigen Aufsichtsbehörde erfolgen muss; vgl. *Littwin/Schöne* (2006), Rn. 83; BMVBW (2003b), S. 214.

938 Vgl. *Reuter/Polley* (2007), S. 1348.

939 Vgl. *Gundlach* (2001), S. 204.

zu einem späteren Zeitpunkt erbringen muss.[940] Die Gegenleistung der in einer Haushaltsperiode empfangenen Leistung wird also in zukünftige Haushaltsperioden verlagert.[941] Da diese Voraussetzung beim Erwerbermodell durch die Bereitstellung der Immobilie und die gleichzeitige eingeräumte ratenweise Zahlung des Kaufpreises durch den privaten Auftragnehmer erfüllt ist, ist es den kreditähnlichen Rechtsgeschäften zuzurechnen. Es grenzt sich somit von Verwaltungsschulden ohne Finanzierungsfunktion ab.[942] Somit ist festzustellen, dass die Verbindlichkeiten aus dem Erwerbermodell von der Schuldenstatistik nach Finanzstatistik nicht als Schuldenstand des öffentlichen Sektors ausgewiesen werden.

Nach Art. 110 Abs. 1 Satz 1 GG hat der Haushaltsplan alle Einnahmen und Ausgaben der Haushaltsperiode abzubilden. Da beim Erwerbermodell aufgrund seiner Eigenschaft als Verwaltungsschuld keine Veranschlagung im Haushaltsplan geboten ist, droht der parlamentarische Vorbehalt der Begründung von Ausgaben umgangen zu werden.[943] Solche alternativen Finanzierungsformen sollen daher nur mit parlamentarischer Ermächtigung begründbar sein.[944] Nach dem Urteil des Rheinland-Pfälzischen Verfassungsgerichtshofs ist das dafür geeignete Mittel eine Verpflichtungsermächtigung.[945] Dass eine solche beim Erwerbermodell zwingend erforderlich ist, wurde bereits dargestellt.[946] Neben der Verpflichtungsermächtigung bedürfen in einigen Bundesländern sämtliche Formen von Sonderfinanzierungen daneben zusätzlich einer gesonderten Ermächtigung.[947]

---

940 Vgl. OLG Dresden, SächsVBl. 2002, S. 63 ff.; BGH, NZM 2004, S. 341; VG Gera, LKV 2002, S. 590.

941 Vgl. *Gundlach* (2001), S. 206.

942 Vgl. auch BMVBW (2003b), S. 215. Dort wird allerdings das kreditähnliche Rechtsgeschäft als solches dargestellt, welches der öffentlichen Hand zur Verschaffung von Einnahmen dient, im Gegensatz zu Verwaltungsschulden ohne Finanzierungsfunktion. Würde das Geschäft aber zur Gewinnung von Einnahmen abgeschlossen, käme es wirtschaftlich nicht einer Kreditaufnahme durch die öffentliche Hand gleich, sondern würde einer solchen entsprechen; vgl. Abschnitt 4.3.1.1.

943 Vgl. *Jahndorf* (2003), S. 136.

944 Vgl. NWVerfGH, DVBl 1994, S. 861.

945 Vgl. RhPfVerfGH, NVwZ-RR 1998, S. 147 f.; auch Abschnitt 4.3.1.1. Allerdings sieht der RhPfVerfGH aufgrund des gegenüber den verfassungsrechtlich gebotenen Ermächtigungen für Kreditaufnahmen und Gewährleistungen niedrigen einzelgesetzlichen Ranges der Verpflichtungsermächtigung und ihrer fehlenden Nennung als flankierendes Instrument zur Wahrung des parlamentarischen Budgetrechts in der Verfassung erhebliche Gestaltungsfreiheit für den Gesetzgeber; vgl. RhPfVerfGH, NVwZ-RR 1998, S. 148.

946 Vgl. Abschnitt 5.2.1.1.

947 Vgl. BMVBW (2003b) mit Verweis auf § 8 Abs. 1 Haushaltsgesetz 2002/2003 Brandenburg, wonach Leasing-, Mietkauf- und ähnliche Verträge, unter die auch das Erwerbermodell fallen sollte, zu ihrem Abschluss Ermächtigungen des Ministeriums der Finan-

Das Erwerbermodell kann auch i.V.m. einer Forfaitierung unter Einrede- und Einwendungsverzicht ausgestaltet werden, um dem privaten Auftragnehmer dadurch günstigere Finanzierungskonditionen zu verschaffen. Dabei ist zu bewerten, ob die Anerkennung der Schuld aus dem Kaufvertrag unter Einrede- und Einwendungsverzicht gegenüber der Bank als eine Bürgschaft, Garantie oder sonstige Gewährleistung i.S.d. Art. 115 Abs. 1 S. 1 GG darstellt und somit einer gesetzlichen Ermächtigung bedarf.

Bürgschaft, Garantie und sonstigen Gewährleistungen i.S.d. Art 115 Abs. 1 GG ist gemeinsam, dass die öffentliche Hand einem Begünstigten gegenüber bestimmte Risiken eines Dritten abdeckt und dafür haftet. Durch den ausgesprochenen Einrede- und Einwendungsverzicht übernimmt die öffentliche Hand im Falle der Forfaitierung Risiken des Auftragnehmers und verlagert diese auf sich, insbesondere das Risiko der Schlechtleistung. Liegen bzgl. der Leistung des privaten Auftragnehmers Tatbestände vor, die eine Minderung von Zahlungen legitimieren würden, ist der öffentliche Auftraggeber trotzdem verpflichtet, seiner Verbindlichkeit gegenüber dem Forfaiteur nachzukommen.[948] Der Einrede- und Einwendungsverzicht erfolgt zwar zugunsten eines Dritten. Die öffentliche Hand übernimmt damit jedoch keinerlei Gewähr oder Haftung für die Zahlungspflicht des Dritten, sondert sichert nur ihre eigene Schuld.[949] Die Zahlungen an den Forfaiteur sind Zahlungen resultierend aus der eigenen Verbindlichkeit aus abgetretenem Recht. Da somit im Falle des Erwerbermodells i.V.m. einer Forfaitierung mit Einrede- und Einwendungsverzicht keine Bürgschaften, Garantien oder sonstige Gewährleistungen übernommen werden, entfällt auch die dafür erforderliche gesetzliche Ermächtigung.[950]

Daneben stellt sich die Frage, ob sich durch die Forfaitierung mit Einrede- und Einwendungsverzicht die Zurechnung der Kreditaufnahme des privaten Auftragnehmers zu der öffentlichen Hand ändert. Denn durch die Forfaitierung wird

---

zen unter Zustimmung des Landtagsausschusses für Haushalt und Finanzen bedürfen; ähnlich auch § 6 Abs. 1 Satz 1 und 2 Haushaltsgesetz 2002/2003 Berlin; auch § 4 Abs. 3 RfPfHG 1996. Diese Ermächtigungen sind notwendig, ersetzen jedoch nicht Verpflichtungsermächtigungen. Diese sind nach wie vor notwendig, durch die Sonderermächtigung wird lediglich die endgültige Entscheidung zur Durchführung der Maßnahme an das Ministerium der Finanzen und den Haushalts- und Finanzausschuss des Landtages gegeben; vgl. RhPfVerfGH, NVwZ-RR 1998, S. 146.

948 Vgl. Abschnitt 2.6.2.

949 Vgl. RhPfVerfGH, NVwZ-RR 1998, S. 147.

950 Dies bedeutet aber nicht, dass auf kommunaler Ebene die präventive Genehmigungserfordernis für eine solche Forfaitierung entfällt, da diese für Bürgschaften, Gewährverträge und diesen *wirtschaftlich gleichkommende* Rechtsgeschäfte erforderlich ist; vgl. BMVBW (2003b), S. 222; vgl. zu den Voraussetzungen zum Abschluss solcher Verträge auf kommunaler Ebene auch *Grupp* (2000), § 19, Rn. 103.

nach dem Kreditwesengesetz anstelle des privaten Auftragnehmers der öffentliche Auftraggeber zum Kreditnehmer.[951] Für den haushaltsrechtlichen Kreditbegriff kommt es jedoch nicht auf die formale Stellung der öffentlichen Hand als Schuldner an, sondern darauf, ob ihr aus dem Kreditgeschäft ein Zahlungsstrom zufließt, der ihr als Einnahmequelle zur Deckung des Haushalts dient. Dies ist im vorliegenden Fall nicht gegeben. Daher entschied auch der Rheinland-Pfälzische Verfassungsgerichthof, dass auch im Falle der Forfaitierung mit Einrede- und Einwendungsverzicht keine öffentliche Kreditaufnahme vorliegt.[952]

Beim Erwerbermodell ist es möglich, dass die öffentliche Hand vor Beginn des PPP-Projektes Eigentümer des zu bebauenden Grundstücks oder der zu sanierenden Immobilie ist. In diesem Fall veräußert sie das Grundstück vor Vertragsbeginn an den privaten Auftragnehmer, was im öffentlichen Haushalt durch die daraus fließende Einnahme entsprechend verbucht wird. Anschließend kauft die öffentliche Hand das Grundstück bzw. die sanierte Immobilie vom Privaten wieder zurück.[953] Der Staat veräußert also Vermögen, desinvestiert, erwirbt das veräußerte Vermögen allerdings im Anschluss wieder. Das Geschäft hat somit gewisse Ähnlichkeiten mit einem Sale-and-lease-back-Geschäft.[954] Der Staat veräußert auf diesem Wege einen Vermögensgegenstand, der in der Vergangenheit realisiert wurde, belastet aber ggf. die zukünftige Generation zusätzlich, falls sich der spätere Rückkauf im Barwert höher als der Veräußerungserlös darstellt.[955]

Bei Veräußerungsgeschäften mit anschließendem Rückkauf oder Leasing hat die Rechtsprechung in der Vergangenheit mehrmals festgestellt, dass die daraus erzielten Einnahmen unter bestimmten Bedingungen für die öffentliche Hand als Einnahmen aus Kredit zu werten sind.[956] Das Bundesverfassungsgericht entschied im Rahmen einer einstweiligen Anordnung die Behandlung der Veräußerungserlöse im Rahmen eines Sale-and-lease-back-Geschäftes des Landes Schleswig-Holstein als Einnahmen aus Krediten, verwies aber zur endgültigen

---

951 Vgl. *Kroll* (2005), S. 61.

952 Vgl. RhPfVerfGH, NVwZ-RR 1998, S. 147.

953 Dieses Vorgehen widerspricht zwar § 63 Abs. 2 S. 1 BHO, nachdem Vermögensgegenstände nur veräußert werden, sofern sie zur Erfüllung von Aufgaben in absehbarer Zeit nicht benötigt werden. Der Rückkauf zeigt aber gerade das Gegenteil. In Folge dessen wurde § 63 Abs. 2 S. 2 BHO eingeführt, der eine Veräußerung zum Zwecke wirtschaftlicherer Erfüllung einer öffentlichen Aufgabe zulässt.

954 Das Erwerbermodell entspricht keinem Sale-and-lease-back-Geschäft, da die bebaute bzw. sanierte Immobilie etwas anderes darstellt, als die zuvor übertragene Immobilie; vgl. *Scheel* et al. (1997), § 90 GO NW, Rn. 1.

955 Vgl. *Jahndorf* (2003), S. 325 f.

956 Vgl. BerlVerfGH, NVwZ-RR 1997, S. 506; BVerfGE 99, S. 57.

Entscheidung auf das Hauptsacheverfahren.[957] Dieses fand jedoch aufgrund der Umgestaltung des Geschäftes als Reaktion auf die einstweilige Anordnung durch das Land Schleswig-Holstein nicht statt, so dass bislang keine höchstrichterliche Entscheidung zur Frage einer Behandlung von Veräußerungserlösen als Krediteinnahmen vorliegt.

Bei einer solchen Konstellation des Erwerbermodells stellt sich daher die Frage, ob die erzielten Einnahmen aus der Veräußerung des Grundstücks oder der Immobilie an den Privaten als Einnahmen aus Krediten zu werten sind. Zu differenzieren ist die hier aufgeworfene Frage jedoch von der Zurechnung einer Kreditaufnahme Dritter zum Staat. Im hier vorliegenden Fall realisiert der Staat eine Einnahme und es ist zu beurteilen, ob diese unabhängig ihrer ursprünglichen Veranschlagung als Einnahme aus Kredit zu werten ist. Würde diese Fragestellung mit der der Zurechnung der Kreditaufnahme Dritter gleichgestellt, so käme es auf die Art der Finanzierung der Staatseinnahmen durch den Dritten an. Die Frage der Zurechenbarkeit des Kredites eines Dritten zur öffentlichen Hand setzt nämlich voraus, dass der Dritte selbst einen Kredit aufnimmt. *Jahndorf* weist jedoch völlig zu Recht darauf hin, dass bei der hier vorliegenden Betrachtung die Finanzierungsform des Privaten - Eigen- oder Fremdkapital - keine Rolle spielen darf.[958] Eine Behandlung der Einnahmen aus Veräußerungserlösen als haushaltsrechtliche Kreditaufnahme *kann* sich zwar aus der Pflicht zur Zurechnung des Kredites eines Dritten ergeben - wie sie im Falle der einstweiligen Anordnung des Bundesverfassungsgerichts festgestellt wurde[959] - , ist jedoch nicht darauf beschränkt, sondern kann sich auch aus den allgemeinen Kriterien des haushaltsrechtlichen Kreditbegriffs ergeben.

Im Schrifttum geht *Kirchhof* der Frage der Zurechnung des Veräußerungserlöses zur öffentlichen Kreditaufnahme nach. Anknüpfend an die einstweilige Anordnung des Bundesverfassungsgerichts knüpft auch er die Frage der Kreditaufnahme an die Kriterien der Abgrenzung des Kreditbegriffs in Art. 115 Abs. 1 S. 2 GG.[960] Durch die Veräußerung mit anschließendem Rückkauf oder Leasing fließt der öffentlichen Hand ein Zahlungsstrom zu, gleichzeitig wird aber eine Rückzahlungspflicht begründet.[961] *Kirchhof* schließt daraus, dass die Anforderungen als eine Qualifizierung der Einnahme als Kredit i.S.d. Art. 115 GG er-

---

957 Vgl. BVerfG, NVwZ 1999, S. 173 ff.

958 Vgl. *Jahndorf* (2003), S. 327.

959 BVerfG, NVwZ 1999, S. 173.

960 Vgl. *Kirchhof* (1999), S. 247 bzw. BVerfG, NVwZ 1999, S. 173.

961 Da sich Verkauf und Rückkauf wechselseitig bedingen, sind Veräußerungseinnahme und Rückzahlungspflicht als einheitlicher Vorgang zu betrachten, nicht als zwei voneinander unabhängige Geschäfte; vgl. *Jahndorf* (2003), S. 326.

füllt sind.[962] Insbesondere sieht er eine Kreditaufnahme gegeben, da der enorme Aufwand des Landes zum Abschluss des Geschäfts überhaupt einzig dazu diene, dem Land Liquidität zu verschaffen, das Eigentum an den Veräußerungsobjekten aber niemals endgültig aufzugeben.[963] Als Indiz dafür sieht er die Stellung des Landes als wirtschaftlicher Eigentümer der veräußerten Immobilien zu jedem Zeitpunkt.[964]

Jahndorf erweitert den Ansatz von *Kirchhof* dahingehend, dass er zusätzlich den Sachverhalt betrachtet, ob die öffentliche Hand hinsichtlich des Eigentums am Ende des Vertrages so dasteht, wie sie im Falle einer Kreditaufnahme dagestanden hätte.[965] Bleibt das Eigentum am Ende oder bei einer vorzeitigen Beendigung des Vertrages beim Privaten, so spricht dies für eine endgültige Veräußerung. Auch *Jahndorf* betrachtet das wirtschaftliche Eigentum im Falle der Immobilien-Transaktion des Landes Schleswig-Holstein und kommt entgegen der Auffassung von *Kirchhof* zum dem Schluss, dass die öffentliche Hand nicht wirtschaftlicher Eigentümer der Immobilien sei. Dieser Auffassung *Jahndorfs* ist jedoch zu widersprechen.[966] Er folgt mit diesem Ansatz nicht der Argumentationslinie von *Kirchhof*, der das wirtschaftliche Eigentum zur Beurteilung, ob die öffentliche Hand das Eigentum an der Immobilie tatsächlich aufgibt oder es nicht aufgeben möchte, aufgreift.

Letztlich macht *Jahndorf* die Antwort auf die Frage nach der Einordnung des Veräußerungserlöses als Kreditaufnahme losgelöst vom wirtschaftlichen Eigentum davon abhängig, ob das Eigentum am Objekt nach Beendigung des (Miet-)Vertrages an die öffentliche Hand zurückfällt oder nicht. Ist dies der Fall,

---

962 Vgl. *Kirchhof* (1999), S. 247; zur Abgrenzung des haushaltsrechtlichen Kreditbegriffs ausführlich Abschnitt 4.3.1.1.

963 Vgl. *Kirchhof* (1999), S. 247. Zur Verwirklichung des Projektes wurden mehrere Landesgesetze geändert.

964 Bemerkenswert daran ist, dass *Kirchhof* das aus dem Handels- und Steuerrecht geprägte Konstrukt des wirtschaftlichen Eigentums zur Beurteilung haushaltsrechtlicher Fragen heranzieht.

965 Vgl. *Jahndorf* (2003), S. 328 f.

966 Die Argumentation von *Jahndorf* ist nicht schlüssig. Er leitet die wirtschaftliche Eigentümerstellung der Privaten einzig aus dessen Funktion als Vermieter ab, da dieser die Früchte in Form von Mietzins erziele. Mögliche Früchte werden aber auch im Fall der Wertsteigerung der Immobilie erzielt, so dass es für die Frage nach dem wirtschaftlichen Eigentum auch darauf ankommt, wer die Chance der Wertsteigerung trägt. Überhaupt sind zur Zuordnung des wirtschaftlichen Eigentums weitere Anhaltspunkte wie die Laufzeit des Geschäfts im Verhältnis zur betriebsüblichen Nutzungsdauer oder aber mögliche Erwerbsrechte des Mieters zu betrachten; vgl. Abschnitt 5.1, 5.2.1.2 und 5.2.2.2. Diese Anhaltspunkte blendet *Jahndorf* allerdings aus; vgl. *Jahndorf* (2003), S. 329 f.

so liege eine Krediteinnahme vor, ist dies nicht der Fall, so sei eine solche zu verneinen.[967]

Sowohl der Argumentation von *Kirchhof* über das wirtschaftliche Eigentum, als auch der Argumentation von *Jahndorf* über das zivilrechtliche Eigentum am Ende des Vertrages folgend wäre im hier vorliegenden Fall des Erwerbermodells die Einnahme aus der Veräußerung als Krediteinnahme der öffentlichen Hand zu werten. *Kirchhof* macht jedoch in seinen Ausführungen noch auf einen anderen Aspekt aufmerksam. Letztlich stelle sich die Frage, ob der Staat das Veräußerungsgeschäft vordergründig abschließt, um sich durch das Geschäft Liquidität zu verschaffen. Dies wird im Fall des Sale-and-lease-back-Geschäfts des Landes Schleswig-Holstein als gegeben angesehen, da ansonsten kein Haushaltsausgleich - auch nicht durch Krediteinnahmen - zustande gekommen wäre.[968]

Im Falle des Erwerbermodells ist ein solches Motiv allerdings zu bezweifeln. Die Veräußerung eines Grundstücks oder einer Immobilie durch die öffentliche Hand erfolgt bei der PPP offensichtlich aus dem Grund heraus, dass der private Käufer auf diesem eine Immobilie errichtet oder saniert und anschließend betreibt, und zwar wirtschaftlicher, als dies die öffentliche Hand vermag. Ein Liquiditätszufluss als vorrangiger Grund des Geschäfts ist somit zweifelhaft, und damit verbunden auch die Einordnung des Veräußerungserlöses als Einnahme aus Kredit. Dagegen bzw. für eine Einordnung des Veräußerungserlöses als Krediteinnahme spricht jedoch, dass der private Auftragnehmer im Rahmen einer PPP die Errichtung oder Sanierung der Immobilie auch durch ein ihm eingeräumtes Erbbaurecht verrichten könnte.[969] Insbesondere beim Erwerbermodell mit einem ohnehin vereinbarten zivilrechtlichen Eigentumsübergang am Ende der Vertragslaufzeit steht dem nichts im Wege. Auf diese Art wäre die öffentliche Hand nach Beendigung des Vertrages genauso gestellt wie im Falle einer vorherigen Veräußerung, was dafür spricht, die Einnahme aus der Veräußerung als Krediteinnahme zu werten.

In Abwägung der unterschiedlichen Argumentationen wird an dieser Stelle davon ausgegangen, dass eventuell erzielbare Veräußerungserlöse im Falle des Erwerbermodells i.S.d. Art. 115 GG als Einnahme aus Krediten zu bewerten sind. Zwar ist bei der Veräußerung des Grundstückes im Rahmen des Erwerbermodells die Gewinnung von Liquidität nicht primäres Ziel der öffentlichen Hand. Jedoch tritt dieser Effekt beim Erwerbermodell als Begleiteffekt des Geschäfts genauso auf. Da damit letztlich die gleichen Ergebnisse erzielt werden

967 Vgl. *Jahndorf* (2003), S. 330.
968 Vgl. BVerfGE 99, S. 57; *Kirchhof* (1999), S. 247; *Jahndorf* (2003), S. 323.
969 Vgl. Abschnitt 2.5.2.1.

wie sie im Falle einer Veräußerung zum Ziele des Liquiditätsgewinns auftreten, scheint eine unterschiedliche Behandlung einzig aufgrund des primären Zieles des Geschäfts nicht zweckmäßig, denn das formulierte Ziel des Geschäftes untersteht enormem politischem Gestaltungsspielraum.

Wenn die Einnahme des Veräußerungserlöses als Einnahme aus Kredit gewertet wird, so ist die Rückzahlungspflicht dementsprechend eine Verbindlichkeit aus Kreditschuld. Für den Fall des Erwerbermodells bedeutet dies, dass die Verwaltungsschuld entsprechend schrumpft bzw. sich nur auf die weiteren Investitionskosten des privaten Auftragnehmers bezieht, während parallel dazu eine Kreditverbindlichkeit in Höhe des Verkaufserlöses besteht. Die Kreditschuld wird im Gegensatz zur Verwaltungsschuld von der Finanzstatistik erfasst und als Teil des Schuldenstands des öffentlichen Sektors ausgewiesen.

6.1.1.2 Leasingmodell

Beim Leasingmodell übernimmt der private Auftragnehmer Planung und Bau bzw. Planung und Sanierung einer Immobilie, welche anschließend die öffentliche Hand von ihm least. Zusätzlich betreibt der Private die Immobilie über die Vertragslaufzeit und finanziert das Projekt. Der öffentlichen Hand wird zum Vertragsende eine Kaufoption zum vorher ermittelten Restwert des Objektes eingeräumt.

Das Leasingmodell stellt in seiner Ausgangsform ein Dauerschuldverhältnis dar.[970] Die Leasingraten des Auftraggebers stellen eine Vergütung für die Nutzungsüberlassung der Immobilie dar. Leistung und Gegenleistung erfolgen Zug um Zug. Die Nutzungsüberlassung gegen Entgelt untersteht dem Mietvertragsrecht, allerdings rückt beim Leasing auch die Finanzierungsfunktion des Privaten in den Vordergrund, so dass ein atypischer Mietvertrag vorliegt. Aufgrund der Finanzierungsfunktion über die Vertragslaufzeit kommt die Verbindlichkeit aus dem Leasingvertrag wirtschaftlich kreditären Zins- und Tilgungsverpflichtungen gleich, nicht aber rechtlich.[971] Zudem verschafft sich die öffentliche Hand trotz einer Finanzierungsfunktion durch den Auftragnehmer beim Leasinggeschäft keine Liquidität.[972] Ohne Einnahmequelle zur Deckung von Haushaltsausgaben liegt aber im haushaltsrechtlichen Sinne kein Kredit i.S.d. Art. 115 GG

[970] Vgl. Abschnitt 5.2.2.1.
[971] Vgl. *Gröpl* (2001), S. 475.
[972] Ein Liquiditätseffekt tritt nur bei der Variante eines Sale-and-lease-back-Geschäfts auf; vgl. hierzu noch in diesem Abschnitt.

vor.[973] Das Leasinggeschäft ist für die öffentliche Hand somit nicht mit einer Kreditaufnahme verbunden.[974]

Übt die öffentliche Hand die ihr im Rahmen des Leasingmodells eingeräumte Kaufoption aus, führt dies zwar zu einer rechtlich und haushaltstechnisch differenzierten Einordnung des Vertrages weg vom Mietvertrag hin zum Kaufvertrag, allerdings wird ihr auch dadurch keine Liquidität verschafft, so dass auch dann keine Kreditaufnahme i.S.d. Art. 115 GG vorliegt.

Beim Leasingmodell übernimmt der private Auftragnehmer die Finanzierung des Projektes. I.d.R. nimmt die Projektgesellschaft dafür einen entsprechenden Kredit auf. Diese Kreditaufnahme erfolgt im eigenen Namen und auf eigene Rechnung. Sofern sich die öffentliche Hand keinen Einfluss auf die Projektgesellschaft sichert, sie keine Finanzierungsdienste des Privaten übernimmt, die Projektgesellschaft eigenes Vermögen besitzt und eigene Sachaufgaben verfolgt, wovon im Leasingmodell in seiner beschriebenen Form auszugehen ist, scheitert auch die Zurechnung der Kreditaufnahme der Projektgesellschaft zu der der öffentlichen Hand.[975] Das Leasingmodell unterliegt somit auch nicht dem Ermächtigungsvorbehalt des Art. 115 Abs. 1 GG.

Das Leasinggeschäft ist als Verwaltungsschuld einzustufen. Es begründet eine Schuld, ohne dass damit eine Vereinnahmung von Liquidität für die öffentliche Hand verbunden ist. Basis ist eine materielle Austauschbeziehung. Für eine Einordnung eines Geschäfts als kreditähnliches Geschäft muss dieses eine Finanzierungsfunktion erfüllen. Das hier behandelte Leasingmodell erfüllt eine solche Finanzierungsfunktion und ist daher innerhalb der Verwaltungsschuld als kreditähnliches Rechtsgeschäft zu werten.[976] Zwar herrscht grundsätzlich eine Austauschbeziehung zwischen Leasinggeber und Leasingnehmer. Doch zur Frage, ob eine Finanzierungsfunktion und damit ein kreditähnliches Rechtsgeschäft vorliegen, ist auf den wirtschaftlichen Gehalt des Leasingvertrages abzustellen.[977] Durch die i.d.R. relativ lange und beidseitig unkündbare Vertragslaufzeit von 25 bis 30 Jahren beim Leasingmodell rückt die Finanzierungsfunktion des privaten Auftraggebers als Leasinggeber eindeutig in den Vordergrund, weshalb der Vertrag auch als eine Form des Finanzierungsleasings klassifiziert ist.[978] Diese Art von Leasinggeschäften stellen grundsätzlich kreditähnliche

---

[973] Vgl. Abschnitt 4.3.1.1.
[974] Vgl. auch RhPfVerfGH, NVwZ-RR 1998, S. 147; zuvor bereits OLG Saarbrücken, NJW-RR 1988, S. 243.
[975] Vgl. dazu auch unter Abschnitt 6.1.1.1.
[976] Vgl. auch BMVBW (2003b), S. 216.
[977] Vgl. *Gundlach* (2001), S. 204.
[978] Vgl. Abschnitt 2.5.2.2.

Rechtsgeschäfte dar.[979] Insbesondere kommt es bei der Beurteilung der wirtschaftlichen Einordnung des Leasingvertrages hinsichtlich seiner Kreditähnlichkeit nicht auf eine Option zum Erwerb an.[980] Auch kommt es nicht auf das Konstrukt des wirtschaftlichen Eigentums aus dem Steuerrecht an, sondern lediglich auf die wirtschaftliche Ähnlichkeit mit einer Kreditaufnahme.[981] Die Verbindlichkeit aus dem Leasingmodell wird somit nicht als Teil des Schuldenstands des öffentlichen Sektors in Abgrenzung der Finanzstatistik ausgewiesen.

Um eine drohende Umgehung des parlamentarischen Ausgabenbewilligungsvorbehalts zu vermeiden, sind für Maßnahmen, welche zukünftige Haushalte belasten, stets Verpflichtungsermächtigungen notwendig. Diese sind also auch beim Leasingmodell erforderlich.[982]

Auch das Leasingmodell kann zusammen mit einer Forfaitierung mit Einrede- und Einwendungsverzicht zwecks günstigerer Finanzierungskonditionen des Privaten kombiniert werden. Für die öffentliche Hand stellt dies keine Bürgschaft, Garantie oder Gewährleistung i.S.d. Art. 115 Abs. 1 S. 1 GG dar. Zusätzlich ändert sich durch die Forfaitierung auch nicht die Einordnung des Leasingmodells als Verwaltungsschuld und kreditähnliches Rechtsgeschäft.[983]

Das Leasingmodell wird u.U. als Sale-and-lease-back-Geschäft gestaltet. Im Grunde bedeutet dies nichts anderes als eine dem Leasingmodell vorausgehende Veräußerung eines Grundstücks oder einer Immobilie durch die öffentliche Hand an den privaten Auftragnehmer. In der Vergangenheit wurde durch die Rechtsprechung mehrmals festgestellt, dass die Einnahmen aus diesen vorherigen Veräußerungen von der öffentlichen Hand als Einnahmen aus Krediten zu behandeln sind. Dies ergab sich aus der Pflicht zur Zurechnung der Kreditaufnahmen des privaten Leasinggebers, also der Pflicht zur Zurechnung der Kreditaufnahme Dritter. Eine solche wurde beim Leasingmodell bereits verneint, sofern nicht besondere Umstände wie die Sicherung besonderer Rechte durch die öffentliche Hand vorliegen.

Die Wertung der Einnahmen aus den Veräußerungen als Einnahmen aus Krediten ist jedoch nicht an die Zurechnung fremder Kredite zur öffentlichen Kreditaufnahme beschränkt, sondern kann sich auch unabhängig der Finanzierungs-

---

979 Vgl. *Gundlach* (2001), S. 204.

980 Vgl. *Gundlach* (2001), S. 205; auf die Option zum Erwerb zur Einordnung des Leasings als kreditähnliches Rechtsgeschäft stellen bspw. *Littwin/Schöne* ab; vgl. *Littwin/Schöne* (2006), Rn. 83.

981 Vgl. *Lübking/Beck* (2004), § 100, Rn. 10; dazu auch BGH, NVwZ-RR 2007, S. 47.

982 Vgl. Abschnitt 5.2.2.1.

983 Vgl. hierzu auch die Ausführungen zur Forfaitierung im vorangegangenen Abschnitt.

form des Privaten - Eigen- oder Fremdkapital - anhand allgemeiner Kriterien des haushaltsrechtlichen Kreditbegriffes ergeben.[984] Eine Kreditaufnahme ist dann gegeben, wenn die Veräußerung zu einem Liquiditätszufluss zur öffentlichen Hand führt und gleichsam eine Rückzahlungspflicht besteht. Dies führt im Ergebnis nämlich letztlich nur dazu, dass der öffentlichen Hand temporär liquide Mittel zur Verfügung gestellt werden.

Der Liquiditätszufluss tritt beim Leasingmodell im Falle einer vorherigen Veräußerung zweifelsohne auf. Entscheidend ist daher die Beurteilung der Rückzahlungspflicht. In der hier betrachteten Konstellation des Leasingmodells - Kaufoption zum vorher vereinbarten Restwert, erlasskonform - amortisiert die öffentliche Hand dem Leasinggeber zwar Investitionskosten. Zum einen aber i.d.R. nur anteilig, zum anderen amortisiert sie nicht die Grundstückskosten. Da der private Leasinggeber auf das Grundstück keine Abschreibungen vornimmt, dieses in seiner Bilanz vielmehr zu Anschaffungs- und Herstellungskosten bestehen bleibt, ist dieser Teil seiner Investitionskosten auch nicht in den Leasingraten erhalten. Eine volle Rückzahlungspflicht ist bei einer Teilamortisation somit nicht gegeben, was die Einordnung der Veräußerungserlöse als Kreditaufnahme verhindert. Eine abweichende Einschätzung ist auch dann nicht gegeben, wenn die öffentliche Hand die ihr eingeräumte Kaufoption ausübt. Zwar zahlt sie dann einen Kaufpreis, der letztendlich auch den Wert der zuvor veräußerten Vermögensgegenstände umfasst. Jedoch kann dies nicht dazu führen, dass die Veräußerungseinnahmen rückwirkend als Kreditaufnahme gewertet werden. Zum Zeitpunkt des Zuflusses des Veräußerungserlöses war die Rückzahlungspflicht nämlich noch nicht vorhanden. Gleichsam führt die Ausübung der Kaufoption auch nicht dazu, dass die zuvor konsumtiv eingeordneten Leasingraten ex post in investive Ausgaben umgewandelt werden.

Wird das Leasingmodell hingegen nicht erlasskonform gestaltet, also derart, dass die öffentliche Hand wirtschaftlicher Eigentümer wird, werden die Leasingraten von Anfang an als Anzahlungen eines späteren Erwerbs angesehen. Nach *Kirchhof* wäre somit vorrangiges Ziel des Geschäftes der Liquiditätsgewinn, da sich die öffentliche Hand offensichtlich nach wie vor wie der Eigentümer stellen will.[985] Letztlich wird der Leasingnehmer nämlich immer dann wirtschaftlicher Eigentümer, wenn davon ausgegangen werden muss, dass er das zivilrechtliche Eigentum am Objekt (wieder) erwerben will. Somit läge im haushaltsrechtlichen Sinn eine Kreditaufnahme der öffentlichen Hand in Höhe der Veräußerungserlöse vor. Nach *Jahndorf* wäre dies nicht der Fall, da er das eigentliche Ziel des Leasinggeschäfts nicht aufgrund des wirtschaftlichen Eigentums bestimmt, son-

984 Vgl. dazu die Ausführungen zum Erwerbermodell im vorangegangenen Abschnitt.
985 Vgl. *Kirchhof* (1999), S. 247.

dern anhand dessen, wem das zivilrechtliche Eigentum am Ende der Vertragslaufzeit zuteilwird.[986] Dies ist aber auch bei nicht-erlasskonformen Leasingverträgen, also solchen, bei denen das wirtschaftliche Eigentum während der Leasingzeit beim Leasingnehmer liegt, der Leasinggeber. Ansonsten läge nämlich gar kein Leasingvertrag vor. Die Argumentation von *Jahndorf* erscheint daher angreifbar. Der Argumentation von *Kirchhof* folgend wird daher eine Einordnung der eventuellen Veräußerungserlöse beim Leasingmodell in der Variante Sale-and-lease-back als Einnahme aus Krediten angenommen, sofern die öffentliche Hand während des anschließenden Leasinggeschäfts wirtschaftlicher Eigentümer des Leasingobjektes ist, da dann davon auszugehen ist, dass sie auch nach Beendigung des Leasings wieder zivilrechtlicher Eigentümer des Leasingobjektes wird. Das Ziel des (erneuten) Eigentumserwerbs ist dann auch dem Ziel der wirtschaftlicheren Erfüllung der Aufgabe vorrangig.

Wenn die Einnahme aus der Veräußerung als Einnahme aus Krediten zu behandeln ist, ist auch die aus dem Leasingmodell resultierende Schuld in Höhe des Verkaufspreises an den privaten Auftragnehmer als Kreditaufnahme zu bewerten. Dementsprechend geringer fällt die Verwaltungsschuld aus. Liegt das wirtschaftliche Eigentum dagegen beim Auftragnehmer, so besteht auf Seiten der öffentlichen Hand auch bei vorherigem Veräußerungsgeschäft lediglich eine Verwaltungsschuld. Nur die mögliche Kreditschuld wird von der Finanzstatistik erfasst und erhöht den Schuldenstand des öffentlichen Sektors entsprechend.

6.1.1.3 Mietmodell

Beim Mietmodell liegt dem Vertrag ein reines Mietverhältnis zugrunde. Es liegt somit ein Dauerschuldverhältnis vor. Mit dem Mietmodell in der Ausgangsform erreicht die öffentliche Hand keinerlei Liquiditätsvorteile. Es liegt zwar ein schuldrechtlicher Vertrag vor, der jedoch zu keinen Einnahmequellen auf öffentlicher Seite führt. Daher sind die Voraussetzungen der Wertung der aus dem Mietverhältnis entstehenden Verbindlichkeit als Kreditaufnahme des Staates nicht gegeben. Dieses Ergebnis gilt auch, falls der öffentlichen Hand beim Mietmodell eine Kaufoption zum Verkehrswert eingeräumt und durch sie wahrgenommen wird.

Der private Auftragnehmer übernimmt auf eigenen Namen und eigene Rechnung die Finanzierung des Projektes. Die öffentliche Hand übernimmt keine Finanzierungsdienste des Privaten, gleichsam besitzt die vom Auftragnehmer i.d.R. gegründete Projektgesellschaft eigenes Vermögen in Form des Mietobjektes und geht eigenen Sachaufgaben nach. Somit scheitert auch die Zurech-

[986] Vgl. *Jahndorf* (2003), S. 330.

nung des Kredites der Projektgesellschaft zu der öffentlichen Hand. Mit dem Mietmodell ist also keine Aufnahme von Krediten i.S.d. Art. 115 Abs. 1 S. 1 GG verbunden, so dass es auch keiner gesetzlichen Ermächtigung bedarf.

Der Mietvertrag ist vielmehr ein klassisches Austauschverhältnis, in dem Leistung und Gegenleistung über einen längeren Zeitraum Zug um Zug erfüllt werden. Die Pflicht des Auftragnehmers ist die Nutzungsüberlassung und Instandhaltung des Objektes, die des Mieters, einen angemessenen Mietzins dafür zu zahlen. Die Verpflichtung des Mieters resultierend aus dem Mietmodell ist somit als Verwaltungsschuld zu klassifizieren, da sich aus dem schuldrechtlichen Vertrag eine Verbindlichkeit ergibt, ohne kassenwirksame Liquidität zu entfalten.

Weiter kann die Frage gestellt werden, ob der private Auftragnehmer im Mietmodell durch die Finanzierung des Projektes für die öffentliche Hand eine Finanzierungsfunktion übernimmt. Dies könnte gerade bei Neubauten auf den ersten Blick angenommen werden. Letztlich ist jedoch festzuhalten, dass beim Mietmodell im Ausgang kein Eigentumsübergang auf die öffentliche Hand vorgesehen ist. Dies gilt auch bei einer Laufzeit von 30 Jahren, währenddessen der Vertrag unkündbar ist, bzw. kann auch unter diesen Voraussetzungen nicht unterstellt werden. Der private Auftragnehmer finanziert also die Investition, da aber davon ausgegangen werden muss, dass er auch nach Ende der Vertragslaufzeit zivilrechtlicher Eigentümer des Mietobjektes bleibt, finanziert er nur seine eigene Investition, er finanziert sie jedoch nicht für die öffentliche Hand. Dies wird auch dadurch ersichtlich, dass im Entgelt keine Anteile in Form von Tilgungs- und Zinsleistungen enthalten sind, sondern ein Mietzins für die Nutzungsüberlassung, der sich i.d.R. anhand von Vergleichsmieten orientiert, nicht unmittelbar anhand der Investitionskosten des Privaten. Eine Finanzierungsfunktion wie beim Erwerbermodell und beim Leasingmodell tritt somit nicht auf. Somit ist das Mietmodell auch nicht als kreditähnliches Rechtsgeschäft zu werten. Es stellt vielmehr eine Verwaltungsschuld ohne Finanzierungsfunktion dar.[987] Verpflichtungsermächtigungen sind dennoch notwendig.[988]

---

[987] Diese Einschätzung wird auf Ebene der Gemeinden als bedenklich eingestuft, insbesondere dann, wenn die Mietverträge langfristiger Natur sind und gleichsam unkündbar. Die Abgrenzung zum Leasinggeschäft ist dann nur noch gering. Zudem komme es nur auf die Ähnlichkeit des Geschäftes zu einem Kreditgeschäft an, dabei ist das Konstrukt des wirtschaftlichen Eigentums und damit eines vermuteten Eigentumsübergangs irrelevant. Es komme bei der Frage nach dem kreditähnlichen Rechtsgeschäft nicht darauf an, ob der Private einen Erwerb der öffentlichen Hand vorfinanziert, er könne auch die Nutzung vorfinanzieren. Die Kreditähnlichkeit sei durchaus gegeben, wenn sich die Mietdauer der betriebsgewöhnlichen Nutzungsdauer annähert; vgl. *Gundlach* (2001), S. 205. Die Rechtsprechung entscheidet jedoch regelmäßig anders, nämlich nach Lieferung und Fälligkeit

Auch beim Mietmodell ist eine vorherige Veräußerung von Grundstück und/oder Gebäude an den privaten Auftragnehmer möglich. Dabei stellt sich die Frage, ob die Veräußerungen aus dieser Transaktion bei der öffentlichen Hand als Einnahme aus Kredit zu werten sind. Die Zurechnung der Kreditaufnahme des Privaten wurde bereits verneint, daher ist weiter zu prüfen, ob eine Einnahme aus Krediten aus allgemeinen Kriterien zur Abgrenzung des Kreditbegriffes gegeben ist. Demnach ist zu bewerten, ob sich mit dem Liquiditätszufluss gleichsam eine Rückzahlungspflicht ergibt. Dies ist beim Mietmodell zu verneinen. Da die öffentliche Hand beim Mietmodell nicht darauf abzielt, das Eigentum am Objekt zurück zu erwerben und auch zu keinem Zeitpunkt wirtschaftlicher Eigentümer der Immobilie ist,[989] also davon auszugehen ist, dass das zivilrechtliche Eigentum beim Vermieter bleibt, entsteht neben der Veräußerung keine direkte Rückzahlungspflicht. Dies wird auch daran deutlich, dass der Private für den öffentlichen Auftraggeber keine Finanzierungsfunktion übernimmt. Eine Wertung der Einnahme eventueller Veräußerungserlöse durch die öffentliche Hand beim Mietmodell als Kreditaufnahme ist somit abzulehnen. Auch die Ausübung einer Kaufoption zum vorher vereinbarten Verkehrswert führt zu keiner abweichenden Einschätzung.[990]

Das Mietmodell führt somit in keinem Fall zu einer Erhöhung des öffentlichen Schuldenstandes in Abgrenzung der Finanzstatistik.

6.1.1.4 Inhabermodell

Beim Inhabermodell bleibt die öffentliche Hand Eigentümer eines Grundstücks, auf dem der private Auftragnehmer ein Gebäude neu errichtet oder ein vorhandenes Gebäude saniert und anschließend über die Vertragslaufzeit betreibt.

Die von der öffentlichen Hand entrichteten Entgeltbestandteile zur Deckung der Investitionskosten stellen beim Inhabermodell keine Kaufraten dar, da das zivilrechtliche Eigentum am Gebäude kraft des zivilrechtlichen Eigentums am Grundstück bereits bei der öffentlichen Hand liegt. Dennoch räumt der Private dem öffentlichen Auftraggeber ein langfristiges Zahlungsziel ein. Seine Leistung hinsichtlich des Gebäudes erbringt er dabei im Moment der Übergabe an die öffentliche Hand, nicht erst im Laufe des Vertrages. Aus wirtschaftlicher Sicht liegt somit aufgrund der ratenweisen Zahlung des geschuldeten Entgelts

---

der Zahlungsverpflichtung, welche bei der Miete im Gegensatz bspw. zum Erwerbermodell Zug um Zug erfolgt, womit eine Kreditähnlichkeit nicht gegeben ist; vgl. BGH, NJW 2003, S. 1318 ff.

988 Vgl. Abschnitt 5.2.3.1.

989 Vgl. Abschnitt 5.2.3.2.

990 Vgl. dazu die Ausführungen im vorangegangenen Abschnitt 6.1.1.2.

ein Kreditvertrag vor. Aus haushaltsrechtlicher Sicht ist jedoch damit keine Gewinnung von Einnahmen verbunden, so dass mit dem Inhabermodell keine Kreditaufnahme i.S.d. Art. 115 Abs. 1 S. 1 GG verbunden ist.

Sofern sich die öffentliche Hand auf die Projektgesellschaft keinen Einfluss verschafft, nicht dessen Zahlungsverpflichtungen übernimmt und sich die Projektgesellschaft im eigenen Namen und auf eigene Rechnung Kreditmittel verschafft, scheitert auch die Zurechnung ihrer Kreditaufnahme zu der der öffentlichen Hand.

Auch wenn die in Raten fällige Forderung des Privaten gegenüber der öffentlichen Hand über die Höhe der Investitionskosten in ein Vereinbarungsdarlehen umgewandelt wird, führt dies nicht dazu, dass die Verbindlichkeit als Kreditaufnahme der öffentlichen Hand zu werten ist.[991]

Das Inhabermodell unterliegt somit nicht dem Ermächtigungsvorbehalt des Art. 115 Abs. 1 S. 1 GG. Die Verbindlichkeit aus dem Werkvertrag ist vielmehr als Verwaltungsschuld einzustufen. Das Inhabermodell begründet eine Schuld gegenüber dem privaten Auftragnehmer, ohne dabei kassenwirksame Liquidität zu entfalten. Basis der Schuld ist der Werkvertrag über das errichtete oder sanierte Gebäude. Da der private Auftragnehmer gegenüber der öffentlichen Hand zweifelsfrei eine vorfinanzierende Funktion einnimmt, das Inhabermodell durch die ratenweise Fälligkeit der Forderung des Privaten bei gleichzeitiger Lieferung der erbrachten Leistung zu Vertragsbeginn - also zeitlich verzögerter Erbringung der Gegenleistung durch die öffentliche Hand - wirtschaftlich einer Kreditaufnahme entspricht, ist das Inhabermodell innerhalb der Verwaltungsschulden als kreditähnliches Rechtsgeschäft einzustufen. Der Schuldenstand der öffentlichen Hand in Abgrenzung der Finanzstatistik bleibt in Konsequenz unberührt.

Durch die Einstufung des Inhabermodells als kreditähnliches Rechtsgeschäft droht generell die Umgehung des parlamentarischen Genehmigungsvorbehaltes über Ausgaben, also die Umgehung des parlamentarischen Ausgabenbewilligungsrechtes. Daher sind auch beim Inhabermodell Verpflichtungsermächtigungen zwingend notwendig.[992]

Auch beim Inhabermodell kann zur Vergünstigung der Finanzierungskonditionen des privaten Auftragnehmers die Forfaitierung mit Einrede- und Einwendungsverzicht zur Anwendung kommen. Eine solche entspricht aber keiner Bürgschaft, Garantie oder sonstigen Gewährleistung i.S.d. Art. 115 Abs. 1 S. 1 GG und unterliegt somit auch nicht deren Ermächtigungsvorbehalt. Zusätzlich

---

[991] Vgl. dazu die Ausführungen zum Erwerbermodell, Abschnitt 6.1.1.1.
[992] So aber auch schon unter Abschnitt 5.2.4.1.

führt die Forfaitierung auch zu keiner abweichenden Wertung hinsichtlich der sich aus dem Werkvertrag ergebenden Schuld als Verwaltungsschuld anstelle einer haushaltsrechtlichen Kreditschuld.[993]

Da die öffentliche Hand beim Inhabermodell zu jedem Zeitpunkt im zivilrechtlichen Eigentum der Immobilie bleibt, kann vor Vertragsbeginn entsprechend keine Veräußerung von Grundstück oder Gebäude erfolgen.

6.1.2 Die PPP-Modelle und ihre Verschuldungswirkung unter Art. 115 GG

Nachdem im vorangegangenen Abschnitt die Verbindlichkeiten aus den PPP-Modellen bewertet und hinsichtlich ihrer Erfassung durch die Finanzstatistik beurteilt wurden, wird in diesem Abschnitt betrachtet, wie sich die mit den unterschiedlichen PPP-Modellen verbundenen Ausgaben auf die Verschuldungsregel des Art. 115 GG auswirken. Es wird dabei der Frage nachgegangen, inwiefern die Ausgaben im Zusammenhang mit den PPP-Modellen ermöglichen, über das Kredit-Investitions-Junktim des Art. 115 GG Kredite aufzunehmen. Denn demnach können immer dann Kredite aufgenommen werden, sofern damit Investitionen finanziert werden - was im Übrigen eine Kreditaufnahme im Falle der Eigenrealisierung der Investition stets gestattet. Weiterhin wird untersucht, ob sich bei PPP-Projekten, insbesondere i.V.m. vorherigen Veräußerungsgeschäften im Zusammenhang mit dem Projekt, die Möglichkeit zur Aufnahme von Krediten gegenüber der Eigenrealisierung ausweitet.

Zudem wird betrachtet, ob die PPP-Modelle in Verbindung mit Art. 115 GG im Gegensatz zur klassischen Eigenrealisierung zu einer abweichenden intertemporalen Umverteilung führen. Denn schließlich ist die Art. 115 GG zugrunde liegende Norm intergenerative Gerechtigkeit, die durch intertemporale Umverteilung von Verbindlichkeiten erreicht werden soll. Dazu ist zunächst zu betrachten, zu welcher intertemporalen Umverteilung eine Eigenrealisierung i.V.m. Art. 115 GG führen kann. Die Finanzierung der Eigenrealisierung eines der hier betrachteten Projekte erfolgt entweder komplett aus laufenden Haushaltsmitteln oder durch eine Kreditfinanzierung über das Kredit-Investitions-Junktim des Art. 115 Abs. 1 GG, oder aber durch eine Kombination beider Varianten, also eine partielle Kreditfinanzierung. Sofern das Projekt komplett aus laufenden Haushaltsmitteln bestritten wird, findet eine intertemporale Umverteilung faktisch nicht statt, vielmehr übernimmt die gegenwärtige Generation die komplette Finanzierungslast. Findet dagegen eine Kreditfinanzierung Anwendung, so ist aufgrund der Haushaltspraxis der öffentlichen Hand davon auszugehen, dass die dafür aufgenommenen Kredite durch neue ersetzt werden, und

[993] Vgl. auch zur Forfaitierung die Ausführungen zum Erwerbermodell, Abschnitt 6.1.1.1.

somit die Finanzierungslast auf unbestimmte Zeit in die Zukunft - durchaus auch über die Lebenszeit des Investitionsobjektes hinaus - verlagert wird. Da diese Praxis auch bei einer partiellen Kreditfinanzierung zu erwarten ist, bedeutet eine solche, dass z.T. die gegenwärtige Generation durch den Anteil aus den laufenden Haushaltseinnahmen und z.T. zukünftige Generationen mit der Finanzierung belastet werden. Eine gleichmäßiger distribuierte intertemporale Umverteilung erscheint nur dann möglich, sofern eine Kreditfinanzierung gewählt wird, welche über die Lebenszeit des Investitionsobjektes hinweg bedient wird, was aber der Haushaltspraxis gerade nicht entspricht.[994] Diesen Ergebnissen der Eigenrealisierung ist die intertemporale Umverteilung der unterschiedlichen PPP-Modelle gegenüberzustellen.

6.1.2.1 Erwerbermodell

Die beim Erwerbermodell zu zahlenden Entgeltanteile zur Deckung der Anschaffungs- und Herstellungskosten der Immobilie als Teil der Kaufraten sind als investive Ausgaben einzustufen. Hinsichtlich Art. 115 GG bedeutet dies, dass dadurch in den jeweiligen Haushaltsperioden über die Vertragslaufzeit hinweg die Summe der Ausgaben für Investitionen in entsprechender Höhe ansteigt. Dies erhöht gleichsam den Spielraum der Kreditaufnahme bzw. weitet die mögliche Höhe der Nettokreditaufnahme der jeweiligen Haushaltsperiode aus.

Die sich aus dem Erwerbermodell ergebende Verbindlichkeit ist als eine Verwaltungsschuld in Form eines kreditähnlichen Rechtsgeschäfts einzustufen. Dies gilt unabhängig von einer Gestaltung als Mietkauf, mit Forfaitierung oder i.V.m. einem Vereinbarungsdarlehen. Sie ist somit ggf. in der Schuldenstatistik erfasst, ist jedoch nicht Teil des Schuldenstandes des öffentlichen Sektors, denn sie stellt aus haushaltsrechtlicher Sicht keinen Kredit und somit auch keine Einnahme aus Krediten i.S.d. Art 115 GG dar. Sie wird im Haushalt lediglich durch die für sie notwendige Verpflichtungsermächtigung sichtbar.

Der Ausweitung der Möglichkeit zur Nettokreditaufnahme durch die Investitionsausgaben steht also parallel keine entsprechende Einengung durch die sich aus dem Erwerbermodell in jeder Haushaltsperiode ergebenden fälligen Verbindlichkeit gegenüber, da diese keine Einnahme aus Kredit darstellt. Würde die durch die Investitionsausgaben entstehende Ausdehnungsmöglichkeit der Einnahmen aus Krediten voll genutzt, so steigt die jährliche Nettokreditaufnahme genau in Höhe der Investitionsausgaben des Erwerbermodells - bzw. deren Pendant, der Verwaltungsschuld - an. Mit anderen Worten: Die vormals bestehende Verwaltungsschuld einer Haushaltsperiode aus dem Erwerbermodell könnte

[994] Vgl. ausführlich Abschnitt 4.3.1.2.

durch eine Kreditschuld substituiert werden. Die Kreditschuld würde nun auch von der Schuldenstatistik erfasst werden und den Schuldenstand des öffentlichen Sektors entsprechend erhöhen. Wiederholt sich dies in jeder einzelnen Haushaltsperiode über die Vertragslaufzeit hinweg, so kann die anfängliche Verwaltungsschuld am Ende vollkommen durch einen Kredit i.S.d. Art. 115 GG substituiert werden. Hinsichtlich der intertemporalen Umverteilung bedeutet dies, dass wie bei der kreditfinanzierten Eigenrealisierung eine ausschließliche Belastung zukünftiger Generationen in Höhe der Investitionskosten erfolgen kann, auch über die Lebenszeit des Investitionsobjektes hinaus. In keinem Fall liegt jedoch eine ungleicher distribuierte intertemporale Umverteilung vor, als dies bei der Eigenrealisierung möglich ist. Erfolgt beim Erwerbermodell dagegen keine Kreditaufnahme und damit keine Substitution der Verwaltungsschuld in eine Kreditschuld, so findet eine echte Tilgung von Verbindlichkeiten statt, was hinsichtlich der intertemporalen Umverteilung eine gleichmäßiger verteilte Finanzierungslast und somit eine periodengerechte finanzielle Belastung der Nutzergenerationen bedeuten würde. Hingegen bedeutet eine unterlassene Kreditaufnahme bei der Eigenrealisierung, dass ausschließlich die gegenwärtige Generation belastet wird.

Dieser Vorgang findet unabhängig von einer kameralistischen oder doppischen Haushaltsführung statt, da sich der Regelungsgehalt des Art. 115 GG nicht an einer spezifischen Art der Rechnungslegung erschöpft, so dass in Kameralistik und Doppik die gleichen Ergebnisse auftreten. Gleichsam scheint ein doppisches Haushaltssystem besser geeignet, die haushaltstechnischen Vorgänge anschaulich darzustellen. Denn im Gegensatz zur Kameralistik werden in der Doppik auch solche Transaktionen abgebildet, die nicht mit einem Zahlungsstrom verbunden sind. Daher werden im Folgenden die sich ergebenden haushaltstechnischen Konsequenzen des Erwerbermodells hinsichtlich der Verschuldung anhand der doppischen Haushaltsführung beschrieben.

Da die öffentliche Hand beim Erwerbermodell zu Beginn der Vertragslaufzeit wirtschaftlicher Eigentümer der Immobilie wird, aktiviert sie das Objekt in ihrer Bilanz zu den Anschaffungs- und Herstellungskosten. Auf der Passivseite wird eine Verbindlichkeit in entsprechender Höhe passiviert, welche die Verwaltungsschuld darstellt. Diese ist nicht Teil des öffentlichen Schuldenstandes. Die jährlichen Investitionsausgaben ergeben sich aus den entsprechenden Anteilen der Kaufraten, der Spielraum der Nettokreditaufnahme wird wie beschrieben entsprechend erweitert. Würde dieser voll ausgenutzt, so findet am Ende jeder Haushaltsperiode zwar theoretisch eine Bilanzverkürzung statt, da die Verwaltungsschuld in Höhe der Investitionsausgaben verringert wurde. Gleichsam aber findet durch die zusätzliche Nettokreditaufnahme in eben dieser Höhe eine

Bilanzverlängerung statt. Anders ausgedrückt kommt es faktisch zu einem Passivtausch, bei der die Verbindlichkeit der Verwaltungsschuld durch eine Verbindlichkeit in Form einer Kreditschuld getauscht wird.[995] Dementsprechend ändert sich auch auf der Aktivseite dadurch nicht die Bilanzsumme. In Bezug auf die intertemporale Umverteilung bedeutet dies, dass in der entsprechenden Haushaltsperiode keine Belastung stattfindet, sondern die Belastung stattdessen in die Zukunft verlagert wird. Wird stattdessen auf eine Kreditaufnahme verzichtet, so verkürzt sich die Bilanz entsprechend; hinsichtlich der intertemporalen Umverteilung wäre eine glattere Verteilung gewährleistet.

Parallel dazu finden in jeder Haushaltsperiode bilanzielle Transaktionen statt, die nicht mit einem Fluss von liquiden Mitteln verbunden sind. Auf der Aktivseite ist das Gebäude jährlich abzuschreiben, nicht aber das Grundstück. Die jährlichen Abschreibungen entsprechen nicht den jährlichen Investitionsausgaben, da die Abschreibungen zum einen nur einen Teil der Immobilie - nämlich das Gebäude, nicht aber das Grundstück - betreffen, zum anderen die investiven Ausgaben über die Vertragslaufzeit hinweg im Gegensatz zu den Abschreibungen nicht linear verteilt sind. Einen typischen Verlauf der Investitionsausgaben und Abschreibungen beim Erwerbermodell über eine Laufzeit von 30 Jahren hinweg zeigt Abbildung 6-1. Die jährlichen Abschreibungen gehen in die Ergebnisrechnung ein und werden am Ende jeder Haushaltsperiode mit dem Eigenkapital verbucht. Sie verringern also das Eigenkapital entsprechend.

Am Ende der Vertragslaufzeit befinden sich in der Bilanz auf der Aktivseite das Gebäude mit seinem Restbuchwert sowie das Grundstück zu seinen historischen Anschaffungs- und Herstellungskosten. Würde die Möglichkeit zur Kreditaufnahme in jeder Haushaltsperiode genutzt, steht gleichzeitig aber nach wie vor eine Verbindlichkeit als Kreditschuld in Höhe der ursprünglichen Anschaffungs- und Herstellungskosten in der Bilanz. Während also auf der Passivseite aufgrund der Substitution der Verbindlichkeit in Form einer Verwaltungsschuld in Höhe der Anschaffungs- und Herstellungskosten durch eine Verbindlichkeit in Form einer Kreditschuld das Fremdkapital konstant bleibt, steht dem auf der Aktivseite lediglich ein reduzierter Vermögenswert in Form der Summe des Restbuchwerts des Gebäudes und des Buchwerts des Grundstücks gegenüber. Dies bedeutet aber nichts anderes, als dass über die Vertragslaufzeit hinweg konsumtive Ausgaben kreditfinanziert wurden - also genau das, was Art. 115 GG verhindern soll.

[995] Faktisch, da kein unmittelbarer Passivtausch vorliegt, sondern die Transaktion durch den Fluss liquider Mittel auch die Aktivseite der Bilanz berührt.

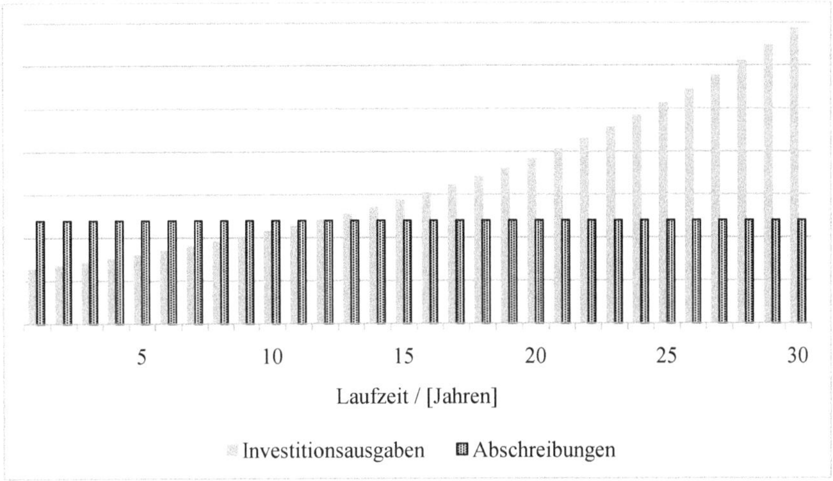

Abbildung 6-1: Investitionsausgaben und Abschreibungen im Zeitverlauf beim Erwerbermodell
[Quelle: Eigene Darstellung]

Letztendlich kann aber festgestellt werden, dass unter diesen Bedingungen das Resultat genau demjenigen entspricht, dass bei einer kreditfinanzierten Eigenerstellung der Immobilie durch die öffentliche Hand bei der gängigen Haushaltspraxis auftreten würde. Die Reduktion des Vermögenswertes über die Vertragslaufzeit findet real statt - unabhängig ihrer Erfassung in Kameralistik und Doppik. Da bei einer Eigenrealisierung davon ausgegangen werden muss, dass eine eventuelle Kreditschuld über die Vertragslaufzeit hinweg nicht getilgt, sondern vielmehr durch Umschuldungen erneuert wird, stünde auch im Falle der Eigenbeschaffung der Restwert der Immobilie einem Kredit in Höhe der ursprünglichen Anschaffungs- und Herstellungskosten der Immobilie gegenüber. Somit wäre es falsch zu behaupten, durch das Erwerbermodell erhöhe sich die öffentliche Schuld. Im beschriebenen Fall ist es jedoch zutreffend, dass die Verbindlichkeit aus dem Geschäft anfangs nicht als Schuld des öffentlichen Sektors ausgewiesen wird, sondern als solche erst nach und nach über die Nutzungsphase hinweg sichtbar wird und erst bei Vertragsende voll erscheint. Dies tritt jedoch nur unter der Voraussetzung ein, dass der sich aus den Investitionsausgaben jährlich ergebende zusätzliche Kreditaufnahmespielraum voll ausgenutzt wird. Anstelle einer Nettokreditaufnahme in Höhe der Anschaffungs- und Herstellungskosten zu Beginn des Projektes im Falle einer Eigenrealisierung verteilt sich dann beim Erwerbermodell die gleiche Nettokreditaufnahme über die Vertragslaufzeit hinweg nichtlinear auf die Haushaltsperioden. Im Ergebnis führen beide Varianten - Erwerbermodell und Eigenrealisierung - also dazu, dass Konsumausgaben kreditfinanziert werden und dementsprechend das Eigenkapital zusätzlich reduzieren. Hinsichtlich der intertemporalen Umverteilung bedeutet dies, dass die Finanzierungslast komplett in die Zukunft verlagert wäre.

Findet im Zusammenhang mit dem Erwerbermodell vor Vertragsbeginn ein Veräußerungsgeschäft statt, so wurde festgestellt, dass die daraus resultierenden Einnahmen als Einnahme aus Kredit zu werten sind. Diesen Einnahmen aus Krediten stehen jedoch direkt keinerlei Investitionsausgaben aus dem Geschäft gegenüber, da diese erst sukzessive über die Vertragslaufzeit hinweg anfallen. Indirekt werden dadurch nach der Junktimklausel des Art. 115 GG in der entsprechenden Haushaltsperiode aber andere Ausgaben für Investitionen durch Krediteinnahme gedeckt. Die gesamte Höhe der Einnahmen aus Krediten ändert sich in der Periode der Veräußerung also nicht.[996] Die Ausgaben für Investitionen für den Rückerwerb des veräußerten Vermögensgegenstands fallen statt in der Veräußerungsperiode zeitlich versetzt über die Vertragslaufzeit hinweg nichtlinear in Form der Erwerbsanteile an den Rückkaufraten an. Durch diese erhöht sich im Gegenzug die Möglichkeit zur Einnahme aus Krediten in jeder Haushaltsperiode entsprechend.

Da eine Kreditaufnahme in Höhe des Veräußerungserlöses unterstellt wird, schrumpft die Verwaltungsschuld dementsprechend um diesen Betrag. Im doppischen Haushalt wird sie daher auch abweichend bilanziert, indem in Höhe des Veräußerungserlöses anstelle einer Verwaltungsschuld eine Kreditschuld passiviert wird. Die Summe aus dieser und der verringerten Verwaltungsschuld entspricht nach wie vor genau der Summe der auf den Erwerb abzielenden Anteile der Kaufpreisraten über die Vertragslaufzeit hinweg, also den Anschaffungs- und Herstellungskosten des Objektes. Auch hier könnte die (jetzt geringere) Verwaltungsschuld über die Vertragslaufzeit hinweg aufgrund der Investitions-

[996] Dies gilt zumindest unter der Annahme, dass die Kreditaufnahmemöglichkeit über das Kredit-Investitions-Junktim bereits ausgereizt ist. Theoretisch kann eine Einstufung des Veräußerungserlöses als Einnahme aus Kredit sogar zu einem verfassungswidrigen Haushalt führen: Würden in der Haushaltsperiode der Veräußerung keinerlei Investitionen getätigt, beliefe sich also die Summe der Ausgaben für Investitionen i.S.d. Art. 115 GG auf null, so stünde dem gleichsam eine Einnahme aus Kredit in Höhe des Veräußerungserlöses gegenüber. Die Einnahmen aus Krediten überstiegen also in diesem Szenario - das freilich rein theoretischer Natur ist - die Summe der Ausgaben für Investitionen, was einen Verstoß gegen die Junktimklausel des Art. 115 Abs. 1 S. 2 GG bedeuten würde. Zurückzuführen ist diese theoretische Möglichkeit des verfassungswidrigen Haushalts auf die Junktimklausel selbst. Diese kann derart verstanden werden, dass wenn Ausgaben für Investitionen getätigt werden, dann auch Einnahmen aus Krediten folgen dürfen. Dies heißt jedoch im Umkehrschluss nicht, dass Einnahmen aus Krediten zwangsläufig zu Ausgaben für Investitionen führen.

ausgaben sukzessiv durch eine Kreditschuld substituiert werden. Denn auch jetzt kann durch die Investitionsausgaben in Höhe der Anschaffungs- und Herstellungskosten über die Vertragslaufzeit hinweg ein Kredit in entsprechender Höhe aufgenommen werden. Am Ende der Vertragslaufzeit ergäbe sich unter diesen Umständen somit schließlich kein abweichendes Ergebnis hinsichtlich der Verschuldung gegenüber dem Erwerbermodell ohne vorherigen Veräußerungserlös. Es entspricht vielmehr ebenso genau dem einer kreditfinanzierten Eigenrealisierung.

Sollte eine davon abweichende Auffassung vertreten werden, also der Veräußerungserlös nicht als eine Einnahme aus Kredit gewertet werden, würde das zur Konsequenz haben, dass das Erwerbermodell dazu führt bzw. führen kann, dass der Staat am Ende der Vertragslaufzeit über eine höhere Kreditverschuldung verfügt als dies bei einer Eigenrealisierung der Fall wäre. Bei der Eigenrealisierung wäre nämlich eine Kreditaufnahme nur in Höhe der Kosten für den Neubau ohne Grundstückskosten möglich, bzw. im Falle einer Sanierung nur in Höhe der dafür anfallenden Kosten. Da beim Erwerbermodell mit einer vorangegangenen Veräußerung aber über die Vertragslaufzeit hinweg die gesamten Kosten der Immobilie inkl. veräußertem Grundstück bzw. Bestandsgebäude als Investitionsausgaben fällig werden, würde bei einer voll ausgeschöpften Kreditaufnahmemöglichkeit am Ende der Vertragslaufzeit auch ein Kredit in Höhe der gesamten Anschaffungs- und Herstellungskosten auf Seiten der öffentlichen Hand ausgewiesen werden. Somit würde sich die Verschuldung der öffentlichen Haushalte gegenüber einer Eigenrealisierung erhöhen, nämlich genau um die Höhe des Betrages des Veräußerungserlöses. Falls also die Veräußerungserlöse nicht als Kreditaufnahme und Einnahme aus Kredit i.S.d. Art. 115 GG eingestuft werden, führt das Erwerbermodell unter Umständen zu einer höheren Staatsverschuldung, als dies bei einer Eigenrealisierung der Fall ist. Unter dem Aspekt der intertemporalen Umverteilung ist zu konstatieren, dass unter diesen Bedingungen eine noch höhere finanzielle Last in die Zukunft verlagert werden kann, als dies im Fall der kreditfinanzierten Eigenrealisierung möglich ist.

Zusammenfassend kann konstatiert werden: Durch das Erwerbermodell ergibt sich über die damit verbundenen Investitionsausgaben die *Möglichkeit* zur Kreditaufnahme. Eine mögliche Kreditschuld kann jedoch faktisch nicht höher werden als im Falle der Eigenrealisierung. Dies wäre lediglich der Fall, sofern vor Vertragsbeginn eine Veräußerung der öffentlichen Hand stattfindet, ohne dass die daraus resultierende Einnahme als Einnahme aus Kredit gewertet wird, was die bereits geforderte Wertung des Veräußerungserlöses als Einnahme aus Kredit verdeutlicht.[997] Beim Erwerbermodell sind zudem die (mögliche) Nettokreditaufnahme über die Vertragslaufzeit hinweg und damit auch der öffentliche Schuldenstand im Vergleich zur Eigenrealisierung anders verteilt.

In Bezug auf die intertemporale Umverteilung kann damit festgestellt werden, dass auch das Erwerbermodell ermöglicht, die Kosten der Investition komplett in die Zukunft zu verlagern. Hingegen ist es nicht möglich, die Kosten komplett in die Gegenwart zu legen. Wird der Spielraum zur Kreditaufnahme über die Vertragslaufzeit hinweg allerdings nicht genutzt, so findet eine - wünschenswerte - gleichmäßiger verteilte und annähernd periodengerechte Belastung[998] der vom Investitionsgegenstand zehrenden Generationen statt, so dass das Erwerbermodell zu einer besseren intertemporalen Verteilung beisteuert.

6.1.2.2 Leasingmodell

Die von der öffentlichen Hand zu zahlenden Leasingraten im Rahmen des Leasingmodells stellen aus haushaltstechnischer Sicht rein konsumtive Ausgaben dar, da mit ihrer Zahlung nicht unmittelbar auf den Erwerb des Objektes abgezielt wird. Sie führen damit zu keiner Erhöhung der Summe der Investitionsausgaben nach Art. 115 GG. Anders verhält es sich mit den Ausgaben im Falle einer Einlösung der eventuell eingeräumten Kaufoption. Da diese Ausgaben auf den Erwerb des zivilrechtlichen Eigentums am Objekt ausgerichtet sind, stellen sie investive Ausgaben dar, welche sich in Konsequenz auch in den Investitionsausgaben des Art. 115 GG niederschlagen und diese erhöhen. Zu beachten ist jedoch, dass dies einen einmaligen Vorgang darstellt, er also lediglich innerhalb *einer* Haushaltsperiode - i.d.R. der letzten der Vertragslaufzeit - stattfindet, im Gegensatz bspw. zu den kontinuierlichen investiven Ausgaben beim Erwerbermodell.

Die aus dem Leasingmodell resultierenden finanziellen Verpflichtungen der öffentlichen Hand gegenüber dem privaten Auftragnehmer stellen keine haushaltsrechtliche Kreditaufnahme dar. Sie sind als eine Form der Verwaltungsschuld einzustufen. Ob sie überhaupt von der Schuldenstatistik erfasst werden, hängt u.a. davon ab, ob sie als kreditähnliches Rechtsgeschäft eingestuft werden. Aber selbst wenn dies der Fall ist, fließen sie noch nicht zwangsläufig in die Schuldenstatistik ein. In keinem Fall sind sie aufgrund ihrer Eigenschaft als Verwaltungsschuld Teil des Schuldenstands der öffentlichen Haushalte. Gegenüber einer Eigenrealisierung mit Kreditaufnahme führt das Leasingmodell also am Anfang der Vertragslaufzeit zu einem geringeren Schuldenstand.

---

[997] Vgl. Abschnitt 6.1.1.1.

[998] Beim Erwerbermodell entsprechen sich i.d.R. die Vertragslaufzeit und die Lebenszeit des Investitionsobjektes nahezu.

Da über die Vertragslaufzeit hinweg keine investiven Ausgaben anfallen und sich somit aus dem Leasingmodell heraus auch keine Möglichkeit einer Kreditaufnahme ergibt, ist es nicht wie im Falle des Erwerbermodells möglich, die bestehende Verwaltungsschuld sukzessive in eine Kreditschuld umzuwandeln. Im Gegensatz dazu findet zwangsweise eine echte, eigenfinanzierte Tilgung der Verbindlichkeit über die Vertragsdauer hinweg statt. Hinsichtlich der intertemporalen Verteilung bedeutet dies, dass es beim Leasingmodell nicht möglich ist, finanzielle Lasten in die Gegenwart oder weitgehend in die Zukunft zu verlagern, wie dies bei einer Eigenrealisierung der Fall ist. Stattdessen erfolgt eine gleichmäßig verteilte Finanzierungsbelastung über die Lebenszeit des Investitionsobjektes hinweg.

Wird am Ende der Vertragslaufzeit eine Kaufoption ausgeübt, weitet sich in der betreffenden Haushaltsperiode der Spielraum der Nettokreditaufnahme in Höhe des Kaufpreises aus. Wird dieser genutzt, führt dies dazu, dass der Vermögensgegenstand kreditfinanziert erworben wird, was der Intention des Art. 115 GG entspricht. Der Schuldenstand am Ende der Laufzeit beträgt dann lediglich die Höhe des Kaufpreises. Das Leasingmodell kann somit dazu beitragen, dass am Ende der Vertragslaufzeit der Schuldenstand der öffentlichen Hand - und zwar sowohl die Kredit-, als auch die Verwaltungsschuld - geringer als im Falle einer Eigenrealisierung ist, sofern diese kreditfinanziert wäre. Hier muss nämlich aufgrund der fehlenden Tilgungsbereitschaft des Gesetzgebers davon ausgegangen werden, dass nach wie vor eine Kreditschuld in Höhe der ursprünglichen Anschaffungs- und Herstellungskosten besteht. Eine intertemporale Umverteilung in die Zukunft kann somit erfolgen, allerdings nur in geringem Maße. Das Leasingmodell kann somit insgesamt dazu beitragen, eine gleichmäßigere intertemporale Verteilung zu erreichen.

Da im öffentlichen Haushalt nur auf den Erwerb des dinglichen Eigentums abgestellt wird und die Leasingraten somit durchweg als konsumtiv einzustufen sind, in der Doppik handelsrechtlich jedoch Vermögensgegenstände anhand des wirtschaftlichen Eigentums zugeordnet werden, ergeben sich bei der Darstellung der beschriebenen Sachverhalte anhand einer doppischen Haushaltsführung nach HGB beim Leasingmodell einige Besonderheiten.

Sofern das Leasingmodell erlasskonform ausgestaltet wird, taucht der Vermögensgegenstand in der Bilanz der öffentlichen Hand während der Vertragslaufzeit nicht auf. Gleichsam wird auch keine entsprechende Verbindlichkeit passiviert, da das Leasingmodell dann als ein schwebendes Geschäft anzusehen ist. Stattdessen wird periodengerecht ein Leasingaufwand verbucht, der ergebniswirksam mit dem Eigenkapital verrechnet wird. Lediglich im Falle der Ausübung der Kaufoption taucht das Leasingobjekt zu dem dann gezahlten Kaufpreis im Anlagevermögen auf; würde der durch den Kauf gewonnene Spielraum bei der Einnahme aus Krediten voll ausgeschöpft, wird dem Vermögensgegenstand auf der Passivseite eine entsprechende Kreditschuld gegenübergestellt. Dies entspricht der bilanziellen Abbildung des bereits beschriebenen Ergebnisses.

Ist das Leasingmodell jedoch nicht erlasskonform ausgestaltet, liegt das wirtschaftliche Eigentum somit bei der öffentlichen Hand, ist die Immobilie bereits zu Beginn der Vertragslaufzeit im Anlagevermögen zu aktivieren. Passiviert wird gleichzeitig eine entsprechende Verwaltungsschuld. Das Ausgangsszenario entspricht also bilanziell dem im Falle des Erwerbermodells. Jedoch ist zu beachten, dass zwar eine Bilanzierung des Investitionsobjektes erfolgt, jedoch die Leasingraten aufgrund der im Haushaltsrecht unabhängig der Rechnungslegungsart erfolgenden Einstufung ihrer Investitionswirksamkeit aufgrund des Erwerbs am dinglichen Eigentum des Leasingobjektes nach wie vor konsumtiver Art sind. Die öffentliche Hand verfügt also über einen Investitionsgegenstand, ohne dafür investive Ausgaben zu tätigen. Infolge dessen ist es ihr trotz Ausweis des Vermögensgegenstandes aufgrund der fehlenden Ausgaben für Investitionen nicht möglich, Einnahmen aus Krediten zu erzielen. Somit entfällt auch die Möglichkeit, die vorhandene Verwaltungsschuld - analog zum Erwerbermodell - über die Vertragslaufzeit hinweg durch eine Kreditschuld zu substituieren und damit das Fremdkapital konstant zu halten. Entsprechend verkürzt sich die Bilanzsumme über den Leasingzeitraum hinweg in Höhe der nichtlinearen Verteilung des Anteils der Leasingraten für die Investition. Da die öffentliche Hand die Immobilie in ihrer Bilanz ausweist, muss sie auch die erforderlichen Abschreibungen auf das Gebäude vornehmen. Diese sind über die Vertragslaufzeit hinweg linear verteilt und werden ergebniswirksam mit dem Eigenkapital verrechnet. Wird am Ende der Vertragslaufzeit die Kaufoption ausgeübt, so ergibt sich aufgrund des investiven Charakters der entsprechenden Zahlung die Möglichkeit einer Kreditaufnahme in gleicher Höhe. Gleichzeitig wird die bestehende restliche Verbindlichkeit aus der Verwaltungsschuld durch Zahlung des Kaufpreises gelöscht. Somit steht auch hier dem restlichen Vermögenswert des Leasingobjekts am Ende der Vertragslaufzeit ein Kredit in gleicher Höhe gegenüber.

Unabhängig der Rechnungslegung und des wirtschaftlichen Eigentums am Leasingobjekt ist somit festzustellen, dass aufgrund der Einstufung der Ausgaben der Leasingraten als solcher konsumtiver Art der Schuldenstand gegenüber einer kreditfinanzierten Eigenrealisierung beim Leasingmodell geringer ist. Auf diese Art trägt das Leasingmodell dazu bei, die öffentliche Verschuldung zu reduzieren, da im Gegensatz zum Erwerbermodell oder einer Eigenrealisierung keine Finanzierung konsumtiver Ausgaben über eine Kreditaufnahme möglich wird. Die intertemporale Verteilung ist gleichmäßiger.

Wenn jedoch der Charakter der Leasingraten - investiv oder konsumtiv - anhand des wirtschaftlichen Eigentums bestimmt werden sollte,[999] ergeben sich ggf. davon abweichende Ergebnisse, nämlich immer dann, wenn das wirtschaftliche Eigentum bei der öffentlichen Hand als Leasingnehmer liegt. Da unter diesen Umständen sämtliche auf die Amortisation abzielenden Leasingraten als investiv einzustufen wären, entsprächen die Ergebnisse hinsichtlich der Staatsverschuldung denen des Erwerbermodells - und wären somit auch in Bezug auf die intertemporale Umverteilung keinesfalls ungleicher als bei einer Eigenrealisierung. Deutlich wird dies vor allem daran, dass bei einem wirtschaftlichen Eigentum auf Seiten der öffentlichen Hand das Leasingobjekt bei der doppischen Haushaltsführung genauso in ihre Bilanz aufgenommen werden muss wie im Falle des Erwerbermodells. Zwar sind die Leasingraten im Falle einer Teilamortisation geringer als die Kaufraten des Erwerbermodells, womit sich auch die Kreditaufnahme während der Vertragslaufzeit geringer ergibt als beim Erwerbermodell. Wird aber die Kaufoption am Ende ausgeübt, so würde bei Ausnutzung des gewonnenen Spielraums der Krediteinnahmen die Höhe der gesamten Kreditschuld auf die Höhe der Anschaffungs- und Herstellungskosten anwachsen.

Wird auf eine Kaufoption verzichtet, stellt sich zwar die Kreditschuld bei Ausnutzung der gewonnenen Spielräume in der Bilanz aufgrund der lediglich erfolgten Teilamortisation geringer dar. Gleichsam aber steht ihr auch kein restlicher Vermögenswert der Immobilie mehr gegenüber, da diese durch die Nichtausübung der Kaufoption entsprechend ausgebucht werden muss, was zumindest in einem doppisch geführten Haushalt zu einem sichtbaren Ergebnis führt. Somit wäre zwar die Summe der Nettokreditaufnahmen über die Laufzeit hinweg und in Folge dessen auch der ausgewiesene öffentliche Schuldenstand geringer als im Falle des Erwerbermodells und der Eigenrealisierung. Dennoch wäre es in gleicher Höhe möglich, konsumtive Ausgaben über Kredite zu finanzieren.

Dieses Ergebnis darf jedoch nicht zum Anlass genommen werden, die im Rahmen dieser Arbeit geforderte Einstufung der Ausgaben in solcher investiver und konsumtiver Art abzulehnen. Denn das sich hinsichtlich der Staatsverschuldung ergebende Problem einer möglichen Kreditfinanzierung konsumtiver Ausgaben tritt genauso bei einer konventionellen, kreditfinanzierten Eigenrealisierung auf und ist nicht auf die Einstufung des Charakters der Leasingraten anhand des

[999] Vgl. Abschnitt 5.3.

wirtschaftlichen Eigentums zurückzuführen, sondern einzig auf die Systematik des Art. 115 GG.

Wenn im Rahmen des Leasingmodells vor dem eigentlichen Vertragsbeginn eine Veräußerung von Grundstück oder Gebäude von der öffentlichen Hand hin zum privaten Auftragnehmer erfolgt, ist der Argumentation von *Kirchhof* folgend der Veräußerungserlös in Abhängigkeit des wirtschaftlichen Eigentums als Einnahme aus Kredit zu werten: Liegt das wirtschaftliche Eigentum beim privaten Auftragnehmer, so wird mit dem Veräußerungserlös keine Kreditaufnahme der öffentlichen Hand unterstellt; liegt das wirtschaftliche Eigentum bei der öffentlichen Hand, liegt demgegenüber eine staatliche Kreditaufnahme vor.

Ist die öffentliche Hand als Leasingnehmer nicht wirtschaftlicher Eigentümer des Objektes, muss auch davon ausgegangen werden, dass ein zivilrechtlicher Eigentumsübergang am Ende der Vertragslaufzeit offen ist. Dadurch liegt im Zeitpunkt der Veräußerung eine „echte" Veräußerung vor, es wird also keine Rückzahlungspflicht begründet, womit auch keine Kreditaufnahme unterstellt wird. Über die Vertragslaufzeit hinweg stellen die Leasingraten - unabhängig von einer Einordnung aufgrund des Erwerbs am dinglichen Eigentum oder des wirtschaftlichen Eigentums - konsumtive Ausgaben dar, die Kreditaufnahmemöglichkeit wird daher nicht ausgeweitet. Hinsichtlich der intertemporalen Umverteilung findet also eine gleichmäßige finanzielle Belastung statt. Löst die öffentliche Hand am Ende der Vertragslaufzeit eine ihr eingeräumte Kaufoption aus, kann sie in entsprechender Höhe aufgrund des investiven Charakters der Kaufpreiszahlung einen Kredit aufnehmen. Letztlich bedeutet dies aber, dass die öffentliche Hand ihren vormals veräußerten Vermögensgegenstand - oder zumindest einen Teil dessen, sofern dieser über die Vertragslaufzeit abgeschrieben wurde und noch über einen Restwert verfügt - wieder erwirbt, allerdings kreditfinanziert. Sofern der Restwert - also der Kaufpreis - geringer als die im Falle der Eigenrealisierung angefallenen Kosten für die Investition und eine dafür erfolgte Kreditaufnahme ist, ist die Kreditschuld aber auch bei einer vorangehenden Veräußerung letztendlich geringer als bei einer kreditfinanzierten Eigenrealisierung. Sollte der Restwert und somit der Kaufpreis - wider Erwarten - jedoch höher sein als die Investitionskosten bei einer Eigenrealisierung, bestünde eine vergleichsweise höhere Kreditschuld. Die intertemporale Umverteilung ist wenigstens partiell geglättet.

Sofern das wirtschaftliche Eigentum am Leasingobjekt nach vorheriger Veräußerung bei der öffentlichen Hand liegt, wird unterstellt, dass es am Ende der Vertragslaufzeit wieder erworben wird. Es scheint daher konsequent, den Veräußerungserlös als Einnahme aus Krediten zu werten. Die restliche sich aus dem

Leasingverhältnis ergebende Verpflichtung stellt nach wie vor eine Verwaltungsschuld dar. Bilanziell stehen der Immobilie zum Wert der Anschaffungs- und Herstellungskosten also eine Kreditschuld in Höhe des Veräußerungserlöses und eine Verwaltungsschuld über den Differenzbetrag der beiden vorangegangenen Bilanzposten gegenüber. Durch die fehlenden Ausgaben für Investitionen - die entsprechenden Entgeltanteile sind aufgrund der Orientierung am Erwerb des dinglichen Eigentums Ausgaben konsumtiver Art - kann die Verwaltungsschuld nicht sukzessive durch eine Kreditschuld substituiert werden. Dies führt im Ergebnis dazu, dass am Ende der Vertragslaufzeit die Schuld aus dem Leasinggeschäft eigenfinanziert getilgt ist, da die Schuld aus vorhandenen bzw. erwirtschafteten Mitteln bedient werden muss. Somit findet wenigstens in gewissem Ausmaß - über den Betrag der Verwaltungsschuld - eine gleichmäßige intertemporale Umverteilung statt.

Die Ausübung der Kaufoption führt, wie bereits oben beschrieben, am Ende der Vertragslaufzeit zu der Möglichkeit einer weiteren Kreditaufnahme in Höhe des Kaufpreises. Eine solche Kreditaufnahme würde die restliche Verwaltungsschuld in eine Kreditschuld substituieren. Übersteigt die Kreditaufnahme aufgrund der Zahlung für den Kaufpreis die restliche Verwaltungsschuld, so stellt der überschüssige Betrag eine Zahlung für den Rückkauf des ursprünglich veräußerten Vermögensgegenstandes dar und weitet die ursprünglich eingeschränkte Einnahme aus Krediten entsprechend aus.

Würde auch der Charakter der Leasingraten anhand des wirtschaftlichen Eigentums eingestuft, wären diese im hier beschriebenen Falle des wirtschaftlichen Eigentums beim Leasingnehmer - also bei der öffentlichen Hand - als investive Ausgaben einzustufen. Die Einnahmen aus der Veräußerung wären nach wie vor als Einnahme aus Kredit zu werten. Durch die über die Vertragslaufzeit anfallenden Investitionsausgaben könnte gleichsam die verbleibende Verwaltungsschuld durch eine Kreditschuld substituiert werden. Da die investiven Raten in Summe die Verwaltungsschuld über die Vertragslaufzeit hinweg übertreffen, sind darüber hinaus weitere Einnahmen aus Krediten möglich. Wird am Ende der Vertragslaufzeit bei Teilamortisation zudem noch die Kaufoption ausgeübt, ermöglicht dies eine weitere Kreditaufnahme in Höhe des Kaufpreises, womit die im Falle einer Teilamortisation verbleibende restliche Verwaltungsschuld in eine Kreditschuld umgewandelt bzw. die restliche eingeschränkte Kreditaufnahmemöglichkeit ausgeglichen werden kann. Das Ergebnis würde dann genau dem des Erwerbermodells und somit dem einer kreditfinanzierten Eigenrealisierung entsprechen. Dies bedeutet aber auch, dass bzgl. der intertemporalen Umverteilung kein schlechteres Ergebnis als bei einer Eigenrealisierung erzielt werden kann. Allenfalls kann sich eine demgegenüber gleichmäßiger distribuierte Verteilung ergeben.

Zusammenfassend ist somit festzustellen: Sofern vor Vertragsbeginn keine Veräußerung stattfindet und die Leasingraten konsumtive Ausgaben darstellen, kommt es beim Leasingmodell zu keiner Kreditschuld bzw. bei Ausübung einer Kaufoption maximal zu einer Kreditschuld in Höhe des Kaufpreises, die durch Vermögen gedeckt ist. Der Schuldenstand ist somit auf jeden Fall geringer als bei einer Eigenrealisierung, die intertemporale Umverteilung zudem gleichmäßiger verteilt. Werden die Leasingraten anhand des wirtschaftlichen Eigentums als investiv eingestuft, ist eine Kreditaufnahme mindestens in Höhe der Amortisationskosten möglich, bei Ausübung der Kaufoption zusätzlich in Höhe des Restwerts, so dass der Schuldenstand maximal die Höhe dem der Eigenrealisierung beträgt. Die intertemporale Umverteilung ist gleichmäßiger distribuiert bis maximal so ungünstig wie im Fall der Eigenrealisierung.

Findet dagegen eine Veräußerung statt, stellen die Leasingraten konsumtive Ausgaben dar und liegt das wirtschaftliche Eigentum beim Leasinggeber, beläuft sich die Kreditschuld maximal auf die Höhe des Kaufpreises. Theoretisch kann diese zwar höher sein als die Kreditschuld im Falle der Eigenrealisierung, dies erscheint aber unwahrscheinlich. Wird die Kaufoption nicht wahrgenommen, liegt zwar gar keine Kreditschuld vor, aber gleichzeitig ist durch die Desinvestition auch der Vermögensbestand bei der öffentlichen Hand geringer als bei der Eigenrealisierung. Die intertemporale Umverteilung ist dann wiederum gleichmäßiger verteilt.

Findet eine Veräußerung statt, liegt das wirtschaftliche Eigentum beim Leasingnehmer, werden die Ausgaben aber aufgrund des dinglichen Eigentums trotzdem konsumtiv bewertet, liegt mindestens eine Kreditschuld in Höhe des Veräußerungserlöses vor, zusätzlich ggf. in Höhe der Kaufoption. Auf jeden Fall sollte der Schuldenstand somit niedriger als im Falle der Eigenrealisierung sein, die intertemporale Umverteilung ist unter diesen Umständen gleichmäßiger distribuiert.

Liegt das wirtschaftliche Eigentum hingegen beim Leasingnehmer und werden die auf die Amortisation abzielenden Bestandteile der Leasingraten als investiv eingestuft, so liegt mindestens eine Kreditschuld in Höhe des Veräußerungserlöses vor. Zusätzlich ist eine Kreditaufnahme in Höhe der Amortisationskosten möglich, bei Ausübung einer Kaufoption obendrein noch in Höhe des Kaufpreises, so dass im Ergebnis die Kreditschuld genau die Höhe derer einer Eigenrealisierung beträgt. Die intertemporale Umverteilung ist wiederum gleichmäßiger verteilt bis maximal so ungünstig wie im Fall der Eigenrealisierung.

6.1.2.3 Mietmodell

Beim Mietmodell fallen bei der öffentlichen Hand als Mieter in Summe nur konsumtive Ausgaben über die Vertragslaufzeit hinweg an.[1000] Somit erhöhen sie nicht die Ausgaben für Investitionen i.S.d. Art. 115 Abs. 1 S. 2 GG. Lediglich im Fall der Ausübung einer eventuell eingeräumten Kaufoption fallen im Rahmen des Erwerbermodells investive Ausgaben an. Dies stellt jedoch eine einmalige Transaktion dar. Die sich durch die Miete ergebenden Verbindlichkeiten stellen eine reine Verwaltungsschuld dar. Sie sind also nicht im Schuldenstand des öffentlichen Sektors erfasst.

Da beim Mietmodell zunächst nur konsumtive Ausgaben anfallen, erhöht sich nicht die Möglichkeit zur Nettokreditaufnahme. Dies bedeutet einerseits, dass der Schuldenstand der öffentlichen Hand auch nicht im Laufe der Vertragslaufzeit anwachsen kann, da sich zu keinem Zeitpunkt die Möglichkeit einer Kreditaufnahme ergibt und sich somit auch nicht die Verwaltungsschuld durch eine Kreditschuld substituieren lässt, andererseits, dass die aus dem Mietmodell resultierenden Verbindlichkeiten komplett eigenfinanziert werden müssen. Am Ende der Vertragslaufzeit ist daher im Gegensatz zu einer kreditfinanzierten Eigenrealisierung keine Kreditschuld vorhanden. Hinsichtlich der intertemporalen Umverteilung erfolgt so eine tatsächliche, periodengerechte Belastung der öffentlichen Haushalte über die Vertragslaufzeit hinweg; eine Verschiebung der kompletten Finanzierungslast zu Ungunsten zukünftiger Generationen ist nicht möglich, auch keine übermäßige Belastung der gegenwärtigen Generation. Lediglich im Falle einer vorzeitigen Beendigung des Mietverhältnisses durch Ausübung einer eventuellen Kaufoption bzw. bei Ausübung der Kaufoption nach Ende des Mietverhältnisses wird eine Kreditaufnahme ermöglicht, welche zur Finanzierung des Kaufs des Objektes eingegangen werden kann und Art. 115 GG nicht zuwider läuft. Bilanziell würde über die Vertragslaufzeit lediglich eine periodengerechte Verbindlichkeit und ein Mietaufwand verbucht, letzterer erfolgswirksam mit dem Eigenkapital verrechnet. Die Kreditaufnahme im Falle einer ausgeführten Kaufoption würde als Kreditschuld bilanziert, dem gegenüber das Mietobjekt zum Kaufpreis im Anlagevermögen ausgewiesen. Aber auch unter diesen Annahmen würde das Mietmodell aufgrund der bis zum Kaufzeitpunkt gezahlten Entgelte zu einer ausgewogeneren intertemporalen Umverteilung führen, als dies im Falle der Eigenrealisierung zu vermuten wäre.

Das Mietmodell ohne vorherige Veräußerung führt also dazu, dass im Gegensatz zu einer kreditfinanzierten Eigenrealisierung keine Konsumausgaben kredit-

[1000] Dies gilt unabhängig von der Einstufung des Charakters der Ausgaben anhand des Erwerbs des dinglichen Eigentums und anhand des wirtschaftlichen Eigentums.

finanziert werden können, also in jedem Fall - unabhängig der Kaufoption - zu einem niedrigeren öffentlichen Schuldenstand als die fremdfinanzierte Eigenrealisierung, vorausgesetzt, dass wie in der Haushaltspraxis üblich der dafür aufgenommene Kredit nicht getilgt, sondern durch neue Kredite ersetzt wird.

Auch beim Mietmodell ist eine Veräußerung von Grundstück oder Gebäude vor Vertragsbeginn an den privaten Auftragnehmer möglich. Wie bereits dargestellt, sind die Einnahmen in Höhe des Veräußerungserlöses dabei nicht als Einnahmen aus Kredit zu bewerten, da beim Mietmodell nicht unterstellt werden kann, dass die öffentliche Hand plant, nach Ablauf oder während des Vertrages wieder Eigentümer des Mietobjektes zu werden, also eine „echte" Veräußerung ohne Rückzahlungspflicht anzunehmen ist. Wird aber dennoch im Laufe des Vertrages eine Kaufoption ausgeübt und die Zahlung des Kaufpreises aufgrund ihres investiven Charakters kreditfinanziert, so würde die öffentliche Hand mindestens einen Teil des vormals veräußerten Objektes kreditfinanziert wieder zurück kaufen. Im Extremfall kann die beim Kauf erfolgende Kreditaufnahme sogar höher sein als die Kreditaufnahme bei Eigenrealisierung gewesen wäre, nämlich immer dann, wenn der Verkehrswert des Objektes zum Kaufzeitpunkt - also der Kaufpreis - höher ist als die im Falle einer Eigenrealisierung angefallenen Kosten für durchzuführende Investitionen. Diese Konstellation sollte aber eine Ausnahme darstellen. Daher wird die Kreditverschuldung auch im Falle einer vorherigen Veräußerung in der Regel geringer sein, als sie im Fall der kreditfinanzierten Eigenrealisierung möglich wäre. Die intertemporale Umverteilung ist in jeden Fall gleichmäßiger verteilt als bei einer Eigenrealisierung.

Beim Mietmodell ohne vorangehende Veräußerung findet also gar keine haushaltsrechtliche Kreditaufnahme oder nur in Höhe des Kaufpreises statt. Sie sollte daher in jedem Fall geringer als bei einer Eigenrealisierung sein. Sofern eine Veräußerung vor Beginn des Mietvertrages stattfindet, liegt entweder keine Kreditaufnahme oder bei Ausübung einer Kaufoption maximal in Höhe des Kaufpreises vor. Sie kann theoretisch beim Kauf höher sein als bei einer Eigenrealisierung, sollte aber geringer ausfallen. Sofern keine Kaufoption ausgeübt wird, liegt zwar gar keine Kreditaufnahme vor, bei vorheriger Veräußerung fand allerdings eine Desinvestition statt, so dass das Vermögen der öffentlichen Hand geringer als bei der Eigenrealisierung ist. Das Mietmodell führt in allen Fällen zu einer gleichmäßiger distribuierten intertemporalen Umverteilung, als dies bei einer Eigenrealisierung zu erwarten wäre.

6.1.2.4 Inhabermodell

Beim Inhabermodell sind die auf die Investition abzielenden Entgeltbestandteile als investive Ausgaben einzustufen. Sie erhöhen damit die Summe der Ausgaben für Investitionen über die Vertragslaufzeit hinweg bei konstanter Annuität nichtlinear. In gleicher Höhe steigen nach Art. 115 Abs. 1 S. 2 GG die möglichen Einnahmen aus Krediten.

Die sich ergebende Verbindlichkeit gegenüber dem privaten Auftragnehmer ist als kreditähnliches Rechtsgeschäft und somit als Verwaltungsschuld anzusehen, unabhängig davon, ob das Inhabermodell mit einer Forfaitierung oder einem Vereinbarungsdarlehen kombiniert wird. Die Schuld sollte somit als kreditähnliches Rechtsgeschäft zwar von der Schuldenstatistik generell erfasst sein, jedoch nicht als Teil des Schuldenstandes des öffentlichen Sektors. Auf jeden Fall sollte sie im Haushaltsplan durch eine entsprechende Verpflichtungsermächtigung sichtbar vorhanden sein.

Durch das nichtlineare Anwachsen der Ausgaben für Investitionen im zeitlichen Verlauf des Geschäfts und die damit durch die Junktimklausel eröffnete Möglichkeit der Kreditaufnahme könnte die Verwaltungsschuld bei Ausnutzung dieser sukzessiv durch eine Kreditschuld substituiert werden, bis die Verwaltungsschuld schließlich unter diesen Bedingungen am Ende der Vertragslaufzeit komplett durch eine Kreditschuld ersetzt wäre. Die Kreditverschuldung i.S.d. Art. 115 GG entspricht dann genau den ursprünglichen Anschaffungs- und Herstellungskosten der Investition, somit wäre sie - allerdings eben erst am Ende der Vertragslaufzeit - genauso hoch wie die im Falle einer kreditfinanzierten Eigenrealisierung.[1001] Aus dem Inhabermodell kann also keine höhere Kreditaufnahme als im Fall der klassischen Eigenerledigung resultieren. Lediglich die Nettokreditaufnahme ist zeitlich anders verteilt. Hinsichtlich der intertemporalen Umverteilung kann sich - analog zum Erwerbermodell - faktisch keine ungleichmäßigere Verteilung ergeben. Wird auf die Möglichkeit zur Aufnahme von Krediten über die Vertragslaufzeit hinweg verzichtet, so findet eine gleichmäßiger distribuierte intertemporale Umverteilung statt als bei der Eigenrealisierung.

6.1.3 Fazit

Die Untersuchung hat ergeben, dass die verschiedenen PPP-Modelle durchaus Kreditaufnahmemöglichkeiten eröffnen, i.d.R. aber zu keiner höheren Staatsverschuldung als eine Eigenrealisierung führen. Sie liegt stattdessen entweder darunter oder stellt sich am Ende der Vertragslaufzeit maximal so hoch wie im Fall der Eigenrealisierung dar, was nicht überraschend ist, da die Eigenrealisierung einer Investition über Art. 115 GG grundsätzlich immer kreditfinanziert möglich

[1001] Vgl. dazu detailliert die Ausführungen zum Erwerbermodell ohne vorherige Veräußerung, Abschnitt 6.2.2.1.

ist. Allerdings tritt bei den PPP-Modellen gegenüber einer Eigenrealisierung durchaus eine zeitliche Verzögerung sowohl bei der Nettokreditaufnahme als auch beim Ausweis des Schuldenstands auf, sofern die Spielräume zur Kreditaufnahme genutzt werden, da die Investitionsausgaben nicht wie bei einer Eigenerledigung zu Beginn des Projektes, sondern vielmehr über den Vertragszeitraum hinweg getätigt werden.

Abweichend davon kann am Ende des PPP-Projektes ein höherer Schuldenstand als bei einer Eigenrealisierung vorliegen, sofern mit dem Projekt ein vorheriges Veräußerungsgeschäft der öffentlichen Hand in Form eines Grundstücks oder eines Gebäudes verbunden ist. Sofern ein Rückkauf bereits vereinbart oder absehbar ist, der Veräußerungserlös jedoch nicht als Einnahme aus Kredit gewertet wird, könnte die öffentliche Hand den veräußerten Vermögenswert kreditfinanziert wieder erwerben. Unter diesen Umständen ist daher eine Einstufung des Veräußerungserlöses als Krediteinnahme dringend geboten. Eine höhere Verschuldung als im Falle der Eigenrealisierung kann sich theoretisch noch ergeben, sofern eine vorherige Veräußerung stattfindet, der Rückkauf trotz Kaufoption nicht unterstellt und damit (zurecht) der Veräußerungserlös nicht als Krediteinnahme gewertet wird, die Kaufoption schließlich wahrgenommen wird, entsprechend in Höhe des Kaufpreises eine Kreditaufnahme erfolgt und diese höher ist als die Kreditaufnahme im Fall der Eigenrealisierung gewesen wäre.

Die PPP-Modelle können sogar eine Konsolidierungsfunktion einnehmen, sofern die auf die Investition abzielenden Ausgaben als konsumtive Ausgaben zu werten sind, da dann die Verwaltungsschuld nicht durch eine revolvierbare Kreditschuld substituiert werden kann und somit eine echte Tilgung stattfindet. Dies ist beim Leasingmodell und beim Mietmodell der Fall, sofern die auf die Deckung der Investitionskosten abzielenden Leasingraten als konsumtive Ausgaben gewertet werden. Dies scheint momentan überwiegend der Fall zu sein. Abweichend davon könnten die Leasingraten dann als investiv eingestuft werden, sofern die öffentliche Hand wirtschaftlicher Eigentümer der Immobilie ist. Dies kann durchaus häufiger als in der Privatwirtschaft der Fall sein, da die öffentliche Hand u.U. ein on-balance-sheet-financing als wünschenswert erachtet.[1002]

Sofern die auf die Investition abzielenden Ausgaben als konsumtiv einzustufen sind, bedeutet dies in Bezug auf die durch Art. 115 GG verfolgte intertemporalen Umverteilung, dass tatsächlich über die Vertragslaufzeit hinweg eine periodengerechte finanzielle Belastung der den Investitionsgegenstand nutzenden Generation erfolgt. Dies bedeutet eine gleichmäßiger distribuierte Verteilung, als sie im Fall der Eigenrealisierung zu erwarten ist, da dort entweder die

[1002] Vgl. Abschnitt 5.4.

derzeitige oder eine zukünftige Generation belastet werden würde. Aber auch falls die auf die Investition abzielenden Ausgaben investiver Art sind, findet - sofern der dadurch eröffnete Spielraum zur Kreditaufnahme nicht vollkommen ausgeschöpft wird, was nicht zu erwarten ist - mindestens eine teilweise periodengerechte Belastung der nutzenden Generationen statt, was gegenüber der Verteilungswirkung im Fall der Eigenrealisierung immer noch eine gleichmäßiger verteilte intertemporale Distribution bedeutet. Die PPP-Modelle stehen somit nicht im Gegensatz zu Art. 115 GG, sondern scheinen stattdessen geeignet, die zugrunde liegende Norm der intergenerativen Gerechtigkeit, die durch ein System des „pay-as-you-use“ erreicht werden soll, besser zu verwirklichen.

Es wäre daher falsch zu behaupten, durch die PPP-Modelle könnten bestehende Verschuldungsbegrenzungen des Art. 115 GG umgangen werden. Durch PPP-Projekte können sich die finanziellen Handlungsspielräume künftiger Generationen einengen. Nicht zutreffend ist aufgrund der erfolgten Untersuchungen jedoch, dass dies in einer verstärkten Weise erfolgen könnte, als dies bei einer Eigenrealisierung der Fall ist. Letztendlich sind die durch die PPP-Modelle eröffneten Möglichkeiten hinsichtlich der Staatsverschuldung eher ein Problem der bereits bekannten Mängel des Art. 115 GG in seiner derzeitigen Form. Durch eine problemadäquate Anpassung des Art. 115 GG, insbesondere hinsichtlich der Ausgaben für Investitionen und Einnahmen aus Krediten, bestünde die Möglichkeit, die unterschiedlichen Wirkungen auf die Verschuldung durch die PPP-Modelle zu beseitigen und stattdessen im Fall einheitlicher wirtschaftlicher Vorgänge auch eine Einheit hinsichtlich der Wirkung auf die öffentliche Verschuldung zu schaffen.

6.1.4 Zur Weiterentwicklung des haushaltsrechtlichen Kredit- und Investitionsbegriffes

Durch die Betrachtung der Wirkung der unterschiedlichen PPP-Modelle auf die staatliche Verschuldung werden vor allem die Probleme des Art. 115 GG deutlich. Dies ist insbesondere die Dichotomie zwischen der ökonomischen Intention der Junktimklausel in Art. 115 Abs. 1 S. 2 GG und ihrer aus verfassungs- und haushaltsrechtlicher Sicht heraus gebotenen Auslegung der Kredite und Investitionen.

Sichtbar wird die sich hinsichtlich der Verschuldung ergebende Diskrepanz bei den hier behandelten PPP-Modellen vor allem, wenn auf den Erwerb direkt abgezielt wird oder eine Kaufoption vorhanden ist, die am Ende der Vertragslaufzeit ausgeübt wird. Aus der ökonomischen Perspektive heraus führen dann alle unterschiedlichen Beschaffungsvarianten zum gleichen wirtschaftlichen Ergebnis, nämlich dem zivilrechtlichen Eigentum an der Immobilie in einem bestimmten Zustand. Die durchaus voneinander abweichenden Konsequenzen für die öffentliche Verschuldung lassen sich dabei vor allem durch zwei Probleme des Art. 115 GG erklären. Dies ist zum einen die strikte Trennung einer aus ökonomischer Sicht identischen Verpflichtung gegenüber dem privaten Auftragnehmer in eine Verwaltungsschuld und eine Kreditschuld, die dem kameralistisch geprägten haushaltsrechtlichen Kreditbegriff geschuldet ist.[1003] Zum anderen ist es die ebenfalls kameralistisch geprägte Koppelung des Investitionsbegriffes an die Ausgaben für Investitionen, deren Resultat vor allem im doppisch geführten Haushalt sichtbar wird: Denn dort ist es möglich, dass die öffentliche Hand aufgrund des wirtschaftlichen Eigentums am Objekt des PPP-Geschäfts dieses in ihrem Anlagevermögen führt, durch fehlende Zahlungsströme - also ohne damit verbundenen unmittelbaren Ausgaben für Investitionen - aber durch Art. 115 GG keinerlei Investitionstätigkeit erfasst wird.[1004] Der Regelungsgehalt des Art. 115 GG stößt also auch dort an seine Grenzen, wo der Zugang von Vermögen zur öffentlichen Hand und der Abgang von dafür vorgesehenen Investitionsausgaben zeitlich versetzt geschehen, da der Vermögenszugang dann nicht im Zeitpunkt seiner Entstehung erfasst wird.

Zur Lösung dieser Diskrepanz steht seit langem die Forderung im Raum, den haushaltsrechtlichen Kreditbegriff von seiner Orientierung an Zahlungseingängen bei der öffentlichen Hand loszulösen und problemadäquat auch auf andere Arten der Verschuldung, die dem derzeitigen Kreditbegriff des Haushaltsrechts aus ökonomischer Sicht gleichkommen, zu erweitern.

Diese Gleichstellung und damit eine Kreditaufnahme sollte nach der „Goldenen Regel“ immer dann gegeben sein, wenn durch die Verwaltungsschuld die gleichen Ziele erreicht werden sollen wie durch die Kreditaufnahme, nämlich die Verlagerung finanzieller Belastungen in die Zukunft, um das Konzept des „pay-as-you-use“ umzusetzen, also die Art. 115 GG zugrunde liegende Norm.[1005] Entscheidend ist letztlich, ob durch die Verschuldung die Einschränkung des Handlungsspielraums zukünftiger Generationen berührt ist - nicht, ob damit ein Zahlungsstrom verbunden ist.[1006]

Nach *Höfling* soll eine Kreditaufnahme des Staates immer dann gegeben sein, wenn neben die zugrunde liegende Austauschfunktion eine (sekundäre) Finanzierungsfunktion tritt.[1007] Dies sei immer dann der Fall, wenn durch die Austauschbeziehung dem Staat eine materielle, mit der vorübergehenden Erschlie-

---

1003 Vgl. Abschnitt 4.3.1.1.

1004 Vgl. Abschnitt 5.3.

1005 Vgl. *Gröpl* (2001), S. 474 f.

1006 Vgl. *Hüsken/Mann* (2005), S. 149.

1007 Vgl. *Höfling* (1993), S. 44.

ßung einer Geldquelle vergleichbare Stellung ermöglicht wird.[1008] Auch *Püttner* fordert, den haushaltsrechtlichen Kreditbegriff zu erweitern und auch alle Formen von Geschäften mit Finanzierungsfunktion einzubeziehen.[1009] Dem entspricht auch *Siekmann*, der eine Kreditaufnahme dann als gegeben ansieht, wenn der Finanzierungsaspekt im Vordergrund steht.[1010] An diesen und weiteren in diese Richtung gehenden Ansätzen kritisiert *Jahndorf*, dass damit eine gewisse Willkür einhergeht, denn es sei offen und auch subjektiv, wann die genannten Voraussetzungen vorliegen sollen.[1011] Insbesondere sei eine Einschätzung problematisch, wann eine Finanzierungsfunktion im Vordergrund steht und wann nicht.

Zudem weist *Jahndorf* darauf hin, dass auch im Falle einer Ausweitung des haushaltsrechtlichen Kreditbegriffs auf Verwaltungsschulden mit Finanzierungsfunktion Art. 115 GG nach wie vor nur auf die Einnahmen aus Krediten abstellt.[1012] In Bezug auf die staatliche Verschuldung kommt es also nicht nur auf die Frage an, was unter dem Kreditbegriff zu subsumieren ist, sondern insbesondere darauf, wann eine *Einnahme* aus Krediten vorliegt. Nach Art. 110 GG ist eine Einnahme zwar verfassungsrechtlich nicht auf einen Zahlungsstrom beschränkt und prinzipiell auch erweiterbar, jedoch eine kassenwirksame Einstufung aufgrund des Systems der Kameralistik verfassungsrechtlich geboten.[1013] Das Deckungsprinzip aus Art. 110 GG und die darin enthaltene Bindung an kassenwirksame Vorgänge ist nach Auffassung von *Jahndorf* allerdings nicht auch für Art. 115 GG ausschlaggebend. Der dort benutzte Begriff der Einnahme aus Krediten könne vielmehr auch anders ausgelegt werden, als dies für den Einnahmebegriff nach Art. 110 GG gilt. Denn Art. 110 GG beziehe sich nur auf veranschlagungstechnische Aspekte, was aber für die Staatsverschuldung nach Art. 115 GG nicht von Relevanz sei. Eine Einnahme aus Krediten könne daher auch - entgegen der heute verbreiteten Auffassung - auf Verwaltungsschulden ausgeweitet werden, die *nicht* zu einem Zahlungsstrom und damit zu einer Einnahmequelle für die öffentliche Hand führen.[1014] Eine andere Auffassung würde nämlich dazu führen, dass sich staatsschuldenrechtliche Aspekte nach Art. 115 GG aus veranschlagungsrechtlichen Belangen des Art. 110 GG ergeben würden, was nicht erwünscht sein kann.[1015] Als Bestätigung der möglichen Erweiterung

---

[1008] Vgl. *Höfling* (1995), S. 146.
[1009] Vgl. *Püttner* (1996), S. 738.
[1010] Vgl. *Siekmann* (2003), Art. 115 GG, Rn. 22 m.w.N.
[1011] Vgl. *Jahndorf* (2003), S. 290.
[1012] Vgl. *Jahndorf* (2003), S. 291.
[1013] Vgl. *Jahndorf* (2003), S. 292.
[1014] Vgl. *Jahndorf* (2003), S. 293 f. m.w.N.
[1015] Vgl. *Jahndorf* (2003), S. 295.

der Einnahmen aus Krediten des Art. 115 GG sieht *Jahndorf* u.a. die Analogie zur Diskussion um die Brutto- und Nettoinvestitionen, also die Frage, ob bei der Bestimmung der Ausgaben für Investitionen Abzüge vorzunehmen sind, bzw. ob die Ausgaben für Investitionen um nicht-kassenwirksame Posten wie Abschreibungen zu reduzieren sind.[1016]

Der Argumentation von *Jahndorf* ist nur teilweise zuzustimmen. Die gezeichnete Analogie zur Diskussion um die Ausgaben für Investitionen weist einen systematischen Fehler auf. Zwar dreht sich auch hier die Frage prinzipiell darum, ob die Ausgaben für Investitionen niedriger anzusetzen sind als in der bisherigen Praxis üblich, insbesondere, ob sie um den Betrag von Abschreibungen zu reduzieren sind. Wirkt dies auf den ersten Blick wie die Frage, ob von den kassenwirksamen Ausgaben für Investitionen nicht-kassenwirksame Vorgänge wie Abschreibungen zu subtrahieren sind und damit wie die Frage, ob Ausgaben i.S.d. Art. 115 GG anders gefasst sein können als in Art. 110 GG, muss jedoch festgestellt werden, dass sich die Diskussion ob Brutto- oder Nettoinvestitionen um den Investitionsbegriff des Art. 115 GG selbst, nicht um den Ausgabenbegriff dreht. Entscheidend ist, ob unter *Investitionen* des Art. 115 GG Brutto- oder Nettoinvestitionen zu verstehen sind, nicht, was unter *Ausgaben* für Investitionen zu verstehen ist. Wird hier für die Nettoinvestitionen plädiert, so sind zwar Abschreibungen zu subtrahieren, aber eben nicht von den Ausgaben für Investitionen. Vielmehr passt sich die Höhe der Ausgaben für Investitionen an und sinkt entsprechend. Die Diskussion um den Investitionsbegriff würde somit spiegelbildlich einer Diskussion um den Kreditbegriff selbst entsprechen, also ob damit die Brutto- oder Nettokreditaufnahme gemeint ist, nicht einer Diskussion um die Frage nach den Einnahmen. Diese Frage ist bereits eindeutig zu Gunsten der Nettokreditaufnahme gelöst und nicht Teil der Debatte um Art. 115 GG.

Unabhängig der Frage der Erweiterung des Einnahmebegriffs in Art. 115 GG ist der von verschiedenen Seiten geäußerten Forderung zuzustimmen, dass sich die Staatsverschuldungsregel in Form des Kredit-Investitions-Junktims nicht auf die Einnahmenwirksamkeit der Verschuldung beschränken sollte. Dann stellt sich aber die Frage, welche Formen der Verwaltungsschuld einem erweiterten Verständnis des Kreditbegriffs i.S.d. Art. 115 GG zuzuführen sind. Wie bereits dargelegt wurde, gestaltet sich eine objektive Abgrenzung anhand von (sekundären) Finanzierungsfunktionen durchaus schwierig.[1017] Auch der von *Jahndorf* entwickelte Katalog unterschiedlicher Anforderungen, die erfüllt sein müssen, um eine Verwaltungsschuld unter einen funktionalen Kreditbegriff zu subsumieren,

---

[1016] Vgl. *Jahndorf* (2003), S. 295.
[1017] Vgl. Abschnitt 6.1.4.

lässt einigen Interpretationsspielraum.[1018] So sind bspw. durch die dort genannten Kriterien der Mittelersparnis in der Gegenwart und zukünftige Finanzierungslasten, die denen einer Kreditaufnahme ähnlich sind, bei den diversen Leasingmodellen Diskussionen vorhersehbar. Auch eine Einstufung der Finanzierungsfunktion einer Verwaltungsschuld zum Zweck einer Einordnung als Kredit i.w.S. anhand ihrer Fälligkeit wie in Österreich erfolgt erscheint aufgrund der mit einer gewissen Willkür zu setzenden zeitlichen Grenze angreifbar, keinesfalls wissenschaftlich.[1019]

Da die bisherigen Lösungsansätze unzureichend sind, wird nachfolgend ein neuer Ansatz vorgestellt. Bei der Frage, welche Formen der Verwaltungsschuld unter einen funktionalen Kreditbegriff i.S.d. Art. 115 GG einzubeziehen sind, sollte auf die Kriterien des aus dem Steuer- und Handelsrecht bekannten Konstrukts des wirtschaftlichen Eigentums zurückgegriffen werden:

1. Immer dann, wenn aufgrund der Zuordnungskriterien des wirtschaftlichen Eigentums dieses bei der öffentlichen Hand anzusiedeln ist, die öffentliche Hand infolge dessen den Investitionsgegenstand in ihrer Bilanz zu aktivieren hat (bzw. bei kameralistischer Haushaltsführung nach doppischer Haushaltsführung zu bilanzieren hätte) und demgegenüber eine entsprechende Verbindlichkeit passivieren muss (kameralistisch: müsste), sollte diese Verbindlichkeit als eine vom funktionalen Kreditbegriff umfasste Verschuldung aufgefasst werden.
2. Liegt hingegen das wirtschaftliche Eigentum an einem Investitionsobjekt nicht bei der öffentlichen Hand, ist das Geschäft also als schwebend einzustufen und dementsprechend keine Aktivierung des Vermögensgegenstandes geboten, sollte auch die Verbindlichkeit als eine aus laufenden Geschäften erfasst werden und in Konsequenz dessen - ungeachtet möglicher sekundärer oder unterstellbarer Finanzierungsfunktionen - nicht unter dem funktionalen Kreditbegriff subsumiert werden.

Eine solche Vorgehensweise hätte den sichtbaren Vorteil, dass in einem doppisch geführten Haushalt nach HGB innerhalb der langfristigen Verbindlichkeiten für Investitionen aus staatsschuldenrechtlicher Sicht keine nähere Differenzierung in Verwaltungsschuld und Kreditschuld zu erfolgen hätte. Vielmehr könnten die Formen der langfristigen Verbindlichkeiten zum Zweck der Investitionsfinanzierung einheitlich als Verschuldung i.S.d. Art. 115 GG zusammengefasst werden. Diese Regelung hätte also den Vorteil, dass sie mit doppisch geführten Haushalten unmittelbar kongruent ist. Die in der doppischen Bilanz aus-

[1018] Vgl. *Jahndorf* (2003), S. 296 ff.
[1019] Vgl. zur Regelung in Österreich *Jahndorf* (2003), S. 263.

zuweisenden langfristigen Verbindlichkeiten müssten nicht hinsichtlich ihrer Einstufung als Kreditschuld oder Verwaltungsschuld weiter differenziert werden, wie dies bspw. bei Art. 115 GG in seiner jetzigen Form notwendig ist. Die zu bilanzierenden langfristigen Verbindlichkeiten entsprächen dann auch gleichzeitig den von der Schuldenstatistik zu erfassenden Schulden bei einer Ausweitung des Kreditbegriffs anhand des wirtschaftlichen Eigentums.

Wenn eine solche Zuordnung des funktionalen Kreditbegriffs losgelöst von der Kassenwirksamkeit anhand des wirtschaftlichen Eigentums erfolgt, ist aber gleichsam eine Anpassung der anderen in der Junktimklausel genannten Größe, also den Investitionen geboten. Ist der Vermögensgegenstand aufgrund des wirtschaftlichen Eigentums daran bei der öffentlichen Hand zu bilanzieren, die entsprechende Verbindlichkeit zu passivieren und als Kreditaufnahme im Sinne eines funktionalen Kreditbegriffes zu sehen, steht diesem nach Art. 115 GG in seiner bisherigen Fassung nämlich keine Investition i.S.d. Art. 115 GG gegenüber, da sich eine solche nur an Ausgaben für Investitionen bemisst.[1020] Eine Investition der öffentlichen Hand im haushaltsrechtlichen Sinne sollte aber analog dann vorliegen, wenn die Investition aufgrund der im Handels- und Steuerrecht entwickelten Kriterien des wirtschaftlichen Eigentums als „ihre" Investition anzusehen ist. Diese Vorgehensweise würde auch den sich bereits beim Erwerbermodell mit vorheriger Veräußerung auftretenden Widerspruch des Auseinanderfallens vom bilanziellen Zugang des Vermögensgegenstandes und den dafür anfallenden Ausgaben für Investitionen in einem doppisch geführten Haushalt beseitigen.

Eine „Einnahme" aus Krediten liegt nach diesen erweiterten Kriterien nicht nur beim Zufluss liquider Mittel, sondern auch dann vor, wenn dem Staat ein Vermögensgegenstand zugeht, also nach dem Kriterium des wirtschaftlichen Eigentums als sein eigener Vermögensgegenstand zu bewerten ist. Die entsprechende „Ausgabe" ist die gleichzeitig mit dem Vermögensgegenstand zugehende und zu bilanzierende Verbindlichkeit. Dies verdeutlicht, dass die notwendige Kassenwirksamkeit für das Vorliegen von „Einnahmen" und „Ausgaben" des Art. 115 GG und damit seine Ausrichtung an einer kameralistischen Haushaltsführung aufzugeben ist.

Aufgrund der haushaltsrechtlich geprägten Begriffe der Einnahmen und Ausgaben im Zusammenhang mit Kassenwirksamkeit und Kameralistik sollte aber unabhängig von verfassungsrechtlich zulässigen Erweiterungen der Begriffe eine neue Terminologie gefunden und genutzt werden. Denn neben ihrer (klassischen) Bedeutung im Haushaltsrecht sind Einnahmen und Ausgaben auch

[1020] Vgl. zur Problematik Abschnitt 5.3.

außerhalb dessen handelsrechtlich zwar weiter gefasst, indem sie auch Forderungen und Verbindlichkeiten erfassen; Vermögenszu- oder -abflüsse bspw. sind jedoch auch von dem Einnahmen- und Ausgabenbegriff im kaufmännischen Sinne nicht erfasst. Aus ökonomischer Perspektive ist bei Anwendung des handelsrechtlichen Konstrukts des wirtschaftlichen Eigentums der Art. 115 GG ohnehin nur insofern anzupassen, dass er zum Ausdruck bringt, dass die Nettoinvestitionen des Staates mit Fremdkapital finanziert werden dürfen. Auf die Nennung von Einnahmen und Ausgaben bzw. auf alternative Bezeichnungen könnte verzichtet werden, sofern klar ist, dass zu den (Netto-)Investitionen der öffentlichen Hand zählt, was nach dem handels- und steuerrechtlich geprägten Konstrukt des wirtschaftlichen Eigentums zum Vermögen des Staates führt. Die dazugehörige Verbindlichkeit dürfte fremdfinanziert werden. Die Nennung bzw. die Ersetzung von Einnahmen und Ausgaben durch terminologisch abweichende Begriffe erscheint unnötig, denn auch im Handelsrecht ist bei der Frage der Bilanzierung und damit verbunden der Frage danach, was als Investition der bilanzierenden Stelle anzusehen ist, nicht von Einnahmen oder Ausgaben die Rede, sondern lediglich, dass das zu bilanzieren ist, was nach wirtschaftlichen Kriterien zum Eigentum des Bilanzierenden zu zählen ist. Die Abgrenzung der Vermögenszugehörigkeit anhand des wirtschaftlichen Eigentums beschränkt sich trotz des Zusammenhangs mit der Bilanzierung nicht auf doppisch geführte Haushalte, da sich aus der Zuordnung des wirtschaftlichen Eigentums zwar bilanzielle Konsequenzen ergeben, die reine Bestimmung dessen, wer der wirtschaftliche Eigentümer ist, ergibt sich jedoch unabhängig jedes angewandten Rechnungswesens und damit auch unabhängig jeder angewandten Haushaltsführungssystematik.

Für die PPP-Modelle und die darin angewandten Finanzierungsvarianten wie Leasing, Mietkauf etc. hat die Rechtsprechung in der Vergangenheit bereits Grundsätze zur Zuordnung des wirtschaftlichen Eigentums entwickelt, die sich u.a. in den Leasing-Erlassen niederschlagen.

Die Ausweitung des Kreditbegriffes des Art. 115 GG anhand des wirtschaftlichen Eigentums hätte zur Folge, dass auch die dann erfassten, einer Kreditfinanzierung gleichkommenden Geschäfte dem Genehmigungsvorbehalt des Art. 115 GG unterliegen würden. Dies würde die oft kritisierte Umgehung des parlamentarischen Genehmigungsvorbehaltes bei privaten Vorfinanzierungsmodellen beseitigen. Gleichsam entfiele die Diskussion darüber, ob Verpflichtungsermächtigungen notwendig sind bzw. ob sie das geeignete Mittel darstellen, den verfassungsrechtlich gebotenen parlamentarischen Vorbehalt über einen Umweg zu gewährleisten.

Hinsichtlich des Vorwurfes der verdeckten oder grauen Verschuldung würde die durch die Erweiterung des Kreditbegriffs gewonnene zusätzliche Transparenz Abhilfe schaffen. Die privaten Vorfinanzierungsmodelle wären dann nämlich - zumindest teilweise - aufgrund der partiellen Einbeziehung der Verwaltungsschulden in die Kreditschulden von der staatlichen Verschuldung erfasst. Sie wären also Teil des Schuldenstandes der öffentlichen Haushalte und würden darin ausgewiesen. Wenn zusätzlich gewährleistet ist, dass auch Verbindlichkeiten aus privaten Vorfinanzierungsgeschäften ausgewiesen werden, die nicht zu einer Zuordnung des wirtschaftlichen Eigentums zur öffentlichen Hand führen und dementsprechend auch nicht vom erweiterten Kreditbegriff erfasst werden, bspw. in einer zusätzlichen Übersicht, wäre ein hohes Maß an Transparenz gewährleistet. Die zusätzliche Einbeziehung derartiger Geschäfte in die Kreditschuld des Staates erscheint inkonsequent, da sie - trotz der sich ggf. aus ihnen ergebenden langfristigen finanziellen Verpflichtungen - schwebende Geschäfte darstellen, die daraus resultierenden finanziellen Verpflichtungen also aufgrund der zugrundeliegenden Austauschbeziehung von Leistung und Gegenleistung bei nicht erfolgender Leistung auch nicht fällig werden.

Die Erweiterung des Kreditbegriffs würde auch nicht dazu führen, dass die öffentliche Verschuldung „aufgebläht" wird. Vielmehr würde dies dazu führen, dass Geschäfte mit alternativer Finanzierungsform wieder ein Teil des öffentlichen Haushalts bzw. des öffentlichen Schuldenstands werden, wie dies bei einer „klassischen" Kreditfinanzierung der Fall gewesen wäre. Die zuvor aus dem öffentlichen Schuldenstand „outgesourcte" Finanzierung würde wieder mit einbezogen.

Ferner zeigen sich aber auch die Schwächen des Art. 115 GG und dem damit verfolgten ökonomischen Zweck unabhängig seiner konkreten Formulierung. Letztendlich zielt die Junktimklausel darauf ab, dass Investitionen des Staates fremdfinanziert werden dürfen. Sofern dies ohne Einschränkung zugelassen ist, würde dies aber langfristig dazu führen, dass - bilanziell ausgedrückt - das öffentliche Eigenkapital im Verhältnis zum Fremdkapital immer weiter schrumpft. Wenn daneben Haushaltsperioden mit negativen Nettoinvestitionen, also Desinvestitionen, keine Tilgungsverpflichtung gegenübersteht, würde dies auch ein negatives Eigenkapital ermöglichen. Da das Eigenkapital allgemein darstellt, in welcher Höhe das Vermögen durch eigene Mittel gedeckt ist oder vereinfacht das Eigenkapital den finanziellen Wert des Vermögens des Staates repräsentiert, würde es die Junktimklausel des Art. 115 GG ermöglichen, dass der Staat langfristig über keinerlei eigenes Vermögen mehr verfügt, sondern stattdessen überschuldet wäre. Die einzige Begrenzung der Verschuldung ergäbe sich aus Art. 109 Abs. 2 GG.

6.2 Die PPP-Modelle im Licht der europäischen Verschuldungskriterien

Im Folgenden wird betrachtet, wie sich die einzelnen PPP-Modelle auf die europäischen Verschuldungskriterien des SWPs auswirken. Es ist also zu beurteilen, inwiefern sie sich auf den Finanzierungssaldo auswirken und ob die Verbindlichkeiten aus den PPP-Projekten von der Messung des Schuldenstandes erfasst werden, also ob durch die PPP-Modelle die jährliche Neuverschuldung ausgeweitet oder eine Umgehung der Restriktion der zulässigen Schuldenstandsquote erreicht werden kann. Denn auch die Europäische Kommission sieht als Motivation für PPP-Projekte durchaus die Umgehung der durch sie vorgegebenen Budgetrestriktionen.[1021]

Dazu ist zunächst wieder zu betrachten, wie sich eine Eigenrealisierung auf den Finanzierungssaldo und die Schuldenstandsquote nach Maastricht auswirkt. Wird die Investition aus laufenden Haushaltsmitteln finanziert, so ändert sich in der Periode der Anschaffung bzw. Erstellung der Finanzierungssaldo als Differenz zwischen Einnahmen und Ausgaben entsprechend. Wird das Investitionsobjekt zusätzlich kreditfinanziert, verringert sich der Finanzierungssaldo bzw. erhöht sich ein Finanzierungsdefizit in gleicher Höhe, zusätzlich wächst auch der Schuldenstand um den Betrag des Kredites und damit die Schuldenstandsquote.

Eurostat hat bezüglich der Behandlung von PPP-Modellen im ESVG und damit ihrer Wirkung auf die Verschuldungskriterien nach Maastricht eigene Kriterien entwickelt. Die Hauptfrage, die sich stellt, ist, wem die Immobilie als Vermögensgegenstand zuzurechnen ist, der öffentlichen Hand oder dem privaten Auftragnehmer. Im Wesentlichen ergibt sich die Behandlung aus der mit dem PPP-Projekt verbundenen spezifischen Risikoverteilung - unabhängig des zivilrechtlichen Eigentums. Es folgt daher zunächst eine Vorstellung der von Eurostat entwickelten Abgrenzungskriterien hinsichtlich der PPP-Modelle, der sich die konkrete Bewertung der einzelnen PPP-Modelle anschließt.

6.2.1 Zuordnung nach Risiken

Die Wirkung der verschiedenen PPP-Modelle auf die Verschuldungskriterien des SWPs, also die Wirkung auf das öffentliche Defizit und den öffentlichen Schuldenstand, ist entscheidend davon abhängig, ob das Investitionsobjekt des PPP-Geschäftes unabhängig des zivilrechtlichen Eigentums nach dem ESVG als

---

[1021] Vgl. Europäische Kommission (2004b), S. 3.

ein Vermögensgegenstand der öffentlichen Hand oder als ein Vermögensgegenstand des privaten Vertragspartners anzusehen ist.[1022]

Offensichtlich wird dies an der Wirkung auf den Schuldenstand nach Maastricht: Immer dann, wenn der Vermögensgegenstand der öffentlichen Hand zuzuordnen ist, ist er auch in den Schuldenstand einzubeziehen; ist er dem privaten Auftragnehmer zuzuordnen, wird er im Schuldenstand nicht berücksichtigt. Bei der Berechnung der Verschuldung in Abgrenzung des ESVG findet also eine Differenzierung in Kredit- und Verwaltungsschuld nicht statt. Das System entspricht vielmehr einer bilanziellen Basis: Sofern die Verbindlichkeit dem Staat zuzuordnen ist, die Verbindlichkeit also auf einem entsprechenden Konto des ESVG zu erfassen ist, wird sie auch von der Verschuldung erfasst.

Zur Beantwortung der Frage, unter welchen Bedingungen die Investitionsobjekte bei PPP-Projekten der öffentlichen Hand zuzuordnen sind, hat die Europäische Kommission spezifische Kriterien entwickelt.[1023] Demnach kommt es zur Zuordnung des Vermögensgegenstandes entscheidend auf die Risikoverteilung zwischen dem öffentlichen Auftraggeber und dem privaten Auftragnehmer an.[1024] Nur wenn der private Partner die wesentlichen Risiken des Projektes selbst trägt, ist ihm auch das Investitionsobjekt zuzuordnen.[1025] Zur entsprechenden Beurteilung werden drei Risiken betrachtet:[1026]

1) Das Baurisiko,
2) Das Ausfallrisiko,
3) Das Nachfragerisiko.

Die Risiken lassen sich näher differenzieren. Das Baurisiko umfasst das Risiko der verspäteten Lieferung, der Nichteinhaltung vorgegebener Standards, der zusätzlichen Kosten, der technischen Mängel und externer negativer Effekte.[1027] Es bezieht sich auf die Herstellung des Objektes in seinen Ausgangszustand.[1028] Das Ausfallrisiko bezieht sich auf die Betriebsphase und bezeichnet das Risiko der Haftung für die vertragsgemäße Erfüllung von Dienstleistungen. Als Indiz dafür, dass das Ausfallrisiko beim Privaten liegt, dient die Berechtigung der öffentlichen Hand zur Entgeltkürzung im Falle der Schlechtleistung des Privaten. Auch das Nachfragerisiko bezieht sich auf die Nutzungsphase. Es steht

[1022] Vgl. Europäische Kommission (2004b), S. 6.
[1023] Vgl. Eurostat (2004); Europäische Kommission (2004b).
[1024] Vgl. Eurostat (2004), S. 1.
[1025] Vgl. Europäische Kommission (2004b), S. 8.
[1026] Vgl. Europäische Kommission (2004b), S. 2.
[1027] Vgl. hierzu und zu den folgenden Risiken *Kleinlein/Stein* (2007), Art. 4, Rn. 49.
[1028] Vgl. Europäische Kommission (2004b), S. 9.

für das Risiko einer Entgeltzahlung auch im Falle nicht erfolgter Nutzung, also unabhängig der tatsächlichen Auslastung des Investitionsobjektes.

Der private Partner trägt genau dann die wesentlichen Risiken aus dem Projekt, wenn er das Baurisiko trägt *und* mindestens zusätzlich das Ausfallrisiko *oder* das Nachfragerisiko.[1029] Insbesondere muss bei den drei Hauptrisiken deutlich werden, dass der Private die darin enthaltenen Risiken ganz übermäßig trägt und keine Aufteilung zwischen ihm und der öffentlichen Hand stattfindet.[1030]

Als weitere Hinweise der Beurteilung der Risikoverteilung können die nachfolgenden Kriterien dienen. Dies ist zunächst die Endschaftsregelung über das Investitionsobjekt, genauer die Frage, welchem Vertragspartner das Objekt unabhängig seines Restwerts und einer Kaufoption zufällt. Ist dies der Private, stellt dies ein Indiz dafür dar, dass der Vermögensgegenstand ihm zuzuordnen ist.[1031] Weiter ist zu klären, inwiefern die öffentliche Hand in die Finanzierung des Projektes eingebunden ist. Sofern sie zur Reduzierung der Kapitalkosten in die Finanzierung involviert ist, ist zu beurteilen, inwiefern der ursprüngliche, höhere Zins des Privaten damit zusammenhängt, dass das Projekt nur mit Beteiligung der öffentlichen Hand wirtschaftlich ist. Gleichsam ist bei der Einräumung von Garantien der öffentlichen Hand zur Erreichung günstiger Finanzierungskonditionen zu prüfen, inwiefern dies die Schuld als eine Schuld der öffentlichen Hand erscheinen lässt und insbesondere, inwiefern die öffentliche Hand damit Risiken (wieder) übernimmt.[1032]

Einer Zuordnung des Vermögensgegenstandes zum privaten Partner anhand der Risikoverteilung steht auch nicht das zivilrechtliche Eigentum der öffentlichen Hand am Objekt im Wege. Denn wie auch im deutschen Handelsrecht erfolgt die Zuordnung des Vermögensgegenstands nicht nach rechtlichen, sondern nach wirtschaftlichen Kriterien.[1033] Sofern sich aus der Risikoverteilung ergibt, dass der Vermögensgegenstand dem Staat zuzurechnen ist, stellt das PPP-Geschäft eine Form des finance lease dar, während es im umgekehrten Fall bei einer Zurechnung zum privaten Partner einem operating lease entspricht.[1034]

[1029] Vgl. Europäische Kommission (2004b), S. 9.
[1030] Der Private muss zwar nicht alle Risiken tragen, aber die überwiegende Mehrheit; vgl. dazu näher Europäische Kommission (2004b), Fn. 10. So kann bspw. nach Auffassung von *Kleinlein/Stein* das Risiko höherer Gewalt beim Staat verbleiben; vgl. *Kleinlein/Stein* (2007), Art. 4, Rn. 50.
[1031] Vgl. Europäische Kommission (2004b), S. 11.
[1032] Vgl. Europäische Kommission (2004b), S. 12.
[1033] Vgl. Europäische Kommission (2004b), S. 14.
[1034] Vgl. Europäische Kommission (2004b), S. 2.

Die Risikoverteilung bei PPP-Projekten kann durchaus komplex sein. Im Einzelfall ist es daher denkbar, dass es durchaus schwierig ist, ein Projekt anhand der genannten Kriterien zu beurteilen und eine eindeutige Antwort auf die Frage der Zuordnung und damit auch die Frage nach der Wirkung auf Defizit und Schuldenstand zu finden.

6.2.2 Die PPP-Modelle und ihre Verschuldungswirkung unter den Maastricht-Kriterien

6.2.2.1 Erwerbermodell

Beim Erwerbermodell baut oder saniert der private Auftragnehmer ein Gebäude auf einem in seinem Eigentum befindlichen Grundstück. Anschließend übernimmt er über die Vertragslaufzeit von bis zu 30 Jahren auch den Betrieb und erhält währenddessen von der öffentlichen Hand ein Entgelt zur Deckung all seiner Investitions- und Betriebskosten.

Die Risiken lassen sich näher differenzieren. Das Baurisiko umfasst das Risiko der verspäteten Lieferung, der Nichteinhaltung vorgegebener Standards, der zusätzlichen Kosten, der technischen Mängel und externer negativer Effekte.[1035] Das Ausfallrisiko bezieht sich auf die Betriebsphase und bezeichnet das Risiko der Haftung für die vertragsgemäße Erfüllung von Dienstleistungen. Als Indiz dafür, dass das Ausfallrisiko beim Privaten liegt, dient die Berechtigung der öffentlichen Hand zur Entgeltkürzung im Falle der Schlechtleistung des Privaten. Auch das Nachfragerisiko bezieht sich auf die Nutzungsphase. Es steht für das Risiko einer Entgeltzahlung auch im Falle nicht erfolgter Nutzung, also unabhängig der tatsächlichen Auslastung des Investitionsobjektes.

Das Baurisiko trägt beim Erwerbermodell zunächst der Private. Er trägt die Verantwortung für die rechtzeitige Fertigstellung der Immobilie, die Einhaltung evt. vorgegebener Standards, technische Mängel und negative externe Effekte. Mit Abnahme des Bauwerks geht aber die allgemeine Sach- und Preisgefahr auf die öffentliche Hand über. Zwar verfügt die öffentliche Hand auch nach der Abnahme noch über Mängelansprüche. Mit der Abnahme der Bauleistung erbringt der Private aber seine wesentliche Vertragsleistung hinsichtlich des Gebäudes. Dies wird auch daran deutlich, dass die öffentliche Hand keine Nutzungsüberlassungsgebühren in Form von Miete o.ä. zahlt, sondern Kaufpreisraten. Zwar ist der Private im Rahmen des Erwerbermodells oftmals auch verpflichtet, das Gebäude in einem bestimmten Zustand zu bewahren. Dies resultiert dann jedoch aus seinen Pflichten aufgrund der Betreiberleistungen und ist somit eine zusätzliche Dienstleistung, nicht aus dem Kaufvertrag. So ist es der öffentlichen Hand

[1035] Vgl. hierzu und zu den folgenden Risiken *Kleinlein/Stein* (2007), Art. 4, Rn. 49.

auch nicht möglich, im Falle eines nicht vertragsgemäßen Zustandes des Objektes die *Kaufpreisrate* zu senken. Da sich das Recht auf Entgeltkürzung auch auf das Baurisiko bezieht, trägt dieses während der Vertragslaufzeit somit die öffentliche Hand.[1036]

Der private Auftragnehmer trägt allerdings das Ausfallrisiko. So ist es der öffentlichen Hand möglich, im Falle eines nicht vertragsgemäßen Zustandes des Objektes das Betreiberentgelt entsprechend zu reduzieren.

Dagegen liegt das Nachfragerisiko bei der öffentlichen Hand, da ihr Entgelt schließlich auf den Erwerb der Immobilie abzielt, keine Gegenleistung zur Nutzungsüberlassung darstellt und dementsprechend auch nicht anhand des Auslastungsgrades bzw. der Inanspruchnahme des Objektes angepasst werden kann.

Diese Einstufung führt i.S.d. Eurostat-Entscheidung zu einer Zuordnung der Immobilie zu der öffentlichen Hand. Als zusätzliches Argument dafür spricht die Endschaftsregelung. Denn Ziel des Erwerbermodells ist neben den Betreiberleistungen der Erwerb des zivilrechtlichen Eigentums am Objekt, was nach der Entscheidung von Eurostat als klares Indiz einer Zuordnung der Immobilie zum Staat gilt.[1037]

Es stellt sich die Frage, ob die Zuordnung des Vermögensgegenstandes im Erwerbermodell überhaupt anhand der Risikoverteilung zu erfolgen hat. So greift auch Eurostat im Fall einer nicht eindeutigen Entscheidung aufgrund des Bau-, Ausfall- und Nachfragerisikos auf die im Rahmen des Leasings entwickelten Grundsätze zurück, welche auch im ESVG - wie im deutschen Steuer- und Handelsrecht - eine Zuordnung anhand des wirtschaftlichen Eigentums kennen. Insbesondere, wenn der Leasingnehmer de facto wie der Eigentümer gestellt wird, wird das Leasinggut so behandelt, als ob es Eigentum des Leasingnehmers ist. Da die öffentliche Hand beim Erwerbermodell während der Vertragslaufzeit zwar noch nicht zivilrechtlicher Eigentümer des Objektes ist, aber wie ein solcher dasteht, spricht dies eindeutig für die Zuordnung der Immobilie zu ihr.[1038]

Die Immobilie wird also nach dem ESVG auf dem Vermögensbildungskonto der betreffenden öffentlichen Stelle verbucht (P.51).[1039] Gleichsam stellt die daraus resultierende Verbindlichkeit i.S.d. ESVG einen Kredit dar und wird dement-

---

[1036] Vgl. auch *Kleinlein* (2006), S. 30.

[1037] Vgl. Europäische Kommission (2004b), S. 10 f.

[1038] Das Erwerbermodell weist auch starke Ähnlichkeiten zum Teilzahlungskauf i.S.d. ESVG auf und wäre auch dann der öffentlichen Stelle zuzuordnen, ist aber wohl aufgrund der Risikoallokation nicht als solches einzustufen; vgl. ESVG 1995, Anhang II, Ziff. 5 u. Ziff. 13 ff. sowie die Ausführungen dazu bei BMVBW (2003b), S. 176.

[1039] Vgl. Europäische Kommission (2004b), S. 19 f.

sprechend als Zugang auf dem Finanzierungskonto verbucht (F.4). Sind die Anschaffungs- und Herstellungskosten bekannt, so lässt sich der Zinssatz des Kredites anhand der Differenz zwischen diesen und der Summe der Kaufpreisraten exakt bestimmen. Sind weder die Anschaffungs- und Herstellungskosten, noch der Zinssatz bekannt, so ist eine realistische Annahme zur Aufteilung der Summe der Kaufpreisraten in Tilgung und Zins zu treffen.[1040] Aufgrund des Vermögenszugangs und des damit verbundenen Zugangs einer Kreditverbindlichkeit verschlechtert sich der Finanzierungssaldo der betreffenden Periode entsprechend um die Anschaffungs- und Herstellungskosten der Immobilie. Der Wert der Immobilie wirkt sich also in voller Höhe auf das öffentliche Defizit aus und erhöht dieses (bzw. verringert im Falle eines Finanzierungsüberschusses diesen entsprechend).[1041]

In der Vermögensbilanz werden sowohl die Immobilie (AN.11), als auch der Kredit abgebildet (AF.4 bzw. AF.42). Das Erwerbermodell wirkt sich somit über den gebuchten Kredit in Höhe der Anschaffungs- und Herstellungskosten für die Immobilie unmittelbar auf den Schuldenstand nach Maastricht aus. Somit ist festzustellen, dass die Wirkung auf Defizit und Schuldenstand genau der im Falle einer kreditfinanzierten Eigenrealisierung entspricht.

Zu den gleichen Ergebnissen führt die Gestaltung des Erwerbermodells als Mietkauf. Gleichsam führt die Umwandlung der Schuld in ein Vereinbarungsdarlehen zu keiner abweichenden Behandlung. Auch wenn eine Forfaitierung mit Einrede- und Einwendungsverzicht angewendet wird, um dem Privaten günstigere Finanzierungskonditionen zu ermöglichen, führt dies zu keiner abweichenden Zuordnung, Verbuchung und damit Auswirkung auf die Verschuldung, da dann die öffentliche Hand letztlich nur noch mehr Risiken trägt, als dies ohne Forfaitierung bereits der Fall wäre.

Schließlich ändert auch die Vereinbarung einer einheitlichen Gesamtleistung nicht die Behandlung des Erwerbermodells im ESVG und damit seine Konsequenzen auf die Maastricht-Kriterien, da auch in diesem Fall der Erwerb nach wie vor zwingend vorgesehen ist.[1042] Eine Schätzung der Anschaffungs- und Herstellungskosten und damit der Höhe der zu buchenden Verbindlichkeit für die Immobilie kann auch hier anhand der zwingend notwendigen Wirtschaftlichkeitsuntersuchung erfolgen.

[1040] Vgl. ESVG 1995, Anhang II, Ziff. 10.

[1041] Der Finanzierungssaldo verschlechtert sich in den Folgeperioden nur noch in Höhe des Entgelts für die Betreiberleistungen (P.2) und Zinszahlungen (D.41).

[1042] Vgl. hierzu auch die Argumentation hinsichtlich der HGB-Bilanzierung unter Abschnitt 5.2.1.2.

Über die Vertragslaufzeit hinweg wird die Verbindlichkeit über die Anschaffungs- und Herstellungskosten, die nach dem ESVG als Kredit gewertet wird, zwar theoretisch getilgt und verringert sich sukzessive. Der Rückgang des Schuldenstandes nach Maastricht hängt nun aber wiederum von Art. 115 GG ab, denn wenn die Verwaltungsschuld über die Vertragslaufzeit hinweg durch eine Kreditschuld substituiert würde,[1043] bliebe die Höhe des Schuldenstandes resultierend aus dem Projekt letztlich konstant.

Beim Erwerbermodell kann es vorkommen, dass die öffentliche Hand vor Beginn des PPP-Projektes im Eigentum des zu bebauenden Grundstücks oder der zu sanierenden Immobilie ist und diese an den privaten Auftragnehmer veräußert. Diese Struktur weist eine Ähnlichkeit mit einem Sale-and-lease-back-Geschäft auf. Stellt der Vertragspartner der öffentlichen Hand ein privates Unternehmen dar, so verringert die Veräußerung das Anlagevermögen und verbessert den Finanzierungssaldo (also ein mögliches Defizit) entsprechend.[1044]

Nach dem ESVG wird eine Negativausgabe beim Verkäufer, also der öffentlichen Hand, auf dem Vermögensbildungskonto gebucht (P.51). Entsprechend wird auf dem Finanzierungskonto eine Forderung verbucht (F.7), was als Resultat den Finanzierungssaldo verbessert. In der Vermögensbilanz reduziert sich das Anlagevermögen (AN.11), während gleichsam eine Forderung (AF.7) ausgewiesen wird. Der Schuldenstand des Staates verringert sich also nicht unmittelbar, da er die Bruttoschuld umfasst, also keine Saldierung mit der Forderung erfolgt. Da der Vermögensgegenstand nach Bau oder Sanierung des Privaten anschließend wieder zurückgekauft wird, verschlechtert sich der Finanzierungssaldo entsprechend höher als im Fall ohne Veräußerung, so dass die vorherige Verbesserung des Finanzierungssaldos wieder ausgeglichen wird. Dies wird aufgrund der Dauer der Arbeiten des Privaten allerdings in aller Regel nicht innerhalb einer Haushaltsperiode geschehen, so dass sich Verbesserung und Verschlechterung des Finanzierungssaldos nicht saldieren und damit unmittelbar neutralisieren, sondern nur mittelbar - zeitversetzt - ausgleichen.

Da der Schuldenstand nach Maastricht bei der Veräußerung selbst unverändert bestehen bleibt, beim anschließenden Rückkauf aber die Verbindlichkeit gegenüber dem Privaten als Kredit ausgewiesen wird, erhöht sich der Schuldenstand gegenüber einer Eigenrealisierung in Höhe des Rückkaufpreises des Veräußerungswertes und stellt sich damit höher als im Falle einer Eigenrealisierung dar.

1043 Vgl. Abschnitt 6.1.2.1.

1044 Vgl. Europäische Kommission (2002), S. 185.

Dies resultiert daraus, dass der veräußerte Vermögensgegenstand kreditfinanziert i.S.d. ESVG wieder zurückerworben wird.[1045]

6.2.2.2 Leasingmodell

Beim Leasingmodell trägt der private Auftragnehmer alle wesentlichen Baurisiken, da er aufgrund der Bereitstellung der Immobilie zur Nutzungsüberlassung gezwungen ist, diese in einem gebrauchsgerechten Zustand zu halten. Daher trägt er alle Risiken der rechtzeitigen Fertigstellung, der Nutzbarkeit, etc. Zudem trägt der private Auftragnehmer beim Leasingmodell im Gegensatz zum Erwerbermodell in aller Regel auch während der gesamten Vertragslaufzeit das Baurisiko, denn schließlich hat er dem öffentlichen Auftraggeber die Immobilie zur Nutzung in einem vereinbarten Zustand zur Verfügung zu stellen. Ist das Gebäude für die öffentliche Hand nicht nutzbar, so hat der private Leasinggeber kein Recht auf sein Entgelt - und zwar nicht nur in Bezug auf das Betreiberentgelt. Der Leasinggeber alleine trägt über die Vertragslaufzeit hinweg die allgemeine Sach- und Preisgefahr.

Auch das Ausfallrisiko trägt der private Auftragnehmer, da die öffentliche Hand über die Vertragslaufzeit zu Entgeltminderungen berechtigt ist, sofern die vertraglichen Leistungen nicht in der vereinbarten Qualität erbracht werden.

Das Nachfragerisiko liegt dagegen bei der öffentlichen Hand, da sich das Entgelt anhand der vereinbarten vertraglichen Ausnutzung orientiert, nicht an einer variierenden tatsächlichen Ausnutzung.

Sofern keine besonderen Vereinbarungen bestehen, die eine davon differenzierende Risikoallokation begründen, ist der Vermögensgegenstand beim Leasingmodell nach dem ESVG demnach dem privaten Auftragnehmer zuzuordnen. Dies gilt zwar unabhängig einer eingeräumten Kaufoption, allerdings nicht, falls der öffentlichen Hand als Leasingnehmer eine *günstige* Kaufoption eingeräumt wird.[1046] Generell ist die Zuordnung des Leasinggegenstandes im Leasingmodell

---

[1045] Dieser aus dem PPP-Projekt resultierende Effekt kann aber über einen „Umweg" durch Art. 115 GG wieder neutralisiert werden. Denn wie gezeigt wurde, sollte die Einnahme des Veräußerungserlöses als Einnahme aus Kredit gewertet werden. Da die gesamten Einnahmen aus Krediten in Höhe der Investitionsausgaben fixiert sind, also nicht darüber hinaus anwachsen können, bleibt der maximale Schuldenzuwachs nach Maastricht aber unverändert. Sofern er bereits ohne die Veräußerung erreicht war, führt auch die Veräußerung nicht dazu, dass in Summe der Schuldenstand nach Maastricht höher werden könnte als im Fall der Eigenrealisierung. Wird der Veräußerungserlös dagegen nicht als Einnahme aus Kredit gewertet, so würde der Schuldenstand nach Maastricht tatsächlich stärker anwachsen, als dies bei einer Eigenrealisierung der Fall wäre; vgl. Abschnitt 6.2.2.1.

[1046] Vgl. Europäische Kommission (2004b), S. 11.

nach ESVG also kaum mit der bilanziellen Zuordnung nach HGB anhand der Leasing-Erlasse vergleichbar.[1047]

Sofern das Leasingobjekt dem Privaten zuzuordnen ist, fallen bei der öffentlichen Hand ausschließlich Konsumausgaben (P.3) an, welche den Finanzierungssaldo (B.9) in gleicher Höhe verringern, also ein mögliches Defizit anwachsen lassen.[1048] Da jedoch keine Bruttoanlageinvestition verbucht wird, damit keine Auswirkung auf das Vermögensänderungskonto einhergeht und somit auch kein Kredit in entsprechender Höhe unterstellt wird, ändert sich jedoch nicht der Schuldenstand des Staates. Es ergeben sich also hinsichtlich Defizit und Schuldenstand durchaus Vorteile gegenüber einer Eigenrealisierung, da sich die Auswirkung auf das Finanzierungssaldo über die Vertragslaufzeit hinweg verteilt, während der Schuldenstand gar nicht berührt ist.

Nimmt die öffentliche Hand eine ihr eingeräumte Kaufoption wahr, so ist der Vorgang wie der Kauf einer Bruttoanlageinvestition zu verbuchen.[1049] Das Vermögensänderungskonto erhöht sich zum Wert des Kaufpreises der Investition (P.51), während parallel auf dem Finanzierungskonto ein entsprechender Kredit verbucht wird (F.4). Der Finanzierungssaldo der betroffenen Periode verschlechtert sich dadurch in Höhe des Kaufpreises, analog erhöht sich der Schuldenstand in gleicher Höhe, was auch in der Vermögensbilanz anhand des Kredites (AF.42) sichtbar wird. Dennoch sollte der Schuldenstand dadurch geringer sein als im Fall einer Eigenrealisierung, da dieser in Höhe der gesamten Investitionskosten auszuweisen wäre, während er hier lediglich den Restwert umfasst.

Ist das Leasingobjekt dagegen von Anfang an nach ESVG der öffentlichen Hand zuzuordnen, entsprechen die Buchungen denen im Falle des Erwerbermodells. Finanzierungssaldo und Schuldenstand sind unter diesen Umständen genauso betroffen wie im Falle einer Eigenrealisierung - mit dem Unterschied, dass bei einer Teilamortisation der Finanzierungssaldo aufgrund des geringeren Entgeltes weniger stark sinkt.

Um dem privaten Auftragnehmer im Rahmen des Leasingmodells günstigere Finanzierungskonditionen zu ermöglichen, kommt u.U. eine Forfaitierung mit Einrede- und Einwendungsverzicht zur Anwendung. Dabei ist zu beurteilen, ob dies zu einer abweichenden Zuordnung des Leasingobjektes führt. Hier sind vor allem die Auswirkungen auf die Risikoallokation zu beachten. I.d.R. beschränkt sich die Forfaitierung auf die Investitionskosten des Privaten und wird sukzessive anhand von Bautestaten wirksam. Auch wenn sich die öffentliche Hand

[1047] Vgl. auch BMVBW (2003b), S. 158.
[1048] Vgl. Europäische Kommission (2002), S. 193.
[1049] Vgl. Europäische Kommission (2004b), S. 17 f.

Mängelgewährleistungsansprüche gegenüber dem Privaten vorbehält und mit Patronatserklärungen absichert, kann sie letztlich gegenüber dem Forfaiteur keine Entgeltkürzungen geltend machen. Gerade diese mögliche Entgeltkürzung hinsichtlich der Bauleistung bei Schlechtleistung ist aber bei der Frage der Zuordnung einer PPP im ESVG ein wichtiges Kriterium. In gewisser Weise trägt die öffentliche Hand dadurch das Baumängelrisiko. Eine Zuordnung des Leasingobjektes zum privaten Leasinggeber scheidet beim Leasingmodell in Kombination mit einer Forfaitierung mit Einrede- und Einwendungsverzicht daher aus.[1050] Finanzierungssaldo und Schuldenstand sind also genauso affektiert wie im Falle einer Eigenrealisierung.

Auch beim Leasingmodell kann es vorkommen, dass die öffentliche Hand vor Vertragsbeginn im Eigentum des für das Projekt relevanten Grundstücks oder Gebäudes ist und es zum Zwecke des Projekts an den Privaten veräußert. Die Desinvestition wird auf dem Vermögenskonto des Staates erfasst (P.51) und verringert das Vermögen entsprechend. Gleichsam verbessert sich der Finanzierungssaldo (B.9) durch die bei der Veräußerung erzielten liquiden Mittel. Der Bruttoschuldenstand des Staates bleibt von dieser Transaktion unberührt.

Ist der Vermögensgegenstand danach über die Vertragslaufzeit hinweg i.S.d. ESVG beim privaten Auftragnehmer angesiedelt, verschlechtert sich der Finanzierungssaldo nur in jeder Periode in Höhe der Entgeltzahlungen, so dass nicht wie im Falle des Erwerbermodells die Verbesserung des Finanzierungssaldos unmittelbar zu Beginn des Projektes wieder ausgeglichen wird. Durch das Veräußerungsgeschäft kann also der Finanzierungssaldo einmalig verbessert werden, während sich die daraus resultierende anschließende Verschlechterung des Saldos über die Vertragslaufzeit hinweg verteilt. Der Schuldenstand bleibt zu jedem Zeitpunkt unberührt; erst im Falle einer eventuell ausgeübten Kaufoption wächst er entsprechend an.

Ist der Vermögensgegenstand jedoch aufgrund der Ausgestaltung des Leasingmodells bei der öffentlichen Hand zu verbuchen, so entsprechen die anfänglichen Buchungen genau denen im Falle des Erwerbermodells mit Veräußerung. Die Verbesserung des Finanzierungssaldos wird also direkt wieder durch Verbuchung der Verbindlichkeit und einer entsprechenden Verschlechterung des Saldos ausgeglichen. Der Schuldenstand wächst analog in Höhe der Verbindlichkeit. Da er sich über die gesamten Anschaffungs- und Herstellungskosten inkl. des Kaufpreises des Privaten für die Veräußerung der öffentlichen Hand erstreckt, ist der Schuldenstand höher als im Falle der Eigenrealisierung.

[1050] Vgl. auch *Kleinlein* (2006), S. 29; *Wegner/Makowka/Hedrich* (2006), S. 92; *Nagengast* (2006), S. 117 f.; *Richter/Neubauer/Neuenburg* (2007), S. 106.

6.2.2.3 Mietmodell

Beim Mietmodell übernimmt der private Auftragnehmer das volle Baurisiko. Er hat alleine aufgrund seiner Stellung als Vermieter sicherzustellen, dass die Immobilie über die Vertragslaufzeit hinweg in vertragsgemäßem Zustand verbleibt. Er trägt die allgemeinen Sach- und Preisrisiken hinsichtlich der Immobilie. Bei einer fehlenden Nutzbarkeit der Immobilie kann er von der öffentlichen Hand keinerlei Mietzins fordern.

Zusätzlich trägt der Private entsprechend dem Erwerber- und Leasingmodell das volle Ausfallrisiko.

Gegebenenfalls trägt der private Auftragnehmer auch noch das Nachfragerisiko. Dieses Risiko hängt vor allem von den Kündigungsmöglichkeiten der öffentlichen Hand ab.

Somit sind beim Mietmodell nach ESVG lediglich Konsumausgaben (P.3) zu verbuchen, die den Finanzierungssaldo (B.9) in jeder Periode in entsprechender Höhe verschlechtern. Zudem wird der Schuldenstand nach Maastricht nicht berührt.

Lediglich im Falle der Ausübung einer eventuell eingeräumten Kaufoption durch die öffentliche Hand erfolgt eine Verbuchung des Vermögensgegenstandes auf den betreffenden staatlichen Konten. Einem Vermögenszugang in Form einer Bruttoanlageinvestition (P.51) steht dann ein Kredit (F.4) in Höhe des Kaufpreises gegenüber, der sich auf Finanzierungssaldo und Schuldenstand gleichermaßen auswirkt.

Somit ist festzuhalten, dass beim Mietmodell im Gegensatz zu einer Eigenrealisierung die Wirkung auf den Finanzierungssaldo über die Vertragslaufzeit hinweg verteilt wird, ohne dabei den Schuldenstand zu erhöhen und auch bei Ausübung einer Kaufoption der Schuldenstand niedriger als bei einer Eigenrealisierung sein sollte.

Auch beim Mietmodell ist ein vorheriges Veräußerungsgeschäft möglich. Da die Immobilie anschließend nicht auf Seiten der öffentlichen Hand auszuweisen ist, verbessert sich der Finanzierungssaldo einmalig in Höhe des Veräußerungserlöses. Der Schuldenstand nach Maastricht bleibt unberührt.[1051]

[1051] Vgl. dazu auch die Ausführungen zum Leasingmodell bei Zuordnung des Objektes zum Privaten unter Abschnitt 6.2.2.2.

6.2.2.4 Inhabermodell

Beim Inhabermodell ergeben sich gegenüber dem Erwerbermodell keine abweichenden Ergebnisse. Dies ergibt sich vor allem daraus, dass die Zuordnung des Investitionsobjektes bei PPP-Modellen im ESVG einzig anhand der Risikoallokation erfolgt - unabhängig des zivilrechtlichen Eigentums.[1052] Aufgrund des beim Inhabermodell gegebenen zivilrechtlichen Eigentums wird deutlich, dass die öffentliche Hand über noch mehr Risiken selbst verfügen wird als im Fall des Erwerbermodells. Hinsichtlich der Ergebnisse des Inhabermodells sei daher auf die Ausführungen unter Abschnitt 6.2.2.1 verwiesen.

6.2.3 Fazit

Die unterschiedlichen Vertragsgestaltungen der PPP-Projekte wirken sich durchaus verschieden auf den Finanzierungssaldo und damit auch auf ein mögliches Defizit nach Maastricht aus. Ist das Investitionsobjekt nämlich dem privaten Partner zuzuordnen, ändert sich der Finanzierungssaldo nicht in einer Periode in Höhe der Anschaffungs- und Herstellungskosten - wie im Fall der Eigenrealisierung -, sondern die Wirkung verteilt sich auf den Finanzierungssaldo über die Vertragslaufzeit hinweg, so dass auch ein mögliches Defizit nur partiell betroffen ist. Dies kann von öffentlicher Seite durchaus als Vorteil gewertet werden. Ist das Investitionsobjekt hingegen der öffentlichen Hand zuzuordnen, führt dies dazu, dass sich der Finanzierungssaldo und damit ein mögliches Defizit nach Maastricht maximal in gleicher Höhe wie bei einer Eigenrealisierung verschlechtert.

Auch die Wirkung auf den Schuldenstand und damit die Schuldenstandsquote variiert bei den PPP-Modellen je nach Vertragsgestaltung. Hier ist ebenso ausschlaggebend, ob das Investitionsobjekt der öffentlichen Hand oder dem privaten Auftragnehmer zuzuordnen ist. So wird die Verbindlichkeit aus dem PPP-Geschäft als Kredit gewertet, sofern die wesentlichen Risiken und damit das Investitionsobjekt bei der öffentlichen Hand liegen. Tritt die öffentliche Hand dagegen lediglich als Abnehmer einer Leistung auf, deren wesentliche Risiken der Private trägt, so stellt die Verbindlichkeit eine laufende dar und wird (zu Recht) nicht als Kredit gewertet. Gerade hinsichtlich der Transparenz über die öffentliche Verschuldung scheint das europäische System dem Schuldenausweis nach der Finanzstatistik daher überlegen, da letzteres die Verbindlichkeiten aus den PPP-Projekten stets als Verwaltungsschuld wertet und somit nicht in den Schuldenstand des öffentlichen Sektors einbezieht. Aber auch nach dem ESVG ist es

[1052] Vgl. auch *Kleinlein/Stein* (2007), Art. 4, Rn. 51.

somit möglich, eine privat vorfinanzierte öffentliche Investition zu tätigen, ohne dass der Schuldenstand davon berührt wird.

Davon abweichende Ergebnisse können - wie bereits bei der Betrachtung der PPP-Modelle hinsichtlich Art. 115 GG - auftreten, wenn vor Vertragsbeginn eine Veräußerung von Grundstück oder Immobilie von der öffentlichen Hand erfolgt. Der Finanzierungssaldo verbessert sich in der Periode der Veräußerung in Höhe des erzielten Erlöses. Diese einmalige Verbesserung wird aber im Falle der Zuordnung der Immobilie zur öffentlichen Hand durch eine gegenüber der Eigenrealisierung entsprechend größere Verschlechterung des Finanzierungssaldos wieder ausgeglichen, vermutlich aber nicht in der gleichen Haushaltsperiode. Wird die Immobilie dagegen auf dem Konto des Privaten verbucht, ist die Verschlechterung des Finanzierungssaldos wieder über die Vertragslaufzeit verteilt, was durchaus als Vorteil angesehen werden könnte. Sofern die Immobilie dem Staat zugerechnet wird, wächst der Schuldenstand in Höhe der aus dem Projekt resultierenden Verbindlichkeit über die Immobilie an. Er ist somit prinzipiell höher als im Fall der kreditfinanzierten Eigenrealisierung. Trägt der Private hingegen die wesentlichen Risiken des Projektes, so bleibt der Schuldenstand unberührt.

6.3 Die PPP-Modelle im Licht der geplanten Schuldenbremse

Im Folgenden werden die PPP-Modelle hinsichtlich ihrer Verschuldungswirkung nach Einführung der neuen Schuldenbremse betrachtet. Ausgangspunkt hierfür ist eine konjunkturelle Normallage, d.h., die konjunkturelle Komponente der Schuldenbremse, also die Möglichkeit einer konjunkturellen Verschuldungsmöglichkeit, sei nicht gegeben. Gleichsam wird auch eine Ausnahmesituation nicht angenommen, so dass die situative Verschuldungsmöglichkeit ebenso ausgeblendet wird. Was somit bleibt, ist die Möglichkeit der strukturellen Verschuldung. Diese ist allerdings nur für den Bund i.H.v. 0,35 % gestattet. Da erklärtes Ziel der neuen Schuldenbremse ist, die öffentlichen Haushalte ohne Nettokreditaufnahme auszugleichen, wird auch die strukturelle Ausnahme für den Bund im Folgenden ausgeblendet bzw. für den Bund wird damit der Frage nachgegangen, wie die Verschuldungswirkung der PPP-Modelle gegenüber einer Eigenrealisierung ist, sofern dieser Rahmen bereits ausgeschöpft ist. Den Ländern ist ohnehin keine strukturelle Verschuldung gestattet.

Wie bereits in Abschnitt 6.1 wird betrachtet, welche intertemporale Verteilungswirkung von den unterschiedlichen PPP-Modellen ausgeht. Dazu ist bezüglich einer Eigenrealisierung festzuhalten, dass diese unter der neuen Schuldenbremse nur noch im Ausnahmefall kreditfinanziert werden kann. Ziel der neuen Schuldenbremse ist vielmehr, dass Investitionen nur noch aus laufenden Haushaltsmitteln zu bestreiten sind. Hinsichtlich der intertemporalen Umverteilung bedeutet dies aber, dass eine solche faktisch nicht stattfindet. Stattdessen wird die in der Periode der Investition liegende Generation voll mit den für die Investition erforderlichen Mitteln belastet.

Da Investitionen aufgrund des Wegfallens des Kredit-Investitions-Junktims generell nicht mehr kreditfinanziert werden dürfen, die Kreditaufnahme unter der neuen Schuldenbremse vielmehr im Regelfall untersagt ist, ist im Folgenden auch eingehender zu untersuchen, ob die PPP-Modelle über eine (Vor-)Finanzierungsfunktion eine alternative Möglichkeit zur Verschuldung der öffentlichen Haushalte bieten.

6.3.1 Die PPP-Modelle und ihre Verschuldungswirkung unter der neuen Schuldenbremse

6.3.1.1 Erwerbermodell

Das Erwerbermodell führt nicht zur Begründung einer Kreditschuld i.S.d. Haushaltsrechts. Da die neue Verschuldungsregelung die haushaltsrechtliche Definition des Kreditbegriffs beibehält, ist auch bei Gültigkeit der neuen Schuldenbremse das Erwerbermodell in seiner Grundgestalt nicht mit einer Einnahme aus Krediten verbunden. Da die Junktimklausel des Art. 115 GG a.F. ihre Gültigkeit verliert, führen auch die mit dem Erwerbermodell verbundenen Ausgaben für Investitionen über die Vertragslaufzeit hinweg zu keiner möglichen Erhöhung der Einnahmen aus Krediten mehr, wie dies unter der derzeitigen Regelung der Fall ist. Somit erhöht sich durch das Erwerbermodell zu keinem Zeitpunkt der Stand der öffentlichen Verschuldung.

Auch eine kreditfinanzierte Eigenrealisierung wäre aber durch die neue Schuldenbremse nicht mehr möglich. Eine Eigenrealisierung müsste daher entweder durch fehlende finanzielle Mittel unterbleiben, oder aber aus den in der Haushaltsperiode erwirtschafteten Einnahmen finanziert werden. Der öffentliche Schuldenstand nach der Finanzstatistik ist also beim Erwerbermodell und bei der Eigenrealisierung gleichermaßen nicht betroffen, so dass das Erwerbermodell zumindest in dieser Hinsicht weder Vor- noch Nachteil mit sich bringt.

Deutlich unterschiedliche Wirkungen haben Erwerbermodell und Eigenrealisierung allerdings auf die Einnahmen und Ausgaben des Haushaltes und somit auf den Finanzierungssaldo. Bei einer Eigenrealisierung würden die Ausgaben in voller Höhe innerhalb einer Haushaltsperiode anfallen.[1053] Die gesamten Investitionsausgaben müssen also durch Einnahmen in dieser Haushaltsperiode gedeckt sein. Beim Erwerbermodell hingegen verteilen sich die Ausgaben für die Investition über die Vertragslaufzeit hinweg. Der öffentlichen Hand wird durch den Privaten ein langfristiges Zahlungsziel eingeräumt, sie tilgt die Kosten der Investition anschließend verzinst über bis zu 30 Jahre. Der Vorteil einer solchen Finanzierung wird unmittelbar ersichtlich: Dadurch, dass die Ausgaben sukzessive und damit vor allem zu Beginn nur partiell anfallen, können die Ausgaben innerhalb der Haushaltsperiode der Investition gegenüber der Eigenrealisierung entsprechend ausgeweitet oder aber die Einnahmen gesenkt werden. Da die Finanzierung durch den privaten Auftragnehmer ökonomisch einer Kreditaufnahme durch die öffentliche Hand gleichkommt, haushaltsrechtlich aber aufgrund des dort maßgeblichen Kreditbegriffs keiner solchen entspricht, bekommt die öffentliche Hand de facto eine „Kreditfinanzierung ohne Kredit". Aus *ökonomischer* Perspektive muss daher konstatiert werden, dass sich durch das Erwerbermodell eine Möglichkeit ergibt, die Restriktion einer eigentlich nicht zulässigen Kreditaufnahme zu umgehen. Da die Verwaltungsschuld aus dem Erwerbermodell nicht von der Schuldenstatistik der Finanzstatistik erfasst wird, ist sie auch nicht Teil des Schuldenstands der öffentlichen Haushalte. Somit muss konstatiert werden, dass das Erwerbermodell unter der neuen Schuldenbremse gewissermaßen die Umgehung des Verbotes der Verschuldung ermöglicht und die eingegangene Schuld dabei gleichzeitig nicht unmittelbar im Haushalt sichtbar wird.

Gleichsam bedeutet dies aber auch, dass durch das Erwerbermodell somit tatsächlich eine intertemporale Umverteilung stattfindet. Wird bei der Eigenrealisierung unter der neuen Schuldenbremse ausschließlich die gegenwärtige Generation mit den Kosten belastet, so werden die Kosten beim Erwerbermodell stattdessen über die Vertragslaufzeit hinweg auf die nutzenden Generationen verteilt. Vor dem Hintergrund des mit der Schuldenbremse angestrebten Systems des „pay-as-you-use" erscheint das Erwerbermodell dafür besser geeignet als die aus Haushaltsmitteln finanzierte Eigenrealisierung; da es zu einer gleichmäßig distribuierten intertemporalen Umverteilung führt.

Deutlich treten Probleme der neuen Verschuldungsregelung zu Tage, sofern die öffentliche Hand vor Beginn des PPP-Projektes Eigentümer eines Grundstücks oder Gebäudes ist, das zum Zweck des Projekts an den privaten Auftragnehmer veräußert wird. Wie unter Abschnitt 6.1.1.1 gezeigt, ist eine Einstufung der Ver-

[1053] Vereinfachend sei hier unterstellt, dass die Zahlung der Investition in voller Höhe innerhalb einer Haushaltsperiode fällig wird, während sie sich in der Realität aufgrund der Bauzeit natürlich über mehrere Perioden erstrecken kann.

äußerungserlöse als Einnahme aus Krediten zwingend geboten. Nach der Schuldenbremse wären solche Krediteinnahmen in der betreffenden Haushaltsperiode aber u.U. gar nicht gestattet. Somit könnte das PPP-Projekt entweder nicht durchgeführt werden, oder aber es würde zu einem Verstoß gegen Art. 109 i.V.m. Art. 115 GG n.F. führen. Eine alternative Wertung des Veräußerungserlöses nicht als Einnahme aus Krediten ist zum einen dogmatisch nicht geboten und würde zum anderen dazu führen, dass die öffentliche Hand sich durch Veräußerung von Vermögen und anschließendem langfristigen Zahlungsziel privat finanzierte Liquiditätsvorteile verschafft. Dies erscheint aber im Sinne einer Schuldenbremse äußerst fraglich.

6.3.1.2 Leasingmodell

Für die mögliche Verschuldungswirkung nach Art. 115 GG a.F. beim Leasingmodell war die Einstufung des Entgeltes für die Investition als konsumtive oder investive Ausgabe wesentlich. Dies ergab sich aus dem Kredit-Investitions-Junktim, das mit Einführung des Art. 115 GG n.F. aber beseitigt wird. Es ist daher für die Frage nach der Verschuldungswirkung des Leasingmodells unter der Schuldenbremse nunmehr irrelevant, ob die Entgelte konsumtiver oder investiver Art sind. Letztendlich führt das Leasingmodell hinsichtlich der Wirkung auf die Schuldenbremse zu den gleichen Effekten wie das bereits beschriebene Erwerbermodell. So muss die öffentliche Hand keine Investitionsausgaben in voller Höhe in der Haushaltsperiode der Investition tätigen, sondern bekommt durch die private Vorfinanzierung des Auftragnehmers eine kreditähnliche Finanzierung eingeräumt, die allerdings haushaltsrechtlich und damit i.S.d. Art. 109 u. Art. 115 GG n.F. nicht als Einnahme aus Kredit gewertet wird. Auch bleibt somit der Schuldenstand nach der Finanzstatistik unberührt wie bei einer Eigenrealisierung, wohingegen sich der Finanzierungssaldo und damit die Differenz zwischen Einnahmen und Ausgaben sich nicht einmalig in Höhe der Investitionskosten verschlechtert, sondern diese finanzielle Belastung des Haushalts auf die Vertragslaufzeit hinweg verteilt wird, was haushaltsrechtlich vorteilhaft erscheint: So können Investitionen getätigt werden, auch wenn die finanziellen Mittel dafür nicht vorhanden sind, bzw. für eine Eigenrealisierung nicht in entsprechender Höhe vorhanden wären.

Hinsichtlich der intertemporalen Umverteilung bedeutet dies gleichsam, dass eine solche mit dem Leasingmodell unter der neuen Schuldenbremse auch tatsächlich erreicht wird. Im Gegensatz zu einer nichtkreditfinanzierten Eigenrealisierung, welche ausschließlich die gegenwärtige Generation belasten würde, verteilt sich die Finanzierungslast beim Leasingmodell über die Vertragslaufzeit hinweg und führt somit zu einer gleichmäßigen intertemporalen Umverteilung.

Auch beim Leasingmodell kann vor Vertragsbeginn eine Veräußerung eines Grundstücks oder Gebäudes von der öffentlichen Hand an den Privaten zum Zweck des Projektes erfolgen. Der Veräußerungserlös sollte dabei immer dann als Einnahme aus Kredit gewertet werden, sofern anhand der Vertragsgestaltung davon auszugehen ist, dass die öffentliche Hand am Ende des Vertrages wieder zivilrechtlicher Eigentümer des Objektes wird. Dies kann aber wiederum dazu führen, dass in einer Haushaltsperiode Einnahmen aus Krediten erzielt werden, in denen gar keine Nettokreditaufnahme gestattet ist, was wiederum einen Verstoß gegen Art. 109 u. Art. 115 GG n.F. bedeuten würde. Sofern allerdings nicht davon auszugehen ist, dass die öffentliche Hand wieder zivilrechtlicher Eigentümer wird, ist der Veräußerungserlös nicht als Einnahme aus Kredit zu werten. Somit verschafft sich die öffentliche Hand einen einmaligen Einnahmeeffekt, der den Finanzierungssaldo entsprechend verbessert.

6.3.1.3 Mietmodell

Die Verbindlichkeiten aus dem PPP-Mietmodell sind haushaltsrechtlich weder als Kredit, noch als Verwaltungsschuld mit einer Finanzierungsfunktion zu werten. Zwar führt es gegenüber einer Eigenrealisierung auch dazu, dass Investitionsausgaben nicht in voller Höhe zu Anfang des Projektes fällig werden und bietet somit eine Finanzierungsfunktion für die öffentliche Hand. Diese entspricht allerdings weit weniger einer Kreditaufnahme, wie dies beim Erwerbermodell und beim Leasingmodell der Fall ist. Vielmehr stellt das Mietmodell eine echte Austauschbeziehung dar, bei der Leistung und Gegenleistung Zug um Zug erfolgen. Der Vorteil gegenüber einer Verschlechterung des Finanzierungssaldos in Höhe der Investitionskosten zu Anfang des Projektes bei einer Eigenrealisierung und damit die Möglichkeit, eine Immobilie in Anspruch zu nehmen, welche eigenrealisiert nicht hätte finanziert werden können, ergibt sich aber auch beim Mietmodell. Somit führt auch das Mietmodell zu einer gleichmäßigen intertemporalen Umverteilung, welche mit der Eigenrealisierung unter der neuen Schuldenbremse nicht möglich ist.

6.3.1.4 Inhabermodell

Die Wirkung des Inhabermodells auf die neue Schuldenbremse entspricht genau der des Erwerbermodells ohne vorheriges Veräußerungsgeschäft. Hierzu wird auf Abschnitt 6.3.1.1 verwiesen.

6.3.2 Fazit und Kritik an der neuen Schuldenbremse

Sowohl alle PPP-Modelle als auch die Eigenrealisierung müssen unter der neuen Schuldenbremse bei konjunktureller Normallage und Ausblendung der Ausnahmeregelung für den Bund zukünftig immer aus Eigenmitteln finanziert werden. Zwar sind die PPP-Modelle nach wie vor in den überwiegenden Fällen mit einer privaten Vorfinanzierung verbunden, die ökonomisch einer Kreditaufnahme gleichkommt. Der wesentliche Unterschied unter der neuen Schuldenbremse gegenüber der alten Verschuldungsregelung ist jedoch, dass zukünftig eine echte Tilgung erforderlich ist. So ist eine mögliche Substitution der Verwaltungsschuld durch eine revolvierbare Kreditschuld, wie sie Art. 115 GG derzeit bietet, zukünftig ausgeschlossen. Gleichzeitig geht mit den PPP-Modellen der Vorteil einher, dass sie die finanziellen Verbindlichkeiten aus dem jeweiligen Projekt über den Zeitraum der Vertragslaufzeit erstrecken und somit keine einmalig hohen finanziellen Belastungen in Höhe der Investitionskosten wie bei einer Eigenrealisierung bewirken.

Hinsichtlich der Verteilungswirkung bedeutet dies, dass die PPP-Modelle unter der neuen Schuldenbremse im Gegensatz zur Eigenrealisierung dazu führen, dass die finanziellen Verbindlichkeiten der Investition über den Nutzungszeitraum bzw. die Vertragslaufzeit hinweg verteilt werden. Eine intertemporale Umverteilung findet also tatsächlich statt, während die Eigenrealisierung dazu führt, dass die gegenwärtige Generation mit den gesamten Kosten belastet wird, also eine Umverteilung nicht stattfindet. Wenn unter dem mit der neuen Schuldenbremse verfolgten Ziel intergenerativer Gerechtigkeit eine gleichmäßige Verteilung finanzieller Lasten aus Investitionen über die Nutzen tragenden Generationen verstanden wird, also als ein „pay-as-you-use", scheinen die PPP-Modelle also eher geeignet, dieses Ziel zu verwirklichen als eine Eigenrealisierung.

Insbesondere aus politischer Perspektive wird die mit den PPP-Modellen mögliche intertemporale Umverteilung vermutlich Interesse wecken. Denn dies bedeutet schließlich, dass in der Gegenwart Investitionen getätigt werden können, für die eigentlich im Haushalt aufgrund des Verbots einer Kreditfinanzierung in einer wirtschaftlichen Normallage nicht ausreichend finanzielle Mittel vorhanden sind. Durch den Verteilungseffekt der PPP-Modelle, der die Verlagerung der finanziellen Belastungen in die Zukunft gestattet, kann ein wesentlicher Teil des Ergebnisses - nämlich die Bereitstellung des Investitionsgutes - in der Gegenwart realisiert werden, während die Verbindlichkeiten - zumindest teilweise, nicht wie bisher üblich komplett - von zukünftigen Haushalten auch nach einer Legislaturperiode zu tragen sind.

Die Gefahr, die mit Einführung der neuen Schuldenbremse einhergeht, ist, dass durch das bei wirtschaftlicher Normallage gegebene Finanzierungsverbot durch Kredite verstärkt auf die alternativen Verschuldungsformen, wie sie bei PPP-Modellen bestehen, umgestiegen wird, welche eine Verwaltungsschuld begründen. Hinsichtlich der Verwaltungsschuld besteht eine tatsächliche Tilgungsverpflichtung, wie sie in der bisherigen Regelung nicht existiert bzw. durch die Möglichkeit der Substitution der Verwaltungsschuld durch eine revolvierbare Kreditschuld nicht zwingend besteht. Durch das Ausweichen weg von einer Kreditschuld hin zu einer Verwaltungsschuld kann unter der neuen Schuldenbremse somit prinzipiell wie bisher investiert werden, aber die zukünftigen Haushalte werden stärker belastet, als dies unter den bisherigen Verschuldungsregelungen üblich war, nämlich durch echte Tilgung. Die Haushaltsspielräume könnten sich also stärker einengen als dies in der Vergangenheit der Fall war. Grundsätzlich ist dies aber zu begrüßen, denn korrekterweise müsste es lauten, im Gegensatz zur alten Verschuldungsregelung können nun die Haushaltsspielräume in der Gegenwart und nahen Zukunft nicht durch wiederholte Fortschreibung der Verschuldung zu Lasten zukünftiger Generationen weiter offen gehalten werden.

Problematisch ist jedoch, dass die zu vermutende Ausweitung der privaten Vorfinanzierungsmodelle unter der neuen Schuldenbremse im kameralistischen Haushalt und der Schuldenstatistik der Finanzstatistik nur schwer ersichtlich sein wird. Denn schließlich sind die daraus resultierenden Verbindlichkeiten nur über Umwege abbildbar, nämlich in Form von Verpflichtungsermächtigungen, Anhängen, Übersichten, etc. Dadurch besteht die Gefahr, dass die zukünftigen Belastungen der Haushalte aus den Vorfinanzierungsmodellen, die vermutlich mit Einführung der neuen Schuldenbremse deutlich ausgeweitet werden, nicht ausreichend transparent dargestellt werden und damit - teilweise auch im politischen Interesse der Gegenwart - der finanzielle Spielraum zukünftiger Haushalte mehr und mehr intransparent eingeschränkt wird.

Als Lösung bietet sich die doppische öffentliche Haushaltsführung an. In der Bilanz eines doppisch geführten Haushalts wären die Verbindlichkeiten aus den PPP-Projekten unmittelbar ersichtlich. Dort würde auch die Verwaltungsschuld durch eine entsprechende Verbindlichkeit als „echte" Schuld dargestellt werden, sofern das Immobilienobjekt der öffentlichen Hand zuzurechnen ist. Die Ausweisung der Fremdfinanzierung beschränkt sich nämlich bei der Doppik auch im öffentlichen Haushalt nicht auf die Kreditschuld im Sinne des Haushaltsrechts und der Finanzstatistik. Die Bilanz einer doppischen öffentlichen Haushaltsführung bietet somit neben der Finanzstatistik de facto eine zweite, von dem Schuldenbegriff der Finanzstatistik unabhängige Übersicht über die öffentlichen Schulden, die im Gegensatz zur Schuldenstatistik nach der Finanzstatistik auch alle kreditähnlichen Rechtsgeschäfte umfassen würde. Die Einführung der doppischen Haushaltsführung wäre also vor dem Hintergrund der Einführung der neuen Schuldenbremse zunächst zu begrüßen.

Allerdings muss auch konstatiert werden, dass ein reines Ausweisen der Verwaltungsschuld in der doppischen Bilanz nicht dazu führt, dass der Finanzierungssaldo in der Periode des Verbindlichkeitseingangs tangiert ist. Denn Art. 109 u. Art. 115 GG n.F. halten nach wie vor an den kameralistisch geprägten Einnahmen und Ausgaben fest, beschränken die Zu- und Abgänge des Haushalts also auf ihre Kassenwirksamkeit. In der Bilanz wird somit zwar ersichtlich, dass die öffentliche Hand eine Schuld eingeht, gleichsam hat dies aber keinerlei Wirkung auf die Schuldenbremse, da mit dem Ausweis einer entsprechenden Verbindlichkeit kein Zahlungsstrom verbunden ist. Somit verfehlt die Schuldenbremse an dieser Stelle eines ihrer wesentlichen Ziele, nämlich die Annäherung an die europäische Regelung des SWPs. Denn im ESVG und damit auch bei den Maastricht-Kriterien werden Forderungen und Verbindlichkeiten betrachtet, die bei der Schuldenbremse ausgeblendet werden. Zudem wird die Verbindlichkeit im ESVG als Kredit behandelt, was aufgrund des mit der neuen Schuldenbremse beizubehaltenden eng ausgelegten Kreditbegriffs im Haushaltsrecht eine weitere deutliche Diskrepanz zu den Vorgaben des SWPs bedeutet.

Somit muss festgestellt werden, dass durch eine öffentliche Bilanz, die auch die Verbindlichkeiten in Form der Verwaltungsschulden enthält, letzten Endes zu Tage gefördert wird, was schon länger als Forderung im Raum steht: Die Ausweitung des haushaltsrechtlichen Kreditbegriffes auf Verwaltungsschulden mit Vorfinanzierungsfunktion. Aus ökonomischer Sicht sollte auch die finanzierende Verwaltungsschuld als eine Form der Kreditfinanzierung anerkannt werden. Dass sie eine solche Funktion erfüllt, wurde bei der Beschreibung der PPP-Modelle unter der neuen Schuldenbremse deutlich sichtbar. Wie eine Ausweitung des haushaltsrechtlichen Kreditbegriffs vollzogen werden könnte, wurde bereits dargestellt.[1054]

Gleichzeitig erscheint die Einführung der neuen Schuldenregel eine Erweiterung des haushaltsrechtlichen Kreditbegriffes noch schwerer zu machen, als dies unter den derzeitigen Gegebenheiten ohnehin bereits der Fall ist. Denn dies würde unter der neuen Schuldenbremse bedeuten, dass überhaupt keine Investitionen mehr fremdfinanziert werden dürfen, da in wirtschaftlicher Normallage eine Kreditfinanzierung explizit untersagt ist. Es ist also zu befürchten, dass die Einführung der neuen Schuldenregel zur weiteren Verfestigung des derzeitigen, fraglichen Kreditbegriffs des Haushaltsrechts führt. Somit wird auch die Diskrepanz zwischen haushaltsrechtlicher Kreditschuld und Verwaltungsschuld weiter fortbestehen, welche im doppischen Haushalt sichtbar zu Tage gefördert wird, und insbesondere in der doppischen Haushaltsführung nur schwer begründbar

[1054] Vgl. Abschnitt 6.1.4.

erscheint. Dies kann auch als Indiz dafür gewertet werden, dass der Bund offenbar mittelfristig keine Umstellung auf eine doppische Haushaltsführung plant.

Die Abschaffung der Dichotomie zwischen finanzierender Verwaltungsschuld und haushaltsrechtlicher Kreditschuld kann also aus ökonomischer Perspektive als ein dringendes Desiderat bezeichnet werden. Denn erklärtes Ziel der neuen Schuldenbremse ist die stärkere Berücksichtigung des Prinzips der Generationengerechtigkeit. Neben der allgemeinen Begriffsproblematik stellt sich jedoch die Frage, inwiefern die Schuldenbremse dazu geeignet ist, eine solche herzustellen, sofern nach wie vor ökonomisch gleiche Sachverhalte haushaltsrechtlich unterschiedlich bewertet werden. So stellte bereits *Höfling* im Jahr 1993 fest, dass intergenerative Gerechtigkeit nur schwerlich erreicht werden kann, sofern Verwaltungsschulden nicht als öffentliche Schulden berücksichtigt werden, da auch sie den finanziellen Spielraum zukünftiger Generationen einengen.[1055]

Zudem muss beachtet werden, dass Generationengerechtigkeit stets mehrdimensional funktionieren muss.[1056] Generationengerechtigkeit heißt zwar, dass die zukünftigen Generationen nicht durch übermäßige Verschuldung aus der Gegenwart belastet werden dürfen, ohne den Nutzen des damit finanzierten Vermögens zu tragen. Gleichsam heißt Generationengerechtigkeit aber auch, dass die gegenwärtige Generation die finanziellen Lasten von Investitionen nicht in voller Höhe zu tragen hat, sofern der von der Investition ausgehende Nutzen sich auch in der Zukunft noch auswirkt. Denn dies würde eine zu starke Belastung der derzeitigen Generation zugunsten einer zukünftigen Generation bedeuten.

Die Schuldenbremse versucht nun, die sich bisher ergebende und genutzte Möglichkeit der übermäßigen finanziellen Belastung zu Ungunsten zukünftiger Generationen zu beseitigen. Mit dem generellen Verbot der Finanzierung struktureller Ausgaben aus Kreditmitteln schafft sie das zwar. Jedoch belastet sie damit gegenteilig die gegenwärtige Generation zu stark zu Gunsten zukünftiger Generationen. Denn sie gibt an die gegenwärtige Generation vor, alle Investitionen direkt und in voller Höhe aus Eigenmitteln, also de facto aus bereits Erwirtschaftetem, „Angespartem" zu bestreiten. Eine intertemporale Umverteilung wird dadurch nicht erreicht. Das sich in der bisherigen Regelung des Art. 115 GG ergebende Problem der übermäßigen Belastung zukünftiger Generationen entstand im Wesentlichen aus der Möglichkeit, bestehende Kredite zu revolvieren und auch Ersatzinvestitionen erneut mit Krediten zu finanzieren - und nicht aus der generellen Möglichkeit, Investitionen (auch) über Kredite zu finan-

1055 Vgl. *Höfling* (1993), S. 158 f.
1056 Vgl. zum Folgenden *Jahndorf* (2003), S. 157.

zieren. Das eigentliche Problem der bisherigen Regel besteht darin, dass es in ihrer aktuellen Form nicht oder nur schwer möglich ist, eine gebotene periodengerechte Zuordnung der finanziellen Verbindlichkeiten zu erreichen. Dieses Problem dadurch zu beseitigen, die Kreditfinanzierung von Investitionen generell zu untersagen, erscheint jedoch nicht zielführend. Das generelle Verbot von kreditfinanzierten Investitionen ist schon deshalb abzulehnen, da sich solche Investitionen durchaus als derart wirtschaftlich herausstellen können, dass sie sich selbst finanzieren. Letztlich bedeutet ein Kreditfinanzierungsverbot für Investitionen hinsichtlich der intertemporalen Umverteilung eine Umkehr in das andere Extrem: Die Finanzierungslast wird nicht wie bisher durch revolvierende Kredite komplett in die Zukunft verschoben, sondern komplett in die Gegenwart gelegt. Von einer gleichmäßigen finanziellen Belastung der Nutzen tragenden Generationen, also intergenerative Gerechtigkeit über „pay-as-you-use", kann damit zunächst keine Rede sein. Allerdings ist nicht zu verkennen, dass die ausschließliche finanzielle Belastung der gegenwärtigen Generationen im Zeitverlauf durchaus zu einer „gerechteren" Verteilung führt, als dies unter dem bisherigen Art. 115 GG der Fall ist: Sofern sich die Investitionsquote nicht wesentlich verändert, trifft unter der neuen Schuldenbremse jede zukünftige Generation jährlich eine annähernd gleiche Finanzierungslast. Nach der bisherigen Regelung des Art. 115 GG trifft bei nach wie vor ausbleibender Tilgung hingegen die gegenwärtige Generation und oftmals überhaupt die den Nutzen tragenden Generationen keine Finanzierungslast; diese wird vielmehr auf unbestimmte Zeit hinausgeschoben.

Das kameralistische Haushaltsrecht und die kameralistische Haushaltsführung scheinen generell nur bedingt geeignet, eine verwertbare Aussage hinsichtlich des Schuldenstands zu ermöglichen. Denn dafür wäre es zum einen notwendig, den Schuldenbegriff zu erweitern und zum anderen aber auch, den öffentlichen Schulden das öffentliche Vermögen gegenüber zu stellen. Die bisherige Praxis beschränkt sich dagegen lediglich auf den Schuldenstand. Letztendlich besteht bei Betrachtung der Schulden ohne gleichzeitige Betrachtung des Vermögens aber überhaupt keine Aussagekraft hinsichtlich einer „gerechten" oder angemessenen Höhe von Schulden, es werden stattdessen vielmehr „blind" Aussagen über die Belastung der öffentlichen Haushalte durch Verbindlichkeiten getroffen. Einzig der Bezug des öffentlichen Schuldenstandes auf das BIP eines Landes verknüpft die Schulden mit der wirtschaftlichen Leistungsfähigkeit - allerdings nicht der des öffentlichen Sektors alleine.

Durch die kameralistische Fixierung auf Einnahmen und Ausgaben erscheint es ebenso schwer möglich, eine periodengerechte Verteilung finanzieller Lasten - aber auch finanzieller Erträge - vorzunehmen. Diese ist für das Ziel der Generationengerechtigkeit - sofern darunter eine gleichmäßig verteilte finanzielle Belastung heutiger und zukünftiger Generationen verstanden wird - aber essenziell. Vor diesem Hintergrund ist zu vermerken, dass die dargestellen PPP-Modelle unter der neuen Schuldenbremse eine solche gleichmäßige Verteilung der finanziellen Lasten bewirken. Durch die echte Tilgung der Investitionskosten über die Vertragslaufzeit hinweg, welche im öffentlichen Hochbau oftmals nahe an die wirtschaftliche Nutzungsdauer des PPP-Objektes herankommt, werden die Kosten gleichmäßig auf die den Nutzen tragenden Generationen verteilt. Es kommt dabei weder zu einer übermäßigen Belastung der derzeitigen Generation, noch zu einer der zukünftigen Generation. Obwohl die PPP-Modelle somit geeignet sind, die bestehenden Grenzen der Verschuldung der neuen Schuldenbremse zu umgehen, ist das Resultat ein ökonomisch durchaus wünschenswertes. Denn durch die damit verbundene intertemporale Verteilung der finanziellen Lasten scheint ein größerer Beitrag zu einer gleichmäßigen Belastung Nutzen ziehender Generationen erbracht, als dies revolvierende Kredite bei der alten Schuldenregelung oder das Krediteinnahmeverbot der neuen Schuldenregelung zu leisten vermögen können.

Um aber langfristig und umfassend eine gleichmäßigere intertemporale Umverteilung zu erreichen, wäre es hilfreich, das Fälligkeits- und Kassenwirksamkeitsprinzip der kameralistischen Haushaltsführung aufzugeben. Statt Einnahmen und Ausgaben sollten im Haushalt Aufwendungen und Erträge betrachten werden, also ein Ressourcenverbrauchskonzept eingeführt werden. Denn dies würde eine periodengerechte Zuordnung finanzieller Lasten und Erträge erleichtern und damit einen Beitrag zu einer erstrebenswerten höheren intergenerativen Verteilung leisten. Gleichzeitig wäre damit verbunden die Ausweitung des haushaltsrechtlichen Kreditbegriffes förderlich.[1057] Den Schulden ist das öffentliche Vermögen gegenüberzustellen. Zusammengenommen bedeutet dies, dass die kameralistische Haushaltsführung zugunsten einer doppischen Haushaltsführung aufzugeben wäre.

Unter diesen Umständen könnte eine Verschuldungsregelung definiert werden, die Bezug auf die durch die Doppik geprägten Größen wie Aufwände und Erträge sowie Eigen- und Fremdkapital nimmt. Denn so erscheint eine gleichmäßigere finanzielle Belastung heutiger und zukünftiger Generationen leichter und transparenter realisierbar. Dabei könnte auch weiterhin das Kredit-Investitions-Junktim aufrecht erhalten werden, welches dann erstmals seine ökonomisch sinnvolle Wirkung entfalten könnte - im Gegensatz zu heute. Wenn den öffentlichen Schulden das öffentliche Vermögen gegenübergestellt wird, wie

[1057] Vgl. ausführlich Abschnitt 6.1.4.

dies in der Bilanz eines doppisch geführten Haushalts geschieht, erscheint es ohnehin fraglich, ob sich die Eingrenzung der Verschuldung über die Einschränkung der Nettokrediteinnahme einer Haushaltsperiode definieren muss. Denn eigentlich erscheint die Kreditauf- oder -einnahme einer einzelnen Periode irrelevant, sofern dem Fremdkapital ausreichend Vermögen gegenübersteht und das Eigenkapital - also das staatseigene Vermögen - nicht negativ wird. Von solch einer doppischen Verschuldungsregel erscheint das heutige Haushaltsrecht insbesondere durch den Vorschlag der neuen Schuldenbremse aber weit entfernt.

7. Zusammenfassung und Ausblick

Public Private Partnerships stellen einen alternativen Beschaffungsweg zur Bereitstellung öffentlicher Infrastruktur dar. Ihr Auftreten kann vor allem durch die Verwaltungsmodernisierung im Rahmen des New Public Managements und der zunehmenden Knappheit an finanziellen Mitteln in öffentlichen Haushalten erklärt werden. Erklärtes Ziel und letztlich auch Legitimation zum Eingehen einer Public Private Partnership durch die öffentliche Hand ist die effizientere Bereitstellung einer öffentlichen Leistung durch die Einbindung eines privatwirtschaftlichen Partners. Die möglichen Effizienzvorteile lassen sich dabei anhand der Neuen Institutionenökonomik erklären.

Im Rahmen dieser Arbeit wurden PPP-Modelle im öffentlichen Hochbau betrachtet. Dabei ließen sich im Wesentlichen vier unterschiedliche Modelle zur Umsetzung eines PPP-Projektes identifizieren: Das Erwerber-, das Leasing-, das Miet- sowie das Inhabermodell. Gesellschafter- und (echte und unechte) Konzessionsmodelle stellen Sondermodelle dar, die sich mit einem der vier genannten Modelle kombinieren lassen. Daneben wurden für die PPP-Modelle unterschiedliche Finanzierungsvarianten betrachtet.

Im weiteren Verlauf der Arbeit wurde untersucht, wie sich die PPP-Modelle in der öffentlichen Haushaltsführung niederschlagen. Dies war erforderlich, um Aussagen darüber zu ermöglichen, ob mit PPP-Projekten intransparente Belastungen der Haushalte einhergehen. Es stellt sich heraus, dass die PPP-Modelle und die damit einhergehenden finanziellen Verpflichtungen in einer kameralistischen Haushaltsführung nur bedingt transparent dargestellt werden können. Dies ist maßgeblich auf die kameralistischen Prinzipien der Fälligkeit und der Kassenwirksamkeit zurückzuführen, welche es bei modernen, von der klassischen Kreditfinanzierung abweichenden Finanzierungsmodellen schwer machen, eine adäquate Abbildung im Haushalt zu ermöglichen. Dagegen wird argumentiert, auch bei einer kameralistischen Haushaltsführung sei es möglich, eine ausreichende Transparenz hinsichtlich der PPP-Modelle zu erhalten. Als dafür geeignetes Instrument wird die Verpflichtungsermächtigung gesehen. Zusätzlich wird gefordert bzw. darauf hingewiesen, dem kameralistischen Haushalt einen Anhang in Form einer Übersicht beizufügen, welche alle Verbindlichkeiten aus PPP-Modellen und anderen privaten Vorfinanzierungsmodellen aufführt.

Dies dient zwar tatsächlich dazu, die finanziellen Verpflichtungen deutlicher zu Tage zu bringen. Dennoch fällt es schwer, aufgrund von Verpflichtungsermächtigungen und Haushaltsanhängen von echter Transparenz zu reden. Hier scheint eine doppische Haushaltsführung der kameralistischen klar überlegen. Durch die Doppik wird es insbesondere aufgrund der Aufgabe der Kassenwirksamkeit und der Auflistung von Vermögen und Verbindlichkeiten möglich, ein klareres Bild der zukünftigen Belastungen der öffentlichen Haushalte auszuweisen.

Anschließend wurde der Frage nachgegangen, ob die PPP-Projekte in Konflikt mit den bestehenden öffentlichen Verschuldungsregeln und den ihnen zu Grunde liegenden Normen stehen. Zunächst wurde betrachtet, inwiefern die PPP-Modelle dazu führen, dass der öffentliche Schuldenstand verdeckt erhöht wird oder aber die PPP-Modelle eine Ausweitung oder Umgehung der vorgegebenen Verschuldungsbegrenzungsregelungen ermöglichen. Ferner, welche intertemporale Verteilungswirkung im Vergleich zu einer Eigenrealisierung von den PPP-Modellen ausgeht und wie sie sich auf den haushaltspolitischen Spielraum auswirken. Dazu wurden sowohl eine Analyse der Wirkung der verschiedenen PPP-Modelle hinsichtlich der nationalen Verschuldungsregelung des Art. 115 GG, der internationalen Verschuldungsregelung durch den europäischen Stabilitäts- und Wachstumspakt sowie der neuen verfassungsrechtlichen Schuldenbremse durchgeführt.

Die derzeitige nationale Regelung zur Eingrenzung der Verschuldung in Form des Art. 115 GG knüpft an die kameralistische Haushaltsführung an. Dies wird deutlich durch den Bezug des Kredit-Investitions-Junktims auf Einnahmen und Ausgaben. Zusätzlich tritt dies bei der haushaltsrechtlichen Definition des Kreditbegriffes zu Tage, der als Kredit nur solche langfristigen Verbindlichkeiten umfasst, welche zu einem Zufluss liquider Mittel führen. Dies führt im Ergebnis bei den PPP-Modellen vor allem im Vergleich zu einer klassischen Eigenrealisierung zu deutlich differenzierten Ergebnissen hinsichtlich der Nettokreditaufnahme, an die Art. 115 GG anknüpft.

Der Ausweis des öffentlichen Schuldenstandes nach der Finanzstatistik orientiert sich am haushaltsrechtlichen Kreditbegriff. So sind die Verwaltungsschulden in Form von kreditähnlichen Rechtsgeschäften, die mit den Verbindlichkeiten aus den PPP-Modellen i.d.R. einhergehen, nicht Teil des Schuldenstandes des öffentlichen Sektors. Da die im Rahmen von PPP-Projekten eingegangenen Schulden daher nicht erfasst werden und zusätzlich im kameralistischen Haushalt nur bedingt transparent dargestellt werden, kann tatsächlich von einer verdeckten Schuld gesprochen werden. Die aus der Bindung der Verschuldungsregel an die Kameralistik bzw. an die Kassenwirksamkeit resultierenden Schwächen der Schuldenaufnahmebeschränkung kann auch ein doppisch geführter Haushalt nicht heilen. Er dient zwar dazu, die Verbindlichkeiten transparent darzustellen, kann jedoch einen Zuwachs der Verbindlichkeiten nicht vermeiden.

Es muss jedoch konstatiert werden, dass die PPP-Modelle trotz der Intransparenz der Verwaltungsschulden nur im Ausnahmefall zu einer *höheren* Verschuldung führen können, als dies im Fall einer Eigenrealisierung möglich ist. Dies liegt aber nicht vorrangig an den PPP-Modellen an sich, sondern vor allem an den Schwächen des Art. 115 GG in seiner derzeitigen Form. Problematisch sind dabei vor allem die Möglichkeit revolvierender Kredite sowie die Kreditfinanzierung von Ersatzinvestitionen. Sofern die im Rahmen einer PPP auf die Investitionen abzielenden Entgeltbestandteile als Investitionsausgaben gewertet werden, führt dies dazu, dass der öffentliche Schuldenstand nach der Finanzstatistik durch die dadurch eröffnete Kreditaufnahmemöglichkeit anwachsen bzw. die im Rahmen des PPP-Modells eingegangene Verwaltungsschuld sukzessive durch eine Kreditschuld substituiert werden kann. Werden die Entgeltbestandteile dagegen als konsumtive Ausgaben eingestuft, können PPP-Projekte sogar zur Konsolidierung der öffentlichen Finanzen beitragen, da in diesem Fall eine echte Tilgung stattfindet. Die Möglichkeit einer zusätzlichen Kreditaufnahme, die die im Fall einer Eigenrealisierung des PPP-Projektes übertreffen könnte, also eine Ausweitung der Krediteinnahmen bedeutet, ergibt sich, sofern mit dem Projekt ein Veräußerungsgeschäft der öffentlichen Hand verbunden ist und der daraus resultierende Veräußerungserlös im Fall eines anschließenden Rückkaufs nicht als Einnahme aus Kredit gewertet wird. Denn dadurch wird es der öffentlichen Hand ermöglicht, veräußertes Vermögen kreditfinanziert wieder zu erwerben.

Die Art. 115 GG zu Grunde liegende Norm ist die intergenerative Gerechtigkeit, welche durch eine intertemporale Umverteilung, also durch ein System des „pay-as-you-use“ erreicht werden soll. Die PPP-Modelle stehen dazu nicht im Gegensatz, sondern im Einklang damit. Sofern eröffnete Kreditaufnahmemöglichkeiten nicht vollständig genutzt werden, führen die regelmäßigen Entgeltzahlungen im Rahmen der Projekte dazu, dass tatsächlich eine gleichmäßige intertemporale Verteilung der finanziellen Lasten aus dem Investitionsobjekt stattfindet. Die Verteilung ist dabei meist deutlich gleichmäßiger, in keinem Fall ungünstiger als bei einer Eigenrealisierung distribuiert, so dass die PPP-Modelle dazu beitragen, das Prinzip des „pay-as-you-use“ besser umzusetzen, als dies im Fall der Eigenrealisierung zu erwarten ist.

Unter den europäischen Verschuldungskriterien nach Maastricht lässt sich eine deutlich transparentere Darstellung der Verbindlichkeiten aus den PPP-Modellen feststellen. Dies resultiert in erster Linie daraus, dass der Kreditbegriff des ESVG weiter als im deutschen Haushaltsrecht gefasst ist. So besteht im ESVG die Dichotomie zwischen Kredit- und Verwaltungsschuld nicht. Die Verwaltungsschuld aus einem PPP-Projekt wird stattdessen als Kredit der öffentlichen Hand gewertet, sofern festgestellt werden kann, dass die öffentliche Hand wie ein Eigentümer dasteht, was sich nach Eurostat anhand der individuellen Risikoverteilung des PPP-Projektes ergibt. Zudem kennt das ESVG nicht das

Kassenwirksamkeitsprinzip des Haushaltsrechts, an dem auch der haushaltsrechtliche Kreditbegriff anknüpft. Es überwindet also eine der Schwachstellen des Art. 115 GG in seiner derzeitigen Fassung. Die Schulden aus den PPP-Modellen werden also vom Schuldenstand nach Maastricht adäquat erfasst, so dass von einer verdeckten Verschuldung nicht gesprochen werden kann. Denn schließlich erscheint es gerecht, die Verbindlichkeiten wie eine Mietschuld zu behandeln und damit nicht in den Schuldenstand nach Maastricht einzubeziehen, sofern die öffentliche Hand nicht Eigentümer, sondern lediglich Nutzer einer Immobilie ist. Dies gilt auch hinsichtlich der Wirkung auf den Finanzierungssaldo, also das mögliche Defizit, so dass zwar Gestaltungsmöglichkeiten bestehen, jedoch kaum von einer missbräuchlichen Umgehungsmöglichkeit der bestehenden europäischen Verschuldungsregeln ausgegangen werden kann.

Der Gesetzgeber hat die Schwächen der nationalen Verschuldungsregelung in ihrer derzeitigen Form in Gestalt von Art. 115 GG erkannt. Daher legte die Föderalismuskommission II im Rahmen ihres Auftrages der Modernisierung der Bund-Länder-Finanzbeziehungen einen Vorschlag zur Einführung einer neuen verfassungsrechtlichen Verschuldungsregel vor. Diese beinhaltet im Wesentlichen ein Verbot struktureller Verschuldung bei Bund und Ländern, für die lediglich für den Bund eine Ausnahme vorgesehen ist. Aufgrund der erfolgten Untersuchung muss allerdings festgestellt werden, dass auch die neue Schuldenbremse am haushaltsrechtlichen, kameralistisch geprägten Kreditbegriff festhält. Da aber mit den PPP-Modellen im Gegensatz zu einer Kreditschuld eine Verwaltungsschuld begründet wird, werden sie nach wie vor vom Schuldenstand nach der Finanzstatistik nicht erfasst. Insbesondere eröffnet sich durch die PPP-Modelle unter der neuen Schuldenbremse die Möglichkeit einer kreditähnlichen Verschuldung, die nicht der Verschuldungsbegrenzungsregelung unterliegt. Es ist daher damit zu rechnen, dass die PPP-Modelle zukünftig an Popularität gewinnen werden. Es kann dann wohl davon gesprochen werden, dass sich bei kameralistischer Haushaltsführung sowohl eine verdeckte Verschuldung ergibt, als auch die Regelung zur Eingrenzung der Verschuldung umgangen werden kann.

Dennoch sind die PPP-Modelle auch vor dem Hintergrund der neuen Schuldenbremse nicht abzulehnen. Denn das Verbot der Kreditfinanzierung von Investitionen führt dazu, dass die gegenwärtige Generation zu stark zu Gunsten zukünftiger Generationen belastet wird. Die PPP-Modelle führen unter diesen Bedingungen im Gegensatz dazu, die finanziellen Lasten aus dem Projekt gleichmäßig über die Vertragslaufzeit hinweg zu verteilen. Durch die intertemporale Verteilungswirkung der finanziellen Lasten leisten die PPP-Modelle aufgrund der nun de facto bestehenden Pflicht zur Tilgung einen Beitrag zur Umsetzung eines „pay-as-you-use“ Prinzips und setzen somit die Goldene Regel um, was weder die neue Schuldenbremse, noch die derzeitige Regelung des Art. 115 GG zu leisten vermögen. PPPs sind in dieser Hinsicht also zu begrüßen.

Sollen die Schulden der öffentlichen Hand begrenzt werden, so setzt dies ihre vollständige Erfassung voraus. Diese ist jedoch so lange nicht gegeben, wie im Haushaltsrecht zwischen den aus ökonomischer Perspektive gleichzusetzenden Kreditschulden und Verwaltungsschulden mit Finanzierungsfunktion unterschieden wird. Eine Ausweitung des bestehenden haushaltsrechtlichen Kreditbegriffs stellt daher ein dringendes Desiderat dar. Zur Lösung der Frage, wann eine Verwaltungsschuld auch haushaltsrechtlich als Kreditschuld gewertet werden sollte, bietet sich das handelsrechtliche Konstrukt des wirtschaftlichen Eigentums an. Sofern die öffentliche Hand der wirtschaftliche Eigentümer eines Vermögensgegenstands ist, sollte auch die daraus resultierende Verbindlichkeit als eine haushaltsrechtliche Kreditschuld angesehen werden. Dies hätte gleichzeitig den Vorteil, dass eine solche Regelung unmittelbar kompatibel mit einer doppischen öffentlichen Haushaltsführung ist, also in einer entsprechenden Bilanz nicht weiter zwischen den langfristigen Verbindlichkeiten differenziert werden muss. Dafür müsste jedoch das Kassenwirksamkeitsprinzip und damit ein Pfeiler der kameralistischen Haushaltsführung aufgegeben werden.

Zudem wäre es von Vorteil, den gesamten öffentlichen Schulden auch das entsprechende Vermögen gegenüberzustellen. Denn letztlich erscheint es schwer, wertende Aussagen über den Schuldenstand zu treffen, sofern die Schulden losgelöst vom damit finanzierten Vermögen betrachtet werden. Eine solche Vermögenserfassung ist neben der fraglichen Schuldenerfassung allerdings bis heute nicht gegeben. Abhilfe würde auch hier die doppische Haushaltsführung mit dem damit verbundenen Ausweis der öffentlichen Bilanz schaffen. Die doppische Haushaltsführung scheint also auch vor dem Hintergrund einer sinnvollen Verschuldungsregelung gegenüber einer kameralistischen Haushaltsführung Vorteile zu haben. Schließlich stellt sich bei einer vollständigen Erfassung von Vermögen und Schulden generell die Frage, ob eine zuvor definierte Grenze der Verschuldung notwendig ist. Denn letztlich kommt es darauf an, ob und in welcher Höhe der Staat eigenfinanziertes Vermögen besitzt, ob er also auf einer soliden finanziellen Basis steht oder aber überschuldet ist, also welches Eigen- und Fremdkapital dem Vermögen gegenüberstehen. Von einer solchen, doppisch geprägten Verschuldungsregel scheint der Gesetzgeber aber weit entfernt.

Abschließend bleibt festzuhalten, dass aus schuldenrechtlicher Sicht nichts gegen die Durchführung von Public Private Partnerships einzuwenden ist. So sollten haushalts- und verschuldungsrechtliche Schwächen nicht zur Argumentation gegen die Durchführung von PPP-Projekten herangezogen werden, wenn sie letztlich dazu dienen, eine öffentliche Leistung wirtschaftlicher und damit günstiger zu erbringen. Ob sie das tatsächlich zu leisten vermögen, wird zwar vermehrt in Frage gestellt, deren Beantwortung ist allerdings nicht Gegenstand der vorliegenden Arbeit.

Literaturverzeichnis

Adler, Hans; Düring, Walther; Schmaltz, Kurt: Rechnungslegung und Prüfung der Unternehmen: Kommentar zum HGB, AktG, GmbHG, PublG nach den Vorschriften des Bilanzrichtlinien-Gesetzes, Teilband 1, Stuttgart, 1998.

Albrecht, Achim: Rechtliche Problemstellungen bei Public Private Partnership-Projekten, in: NWB 2004, Heft 48, Fach 29, S. 1637-1648.

Alfen, Hans W.; Fischer, Katrin: § 1 Der PPP-Beschaffungsprozess, in: Weber, Martin; Schäfer, Michael; Hausmann, Friedrich L. (Hrsg.): Praxishandbuch Public Private Partnership, München, 2006.

Allan, John R.: Public Private Partnerships: A Review of the Literature and Practice, Public Policy Paper No. 4, Saskatchewan Institute of Public Policy, University of Regina, 1999.

Altmannshofer, Robert: Fehlendes Know-how und Akzeptanz-Probleme, in: Der Facility Manager, November 2006, S. 40-43.

Andel, Norbert: Wie über Vermögensveräußerungen der Zweck des Art. 115 Abs. 1 Satz 2 Halbsatz 1 GG vereitelt wird, in: Wirtschaftsdienst, 78. Jg., Heft 8, 1998, S. 457-459.

Arbeitskreis III (AK III) „Kommunale Angelegenheiten“ der Ständigen Konferenz der Innenminister und -senatoren der Länder, Gemeindehaushaltsverordnung für die erweiterte Kameralistik, Anlage 4 zum IMK-Beschluss vom 21.11.2003, 2003.

Arndt, Hans-Wolfgang; Jenzen, Holger: Grundzüge des Allgemeinen Steuer- und Abgabenrechts, München, 2005.

Bals, Hansjürgen; Reichard, Christoph: Das neue kommunale Haushalts- und Rechnungswesen, in: Budäus, Dietrich; Küpper, Willi; Steitferdt, Lothar (Hrsg.): Neues öffentliches Rechnungswesen - Stand und Perspektiven, Wiesbaden, 2000, S. 203-233.

Bayerischer Oberster Rechnungshof, Jahresbericht 1994, München, 1994.

Becker, Joachim: Rechtsrahmen für Public Private Partnership - Regelungsbedarf für neue Kooperationsformen zwischen Verwaltung und Privaten?, in: Zeitschrift für Rechtspolitik (ZRP), Heft 7, 2002, S. 303-308.

Beckers, Thorsten: Die Realisierung von Projekten nach dem PPP-Ansatz bei Bundesfernstraßen, Ökonomische Grundlagen und eine Analyse des F-Modells, des A-Modells sowie des Funktionsbauvertrages, Berlin, 2005.

Berens, Wolfgang; Budäus, Dietrich; Buschor, Ernst; Fischer, Edmund; Lüder, Klaus; Mundhenke, Ehrhard; Streim, Hannes: Zum nicht mehr vertretbaren kameralen Haushalts- und Rechnungswesen in einem demokratischen Gemeinwesen, in: Die öffentliche Verwaltung (DÖV), Heft 3, 2008, S. 109-111.

Bernhard, Horst; Mutschler, Klaus; Stockel-Veltmann, Christoph: Kommunales Finanzmanagement NRW, Witten, 2005.
Bertelsmann Stiftung; Clifford Chance Pünder; Initiative D21: Prozessleitfaden Public Private Partnership, Eine Publikation aus der Reihe PPP für die Praxis, Frankfurt am Main, 2003.
Besendorfer, Daniel; Dang, Emily Phuong; Raffelhüschen, Bernd: Die angekündigte Katastrophe, Pensionslasten der Bundesländer im Vergleich, in: Stiftung Marktwirtschaft (Hrsg.), Argumente zur Marktwirtschaft und Politik, Nr. 89, Juni 2005, Berlin, 2005.
Beyer, Lothar; Kinzel, Hans G.: Öffentliches Rechnungswesen: Kameralistik oder Doppik?, in: Blanke, Bernhard; von Bandemer, Stephan; Nullmeier, Frank; Wewer, Göttrik (Hrsg.): Handbuch zur Verwaltungsreform, Wiesbaden, 2005, S. 351-360.
Binus, Karl-Heinz: Rahmenbedingungen des Leasing mit der öffentlichen Hand, in: Kroll, Michael (Hrsg.): Leasing-Handbuch für die öffentliche Hand, Lichtenfels, 2005, S. 199-218.
Blanchard, Oliver; Giavazzi, Francesco: Improving the SGP through a proper accounting of public investment, CEPR Discussion Paper No. 4220, 2004.
Blankart, Charles B.: Öffentliche Finanzen in der Demokratie, München, 2006.
Böcking, Hans-Joachim; Dutzi, Andreas: Die Rechnungslegung der Freien und Hansestadt Hamburg, Eine Analyse aus betriebswirtschaftlicher Sicht, in: Der Konzern, Heft 8, 2008, S. 415-425.
Bodner, Herbert: PPP-Vereinfachungsgesetz: positive Entwicklung fördern und Barrieren beseitigen, in: Knop, Detlef (Hrsg.): PPP Jahrbuch 2007, Frankfurt am Main, 2007, S. 7-11.
Böhme, Rolf: PPP-Beschleunigungsgesetz soll Hemmnisse abbauen, in: Knop, Detlef (Hrsg.): PPP Jahrbuch 2005, Frankfurt am Main, 2005, S. 33-35.
Boll, Philip: Investitionen in Public-Private-Partnership-Projekte im öffentlichen Hochbau unter besonderer Berücksichtigung der Risikoverteilung: eine theoretische und empirische Untersuchung der Anforderung privater Investoren, Regensburg, 2007.
Bolsenkötter, Heinz: Haushaltssicherungskonzepte nach neuem kommunalen Haushaltsrecht, in: Brüggemeister, Martin; Schauer, Reinbert; Schedler, Kuno (Hrsg.): Controlling und Performance Management im Öffentlichen Sektor, Ein Handbuch, Festschrift für Prof. Dr. Dr. h.c. Dietrich Budäus zum 65. Geburtstag, Bern, Stuttgart, Wien, 2007, S. 157-163.
Bolsenkötter, Heinz; Poullie, Michael; Vogelpoth, Norbert: Zur Reform des öffentlichen Haushaltswesens, in: Bolsenkötter, Heinz: Die Zukunft des öffentlichen Rechnungswesens, Reformtendenzen und internationale Entwicklungen, Baden-Baden, 2007, S. 281-310.

Bolz, Urs (Hrsg.): Public Private Partnership in der Schweiz, Zürich, Basel, Genf, 2005.

Bonk, Heinz J.: Fortentwicklung des öffentlich-rechtlichen Vertrags unter besonderer Berücksichtigung der Public Private Partnerships, in: Deutsches Verwaltungsblatt (DVBl) Heft 3, 2004, S. 141-149.

Bonk, Heinz J.: Rechtliche Rahmenbedingungen einer Privatisierung im Strafvollzug, in: Juristenzeitung (JZ), 2000, S. 435-442.

Bös, Dieter; Schneider, Friedrich: Private Public Partnership: Gemeinschaftsunternehmen zwischen Privaten und der öffentlichen Hand, in: Zeitschrift für Unternehmens- und Gesellschaftsrecht (ZGR), 25. Jg., Heft 3, 1996, S. 519-543.

Brambring, Günter, in: Brambring, Günter; Jerschke, Hans-Ulrich (Hrsg.): Beck'sches Notarhandbuch, München, 2006.

Breyer, Werner: Das Neue Steuerungsmodell bringt das Aus für die Kameralistik, in: Der Gemeindehaushalt, Heft 7, 1998, S. 149-154.

Brixner, Helge C.; Harms, Jens; Noe, Heinz W. (Hrsg.): Verwaltungskontenrahmen, München, 2002.

Bröcker, Klaus T.: Grenzen staatlicher Verschuldung im System des Verfassungsstaats, Berlin, 1997.

Brockmeyer, Hans B., in: Schmidt-Bleibtreu, Bruno; Hofmann, Hans; Hopfauf, Axel (Hrsg.): Kommentar zum Grundgesetz, München, Köln, 2008.

Brockmeyer, Hans B.: Steuerschuldrecht, 2. Teil, in: Klein, Franz (Hrsg.): Abgabenordnung (AO), München, 2006.

Brümmerhoff, Dieter: Finanzwissenschaft, München, 2007 (zit.: 2007a).

Brümmerhoff, Dieter: Volkswirtschaftliche Gesamtrechnungen, München, 2007 (zit.: 2007b).

Budäus, Dietrich: Neue Kooperationsformen zur Erfüllung öffentlicher Aufgaben. Charakterisierung, Funktionsweise und Systematisierung von Public Private Partnerships, in: Harms, Jens; Reichard, Christoph (Hrsg.): Die Ökonomisierung des öffentlichen Sektors: Instrumente und Trends, Baden-Baden, 2003, S. 213-233.

Budäus, Dietrich: Public Private Partnership - Ansätze, Funktionen, Gestaltungsbedarfe, in: Gesellschaft für öffentliche Wirtschaft (Hrsg.): Public Private Partnership: Formen - Risiken - Chancen, Berlin, 2004, S. 9-22.

Budäus, Dietrich: Public Private Partnership - Kooperationsbedarfe, Grundkategorien und Entwicklungsperspektiven, in: Budäus, Dietrich (Hrsg.), Kooperationsformen zwischen Staat und Markt - Theoretische Grundlagen und praktische Ausprägung von Public Private Partnership, Baden-Baden, 2006, S. 11-28.

Budäus, Dietrich: Public Private Partnership - Strukturierung eines nicht ganz neuen Problemfeldes, in: Zeitschrift für Führung und Organisation, Heft 6, 2004, S. 312-318.

Budäus, Dietrich: Reform des öffentlichen Haushalts- und Rechnungswesens in Deutschland, in: Die Verwaltung, Bd. 39, 2006, S. 187-214.

Budäus, Dietrich: Zum aktuellen Reformstand des öffentlichen Haushalts- und Rechnungswesens - Integrierte Verbundrechnung (IVR) und Grundsätze ordnungsgemäßer öffentlicher Buchführung (GoöB), in: Bolsenkötter, Heinz (Hrsg.): Die Zukunft des öffentlichen Rechnungswesens, Baden-Baden, 2007, S. 45-67.

Budäus, Dietrich; Behm, Christiane; Adam, Berit: Reformen des öffentlichen Haushalts- und Rechnungswesens in Deutschland, Stand, Konzepte, Entwicklungsperspektiven, in: Die Verwaltung, Heft 5, 2004, S. 228-233.

Budäus, Dietrich; Finger, Stefanie: Stand und Perspektiven der Verwaltungsreform in Deutschland, in: Die Verwaltung 1999, S. 313-343.

Budäus, Dietrich; Grüb, Birgit: Annäherung an eine Praxis geleitete Theorie der Public Private Partnership, in: Budäus, Dietrich (Hrsg.): Public Management - Diskussionsbeiträge, Nr. 53, Hamburg, 2007 (zit.: 2007a).

Budäus, Dietrich; Grüb, Birgit: PPP als sozioökonomisches System - eine erweiterte Perspektive, in: Budäus, Dietrich (Hrsg.): Public Management - Diskussionsbeiträge, Nr. 54, Hamburg, 2007 (zit.: 2007b).

Budäus, Dietrich; Grüning, Gernod: Public Private Partnership - Notwendigkeit und Ansatz einer begrifflichen Strukturierung, in: Verwaltung und Management, 2. Jg., Heft 5, 1996, S. 278-282.

Budäus, Dietrich; Grüning, Gernod; Steenbock, Andreas: Public Private Partnership I - State of the Art, Hamburg, 1997 (zit. 1997a).

Budäus, Dietrich; Grüning, Gernod; Steenbock, Andreas: Public Private Partnership II - Methodische Grundlagen und Elemente einer Theorie der Public Private Partnership, Hamburg, 1997 (zit.: 1997b).

Bund/Länder-Arbeitsausschuss „Haushaltsrecht und Haushaltssystematik" (BLA): Haushaltsrechtliche und haushaltssystematische Behandlung von ÖPP-Projekten, Empfehlungen des Bund/Länder-Arbeitsausschusses „Haushaltsrecht und Haushaltssystematik", Berlin, 2007.

Bund/Länder-Arbeitsausschuss „Haushaltsrecht und Haushaltssystematik" (BLA): Private Vorfinanzierung öffentlicher Leistungen, Berlin, 1996.

Bundesministerium der Finanzen (BMF): Auf dem Weg zu einem neuen Haushalts- und Rechnungswesen des Bundes, Monatsbericht des BMF, Oktober, 2008, S. 39-49 (zit.: 2008a).

Bundesministerium der Finanzen (BMF): Bericht zum Nationalen Stabilitätspakt, Kommission von Bundestag und Bundesrat zur Modernisierung der bundesstaatlichen Ordnung, Arbeitsunterlage 0074, Berlin, 2004.
Bundesministerium der Finanzen (BMF): Die Umsetzung von ÖPP-Projekten im Rahmen des Zukunftsinvestitionsgesetzes, online im Internet, http://www.oeppdag.de/downloads/oepp_zuinvg.pdf, abgerufen am 26.3.2009, 2009.
Bundesministerium der Finanzen (BMF): Rückenwind für Öffentlich-private Partnerschaften - Das Projekt Partnerschaften Deutschland, Monatsbericht des BMF, Januar, 2008, S. 51-55 (zit.: 2008b).
Bundesministerium für Verkehr, Bau und Stadtentwicklung (BMVBS): Erfahrungsbericht - Öffentlich-Private-Partnerschaften in Deutschland, Berlin, 2007.
Bundesministerium für Verkehr, Bau- und Wohnungswesen (BMVBW): Endbericht zum Gutachten "PPP im öffentlichen Hochbau - Umsatzsteuerrefundsystem", Berlin, 2005.
Bundesministerium für Verkehr, Bau- und Wohnungswesen (BMVBW): Gutachten „PPP im öffentlichen Hochbau“, Band I: Leitfaden, Berlin, 2003 (zit.: 2003a).
Bundesministerium für Verkehr, Bau- und Wohnungswesen (BMVBW): Gutachten „PPP im öffentlichen Hochbau“, Band II: Rechtliche Rahmenbedingungen, Teilband I, Berlin, 2003 (zit.: 2003b).
Bundesministerium für Wirtschaft und Arbeit (BMWA) (Hrsg.): Public Private Partnership International, Ein Unternehmerleitfaden für PPP-Engagements im Ausland, Berlin, 2004.
Bundesrechnungshof (BRH): Gutachten zu Öffentlich Privaten Partnerschaften (ÖPP) im Bundesfernstraßenbau, BWV-Gutachten, Bonn, 2009.
Bundesverband deutscher Banken (BdB) (Hrsg.): Public Private Partnership - Chance für Modernisierung von Infrastruktur und Verwaltung, Berlin, 2004.
Bündnis ´90/Die Grünen: Entwurf eines Gesetzes zur Sicherung der Handlungsfähigkeit von Haushaltspolitik in der Zukunft (Zukunftshaushaltsgesetz), Berlin, 2007.
Bürsch, Michael; Funken, Klaus: Kommentar zum ÖPP-Beschleunigungsgesetz, Frankfurt am Main, 2007.
Büschgen, Hans-Egon: Leasing in der Unternehmensfinanzierung, in: Finanz-Rundschau, 50. Jg., Heft 3, 1968, S. 49-54.
Büschgen, Hans-Egon: Praxishandbuch Leasing, München, 1998.
CDU/CSU-Bundestagsfraktion: Schuldenbremse für Deutschland, Berlin, 2008.
Christen, Jörg: Aus Sicht des Bundeskompetenzzentrums: PPP ist auf dem richtigen Weg, in: Knop, Detlef (Hrsg.), PPP Jahrbuch 2008, Frankfurt am Main, 2008, S. 21-24.

Christen, Jörg: Exkurs: Immobilien-Leasing und Steuerrecht, in: Kroll, Michael (Hrsg.), Leasing-Handbuch für die öffentlichen Hand, Lichtenfels, 2005, S. 28-33.

Coenenberg, Adolf: Jahresabschluss und Jahresabschlussanalyse, Stuttgart, 2005.

Collin, Sven-Olof: In the Twilight Zone - A Survey of Public Private Partnership in Sweden, in: Public Productivity & Management Review, 21. Jg., Heft 3, 1998, S. 272-283.

Däke, Karl Heinz: Die Bürger müssen profitieren, in: Pauly, Lothar (Hrsg.): Das neue Miteinander: Public Private Partnership für Deutschland, Hamburg, 2006, S. 177-182.

Damkowski, Wulf; Rösener, Anke: Auf dem Weg zum Aktivierenden Staat - Vom Leitbild zum umsetzungsreifen Konzept, Berlin, 2003.

Demesetz, Harold: Toward a Theory of Property Rights, in: American Economic Review, Vol. 57, 1967, S. 347-359.

Derleder, Peter: § 9 Darlehensvertrag, in: Bamberger, Heinz G.; Derleder, Peter; Knops, Kai-Oliver (Hrsg.): Handbuch zum deutschen und europäischen Bankenrecht, Berlin, 2003, S. 191-227.

Derlien, Hans-Ulrich: Theoretische und methodische Probleme der Beurteilung organisatorischer Effizienz in der öffentlichen Verwaltung, in: Die Verwaltung, 7. Bd., Heft 1, 1974, S. 1-22.

Deubel, Ingolf: Wirksame Verschuldungsgrenzen für Bund und Länder und Vermeidung von Haushaltskrisen, Mainz, 2008.

Deutsche Bundesbank: Die öffentlichen Finanzen in den Volkswirtschaftlichen Gesamtrechnungen, in: Monatsbericht, 55. Jg., Heft 4, Frankfurt am Main, 2003.

Deutsche Bundesbank: Ergebnisse der gesamtwirtschaftlichen Finanzierungsrechnung für Deutschland 1991 bis 2007, Statistische Sonderveröffentlichung 4, Frankfurt am Main, 2008.

Deutscher Städte- und Gemeindebund (DStGB): Doppik in den kommunalen Haushalten, Dokumentation Nr. 78, Berlin, 2008.

Deutscher Städte- und Gemeindebund (DStGB): PPP - Neue Wege in Städten und Gemeinden, Verlagsbeilage "Stadt und Gemeinde interaktiv", Ausgabe 12, 2002.

Deutsches Institut für Urbanistik (DIFU) (Hrsg.): PPP - Wirtschaftlichkeit, Qualitäten, Beratung, Partnerschaft, Ergebnisse einer ergänzenden Umfrage zum Projekt „PPP und Mittelstand“, Gutachten im Auftrag der PPP Task Force im Bundesministerium für Verkehr, Bau und Stadtentwicklung, Berlin, 2008 (zit.: 2008a).

Deutsches Institut für Urbanistik (DIFU), PPP und Mittelstand, Untersuchung von 30 ausgewählten PPP-Hochbauprojekten in Deutschland, Berlin, 2008 (zit.: 2008b).
Die Deutsche Bauindustrie: Neues Vergaberecht gefährdet Erfolg öffentlich-privater Partnerschaften, Presseinfo 62/08 vom 09.12.2008, Berlin, 2008.
Die Deutsche Bauindustrie: Partnerschaften Deutschland: Ausschreibung abgeschlossen, Bauindustrie erwirbt 5 PD/BGT-Anteile, online im Internet, http://www.ppp-plattform.de/index.php?page=80&article=1745#, abgerufen am 11.03.2009.
Dieckmann, Berend: Die Budgetregel des Artikels 115 GG, in: Wirtschaftsdienst, 78. Jg., Heft 11, 1998, S. 667-675.
Dietz, Otto: Finanzierungssaldo des Staates - einige methodische Anmerkungen, in: Statistisches Bundesamt (Hrsg.), Wirtschaft und Statistik, Heft 4, 2006, S. 339-343.
Döllerer, Georg: Die Rechtsprechung des Bundesfinanzhofs zum Steuerrecht der Unternehmern, in: Zeitschrift für Unternehmens- und Gesellschaftsrecht (ZGR), 1985, S. 386-418.
Drosdzol, Wolf-Dietrich; Schmitz, Martin: Änderung des Grundsteuergesetzes, in: Bürsch, Michael; Funken, Klaus (Hrsg.): Kommentar zum ÖPP-Beschleunigungsgesetz, Frankfurt am Main, 2007, S. 126-133.
Edinger, Florian: Private Vorfinanzierung öffentlicher Investitionen und Haushaltsrecht, in: Zeitschrift für Gesetzgebung (ZG), 1997, S. 242-256.
Eggers, Mark: Public Private Partnership: Eine strukturierende Analyse auf der Grundlage von ökonomischen und politischen Potentialen, Frankfurt am Main, 2004.
Eibelshäuser, Manfred; Breidert, Ulrike: Öffentliche Rechnungslegung, IV, Teil 4, Buchführung und Bilanzierung nach § 33a HGrG, in: Heuer, Ernst; Engels, Dieter; Eibelshäuser, Manfred (Hrsg.): Kommentar zum Haushaltsrecht des Bundes und der Länder sowie der Vorschriften zur Finanzkontrolle, 47. Ergänzungslieferung, Köln, 2009.
Eibelshäuser, Manfred; Eckes, Burkhard: Öffentliche Rechnungslegung, IV, Teil 2, Reform der Rechnungslegung, in: Heuer, Ernst; Engels, Dieter; Eibelshäuser, Manfred (Hrsg.): Kommentar zum Haushaltsrecht des Bundes und der Länder sowie der Vorschriften zur Finanzkontrolle, 47. Ergänzungslieferung, Köln, 2009.
Eibelshäuser, Manfred; Nowak, Karsten: Bundeshaushaltsordnung, II, § 7 BHO, Teil 2, in: Heuer, Ernst; Engels, Dieter; Eibelshäuser, Manfred (Hrsg.): Kommentar zum Haushaltsrecht des Bundes und der Länder sowie der Vorschriften zur Finanzkontrolle, 43. Ergänzungsliederung, Köln, 2007.

Eibelshäuser, Manfred; Nowak, Karsten: Öffentliche Rechnungslegung, IV, Teil 1, Historie und Status Quo, in: Heuer, Ernst; Engels, Dieter; Eibelshäuser, Manfred (Hrsg.): Kommentar zum Haushaltsrecht des Bundes und der Länder sowie der Vorschriften zur Finanzkontrolle, 47. Ergänzungslieferung, Köln, 2009.

Eibelshäuser, Manfred; Nowak, Karsten: Öffentliche Rechnungslegung, IV, Teil 3, Ausgestaltung der Doppik für den öffentlichen Jahresabschluss, in: Heuer, Ernst; Engels, Dieter; Eibelshäuser, Manfred (Hrsg.): Kommentar zum Haushaltsrecht des Bundes und der Länder sowie der Vorschriften zur Finanzkontrolle, 47. Ergänzungslieferung, Köln, 2009.

Eichhorn, Peter: Allgemeine und öffentliche Betriebswirtschaftslehre, insbesondere Doppik und Kameralistik, in: Eichhorn, Peter (Hrsg.): Doppik und Kameralistik, Festschrift für Prof. Dr. Ludwig Mülhaupt zur Vollendung des 75. Lebensjahres, Baden-Baden, 1987.

Eichhorn, Peter: Budgetierung, Buchführung und Berichterstattung öffentlicher Verwaltungen, in: Budäus, Dietrich; Küpper, Willi; Streiferdt, Lothar (Hrsg.): Neues öffentliches Rechnungswesen. Stand und Perspektiven, Wiesbaden, 2000, S. 407-419.

Eichhorn, Peter; Friedrich, Peter; Werner, Jann: Verwaltungslexikon, Baden-Baden, 2003.

Eisenkopf, Alexander; Schnöbel, Christian R.: Die Zukunft des öffentlichen Infrastrukturauftrages im Verkehrssektor. Chancen und Risiken von PPP, in: Jansen, Stephan A.; Priddat, Birger P.; Stehr, Nico (Hrsg.): Die Zukunft des Öffentlichen. Multidisziplinäre Perspektiven für eine Öffnung der Diskussion über das Öffentliche, Wiesbaden, 2007, S. 49-83.

Ellrott, Helmut, in: Ellrot, Helmut; Förschle, Gerhart; Hoyos, Martin; Winkeljohann, Norbert (Hrsg.): Beck'scher Bilanz-Kommentar, München, 2006.

Europäische Kommission: Grünbuch zu öffentlich-privaten Partnerschaften und den gemeinschaftlichen Rechtsvorschriften für öffentliche Aufträge und Konzessionen, KOM(2004) 327, Brüssel, 2004 (zit.: 2004a).

Europäische Kommission: Handbuch zum ESVG 1995: Defizit und Schuldenstand des Staates, Luxemburg, 2002.

Europäische Kommission: Long-term contracts between government units and non-government partners (Public Private Partnerships), Brüssel, 2004 (zit.: 2004b).

Eurostat: Behandlung öffentlich-privater Partnerschaften, Neue Eurostat-Entscheidung über Defizit und Schuldenstand, Pressemitteilung vom 11. Februar 2004, STAT/04/18, Luxemburg, 2004.

Eurostat: Pressemitteilung Euroindikatoren 147/2008 vom 22. Oktober 2008, online im Internet, http://www.destatis.de/jetspeed/portal/cms/Sites/destatis/

Internet/DE/Content/Statistiken/VolkswirtschaftlicheGesamtrechnungen/EU-Stabilitaetspakt/DefizitEurostat,property=file.pdf; abgerufen am 01.03.2009.
Ewerhart, Georg: Ausreichende Bildungsinvestitionen in Deutschland? Bildungsinvestitionen und Bildungsvermögen in Deutschland 1992-1999, Beiträge zur Arbeitsmarkt- und Berufsforschung, Nr. 266, Nürnberg, 2003.
Ewerhart, Georg: Bildungsinvestitionen, brutto und netto - Eine makroökonomische Perspektive, in: Hartard, Susanne; Stahmer, Carsten (Hrsg.): Magische Dreiecke - Berichte für eine nachhaltige Gesellschaft, Bd. 3: Sozio-ökonomische Berichtssysteme, Marburg, 2002, S. 217-246.
Fawkner, John: PPP im Vereinigten Königreich: Positive und negative Erfahrungen. Das Problem hoher Risiken für die öffentliche Hand, in: Gesellschaft für öffentliche Wirtschaft (Hrsg.): Public Private Partnership: Formen - Risiken - Chancen, Berlin, 2004, S. 76-86.
FDP-Bundestagsfraktion: Ausstieg aus dem Schuldenstaat, Einstieg in mehr Generationengerechtigkeit, Berlin, 2008.
Federmann, Rudolf: Bilanzierung nach Handelsrecht und Steuerrecht, Gemeinsamkeiten, Unterschiede und Abhängigkeiten von Handels- und Steuerbilanz unter Berücksichtigung internationaler Rechnungslegungsstandards, Berlin, 2000.
Feinen, Klaus: Das Leasinggeschäft, Frankfurt am Main, 2002.
Fiebig, Helmut: Prüfung und Analyse der kommunalen Jahresrechnung, Leitfaden für die Praxis, Berlin, 2003.
Finanzministerium des Landes Nordrhein-Westfalen (NRW) (Hrsg.): Public Private Partnership im Hochbau, Public Private Partnership und Neues Kommunales Finanzmanagement, Düsseldorf, 2007.
Finanzministerium des Landes Nordrhein-Westfalen (NRW): Public Private Partnership im Hochbau, Vertragsrechtliche Aspekte am Beispiel von PPP-Schulprojekten, Düsseldorf, 2005.
Fischer-Menshausen, Herbert, in: Münch, Ingo; Kunig, Philip (Hrsg.): Grundgesetz-Kommentar, München, 1996.
Flume, Werner: Das Rechtsverhältnis des Leasing in zivilrechtlicher und steuerrechtlicher Sicht, in: Deutsche Bauzeitung (DB), 25. Jg., 1972, S. 53-61.
Föderalismuskommission II: Beschlüsse der Kommission von Bundestag und Bundesrat zur Modernisierung der Bund-Länder-Finanzbeziehungen, Berlin, 2009.
Freie und Hansestadt Hamburg: Jahresabschluss für die Kernverwaltung 2007, Hamburg, 2008.
Freudenberger, Dierk: Das Elend mit der Kameralistik. Nichts Neues seit Puechberg, in: Zeitschrift für Verwaltung, Organisation und Personal (VOP), Heft 6, 1994, S. 404-411.

Friauf, Karl Heinrich: Staatskredit (§ 91), in: Isensee, Josef; Kirchhof, Paul (Hrsg.): Handbuch des Staatsrechts, Bd. IV, Finanzverfassung - Bundesstaatliche Ordnung, Heidelberg, 1990.

Frischmuth, Birgit: Reform des Gemeindehaushaltsrechts. Zum Beschluss der Innenministerkonferenz, in: Der Gemeindehaushalt, Heft 5, 2004, S. 97-101.

Fromme, Jochen-Konrad: Stopp der Staatsverschuldung: Der dritte Weg, in: Zeitschrift für Rechtspolitik (ZRP), Heft 8, 2007, S. 263-265.

Fröschle, Gerhart; Kroner, Matthias, in: Ellrot, Helmut; Förschle, Gerhart; Hoyos, Martin; Winkeljohann, Norbert (Hrsg.): Beck'scher Bilanz-Kommentar, München, 2006.

Fudalla, Mark; zur Mühlen, Manfred; Wöste, Christian: Doppelte Buchführung in der Kommunalverwaltung, Berlin, 2005.

Gas, Tonio; Rücker, Martin: Die Finanzierung von Public Private Partnerships unter dem Blickwinkel des EG-Beihilferechts, in: Die öffentliche Verwaltung (DÖV), 2004, S. 56-65.

Gatzer, Werner: PPP - eine Antwort auf den Investitionsbedarf in der Infrastruktur, in: Knop, Detlef (Hrsg.), PPP Jahrbuch 2007, Frankfurt am Main, 2007, S. 4-6.

Glanegger, Peter, in: Schmidt, Ludwig (Hrsg.): Einkommensteuergesetz, München, 2008.

Glaubig, Jürgen: Grundsätze ordnungsmäßiger Bilanzierung für Dauerrechtsverhältnisse, Frankfurt am Main, 1993.

Göbel, Elisabeth: Neue Institutionenökonomik, Stuttgart, 2002.

Gornas, Jürgen: Verwaltungskameralistik, in: Chmielewicz, Klaus; Eichhorn, Peter (Hrsg.): Enzyklopädie der Betriebswirtschaftslehre, Bd. 11, Stuttgart, 1989, Sp. 1650-1658.

Graef, Friederike: Die Umsetzung von Public Private Partnership-Projekten auf kommunaler Ebene - Ein Erfolgsrezept für die Zukunft?, in: Budäus, Dietrich (Hrsg.): Public Management Diskussionsbeiträge, Heft 51, Hamburg, 2006.

Graf von Westphalen, Friedrich: Der Leasingvertrag, Köln, 1998.

Gröpl, Christoph: Haushaltsrecht und Reform, Tübingen, 2001.

Gröpl, Christoph: Verwaltungsdoppik oder Kameralistik - ein Vergleich, in: Kluth, Winfried (Hrsg.): Jahrbuch des Kammer- und Berufsrechts, Baden-Baden, 2006, S. 80-111.

Grübler, Olaf: Public Private Partnership - Kommunalfinanzierung auf neuen Wegen, in: Kreditwesen, Heft 6, 2005, S. 299-301.

Grüneberg, Christian, in: Palandt, Otto (Hrsg.): Bürgerliches Gesetzbuch, Kommentar, 67. Auflage, München, 2008.

Grupp, Klaus: § 19 Haushaltsrecht, in: Achterberg, Norbert; Püttner, Günter; Würtenberger, Thomas (Hrsg.): Besonderes Verwaltungsrecht, Bd. II: Kommunal-, Haushalts-, Abgaben-, Ordnungs-, Sozial-, Dienstrecht, Heidelberg, 2000, S. 153-252.

Gundlach, Ulf: Das Genehmigungserfordernis für kreditähnliche Verträge der Gemeinde - zugleich ein Beitrag zum Anwendungsbereich des § 100 V SachsAnhGO, in: Landes- und Kommunalverwaltung (LKV), Heft 5, 2001, S. 203-206.

Habersack, Mathias: Verbraucherleasing nach der Schuldrechtsreform, in: Betriebs Berater (BB), 58 Jg., Beilage 6 zu Heft 35, 2003, S. 2-7.

Häfner, Philipp: Doppelte Buchführung für Kommunen nach dem NKF, Freiburg, 2005.

Hansmann, Uwe: Neues öffentliches Finanzmanagement - Das doppische Haushalts- und Rechnungswesen: Reform und erste Erfahrungen - Wissenschaftliches Kolloquium vom 14.9.2006 in der Bucerius Law School, Hamburg, in: Neue Zeitschrift für Verwaltungsrecht (NVwZ), Heft 2, 2007, S. 184-185.

Harms, Jens: Reform des öffentlichen Finanzmanagements - Stand und Perspektiven, in: Harms, Jens; Reichard, Christoph (Hrsg.): Die Ökonomisierung des öffentlichen Sektors: Instrumente und Trends, Baden-Baden, 2003, S. 145-162.

Harms, Jens: Reformen der staatlichen Rechnungslegung in Deutschland - Entwicklungen und Anforderungen -, in: Die Wirtschaftsprüfung (WPg), Reform der Rechnungslegung der öffentlichen Verwaltung, Sonderheft, 2004, S. 18-23.

Hart, Oliver: Incomplete Contracts and Public Ownership: Remarks, and an Application to Public-Private-Partnerships, in: The Economic Journal, Vol. 113, March, 2003, C69-C76.

Hart, Thomas; Welzel, Carolin: Public Private Partnerships und E-Government, Gütersloh, 2004.

Hastedt, Uwe-Peter; Mellwig, Winfried: Leasing, Rechtliche und ökonomische Grundlagen, Schriften des Betriebs Beraters, Bd. 99, Heidelberg, 1998.

Heintzen, Markus, in: von Münch, Ingo; Kunig, Philip (Hrsg.): Grundgesetz-Kommentar, München, 2008.

Heinz, Werner: Public Private Partnership, in: Archiv für Kommunalwissenschaften (AfK), Jg. 37, 1998, S. 210-239.

Henkes, Jörg: Der Jahresabschluss kommunaler Gebietskörperschaften: Von der Verwaltungskameralistik zur kommunalen Doppik, Berlin, 2008.

Henneke, Hans-Günter: Öffentliches Finanzwesen - Finanzverfassung, Heidelberg, 2000.

Hessischer Rechnungshof: Siebzehnter Zusammenfassender Bericht, Darmstadt, 2007.

Hessisches Ministerium der Finanzen (HMdF): Kontierungshandbuch des Landes Hessen, Wiesbaden, 2005.

Hetzel, Hedda; Früchtl, Bernd: Das Zusammenwirken von öffentlicher Hand und Privatwirtschaft in Öffentlichen Privaten Partnerschaften, in: Bayerisches Verwaltungsblatt (BayVBl), Heft 11, 2006, S. 649-656.

Heun, Werner, in: Dreier, Horst (Hrsg.): Grundgesetz Kommentar, Band III, Tübingen, 2008.

Höfling, Wolfram: Private Vorfinanzierung öffentlicher Verkehrsinfrastrukturprojekte - ein staatschuldenrechtliches Problem?, in: Die öffentliche Verwaltung (DÖV), 1995, S. 141-147.

Höfling, Wolfram; Rixen, Stephan, in: Dolzer, Rudolf; Vogel, Klaus; Graßhof, Karin (Hrsg.): Bonner Kommentar zum Grundgesetz, Heidelberg, 2003.

Höfling, Wolfram; Staatsschuldenrecht, Rechtsgrundlagen und Rechtsmaßstäbe für die Staatsschuldenpolitik in der Bundesrepublik Deutschland, Heidelberg, 1993.

Homann, Klaus: Kommunales Rechnungswesen - Buchführung, Kostenrechnung und Wirtschaftlichkeitsrechnung, Wiesbaden, 2005.

Hopfe, Jörg; Ishorst, Ralph: PPP trotz voller Kassen?, in: Knop, Detlef (Hrsg.): PPP Jahrbuch 2008, Frankfurt am Main, 2008, S. 159-162.

Horn, Hendrik; Peters, Andrea: Vertragsgestaltung bei PPP-Modellen, in: Betriebs Berater (BB), Heft 45, 2005, S. 2421-2427.

Hügel, Stefan, in: Hügel, Stefan; Salzig, Christian (Hrsg.): Mietkauf und andere Formen des Grundstücks-Ratenkaufs, München, 2006.

Hüsken, Christian B.; Mann, Susanne: Der Staat als "Homo Oeconomicus"? Drei Säulen des Wirtschaftlichkeitsvergleichs bei Public Private Partnerships, in: Die öffentliche Verwaltung (DÖV), Heft 4, 2005, S. 143-152.

International Financial Services London (IFSL): Privatisation, UK Expertise for International Markets, London, 2003.

Isele, Horst: Miet-, Pacht- und Leasingverhältnisse, in: Handbuch der Rechnungslegung, Kommentar zur Bilanzierung und Prüfung, Band Ia, 1995, I. Kapitel, Artikel 6, Zweiter Abschnitt, Rn. 423-539.

Jacob, Dieter; Kochendörfer, Bernd: Effizienzgewinne bei privatwirtschaftlicher Realisierung von Infrastrukturvorhaben, Bundesanzeiger Nr. 124 a v. 09. Juli 2002, Köln, 2002.

Jahndorf, Christian: Alternative Finanzierungsformen des Staates - Leasingmodelle, Liegenschaftsmodelle, Parklösungen: Verwaltungsschulden, Veräußerungserlöse oder Krediteinnahmen? Zur Auslegung des Kreditbegriffs i.S. Art. 115 I GG, in: Neue Zeitschrift für Verwaltungsrecht (NVwZ), Heft 6, 2001, S. 620-626.

Jahndorf, Christian: Grundlagen der Staatsfinanzierung durch Kredite und alternative Finanzierungsformen im Finanzverfassungs- und Europarecht, Formenstrenge und Gestaltungsspielräume im Haushalts- und Staatsschuldenrecht sowie Reformüberlegungen unter Einbeziehung der Haushaltssysteme Frankreichs und Englands, Heidelberg, 2003.

Jakobs, Nadine: Trübe Aussichten für PPP, Finanzierung großer Projekte erschwert - Kommunen wegen Konjunkturpaket verunsichert, in: Der Neue Kämmerer, Heft 1, 2009, S. 1.

Johns, Rudolf: Die Vollrechnung der Gemeinden, in: Zeitschrift für handelswissenschaftliche Forschung (ZfhF), 1938, S. 145-176 u. S. 193-212.

Jonas, Stefanie: Modelle des Public Private Partnership, Vertragsgestaltung und Finanzierungslösungen, Saarbrücken, 2007.

Kaiser, Daniel: Die umsatzsteuerliche Behandlung von Public Private Partnership Modellen, Berlin, 2007.

Kämmerer, Jörn Axel: Privatisierung. Typologie, Determinanten, Rechtspraxis, Folgen, Tübingen, 2001.

Keppel, Armin: Betreibermodell nach dem Fernstraßenbauprivatfinanzierungsgesetz, in: Ziekow, Jan (Hrsg.), Public Private Partnership, Projekte, Probleme, Perspektiven, Speyer, 2003, S. 151-165.

Kestermann, Rainer: Public Private Partnership, Anmerkungen zur Rezeption eines Modebegriffs, in: RaumPlanung 62, 1993, S. 205-208.

Kirchhof, Ferdinand: Das Haushaltsrecht als Steuerungsressource, in: Die öffentliche Verwaltung (DÖV), 1997, S. 749-757.

Kirchhof, Ferdinand: Die Zulässigkeit der doppischen Führung des Staatshaushalts - Zur Verfassungsmäßigkeit des § 1 a Abs. 1 und 2 HGrGEntwurf -, Rechtsgutachten erstattet für die Freie und Hansestadt Hamburg, Reutlingen, 2006.

Kirchhof, Ferdinand: Haushaltssanierung durch „sale and lease back" von Verwaltungsgebäuden?, in: Die öffentliche Verwaltung (DÖV), 1999, S. 242-248.

Kirchhof, Ferdinand: Wege aus der Staatsverschuldung, in: Kirchhof, Paul; Lehner, Moris; Raupach, Arndt; Rodi, Michael (Hrsg.): Staaten und Steuern, Festschrift für Klaus Vogel zum 70. Geburtstag, Heidelberg, 2000, S. 241-252.

Kirchhoff, Ulrich; Napp, Hans-Georg; Henning, Heiko: Innovative Organisationsformen, in: Kroll, Michael (Hrsg.): Leasing-Handbuch für die öffentliche Hand, Lichtenfels, 2005, S. 267-300.

Kirsch, Daniela: Public Private Partnership, Eine empirische Untersuchung der kooperativen Handlungsstrategien in Projekten der Flächenerschließung und Immobilienentwicklung, Köln, 1997.

Kleinlein, Kornelius: Auswirkungen der Maastricht-Kriterien auf die Gestaltung öffentlich-privater Partnerschaften, in: Knop, Detlef (Hrsg.): PPP Jahrbuch 2006, Frankfurt am Main, 2006, S. 27-31.

Kleinlein, Kornelius; Stein, Klaus: Änderung der Bundeshaushaltsordnung, in: Bürsch, Michael; Funken, Klaus (Hrsg.): Kommentar zum ÖPP-Beschleunigungsgesetz, Frankfurt am Main, 2007, S. 89-115.

Kloppenburg, Norbert: Aus Sicht der Finanzwirtschaft: PPP und die „Partnerschaften Deutschland", in: Knop, Detlef (Hrsg.): PPP Jahrbuch 2008, Frankfurt am Main, 2008, S. 9-12.

Knöll, Heinz-Dieter; Grunert, Gerrit: Verwaltungsökonomie, Baden-Baden, 1997.

Knop, Detlef: Herzlich Willkommen zur 8. Jahrestagung Public-Private-Partnership, Frankfurt am Main, 2009.

Kommunale Doppik Rheinland-Pfalz: Abschreibung bei Ratenzahlung, E-Mail-Anfrage vom 09. Januar 2008, online im Internet, http://www.rlp-doppik.de/Folder.2008-01-16.7028456656/Folder.2008-02-15.8871575103/2008.01.09%20-%20Abschreibung%20bei%20Ratenzahlung.pdf, abgerufen am 07.02.2009.

König, Armin: Das Ende der Kameralistik für die kommunale Kernverwaltung? Zur Praxistauglichkeit des neuen kommunalen Rechnungswesens. Perspektiven für einen Systemwechsel, Norderstedt, 2007.

Konjunkturforschungsstelle der Eidgenössischen Technischen Universität Zürich (Hrsg.): Eine Schuldenbremse für den deutschen Bundeshaushalt, Gutachten im Auftrag der Bundestagsfraktion Bündnis ´90/Die Grünen, Zürich, 2007.

Kouwenhoven, Vincent: The rise of the public private Partnership - a model for the management of public-private cooperation, in: Kooiman, Jan (Hrsg.): Modern governance - new government-society interactions, London/Newbury Park/New Delhi, 1993.

KPMG (Hrsg.): Doppik schlägt Kameralistik, Fragen und Antworten zur Einführung eines doppischen Haushalts- und Rechnungswesens, Köln, 2005.

Kroll, Michael (Hrsg.): Leasing-Handbuch für die öffentliche Hand, Lichtenfels, 2005.

Krummacker, Jürgen: Facility Management - Realisierung einer Vision, in: Falk, Bernd (Hrsg.): Gewerbe-Immobilien, Landsberg, 1994, S. 725-741.

Kruse, Olaf: Public private partnership in der kommunalen Gebäudewirtschaft: alternative Wege der Zusammenarbeit zwischen Kommunen und privaten Unternehmen im Bereich immobilienwirtschaftlicher Leistungen, Marburg, 2001.

Kruzewicz, Michael: Lokale Kooperationen in NRW - Public Private Partnership auf kommunaler Ebene, Duisburg, 1993.

Kulle, Bernward: Kooperation zwischen der öffentlichen Hand und privaten Unternehmen (Public Private Partnership) - Erfahrungen aus unternehmerischer Sicht, in: Zeitschrift für deutsches und internationales Bau- und Vergaberecht (ZfBR), Heft 2, 2003, S. 129-133.

Kußmaul, Heinz; Henkes, Jörg: Die erweiterte Kameralistik in der Fassung des IMK-Beschlusses vom 21.11.2003, in: Der Steuerberater (StB), Heft 12, 2004, S. 451-459.

Kußmaul, Heinz; Henkes, Jörg: Von der Kameralistik zur Doppik: Die Verwaltungskameralistik - Ursachen und Ergebnis der Reformbemühungen, in: Der Steuerberater (StB), Heft 3, 2005, S. 91-98.

Kußmaul, Heinz; Henkes, Jörg: Von der Kameralistik zur Doppik: Die kommunale Doppik - Grundstruktur des doppischen Kommunalhaushalts, in: Der Steuerberater (StB), Heft 4, 2005, S. 136-150.

Landesrechnungshof Schleswig-Holstein: Bemerkungen 2002, Kiel, 2002.

Leinemann, Ralf; Kirch, Thomas: Die Grundlagen von ÖPP-Projekten, Zu den Basisbegriffen und Projektstrukturen, in: Vergabe Navigator, Heft 6, 2006, S. 35-37.

Leinemann, Ralf; Kirch, Thomas: Die Grundlagen von ÖPP-Projekten, Teil 2: Die grundlegenden Vertragsmodelle, in: Vergabe Navigator, Heft 1, 2007, S. 32-34.

Lippold, Klaus: Marktwirtschaft bedeutet Public Private Partnership, in: Pauly, Lothar (Hrsg.): Das neue Miteinander: Public Private Partnership für Deutschland, Hamburg, 2006.

Littwin, Frank: Public Private Partnership aus Sicht der PPP-Taskforce NRW, in: Meyer-Hoffmann, Bettina; Riemenschneider, Frank; Weihrauch, Oliver (Hrsg.): Public Private Partnership, Gestaltung von Leistungsbeschreibungen, Finanzierung, Ausschreibungen und Verträgen in der Praxis, Köln, Berlin, München, 2007.

Littwin, Frank; Schöne, Franz-Josef: Public Private Partnership im öffentlichen Hochbau, Stuttgart, 2006.

Löbbe, Marc: Der Finanzierungsleasingvertrag nach der Schuldrechtsreform, in: Betriebs Berater, 58. Jg., Beilage 6 zu Heft 35, 2003, S. 7-14.

Loeser, Roman: Wahl und Bewertung von Rechtsformen für öffentliche Verwaltungsorganisation, Speyerer Arbeitshefte Nr. 83, Speyer, 1988.

Löffler, Elke: Die Ökonomisierung des Staates - Versuch einer Begriffserklärung, in: Harms, Jens; Reichard, Christoph (Hrsg.): Die Ökonomisierung des öffentlichen Sektors: Instrumente und Trends, Baden-Baden, 2003, S. 19-26.

Lübking, Uwe; Beck, Wolfgang: Gemeindeordnung für das Land Sachsen-Anhalt, Berlin, 2004.

Lüder, Klaus: Bedarf es einer Reform des staatlichen Rechnungswesens in der Bundesrepublik Deutschland?, in: Die öffentliche Verwaltung (DÖV), 1989, S. 1005-1013.

Lüder, Klaus: Neues öffentliches Haushalts- und Rechnungswesen, Anforderungen, Konzept, Perspektiven, in: Lüder, Klaus (Hrsg.): Modernisierung des öffentlichen Sektors, Bd. 18, Berlin, 2001.

Lüder, Klaus: Ordnungsmäßigkeits-Grundsätze für das Neue Öffentliche Rechnungswesen, in: Die Wirtschaftsprüfung (WPg), 59. Jg., Heft 9, 2006, S. 605-612.

Lüder, Klaus: Zur Reform des öffentlichen Rechnungswesens in Europa, in: Die Wirtschaftsprüfung (WPg), Reform der Rechnungslegung der öffentlichen Verwaltung, Sonderheft, 2004, S. 11-18.

Marx, Fridhelm; Werner, Jürgen: Änderung des Gesetzes gegen Wettbewerbsbeschränkungen, in: Bürsch, Michael; Funken, Klaus (Hrsg.): Kommentar zum ÖPP-Beschleunigungsgesetz, Frankfurt am Main, 2007, S. 89-115.

Matthäus-Maier, Ingrid: Risiko und Finanzierung, in: Pauly, Lothar (Hrsg.): Das neue Miteinander: Public Private Partnership für Deutschland, Hamburg, 2006, S. 221-227.

Maunz, Theodor, in: Maunz, Theodor; Dürig, Günter: Grundgesetz Kommentar, 54. Auflage, München, 2009.

Mersmann, Marlene: Neue Märkte für PPP in Mittel- und Osteuropa - eine Chance für den deutschen Mittelstand, in: Knop, Detlef (Hrsg.): PPP Jahrbuch 2006, Frankfurt am Main, 2006, S. 148-151.

Mezger, Edmund, in: Reichsgerichtsräte-Kommentar zum BGB (RGRK-BGB), Berlin, New York, 1978.

Ministerium des Inneren des Landes Brandenburg: Verwaltungsvorschriften zur Gemeindehaushaltsverordnung Brandenburg (VwV zur GemHV Brdbg.) vom 28. Juni 2002, Runderlass in kommunalen Angelegenheiten, Ministerium des Innern, Nr. 8/2002, Potsdam, 2002.

Modigliani, F.; Fitoussi, J.-P.; Moro, B.; Snower D.; Solow, R.; Steinherr, A.; Sylos Labini, P.: An economists Manifesto on unemployment in the European Union, Banca Nazionale del Lavoro, LI(203), 1998, S. 327-361.

Moxter, Adolf: Bilanzrechtsprechung, Tübingen, 2007.

Moxter, Adolf: Grundsätze ordnungsgemäßer Rechnungslegung, Düsseldorf, 2003.

Mülhaupt, Ludwig: Kameralistik, in: Eichhorn, Peter et al. (Hrsg.): Verwaltungslexikon, Baden-Baden, 2002.

Nagengast, Ralf: Verfügbarkeitsorientierte Bezahlung bei PPP-Projekten, in: Knop, Detlef (Hrsg.): PPP Jahrbuch 2006, Frankfurt am Main, 2006, S. 117-118.

Naschold, Frieder; Bogumil, Jörg: Modernisierung des Staates - New Public Management und Verwaltungsreform, Opladen, 1998.

Neugebauer, Hans-Matthias: Teilweiser Einredeverzicht - ein Schlüssel zu optimierter Wirtschaftlichkeit?, in: Knop, Detlef (Hrsg.): PPP Jahrbuch 2008, Frankfurt am Main, 2008, S. 167-170.

Nickel, Thomas; Kopf, Hannes: Public Private Partnerships: Ein Ausweg aus der Finanzkrise der öffentlichen Hand, in: Zeitschrift für deutsches und internationales Bau- und Vergaberecht (ZfBR), 2004, Heft 1, S. 9-15.

Niskanen, William A.: Bureaucracy and representative Government, Chicago, 1971.

Odenwald, Rudolf: Privatisierung staatlicher Bauaufgaben - Eine Einschätzung aus Sicht des Bayerischen Obersten Rechnungshofes, in: Budäus, Dietrich; Eichhorn, Peter (Hrsg.): PPP - Neue Formen öffentlicher Aufgabenerfüllung, Baden-Baden, 1997, S. 145-152.

Osterloh, Lerke: Staatsverschuldung als Rechtsproblem? - Kritisches zum Urteil des Zweiten Senats des BVerfG vom 18.4.1989, in: Neue Juristische Wochenschrift (NJW), Heft 3, 1990, S. 145-152.

Papapostolou, Nikolaos: Die Risikoverteilung beim Finanzierungsleasingvertrag über bewegliche Sachen, München, 1987.

Papier, Hans-Jürgen: Die finanzrechtlichen Gesetzesvorbehalte und das grundgesetzliche Demokratieprinzip, Berlin, 1973.

Patzig, Werner: Haushaltsrecht des Bundes und der Länder, 8. Ergänzungslieferung, Baden-Baden, 1991.

Peffekoven, Rolf: Muss der Stabilitäts- und Wachstumspakt reformiert werden?, in: Wirtschaftsdienst, 84. Jg., Heft 1, 2004, S. 7-21.

Piduch, Erwin A.: Bundeshaushaltsrecht, Stuttgart, 2007.

Plaßmann, Rainer: Das angekündigte Grünbuch der EU-Kommission zu Public Private Partnership, in: Gesellschaft für öffentliche Wirtschaft (Hrsg.): Public Private Partnership: Formen - Risiken - Chancen, Beiträge zur öffentlichen Wirtschaft, Heft 21, Berlin, 2004.

Plathe, Peter: Zur rechtlichen Beurteilung des Leasing-Geschäfts, in: Betriebs Berater (BB), 25. Jg., 1970, Heft 14, S. 601-605.

Puhl, Thomas: Budgetflucht und Haushaltsverfassung, Tübingen, 1996.

Püttner, Günter: Die Privatfinanzierung öffentlicher Vorhaben - Weg oder Irrweg?, in: Wendt, Rudolf; Höfling, Wolfram; Karpen, Ulrich; Oldiges, Martin (Hrsg.): Staat - Wirtschaft - Steuern, Festschrift für Karl Heinrich Friauf zum 65. Geburtstag, Heidelberg, 1996, S. 729-740.

Rechnungshof Baden-Württemberg: Denkschrift 2000, Karlsruhe, 2000.

Rehkugler, Heinz: Grundzüge der Finanzwirtschaft, München, 2007.

Rehm, Hans: Statistiken der öffentlichen Finanzen - aussagekräftiger und aktueller, in: Wirtschaft und Statistik, Heft 3, 2006, S. 279-302.

Reichard, Christoph: „New Public Management" als Auslöser zunehmender Ökonomisierung der Verwaltung, in: Harms, Jens; Reichard, Christoph (Hrsg.): Die Ökonomisierung des öffentlichen Sektors: Instrumente und Trends, Baden-Baden, 2003, S. 119-143.

Reichard, Christoph: Das Konzept des Gewährleistungsstaates, Referat auf der Jahrestagung 2003 des Wissenschaftlichen Beirats der Gesellschaft für öffentliche Wirtschaft, 2003, online im Internet, http://www.econbiz.de/archiv/p/up/public_management/konzept_gewaehrleistungsstaat.pdf, abgerufen am 28.03.2009.

Reichard, Christoph: Organisations-PPP - Typologie und praktische Ausprägungen, in: Budäus, Dietrich (Hrsg.): Kooperationsformen zwischen Staat und Markt - Theoretische Grundlagen und praktische Ausprägung von Public Private Partnership, Baden-Baden, 2006, S. 77-96.

Reidenbach, Michael: Die Sachinvestitionen der Kommunen und ihrer Unternehmen - eine Bestandsaufnahme, in: Deutsches Institut für Urbanistik (DIFU) (Hrsg.): Aktuelle Informationen, Februar 2006, Berlin, 2006.

Reimer, Ekkehart, in: Epping, Volker; Hillgruber, Christian (Hrsg.): Beck'scher Online-Kommentar zum Grundgesetz, München, 2008.

Reuter, Alexander: Bilanzneutrale Gestaltung von Projektfinanzierungen nach GoB, Leasingregeln und US-GAAP, in: Betriebs Berater (BB), 2000, S. 659-666.

Reuter, Alexander: Die Bilanzneutralität von Betreibermodellen, Projekt- und Leasing-Finanzierungen nach HGB, IAS und US-GAAP: Voraussetzungen, Vertragsgestaltung und Rating-Folgen nach Basel II, in: Wirtschafts- und Bankrecht (WM), 2004, S. 610-620.

Reuter, Alexander: Objekt- und Projektfinanzierung zwischen Zurechnung und Konsolidierung nach HGB, IFRS und US-GAAP, in: Betriebs Berater (BB), Heft 24, 2006, S. 1322-1329.

Reuter, Alexander: PPP-Refinanzierung unter Haushalts-, Gebühren-, Preis- und Beihilferecht: Zielkonflikte und Lösungsansätze, in: Neue Zeitschrift für Verwaltung (NVwZ), Heft 11, 2005, 1246-1255.

Reuter, Alexander; Köhling, Lambert: Bilanzneutrale Alternativen zur klassischen Unternehmensfinanzierung - Neue Hürden, Neue Chancen, in: Finanzierung - Leasing - Factoring (FLF), 2004, S. 130-134.

Reuter, Alexander; Polley, Isabel: ÖPP und das „Neue Kommunale Finanzmanagement" (NKF), in: Neue Zeitschrift für Verwaltungsrecht (NVwZ), 2007, Heft 12, S. 1345-1351.

Revisionsamt der Stadt Frankfurt am Main: Wirtschaftlichkeit alternativer Bau-/ Betreibermodelle am Beispiel Bildungszentrum Ostend, Revisionsbericht 03/2005 vom 12.1.2006 - 14.21. Hl, rh/14.31 Ap., Frankfurt am Main, 2006.

Richter, Rudolf; Furubotn, Eirik G.: Neue Institutionenökonomik, Eine Einführung und kritische Würdigung, Tübingen, 2003.

Richter, Wolfgang; Neubauer, Wolfgang; Neuenburg, Volker: Ist eine Projektfinanzierung das Gelbe vom Ei?, in: Knop, Detlef (Hrsg.): PPP Jahrbuch 2007, Frankfurt am Main, 2007, S. 105-108.

Richter, Wolfgang; Neuenburg, Volker: Gibt es die ideale PPP-Finanzierung?, in: Knop, Detlef (Hrsg.): PPP Jahrbuch 2008, Frankfurt am Main, 2008, S. 153-158.

Riemenschneider, Frank; Nitzsche, Florian: Privates Geld für öffentliche Infrastruktur, in: DEMO - Die Monatszeitschrift für Kommunalpolitik, Heft 12, 2007, S. 18.

Roentgen, Frederik: Public-Private-Partnership: eine effizienzorientierte Analyse kommunaler Aufgabenerfüllung unter Einbeziehung erwerbswirtschaftlicher Unternehmungen, Aachen, 2001.

Rürup, Bert: Generationengerechtigkeit und Rentenversicherung, in: Verband Deutscher Rentenversicherungsträger (Hrsg.): Generationengerechtigkeit - Inhalt, Bedeutung und Konsequenzen für die Alterssicherung, VDR-Schriften, Band 51, Februar 2004, S. 39-44.

Rürup, Bert: Methoden und Kriterien der Investitionsentscheidungen in der öffentlichen Verwaltung, in: Bea, Franz X.; Bohnet, Armin; Klimesch, Herbert (Hrsg.): Investition. Erklärung und Planung durch Simulation, München, Oldenbourg, 1981, S. 137-154.

Sabel, Elmar: Leasingverträge in der kapitalmarktorientierten Rechnungslegung, Frankfurt am Main, 2006.

Sächsisches Ministerium der Finanzen (SMF): Ertragsteuerliche Behandlung von Leasing-Verträgen über unbewegliche Wirtschaftsgüter; Übernahme der Gefahrtragung im Falle der Forfaitierung, in: Deutsches Steuerrecht (DStR), Heft 6, 1994, S. 208.

Sächsisches Ministerium des Inneren: Verwaltungsvorschrift (VwV) Gliederung und Gruppierung vom 08. Januar 2002, in: Sächsisches Amtsblatt, Sonderdruck 4, 2002.

Sachverständigenrat zur Begutachtung der gesamtwirtschaftlichen Entwicklung (SVR): Staatsverschuldung wirksam begrenzen, Expertise im Auftrag des Bundesministers für Wirtschaft und Technologie, Mainz-Kastel, 2007.

Sachverständigenrat zur Begutachtung der gesamtwirtschaftlichen Entwicklung (SVR): Widerstreitende Interessen - Ungenutzte Chancen, Jahresgutachten 2006/07, Mainz-Kastel, 2006.
Sachverständigenrat zur Begutachtung der gesamtwirtschaftlichen Entwicklung (SVR): Die Chance nutzen - Reformen mutig voranbringen, Jahresgutachten 2005/06, Mainz-Kastel, 2005.
Sachverständigenrat zur Begutachtung der gesamtwirtschaftlichen Entwicklung (SVR): Staatsfinanzen konsolidieren - Steuersystem reformieren, Jahresgutachten 2003/04, Mainz-Kastel, 2003.
Sack, Detlef: Effizienz, Kooperation und relationaler Vertrag - Eine Bestandsaufnahme der Verbreitung, Regelungen und Kooperationspfade vertraglicher PPP in Deutschland, in: Budäus, Dietrich (Hrsg.): Kooperationsformen zwischen Staat und Markt - Theoretische Grundlagen und praktische Ausprägung von Public Private Partnership, Baden-Baden, 2006, S. 51-76.
Sack, Detlef: Gratwanderung zwischen Partizipation und Finanzengpässen. Ein Überblick über die Deutsche PPP-Entwicklung, in: Zeitschrift für öffentliche und gemeinwirtschaftliche Unternehmen (ZögU), Heft 4, 2003, S. 353-370.
Savas, Emanuel S.: Privatization and Public Private Partnership, New York, London, 2000.
Schäfer, Michael; Thiersch, Stephanie: § 2 Verfassungsrechtlicher Rahmen, in: Weber, Martin; Schäfer, Michael; Hausmann, Friedrich L. (Hrsg.): Praxishandbuch Public Private Partnership, München, 2006.
Schäfer, Roland: Eine Gesellschaft der besonderen Art - Gründe zur Skepsis, in: CityPartner, Heft 1, 2008, S. 15-17.
Schede, Christian; Pohlmann, Markus: § 3 Vertragsrechtliche Grundlagen, in: Weber, Martin; Schäfer, Michael; Hausmann, Friedrich L. (Hrsg.): Praxishandbuch Public Private Partnership, München, 2006.
Scheel, Werner; Steub, Johannes; Schneider, Theo; Lienen, Anette: Gemeindehaushaltsrecht Nordrhein-Westfalen, Kommentar, Köln, 1997.
Schemmel, Lothar: Staatsverschuldung und öffentliche Investitionen: im ersten Schritt Schlupflöcher beseitigen - auf mittlere Sicht Kreditfinanzierung verbieten, Karl-Bräuer-Institut des Bundes der Steuerzahler, Ottweiler, Berlin, 2006.
Schilling, Walter, in: Rebmann, Kurt; Säcker, Jürgen; Rixecker, Roland: Münchener Kommentar zum Bürgerlichen Gesetzbuch, München, 2004.
Schmidt, Hans-Christian; Hähnlein, Steffen: Gegenüberstellung von Kameralistik und doppelter Buchführung - Darstellung typischer Vorgänge in der Verwaltung, Martinroda, 2005.
Schoch, Friedrich: Public Private Partnership, in: Erichsen, Hans U. (Hrsg.): Kommunale Verwaltung im Wandel, Köln, 1999, S. 101-116.

Schultz, Volker: Basiswissen Rechnungswesen, München, 2008.
Schuppert, Gunnar F.: Grundzüge eines zu entwickelnden Verwaltungskooperationsrechts - Regelungsbedarf und Handlungsoptionen eines Rechtsrahmens für Public Private Partnership, Rechts- und verwaltungswissenschaftliches Gutachten erstellt im Auftrag des Bundesministeriums des Innern, Berlin, 2001.
Schweinfurth, Tilmann; Christen, Jörg: Leasing im Haushaltsrecht der Länder, in: Kroll, Michael (Hrsg.): Leasing-Handbuch für die öffentliche Hand, Lichtenfels, 2005, S. 219-226.
Seibel, Claudia: Vertragsgestaltung im Immobilien-Leasing, in: Neue Zeitschrift für Miet- und Wohnungsrecht (NZM), Heft 5, 1999, S. 197-204.
Siekmann, Helmut, in: Sachs, Michael: Grundgesetz Kommentar, München, 2003.
SPD Bundestagsfraktion: Öffentlich Private Partnerschaften, Ein Wegweiser für Kommunen, Berlin, 2004.
SPD Bundestagsfraktion: Öffentlich Private Partnerschaften. Das ÖPP-Beschleunigungsgesetz, Berlin, 2005.
SPD-Bundestagsfraktion: Föderalismusreform II - Beschluss der SPD-Bundestagsfraktion, Berlin, 2008.
Spiegel Online: Kreditlimits für die Bundesländer, Streit um Schuldenbremse entzweit SPD, online im Internet, http://www.spiegel.de/politik/deutschland/0,1518,626945,00.html, abgerufen am 27.05.2009.
Spiegel Online: Nachtragshaushalt, Bundeskabinett beschließt Rekordverschuldung, online im Internet, http://www.spiegel.de/politik/deutschland/0,1518,627077,00.html, abgerufen am 27.05.2009.
Sprau, Hartwig, in: Palandt, Otto (Hrsg.): Bürgerliches Gesetzbuch, Kommentar, 68. Auflage, München, 2009.
Statistisches Bundesamt: 2,7 Milliarden Euro öffentliches Finanzierungsdefizit im Jahr 2008, Pressemitteilung Nr. 131 vom 31.03.2009, Wiesbaden, 2009.
Statistisches Bundesamt: Finanzen und Steuern, Fachserie 14, Reihe 2, Wiesbaden, 2008 (zit.: 2008a).
Statistisches Bundesamt: Schulden der öffentlichen Haushalte, Fachserie 14, Reihe 5, Wiesbaden, 2008 (zit.: 2008b).
Statistisches Bundesamt: Staat schließt 2008 mit einem Defizit von 3,3 Milliarden Euro ab, Pressemitteilung Nr. 62 vom 25.02.2009, Wiesbaden, 2009.
Statistisches Bundesamt: Statistik wird Folgen der Finanzmarktstabilisierung für öffentlichen Gesamthaushalt zeigen können, Pressemitteilung Nr. 398 vom 27.10.2008, Wiesbaden, 2008.
Statistisches Bundesamt: Volkswirtschaftliche Gesamtrechnungen, Wichtige Zusammenhänge im Überblick, Wiesbaden, 2008 (zit.: 2008c).

Stehlin, Volker; Gebhardt, Georg: Public Private Partnership - ein Modell für Kommunen?, in: Verwaltungsblätter für Baden-Württemberg (VBlBW), Heft 3, 2005, S. 90-95.

Stember, Jürgen: Public private partnerships: Zukunftsmodelle für öffentliche Verwaltungen, Ostbevern, 2005.

Stern, Klaus: Das Staatsrecht der Bundesrepublik Deutschland, Band II, Staatsorgane, Staatsfunktionen, Finanz- und Haushaltsverfassung, Notstandsverfassung, München, 1980.

Stiepelmann, Heiko: Bürokratiemonstrum oder Qualitätsdienstleister? Ein Plädoyer für die Partnerschaften Deutschland Gesellschaft, in: CityPartner, Heft 1, 2008, S. 18-20.

Stiepelmann, Heiko: Partnerschaften Deutschland - brauchen wir diese Initiative?, in: Knop, Detlef (Hrsg.): PPP Jahrbuch 2008, Frankfurt am Main, 2008, S. 41-43.

Tacke, Helmut R.: Leasing, Stuttgart, 1989.

Tettinger, Peter J.: Die rechtliche Ausgestaltung von Public Private Partnership, in: Die öffentliche Verwaltung (DÖV), 49. Jg., Heft 18, 1996, S. 764-770.

Tettinger, Peter J.: Public Private Partnership, Möglichkeiten und Grenzen - ein Sachstandsbericht, in: Nordrhein-Westfälische Verwaltungsblätter (NWVBl), Heft 1, 2005, S. 1-10.

Thalgott, Christiane; Dreyer, Gisbert; von Rechenberg, Benno: Mittelstandsinteressen, kreative Bauverwaltung und die Angst vor PPP, in: Deutsches Architektenblatt (DAB), Ausgabe Ost, Heft 9, 2002, S. 8-11.

Theobald, Christian; Michaels, Sascha: Grundlagen der Public Private Partnership, in: König, Christian; Kühling, Jürgen; Theobald, Christian (Hrsg.): Recht der Infrastrukturförderung, München, 2004.

Treasury Task Force (Hrsg.): Value for Money Drivers in the Private Finance Initiative, London, 2000.

Uechtritz, Michael; Otting, Olaf: Das "ÖPP-Beschleunigungsgesetz": Neuer Name, neuer Schwung für "öffentlich-private Partnerschaften"?, in: Neue Zeitschrift für Verwaltung (NVwZ), Heft 10, 2005, S. 1105-1111.

Vanberg, Viktor: Staatsverschuldung und konstitutionelle Ökonomik, in Engel, Christoph; Morlok, Martin (Hrsg.): Öffentliches Recht als ein Gegenstand ökonomischer Forschung, Tübingen, 1998.

Vialon, Friedrich Karl: Haushaltsrecht, Kommentar zur Haushaltsordnung (RHO) und zu den Finanzbestimmungen des Grundgesetzes, Berlin, Frankfurt am Main, 1959.

Vogelpoth, Norbert: Haushaltsplanung und internationale Rechnungslegung, in: Brüggemeier, Martin; Schauer, Reinbert; Schedler, Kuno (Hrsg.): Controlling und Performance Management im Öffentlichen Sektor, Ein Handbuch, Fest-

schrift für Prof. Dr. Dr. h.c. Dietrich Budäus zum 65. Geburtstag, Bern, Stuttgart, Wien, 2007, S. 263-270.
Vogelpoth, Norbert: Integriertes öffentliches Rechnungswesen, in: Verwaltung und Management, Heft 1, 2001, S. 24-31.
von Arnim, Hans H.: Wirtschaftlichkeit als Rechtsprinzip, Berlin, 1988.
von Arnim, Hans H.; Weinberg, Dagmar: Staatsverschuldung in der Bundesrepublik Deutschland, Wiesbaden, 1986.
von Mutius, Albert; Friauf, Karl H.; Westermann, Harm P. (Hrsg.): Handbuch für die öffentliche Verwaltung (HÖV), Einführung in ihre rechtlichen und praktischen Grundlagen, Band I: Grundlagen, Neuwied und Darmstadt, 1984.
von Wysocki, Klaus: Kameralistisches Rechnungswesen, Stuttgart, 1965.
Walb, Ernst: Die Erfolgsrechnung öffentlicher und privater Betriebe, Berlin und Wien, 1926.
Wambach, Martin; Redenius, Hilko: Leitfaden zur Bilanzierung und Prüfung nach NKFG: Eröffnungsbilanz und Jahresabschluss, Nürnberg, 2005.
Warner, Beth E.: John Stuart Mill's Theory of Bureaucracy within Representative Government: Balancing Competence and Participation, in: Public Administration Review, Vol. 61, 2001, S. 403-413.
Weber, Martin: Der Wirtschaftlichkeitsvergleich bei PPP-Projekten, in: Gesellschaft für öffentliche Wirtschaft (Hrsg.): Public Private Partnership: Formen - Risiken - Chancen, Berlin, 2004, S. 30-38.
Weber, Martin; Alfen, Hans W.; Maser, Stefan: Projektfinanzierung und PPP: praktische Anleitung für PPP und andere Projektfinanzierung, Köln, 2006.
Weber, Martin; Moß, Oliver; Bachhuber, Falk: Anforderungen und Besonderheiten bei der Finanzierung von PPP-Projekten, in: Weber, Martin; Schäfer, Michael; Hausmann, Ludwig (Hrsg.): Public Private Partnership, München, 2005, S. 599-639.
Wegner, Hans-Joachim; Böing, Berthold; Jürgenliemk, Rainer: Projektfinanzierung auch bei leeren Kassen?, in: Knop, Detlef (Hrsg.): PPP Jahrbuch 2005, Frankfurt am Main, 2005, S. 52-55.
Wegner, Hans-Joachim; Makowka, Thomas; Hedrich, Christian: Projektfinanzierung: Erfolgsfaktor für PPP-Projekte, in: Knop, Detlef (Hrsg.): PPP Jahrbuch 2006, Frankfurt am Main, 2006, S. 89-92.
Weidenkaff, Walter, in: Palandt, Otto (Hrsg.): Bürgerliches Gesetzbuch, Kommentar, 68. Auflage, München, 2009.
Wendt, Rudolf: Haushaltsrechtliche Probleme der Kapitalbeteiligung Privater an öffentlichen Infrastrukturinvestitionen, in: Ipsen, Jörn (Hrsg.): Privatisierung öffentlicher Aufgaben - Private Finanzierung kommunaler Investitionen, Symposium des Instituts für Kommunalrecht der Universität Osnabrück am 15. September 1993/4. Bad Iburger Gespräche, Köln u. a. 1994, S. 37-62.

Westdeutscher Handwerkskammertag (HWKT): Public Private Partnership im Hochbau: Position des Nordrhein-Westfälischen Handwerks zu einem neuen Finanzierungsinstrument für die öffentliche Infrastruktur, Düsseldorf, 2007.

Wieland, Helmut: Bilanzierung von Immobilien-Leasing beim Leasingnehmer und Leasinggeber nach Handels- und Steuerrecht, München, 1976.

Winckelmann, Hans: Kameralistische und kaufmännische Rechnungslegung in öffentlichen Verwaltungen und Betrieben, Berlin, 1950.

Wirtz, Holger: Grundsätze ordnungsgemäßer öffentlicher Buchführung, Berlin, 2008.

Wissenschaftlicher Arbeitskreis Integrierte Verbundrechnung (IVR): Eckpunkte für die Grundsätze ordnungsmäßiger Buchführung im öffentlichen Haushalts- und Rechnungswesen auf Basis der Integrierten Verbundrechnung (IVR), in: Die Wirtschaftsprüfung (WPg), Heft 16, 2005, S. 887-890.

Wissenschaftlicher Beirat beim Bundesministerium der Finanzen (BMF): Gutachten zum Begriff der öffentlichen Investitionen. Abgrenzungen und Folgerungen im Hinblick auf den Artikel 115 Grundgesetz, Schriftenreihe Nr. 29 des Bundesministeriums der Finanzen, Bonn, 1980.

Wissenschaftlicher Beirat beim Bundesministerium der Finanzen (BMF): Haushaltskrisen im Bundesstaat, Gutachten, Berlin, 2005.

Wissenschaftlicher Beirat des Bundesministeriums für Wirtschaft und Technologie (BMWi): Zur Begrenzung der Staatsverschuldung nach Art. 115 GG und zur Aufgabe des Stabilitäts- und Wachstumsgesetzes, Gutachten, Berlin, 2008.

Witte, Kirsten: Public Private Partnership, Zauberformel zur Haushaltssanierung oder Ausverkauf kommunaler Kompetenz?, Berlin, 2006.

Zahradnik, Stefan: Von der Kameralistik zur Doppik und der Nutzen für die Kommunalpolitik, in: Klieve, Lars M. (Hrsg.): Der doppische Haushalt - Neues kommunales Finanzmanagement, Recklinghausen, 2003, S. 26-59.

Zeiss, Christopher: Privatfinanzierung staatlicher Infrastruktur - Modelle, Strukturen, nationales Haushaltsverfassungsrecht und Wettbewerbsorientierung des Gemeinschaftsrechts, Rechtswissenschaftliche Fakultät der Rheinischen Friedrich-Wilhelm-Universität (Hrsg.), Bonn, 2000.

Zentralverband des Deutschen Handwerks (ZDH): Public Private Partnership - Möglichkeiten und Grenzen, Positionspapier, Berlin, 2003.

Ziekow, Jan (Hrsg.): Public Private Partnership, Projekte, Probleme, Perspektiven, Speyer, 2003.

Zimmermann, Horst: Ökonomische Rechtfertigung einer kontinuierlichen Staatsverschuldung?, in: Henke, Klaus-Dirk, Zur Zukunft der Staatsfinanzierung, Europäische Schriften zu Staat und Wirtschaft, Band 1, Baden-Baden, 1999, S. 157-171.

Zimmermann, Horst; Henke, Klaus-Dirk: Finanzwissenschaft, München, 2005.
zur Mühlen; Loitz: Gründe und Gestaltungsoptionen für ein kaufmännisches Rechnungswesen bei Gebietskörperschaften, in: Betriebs Berater (BB), Heft 11, 1998, S. 578-585.

SOZIALÖKONOMISCHE SCHRIFTEN

Herausgegeben von Professor Dr. Dr. h.c. Bert Rürup und
Professor Dr. Werner Sesselmeier

Band 1 Marietta Jass: Erfolgskontrolle des Abwasserabgabengesetzes. Ein Konzept zur Erfassung der Gesetzeswirkungen verbunden mit einer empirischen Untersuchung in der Papierindustrie. 1990.

Band 2 Frank Schulz-Nieswandt: Stationäre Altenpflege und "Pflegenotstand" in der Bundesrepublik Deutschland. 1990.

Band 3 Helmut Böhme, Alois Peressin (Hrsg.): Sozialraum Europa. Die soziale Dimension des Europäischen Binnenmarktes. 1990.

Band 4 Stephan Ruß: Telekommunikation als Standortfaktor für Klein- und Mittelbetriebe. Telekommunikative Entwicklungstendenzen und regionale Wirtschaftspolitik am Beispiel Hessen. 1991.

Band 5 Reinhard Grünewald: Tertiärisierungsdefizite im Industrieland Bundesrepublik Deutschland. Nachweis und politische Konsequenzen. 1992.

Band 6 Bert Rürup, Uwe H. Schneider (Hrsg.): Umwelt und Technik in den Europäischen Gemeinschaften. Teil I: Die grenzüberschreitende Entsorgung von Abfällen. Bearbeitet von: Thomas Kemmler, Thomas Steinbacher. 1993.

Band 7 Mihai Nedelea: Erfordernisse und Möglichkeiten einer wachstumsorientierten Steuerpolitik in Rumänien. Dargestellt am Beispiel der Textil- und Bekleidungsindustrie. 1995.

Band 8 Andreas Schade: Ganzjährige Beschäftigung in der Bauwirtschaft – Eine Wirkungsanalyse. Analyse und Ansätze für eine Reform der Winterbauförderung. 1995.

Band 9 Frank Schulz-Nieswandt: Ökonomik der Transformation als wirtschafts- und gesellschaftspolitisches Problem. Eine Einführung aus wirtschaftsanthropologischer Sicht. 1996.

Band 10 Werner Sesselmeier, Roland Klopfleisch, Martin Setzer: Mehr Beschäftigung durch eine Negative Einkommensteuer. Zur beschäftigungspolitischen Effektivität und Effizienz eines integrierten Steuer- und Transfersystems. 1996.

Band 11 Sylvia Liebler: Der Einfluß der Unabhängigkeit von Notenbanken auf die Stabilität des Geldwertes. 1996.

Band 12 Werner Sesselmeier: Einkommenstransfers als Instrumente der Beschäftigungspolitik. Negative Einkommensteuer und Lohnsubventionen im Lichte moderner Arbeitsmarkttheorien und der Neuen Institutionenökonomik. 1997.

Band 13 Stefan Lorenz: Der Zusammenhang von Arbeitsgestaltung und Erwerbsleben unter besonderer Berücksichtigung der Erwerbstätigkeiten von Frauen und Älteren. 1997.

Band 14 Volker Ehrlich: Arbeitslosigkeit und zweiter Arbeitsmarkt. Theoretische Grundlagen, Probleme und Erfahrungen. 1997.

Band 15 Philipp Hartmann: Grenzen der Versicherbarkeit. Private Arbeitslosenversicherung. 1998.

Band 16 Martin Setzer, Roland Klopfleisch, Werner Sesselmeier: Langzeitarbeitslose und Erster Arbeitsmarkt. Eine kombinierte Strategie zur Erhöhung der Wiederbeschäftigungschancen. 1999.

Band 17 Dorothea Wenzel: Finanzierung des Gesundheitswesens und Interpersonelle Umverteilung. Mikrosimulationsuntersuchung der Einkommenswirkung von Reformvorschlägen zur GKV-Finanzierung. 1999.

Band 18 Ingo Schroeter: Analyse und Bewertung der intergenerativen Verteilungswirkungen einer Substitution des Umlage- durch das Kapitalstocksverfahren zur Rentenfinanzierung. 1999.

Band 19 Roland Klopfleisch: Fiskalische Konsequenzen der Europäischen Währungsunion. Die Veränderung des Seigniorage und dessen Bedeutung für die nationalen EWU-11 Haushalte. 2000.

Band 20 Klaus Heubeck, Bert Rürup: Finanzierung der Altersversorgung des öffentlichen Dienstes. Probleme und Optionen. 2000.

Band 21 Manon Pigeau: Der Einfluß der Arbeitszeit auf die Erwerbsbeteiligung von Frauen. Empirische Befunde, mikroökonomische Modellierung und politische Konsequenzen. 2002.

Band 22 Carsten Müller: Existenzgründungshilfen als Instrument der Struktur- und Beschäftigungspolitik. 2002.

Band 23 Stefan Lewe: Wachstumseffiziente Unternehmensbesteuerung. 2003.

Band 24 Robert Coppik: Konzeption eines Transformationsansatzes zur Substitution des kameralen, inputorientierten Budgetkreislaufs der öffentlichen Verwaltung in einen outputorientierten Budgetkreislauf innerhalb des New Public Management.

Band 25 Alexander Meindel: Intergenerative Verteilungswirkung beim Übergang zu einer nachgelagerten Rentenbesteuerung. 2004.

Band 26 Jochen Gunnar Jagob: Das Äquivalenzprinzip in der Alterssicherung. 2004.

Band 27 Tobias Fehr: Recht des außerbörslichen Aktienhandels vor dem Hintergrund des Rechts des börslichen Aktienhandels. Das Kapitalmarktszenario für kapitalmarktaktive Aktiengesellschaften, deren Unternehmensführungen und aktuelle und potentielle Aktionäre und für Wertpapierdienstleister. 2006.

Band 28 Stefan Fetzer: Zur nachhaltigen Finanzierung des gesetzlichen Gesundheitssystems. 2006.

Band 29 Oliver Ehrentraut: Alterung und Altersvorsorge. Das deutsche Drei-Säulen-System der Alterssicherung vor dem Hintergrund des demografischen Wandels. 2006.

Band 30 Martin Debus: Arbeitsmarkteffekte des demografischen Wandels. 2007.

Band 31 Jens Hujer: Regionalökonomische Effekte von Flughäfen. 2008.

Band 32 Zulia Gubaydullina: Nicht-monetäre Inflationsursachen in Russland. Eine empirische Analyse. 2008.

Band 33 Jasmin Häcker: Die Soziale Pflegeversicherung: Eine Generationenbilanz. 2008.

Band 34 Christina Benita Wilke: German Pension Reform. On Road Towards a Sustainable Multi-Pillar System. 2009.

Band 35 Stefan Pfaffenbach: Nachhaltigkeit in der Gesetzlichen Rentenversicherung – Was leistet die kinderzahlabhängige Rente. 2009.

Band 36 Anabell Kohlmeier: Die Ausweitung des Versichertenkreises der Gesetzlichen Rentenversicherung. Bestimmungsgründe und Verteilungswirkungen. 2009.

Band 37 Matthias Heidler: Reformen der gesetzlichen Rentenversicherung: Politisches Risiko und intergenerative Umverteilung. 2009.

Band 38 Anna Rosinus: Vermögensdekonzentration und Mitarbeiterkapitalbeteiligungsgesetz. 2009.

Band 39 Gabriele Somaggio: Start mit Hindernissen. Eine theoretische und empirische Analyse der Ursachen von Arbeitslosigkeit nach der dualen Berufsausbildung. 2009.

Band 40 Johannes Kalusche: Ausmaß und Stärke der automatischen Stabilisatoren in Deutschland vor dem Hintergrund der jüngsten Steuer- und Sozialreformen. 2010.

Band 41 Nicolas Gatzke: Public Private Partnerships und öffentliche Verschuldung. PPP-Modelle im Licht deutscher und europäischer Verschuldungsregeln und ihre Transparenz in den öffentlichen Haushalten. 2010.

www.ingramcontent.com/pod-product-compliance
Ingram Content Group UK Ltd.
Pitfield, Milton Keynes, MK11 3LW, UK
UKHW021127041026
8980IPUK00025B/164

9 783631 598788